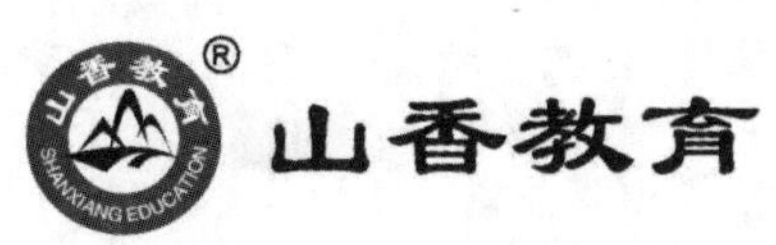

国家教师资格考试

高分过关题库

教育教学知识与能力·小学

|试 题|

关注公众号，点击“笔试练习”领取历年真题及预测卷20套！

山香教师资格考试命题研究中心　主编

图书在版编目(CIP)数据

教育教学知识与能力.小学 / 山香教师资格考试命题研究中心主编. -- 北京 : 首都师范大学出版社, 2023.9

国家教师资格考试高分过关题库

ISBN 978-7-5656-7651-2

Ⅰ. ①教… Ⅱ. ①山… Ⅲ. ①小学教师-教学能力-资格考试-习题集 Ⅳ. ①G451.1-44

中国国家版本馆CIP数据核字(2023)第129365号

国家教师资格考试高分过关题库

JIAOYU JIAOXUE ZHISHI YU NENGLI XIAOXUE

教育教学知识与能力·小学

山香教师资格考试命题研究中心　主编

策划编辑　张文强　　封面设计　山香教育

责任编辑　杨林玉　曹亮亮

首都师范大学出版社出版发行

地　　址　北京市海淀区西三环北路105号

邮　　编　100048

电　　话　010-68418523(总编室)　010-68982468(发行部)

网　　址　http://cnupn.cnu.edu.cn

印　　刷　河南黎阳印务有限公司

经　　销　全国新华书店

版　　次　2023年9月第1版

印　　次　2023年9月第1次印刷

开　　本　787mm×1092mm　1/16

印　　张　29.5

字　　数　605千

定　　价　58.00元

前　言

一、考情说明

中小学教师资格考试是由国家建立考试标准，省级教育行政部门组织的全国统一考试，包括笔试和面试两部分。笔试主要考查申请人从事教师职业所应具备的思想政治素质、教育理念、职业道德、法律法规知识、科学文化素养、阅读理解、语言表达、逻辑推理和信息处理等基本能力；教育教学、学生指导和班级管理的基本知识；拟任教学科领域的基本知识，教学设计实施评价的知识和方法，运用所学知识分析和解决教育教学实际问题的能力。笔试一般在每年3月和11月各举行一次，笔试单科成绩有效期为2年。笔试科目均合格的考生，可参加教师资格考试面试。下表为各学段的笔试科目及面试相关情况。

<table>
<tr><th colspan="3" rowspan="2">类别</th><th colspan="3">笔试科目</th><th rowspan="2">面试</th></tr>
<tr><th>科目一</th><th>科目二</th><th>科目三</th></tr>
<tr><td colspan="3">幼儿园</td><td>综合素质</td><td>保教知识与能力</td><td rowspan="2">—</td><td rowspan="6">教育教学
实践能力</td></tr>
<tr><td colspan="3">小学</td><td>综合素质</td><td>教育教学知识与能力</td></tr>
<tr><td rowspan="5">中学</td><td colspan="2">初级中学</td><td rowspan="5">综合素质</td><td rowspan="5">教育知识与能力</td><td rowspan="3">学科知识与教学能力</td></tr>
<tr><td colspan="2">高级中学</td></tr>
<tr><td rowspan="2">中职</td><td>文化课教师</td></tr>
<tr><td>专业课教师</td><td rowspan="2">（试点省自行组织）</td><td rowspan="2">（试点省自行组织）</td></tr>
<tr><td colspan="2">中职实习指导教师</td></tr>
<tr><td colspan="7">注 1. 初级中学的《学科知识与教学能力》科目分为：语文、数学、英语、物理、化学、生物、道德与法治、历史、地理、音乐、体育与健康、美术、信息技术、历史与社会、科学等15个学科。
注 2. 普通高级中学的《学科知识与教学能力》科目分为：语文、数学、英语、物理、化学、生物、思想政治、历史、地理、音乐、体育与健康、美术、信息技术、通用技术等14个学科。</td></tr>
</table>

二、图书特点

为了让考生有针对性地备考，使复习有方向有条理，作为国内研究开发教师资格考试辅导教材的专业机构，山香教育在深入分析历年教师资格考试真题的基础上，结合考试大纲，策划了本套题库，致力于帮助广大考生实现教师之梦。

本套题库具有如下特点：

第一，分章练习，全真模考。

本套题库分为试题本和答案本，每本分上、下两篇。上篇“过关快刷”按章划分知识，涵盖教育基础、学生指导、班级管理、学科知识与教学设计、教学实施、教学评价与反思六章，章内设置“刷考点”“刷真题”“刷专题”模块。下篇“全真模考”包括两套模拟试卷，仿照真题试卷结构、题型设置，模拟考场答题情境。

第二，题量丰富，解析详尽。

本套题库题量丰富，题型全面。答案本解析详尽，设有“方法技巧”“易错提示”“易混辨析”栏目，不仅能够帮助考生强化记忆、加深理解、提升能力，还能够帮助考生梳理易错易混知识点，突破难点，掌握做题方法技巧。

第三，精选真题，透视考点。

本套题库精心选择2016—2023年笔试真题，知识点覆盖面广，帮助考生了解教师资格考试命题趋势和特点，掌握考试内容。

第四，知识导图，巩固要点。

本套题库在试题本每章的“刷考点”模块，通过思维导图的形式串联本章知识，对重要知识点挖空，在答案本呈现挖空的知识点，有效地帮助考生查漏补缺，巩固要点。

第五，定位页码，答案速查。

本套题库在试题本每章“刷考点”“刷真题”以及“刷专题”部分放置对应的答案页码图标 **链接答案本 P241**，提示本模块或本专题所对应的答案本页码，方便考生查找答案和解析。在答案本的单项选择题下放置“答案速查”表格，汇总答案，方便考生快速核对。

第六，扫码看题，解疑答惑。

本套题库挑选部分试题放置二维码，考生可以扫描二维码观看试题精讲视频，视频内有资深讲师剖析试题，为考生答疑解惑。

本套题库难免存在一些不足之处，衷心希望各位读者朋友批评指正，同时希望这套题库能为考生顺利通过教师资格考试提供帮助。

编　者

目　录

上篇　过关快刷

下篇　全真模考

上篇　过关快刷

第一章 教育基础

链接答案本 P241

- 教育基础
  - 教育学基础知识
    - 教育的产生与发展
      - 教育的基本形态:家庭教育、学校教育、社会教育★
      - 教育的本质属性:有目的地① ________的社会活动★
      - 教育的起源:神话起源说、② ________、心理起源说、劳动起源说★
      - 教育产生的原因:人类对自身生存和发展需要的满足★
      - 20世纪以后教育的新特点:终身化、全民化、民主化、多元化、现代化★
    - 教育学的产生与发展
      - 孔子的教育思想★★★
        - ③《 ________ 》
        - 教育对象:④ ________
        - 教学原则与方法:⑤ ________,因材施教,学、思、行相结合,温故知新
      - 《学记》:教学相长,尊师重道,藏息相辅,豫时孙摩,启发诱导,长善救失,⑥ ________
      - 夸美纽斯:⑦《 ________ 》;“泛智”教育、教育适应自然、班级授课制等★
      - 卢梭:《爱弥儿》;教育的任务应该使儿童“归于自然”★
      - 赫尔巴特:《普通教育学》;传统教育学派代表人物
      - 杜威★
        - “新三中心论”:儿童中心、活动中心、经验中心
        - 教育即生活、教育即生长、教育即经验的改组或改造、学校即社会
        - “从做中学”
        - 现代教育学派代表人物
      - 中国近现代教育思想
        - 蔡元培:“五育并举”教育方针
        - 陶行知:⑧ ________、________、________
      - 当代教育学理论的新发展:赞可夫,布鲁纳,瓦·根舍因,巴班斯基等★
    - 教育与社会的发展
      - 教育与政治经济制度★
      - 教育与生产力水平★
      - 教育与科学技术
      - 教育与文化★★
    - 教育与人的发展
      - 影响个体身心发展的因素:⑨ ________ ★★
      - 个体身心发展的动因:内发论、外铄论、多因素相互作用论★
    - 教育目的
      - 教育目的的价值取向:社会本位论、个人本位论、生活本位论、教育无目的论等★
      - 我国确立教育目的的理论依据是⑩ ________ ★★
    - 学校教育制度
      - 现代学制的类型:双轨学制;单轨学制;分支型学制★
      - 旧中国的学制沿革:壬寅学制,⑪ ________,壬子癸丑学制,壬戌学制★★
    - 义务教育制度
      - 义务教育的特点:强制性,普及性,免费性,公共性,基础性,民主性★
      - 《中华人民共和国义务教育法》的颁布时间:1986年★

- 教育基础
  - 我国的小学教育:我国最早的公立小学堂——南洋公学的外院
  - 课程
    - 第一本课程理论专著:博比特的⑫《________》★
    - 古德莱德的课程定义分类:理想的课程、正式的课程、领悟的课程、运作的课程、经验的课程★★
    - 课程类型
      - 学科课程与活动课程★
      - 分科课程与综合课程★★
      - 必修课程与选修课程★
      - 国家课程、地方课程与校本课程★★
      - 显性课程与⑬________★★
    - 课程目标
      - 课程目标体系:结果性目标、体验性目标、表现性目标★
      - 三维课程目标:知识与技能目标、过程与方法目标、情感态度与价值观★★★
    - 新课程结构的主要内容★★
      - 整体设置九年一贯的义务教育课程
      - 小学阶段以⑭________为主,高中以分科课程为主
      - 从小学至高中设置综合实践活动课程并作为必修课程
      - 农村中学课程要为当地社会经济发展服务
    - 课程内容
      - 制约因素:社会、受教育者身心发展规律、科学文化知识★
      - 组织形式:⑮__________、⑯__________、逻辑顺序与心理顺序★★
      - 文本表现形式:⑰__________、⑱__________、⑲__________★★
    - 课程开发的模式:泰勒的目标模式★
    - 课程实施的基本取向:忠实取向、相互适应取向、⑳________★★
    - 当前我国基础教育课程改革
      - 改革课程管理制度,实行国家、地方、学校三级课程管理★
      - 新课程倡导的学生观★★★
        - ㉑________
        - 学生是独特的人
        - 学生是具有独立意义的人
      - 新课程倡导的教学观★★
        - 教学是课程创生与开发的过程
        - 教学是师生交往、积极互动、共同发展的过程
        - 教学重过程甚于重结论
        - 教学更为关注人而不只是学科
      - 新课程倡导的教师观★★
        - 教师角色:学生学习促进者、教育教学研究者、课程建设和开发者、社区型开放教师
        - 教师行为:尊重、赞赏学生,帮助、引导学生,自我反思,与其他教育者合作
      - 新课程倡导的学习方式:自主学习、探究学习和合作学习★
  - 学生与教师
    - 学生是教育的对象、自我教育和发展的主体、发展中的人★
    - 教师
      - 劳动特点:复杂性和㉒________、连续性和广延性、长期性和间接性、主体性和示范性★★★
      - 职业素养:职业道德素养、知识素养、能力素养、心理健康★★
      - 《小学教师专业标准(试行)》基本理念:师德为先、㉓________、能力为重、终身学习★★
    - 我国新型师生关系特点:尊师爱生、民主平等、教学相长、心理相容★
  - 小学教育科学研究
    - 教育科学研究的原则★
    - 教育科学研究的基本过程★
    - 教育科学研究方法:观察法、调查法、实验法、叙事研究法、行动研究法等★★★

《教育教学知识与能力．小学》题型、题量、分值构成及每题作答时长参考

满分	考试时间	题型	题量	分值构成	每题作答时长参考
150分	120分钟	单项选择题	20道	每小题2分，共40分	1分钟
		简答题	3道	每小题10分，共30分	10分钟
		材料分析题	2道	每小题20分，共40分	15分钟
		教学设计题	6选1	40分	40分钟

刷真题

链接答案本 P241

一、单项选择题（每小题2分，共66小题。参考时限70分钟）

1.［2023上半年］对观察内容与步骤不作限定的教育观察属于（　　）

A. 结构式观察　　B. 参与性观察　　C. 非结构式观察　　D. 非参与性观察

2.［2023上半年］强调学科逻辑体系完整性和不同学科门类之间相对独立性的课程是（　　）

A. 经验课程　　B. 综合课程　　C. 活动课程　　D. 分科课程

3.［2023上半年］下列关于课程的理解中，没有体现“学习者是课程主体”的是（　　）

A. 课程即对话　　B. 课程即知识　　C. 课程即经验　　D. 课程即活动

4.［2022下半年］“只有受过恰当的教育之后，人才能成为一个人。”这表明教育的本质是（　　）

A. 传递社会经验的活动　　B. 培养人的社会实践活动

C. 传递人类文化的活动　　D. 保存人类文明的活动

5.［2022下半年］1912年，蔡元培在《对于教育方针之意见》一文中提出了世界观教育，并指明实现世界观教育的主要途径是（　　）

A. 德育　　B. 智育　　C. 美育　　D. 体育

6.［2022下半年］在我国近代教育史上，以美国学制为蓝本，强调适应社会发展需要的学制是（　　）（易混）

A. 壬寅学制　　B. 癸卯学制　　C. 壬戌学制　　D. 壬子癸丑学制

7.［2022下半年］“教学有法，但无定法，贵在得法。”这说明教师劳动具有（　　）

A. 繁重性　　B. 创造性　　C. 示范性　　D. 长期性

8.［2022下半年］小学分科课程与综合课程的分类依据是（　　）

A. 课程内容的组织方式　　B. 课程计划对课程实施的要求

C. 课程内容固有的属性　　D. 课程管理的层次

9.［2022下半年］具体规定基础教育阶段学校应设置的课程，课程开设的顺序及课时分配的指导性文件是（　　）（常考）

A. 课程计划　　B. 课程标准　　C. 培养方案　　D. 教学大纲

10.［2022下半年］在下列选自《学记》的语句中，体现教学语言应言简意赅的是（　　）

A. 学不躐等　B. 开而弗达　C. 禁于未发　D. 罕譬而喻

11.［2022上半年］提出生活教育理论，主张"教学做合一"的教育家是（　　）

A. 陶行知　B. 晏阳初　C. 梁漱溟　D. 蔡元培

12.［2022上半年］认为教育起源于动物的本能活动，不仅在脊椎动物中存在教育，甚至在非脊椎动物中也存在教育。这种观点被称为（　　）（易混）

A. 神话起源论　B. 心理起源论　C. 生物起源论　D. 劳动起源论

13.［2022上半年］2012年教育部印发的《小学教师专业标准（试行）》规定，小学教师的专业知识包括（　　）

①小学生发展知识　②学科知识　③教育教学知识　④通识性知识　⑤实践性知识

A. ①②③⑤　B. ①②③④　C. ①③④⑤　D. ②③④⑤

14.［2022上半年］从课程类型来说，教室里的图画、标语、黑板报属于（　　）（常考）

A. 学科课程　B. 活动课程　C. 显性课程　D. 隐性课程

15.［2021下半年］古代思想家管仲说："一年之计，莫如树谷；十年之计，莫如树木；终身之计，莫如树人。"这句话反映了教师劳动具有（　　）

A. 全面性　B. 创造性　C. 示范性　D. 长期性

16.［2021下半年］陶行知"生活教育理论"的主要观点是（　　）

A. 教育即生活，社会即学校，从做中学　B. 教育即生活，学校即社会，教学做合一

C. 生活即教育，社会即学校，教学做合一　D. 生活即教育，学校即社会，从做中学

17.［2021下半年］某小学为弘扬传统文化，开设了中华传统经典诵读、民族乐器、地方戏曲等课程。这类课程属于（　　）

A. 校本课程　B. 学科课程　C. 国家课程　D. 地方课程

18.［2021下半年］2001年启动的基础教育课程改革倡导"教师即课程开发者"，其课程实施取向属于（　　）（易混）

A. 忠实取向　B. 创生取向　C. 实践取向　D. 相互适应取向

19.［2021上半年］裴斯泰洛齐认为教育目的就在于全面和谐地发展人的一切天赋力量和才能，使人的各项能力得到自然的进步与均衡发展，其价值取向属于（　　）

A. 个人本位论　B. 社会本位论　C. 文化本位论　D. 生活本位论

20.［2021上半年］"治贫先治愚"，教育扶贫能够阻断代际传递，这是因为教育具有（　　）

A. 政治功能　B. 经济功能　C. 生态功能　D. 人口功能

21.［2021上半年］格塞尔的"同卵双生子爬梯实验"表明，儿童有效学习和接受教育的前提条件是（　　）

A. 遗传素质　B. 学习训练　C. 指导学习　D. 成熟程度

22. [2021上半年]联合国教科文组织在《教育——财富蕴藏其中》报告中提出,21世纪教育的四大支柱是(　　)

①学会生存　②学会认知　③学会做事　④学会创造　⑤学会共同生活

A. ①②③④　　B. ①②③⑤　　C. ①②④⑤　　D. ②③④⑤

23. [2021上半年]因1918年出版《课程》一书而被称为"现代课程理论开拓者"的学者是(　　)

A. 杜威　　B. 博比特　　C. 查特斯　　D. 泰勒

24. [2021上半年]在课程内容组织过程中,应考虑(　　)

A. 逻辑顺序　　B. 心理顺序

C. 逻辑顺序与心理顺序　　D. 逻辑顺序与时间顺序

25. [2021上半年]某小学有计划地将当地民谣融入语文课程,这属于(　　)

A. 国家课程校本化　　B. 校本课程开发

C. 国家课程地方化　　D. 地方课程开发

26. [2020下半年]"子曰:自行束脩以上,吾未尝无诲焉。"《论语》中这句话体现的教育思想是(　　)

A. 启发诱导　　B. 因材施教　　C. 有教无类　　D. 诲人不倦

27. [2020下半年]1990年联合国教科文组织在宗迪恩会议上提出:"每一个人,无论他是儿童、青年还是成人,都应能获益于旨在满足其基本学习需要的受教育机会。"这是提倡教育应具有(　　)

A. 全面性　　B. 全民性　　C. 基础性　　D. 义务性

28. [2020下半年]在设计教育调查问卷时,应避免将权威论断、个人观点包含在问题之中。这体现的问卷设计原则是(　　)

A. 面向对象　　B. 价值中立　　C. 语句简洁　　D. 避免社会认可效应

29. [2020下半年]将课程编制过程划分为确定目标、选择经验、组织经验、评价结果四个阶段,并被誉为"课程评价之父"的教育家是(　　)

A. 卢梭　　B. 杜威　　C. 泰勒　　D. 布鲁纳

30. [2020下半年]在学习《长城》一课时,通过阅读课文和观看长城的影像,学生感受到万里长城的宏伟和壮观,民族自豪感和爱国之情油然而生。这一教学活动主要达成的教学目标是(　　)(常考)

A. 知识与技能　　B. 认知与技能　　C. 过程与方法　　D. 情感态度与价值观

31. [2019下半年]"玉不琢,不成器;人不学,不知道。是故古之王者建国君民,教学为先。"《学记》中的这句话反映了(　　)

A. 教育与经济的关系　　B. 教育与文化的关系

C. 教育与政治的关系　　D. 教育与科技的关系

32. [2019下半年]义务教育的基本特征主要包括(　　)

①强制性　②普遍性　③公共性　④选择性　⑤终身性

A. ①②③　　B. ①②④　　C. ①③⑤　　D. ②③④

33. [2019下半年]在小学课程实施过程中,教师挖掘和利用的民风民俗、传说故事、传统节日、文化活动等资源属于(　　)

A. 自然资源　　B. 校内资源　　C. 社会资源　　D. 个体资源

34. [2019下半年]倡导经验课程,并主张以主动作业形式实施这种课程的教育家是(　　)

A. 卢梭　　B. 杜威

C. 泰勒　　D. 布鲁纳

35. [2019下半年]小学生通过科学课的学习,了解了水具有固态、液态和气态三种状态,进而知道在一定条件下物质状态可以改变。按照三维目标的分类,这主要达成的教学目标是(　　)

A. 知识与技能　　B. 过程与方法

C. 认知与实践　　D. 情感态度与价值观

36. [2019下半年]我国现行的小学《道德与法治》课程属于(　　)(常考)

A. 分科课程　　B. 综合课程

C. 边缘课程　　D. 隐性课程

37. [2019下半年]课程实施中,不适合评价"情感态度与价值观"目标达成度的方法是(　　)

A. 课堂观察　　B. 活动记录　　C. 标准化测验　　D. 课后访谈

38. [2019上半年]英国哲学家洛克提出"白板说",认为外部的力量决定了人的发展。这种观点属于(　　)

A. 外铄论　　B. 内发论　　C. 多因素论　　D. 相互作用论

39. [2019上半年]马克思主义经典作家关于人的全面发展的基本含义是指(　　)

A. 德智体美劳全面发展　　B. 人的身心全面发展

C. 人的劳动能力全面发展　　D. 人的独立个性全面发展

40. [2019上半年]《中华人民共和国义务教育法》颁布的时间是(　　)

A. 1983年　　B. 1986年　　C. 1993年　　D. 2006年

41. [2019上半年]在小学《科学》教材中,先呈现动植物的基本知识,接着是与动植物有关的生态系统知识,再是与人类相关的生态系统知识,这种课程内容的组织形式属于(　　)(易混)

A. 直线式　　B. 螺旋式　　C. 并列式　　D. 循环式

42. [2019上半年]在教学《圆的周长》时,张老师将"掌握圆的周长计算公式"拟定为教学目标之一。该目标属于(　　)

A. 知识与技能目标　　B. 过程与方法目标

C. 思想与方法目标　　D. 情感态度与价值观目标

43. [2019上半年]某小学拟编写一本综合实践活动校本教材，编写这一教材的主要依据应为(　　)

A. 教学目标　　B. 教学内容　　C. 课程标准　　D. 课程计划

44. [2018下半年]下列主张属于儒家教育思想的是(　　)

A. 有教无类　　B. 道法自然　　C. 绝圣弃智　　D. 以吏为师

45. [2018下半年]我国教育史上首次纳入师范教育并实施的学制是(　　)

A. “癸卯学制”　　B. “五四三学制”

C. “壬寅学制”　　D. “六三三学制”

46. [2018下半年]在教育研究中，访谈法与问卷法相比(　　)

A. 更具客观性　　B. 更有利于做大样本研究

C. 更易对数据进行编码处理　　D. 更有利于对问题进行深层次研究

47. [2018下半年]明确指出教学就是阐明“把一切事物教给一切人类的全部艺术”的著作是(　　)

A. 赫尔巴特的《普通教育学》　　B. 卢梭的《爱弥儿》

C. 夸美纽斯的《大教学论》　　D. 洛克的《教育漫话》

48. [2018下半年]在我国基础教育课程结构中，地方课程与国家课程在地位上具有(　　)

A. 平等性　　B. 层次性　　C. 辅助性　　D. 从属性

49. [2018下半年]小学教科书的编排形式应有利于学生的学习，不仅要符合教育学、心理学和美学的要求，还应符合(　　)

A. 社会学的要求　　B. 政治学的要求

C. 生态学的要求　　D. 卫生学的要求

50. [2018下半年]巴班斯基认为，应该把教学看作一个系统，从系统的整体与部分之间、部分与部分之间以及系统与环境之间的相互联系、相互作用之中设计教学。这一教学理论称为(　　)

A. 教学环境最优化　　B. 教学内容最优化

C. 教学过程最优化　　D. 教学方法最优化

51. [2018上半年]面向全体学生，实现城乡、区域和校际的均衡发展，这表明义务教育具有(　　)

A. 公共性　　B. 民主性　　C. 免费性　　D. 强制性

52. [2018上半年]现代课程论认为，制约课程内容选择的因素主要包括(　　)

A. 知识、技能与情感　　B. 难度、广度与深度

C. 社会、儿童与学科　　D. 政治、经济与文化

53. [2017下半年]近年来，越来越多的“一带一路”沿线国家留学生来我国学习，并把中国文化带回他们自己的祖国，这反映了教育具有(　　)

A. 文化传承功能　　B. 文化创造功能

C. 文化更新功能　　D. 文化传播功能

54.［2017下半年］在西方近现代教育史上，被认为最先发现了“儿童”的教育家是（　　）

A. 杜威　B. 卢梭　C. 康德　D. 洛克

55.［2017下半年］20世纪60年代美国“结构主义”课程改革的代表人物是（　　）

A. 斯金纳　B. 罗杰斯　C. 布鲁纳　D. 布卢姆

56.［2017下半年］2001年颁布的《基础教育课程改革纲要（试行）》在课程管理方面的改革目标是（　　）

A. 设置综合课程　B. 转变学生学习方式

C. 体现课程结构的均衡性和选择性　D. 形成国家、地方、学校三级课程体系

57.［2017上半年］在教育活动中，构建民主、和谐、融洽的师生关系的主导因素是（　　）

A. 学生　B. 家长　C. 教师　D. 文学艺术活动

58.［2017上半年］将观察法分为系统观察和非系统观察的依据是（　　）

A. 观察条件是否人为控制　B. 观察活动是否有规律

C. 观察者是否直接介入活动　D. 观察内容是否有设计并有结构

59.［2016下半年］学校教育的直接目标是（　　）

A. 推动社会发展　B. 增强人的体质

C. 增进社会公平　D. 促进人的发展

60.［2016下半年］教育产生的根本原因是（　　）

A. 社会经济发展的需要　B. 国家政权稳定的需要

C. 人类文化传承的需要　D. 人类生存发展的需要

61.［2016下半年］我国最早记载和阐释孔子“不愤不启，不悱不发”教学思想的著作是（　　）

A.《学记》　B.《论语》　C.《大学》　D.《孟子》

62.［2016下半年］从实现学校培养目标来看，必修课和选修课之间具有（　　）

A. 层次性　B. 等量性　C. 等价性　D. 主次性

63.［2016上半年］教育史上传统教育派与现代教育派的代表人物分别是（　　）（易错）

A. 夸美纽斯和布鲁纳　B. 夸美纽斯和杜威

C. 赫尔巴特和布鲁纳　D. 赫尔巴特和杜威

64.［2016上半年］我国制度化学校教育体系包括（　　）

①幼儿教育　②初等教育　③中等教育　④成人教育　⑤高等教育

A. ①②③④　B. ①②③⑤　C. ①②④⑤　D. ②③④⑤

65.［2016上半年］与学校教育相比，家庭教育的特点主要表现在（　　）

A. 生活性　B. 计划性　C. 组织性　D. 系统性

66.［2016上半年］按照由易到难、由简到繁的顺序编排课程内容，这种组织方式属于（　　）

A. 横向组织　B. 水平组织　C. 纵向组织　D. 综合组织

二、简答题(每小题10分,参考时限10分钟。共6小题)

1.[2022下半年]简述文献检索在教育研究中的作用。

2.[2022上半年]简述教育实验设计的基本要素。

3.[2021上半年]简述教育叙事研究的一般步骤。

4. [2019下半年]简述小学综合实践活动开展的基本步骤。

5. [2019上半年]简述《小学教师专业标准(试行)》中关于教师专业能力的构成。

6. [2016上半年]简述《小学教师专业标准(试行)》中“学生为本”的基本理念。

三、材料分析题(每小题20分,参考时限15分钟。共3小题)

1.[2022下半年]**材料:**

某小学召开期中学生座谈会,以了解任课教师的教学情况。其中,六(2)班学生对王老师的意见最大。学校向王老师反馈学生意见后,她非常生气。

第二天一上课,王老师就将学生"痛骂"一顿,责怪学生不知好歹,不理解老师的良苦用心。她说着说着,委屈地掉下了眼泪。这时,学生们都低着头,不知所措。

第三天,王老师批改作业时,看到一张小纸条:"老师,请您别生气了,我们不是说您课上得不好,而是因为您动不动就发脾气,有时竟为一点儿小事大发雷霆。说真的,上您的课,我们总是提心吊胆,生怕一不小心就挨骂。老师,真没想到我们的意见会给您造成这么大的伤害。请原谅我们吧!"落款是几位参会学生的署名。王老师看后,对自己之前的做法有些后悔。

问题:

(1)应如何看待材料中学生的行为?

(2)结合材料谈谈教师应如何成为一名学生喜欢的老师。

2.［2021下半年］**材料：**

刘老师讲到“白求恩不远万里来到中国”时，一个学生突然大声说：“那么远？怎么来？是坐飞机，还是坐轮船？”同学们都笑了起来。刘老师也笑了，想了想，向同学们提出了这样几个问题：白求恩来中国的方式可能有哪几种？“不远万里”又该怎样解释？这体现了白求恩的什么精神？经过热烈的讨论，同学们明白了：无论是坐飞机、轮船，还是坐汽车、马车，白求恩不远万里来到中国，这体现了他的国际主义精神。

问题：

（1）对刘老师的教学行为进行评析。

（2）结合材料分析课堂教学中教师的角色。

3.［2020下半年］**材料：**

在一次关于学生个体差异的研讨会上，一位小学校长将学生比喻成鲜花，他说："有的学生是适时盛开的花朵，有的学生是还未开放的花苞。只要给予足够的阳光、空气、水分及耐心的等待，未开的花苞总会开放，而且有的迟开的花苞盛开时可能会更鲜艳、更长久。我们要用静待花开的心态去对待孩子，接受他，尊重他，这样才能帮助他，促进他。"

问题：

(1)分析该校长发言中所蕴含的学生观。

(2)结合材料谈谈小学教师应树立怎样的教育观。

专题一　教育学基础知识

链接答案本 P254

一、单项选择题(每小题2分,共123小题。参考时限125分钟)

1. 生物起源说的代表人物是(　　)

A. 沛西·能　　B. 孟禄　　C. 凯洛夫　　D. 米丁斯基

2. 把学生的"一般发展"作为教学的出发点的著作是(　　)

A.《教学与发展》　　B.《大教学论》

C.《国民教育与民主主义教育》　　D.《教育过程》

3. 卢梭认为,在人的心灵中根本没有什么天生就有的邪恶,任何邪恶都是在后天不恰当的社会制度中养成的。因此,他主张儿童的教育要远离腐化的上层社会生活,远离充满罪恶的城市,要把儿童带到乡村大自然的淳朴环境中,把他们从社会的不良影响下挽救出来,在教育中保护儿童善良的天性。卢梭的观点属于(　　)教育目的价值取向。

A. 环境本位论　　B. 个人本位论

C. 生活本位论　　D. 社会本位论

4. 在教育过程中,我们会发现,有的语文老师采用标准化的教学模式,在教学评价中,凡是和答案不一致的,都是错误的。这无疑会束缚学生的想象力和创造力,扼杀学生的创新精神。这种现象主要体现了教育的(　　)

A. 隐性功能　　B. 显性功能

C. 正向功能　　D. 负向功能

5. "以僧为师""以吏为师"是古(　　)教育的特征。

A. 印度　　B. 巴比伦　　C. 希腊　　D. 埃及

6. 赫尔巴特提出教学形式阶段理论,认为任何教学活动都必须经历的四个阶段是(　　)(易错)

A. 注意、期待、要求、行动　　B. 明了、联合、系统、方法

C. 注意、期待、相关、集中　　D. 明了、联合、提示、巩固

7. 墨子认为:"国有贤良之士众,则国家之治厚;贤良之士寡,则国家之治薄。"这一思想体现的是教育的(　　)

A. 政治功能　　B. 经济功能　　C. 文化功能　　D. 生态功能

8. “我们的儿童是我们国家未来的公民，也是世界的公民，他们将创造历史。”马卡连柯的这句话体现了他对教育目的所持的观点是(　　)

A. 能力本位论　　B. 社会本位论

C. 知识本位论　　D. 个人本位论

9.《论语·为政》指出：“道之以政，齐之以刑，民免而无耻；道之以德，齐之以礼，有耻且格。”这一观点反映了(　　)

A. 教育的政治功能　　B. 教育的文化功能

C. 教育的人口功能　　D. 教育的经济功能

10. 樊迟请学稼，子曰：“吾不如老农。”请学为圃，曰：“吾不如老圃。”樊迟出。子曰：“小人哉，樊须也！上好礼，则民莫敢不敬；上好义，则民莫敢不服；上好信，则民莫敢不用情。夫如是，则四方之民襁负其子而至矣，焉用稼？”上述典故体现了这一阶段的教育(　　)

A. 与生产劳动相结合　　B. 与生产劳动相脱离

C. 教育内容科学化　　D. 实现了大众化

11. 教育是培养人的一种社会活动，是传承社会文化、传递生产经验和社会生活经验的基本途径。下列关于教育的概念，说法错误的是(　　)

A. 教育是人类特有的社会现象，动物界不存在教育

B. 教育随着人类的产生而产生，随着社会的发展而发展

C. 教育能增进人们的知识和技能，影响人们的思想观念

D. 教育就是指学校教育，即有目的地对学生身心施加影响

12. 我国的教育方针在其演进过程中虽有一定变化，但重视道德教育的优良传统没有改变。这说明教育具有(　　)(易混)

A. 历史性　　B. 长期性　　C. 继承性　　D. 永恒性

13. 提出了军国民教育、实利主义教育、公民道德教育、世界观教育和美感教育，倡导“五育”并举的教育家是(　　)

A. 黄炎培　　B. 晏阳初　　C. 杨贤江　　D. 蔡元培

14. “知子莫若父，知女莫若母”说明家庭教育比学校教育更具有(　　)

A. 先导性　　B. 感染性　　C. 权威性　　D. 针对性

15. 在英国，曾经不同阶层的教育有着明显的区分——资产阶级和贵族的子女有权上质量较高的公立学校，毕业后进入剑桥和牛津等大学接受世界上最优秀的学术教育；而工人的孩子只能接受职业教育，进而继续成为工人。这种制度属于(　　)

A. 单轨制　　B. 双轨制

C. 并列结合制　　D. 分支制

16. 提出“教育即生活”“学校即社会”的教育家是(　　)(常考)

A. 裴斯泰洛齐　　B. 涂尔干　　C. 杜威　　D. 加里宁

17. 恩格斯曾说:“教育将使年轻人能够很快熟悉整个生产系统,将使他们能够根据社会需要或者他们自己的爱好,轮流从一个生产部门转到另一个生产部门。”该观点体现了(　　)

A. 教育可以改变人的劳动能力的性质与形态

B. 教育的发展有助于劳动力配置结构的改善

C. 教育有助于规范劳动者的劳动行为

D. 教育是人的劳动能力再生产的重要手段

18. “只要有人类社会,就有教育”说明教育具有(　　)

A. 历史性　　B. 继承性　　C. 永恒性　　D. 相对独立性

19. 美国教育家杜威是实用主义教育学的代表人物。他提出的“三中心论”是指(　　)

A. 教师中心、教材中心、课堂中心　　B. 教师中心、儿童中心、教材中心

C. 儿童中心、活动中心、经验中心　　D. 儿童中心、活动中心、教材中心

20. 发挥教育合力必须要注意三种教育形态的有机结合,这三种教育形态是(　　)

①家庭教育　②学校教育　③社会教育　④自我教育

A. ①②④　　B. ①③④　　C. ①②③　　D. ②③④

21. 荀子说:“干、越、夷、貉之子,生而同声,长而异俗,教使之然也。”这强调影响人的身心发展的因素是(　　)

A. 遗传　　B. 环境

C. 教育　　D. 个体主观能动性

22. 影响个体身心发展的因素有很多,其中对人的身心发展起主导作用的是(　　)

A. 遗传　　B. 环境　　C. 学校教育　　D. 个体主观能动性

23. 马克思主义认为,造就全面发展的人的根本途径是(　　)

A. 教育与生产劳动相结合　　B. 从事智力劳动

C. 从事体力劳动　　D. 接受教育

24. 被毛泽东称为“伟大的人民教育家”的是(　　)(易混)

A. 蔡元培　　B. 陈鹤琴　　C. 陶行知　　D. 李叔同

25. 我国古代社会提出了“在明明德,在亲民,在止于至善”的教育目的,这体现了(　　)对教育目的确立的影响。

A. 经济　　B. 政治　　C. 文化　　D. 科技

26. 致力于推进学年制度、分科教学和班级授课,使中世纪以前无序的个别教学向有序的、制度化的班级授课制转变,创建了较为系统的教学理论的教育家是(　　)

A. 赫尔巴特　　B. 夸美纽斯　　C. 卢梭　　D. 杜威

27. 与“不愤不启，不悱不发”体现同样教学思想的是(　　)

A. 产婆术　B. 白板说　C. 教学相长　D. 泛智教育

28. 教育(　　)是对教育专制性、等级化和特权化的否定。

A. 全民化　B. 终身化　C. 民主化　D. 多元化

29. 我国明朝末期的东林书院强调“家事、国事、天下事，事事关心”，这在一定程度上反映了教育的(　　)

A. 政治功能　B. 人口功能　C. 经济功能　D. 文化功能

30. 14世纪欧洲学校的课程有算数、几何、天文等，到16世纪增加了地理和力学，17世纪又增加了代数、三角、物理和化学等。这说明对教学内容变化产生影响的是(　　)

A. 生产力　B. 传统文化

C. 上层建筑　D. 政治经济制度

31. “近朱者赤，近墨者黑”“孟母三迁”说明了(　　)对人的发展的影响。(常考)

A. 环境　B. 个体主观能动性

C. 遗传　D. 学校教育

32. 孟禄在1905年出版的《教育史教科书》中指出，原始社会由于“学校系统还没有建立，间接地用作生活指导的大量知识或学习科目尚未组织起来。使用的方法从头到尾都是简单的、无意识的模仿”。这段论述涉及的是关于教育起源的(　　)

A. 生物起源论　B. 心理起源论　C. 劳动起源论　D. 需要起源论

33. “教育的主要目的，在最广泛的意义上就是‘塑造人’，或者更确切地说，帮助儿童成为充分成型和完善发展的人。”这句话体现了(　　)的观点。

A. 个人本位论　B. 社会本位论

C. 教育无目的论　D. 教师中心论

34. “环境决定论”认为环境对人的身心发展起决定作用。“环境决定论”的代表人物是(　　)

A. 柏拉图　B. 班杜拉　C. 苏格拉底　D. 华生

35. 有教育家认为：“教育目的主要包括两个方面，一方面是与职业及谋生相关的目的；另一方面是必要的培养道德的目的。一个人无论从事什么样的职业，都必须具有一定的完善的道德品质，所以说道德教育是教育的最高目的。”为此，该教育家提出了一个非常重要的原则——教育性教学原则。该教育家是(　　)

A. 杜威　B. 夸美纽斯　C. 斯宾塞　D. 赫尔巴特

36. 针对当时农民存在的愚、穷、弱、私四大问题，提出文艺、生计、卫生、公民四种教育，采取学校教育、社会教育、家庭教育三大方式的教育家是(　　)

A. 雷沛鸿　B. 晏阳初　C. 陶行知　D. 梁漱溟

37. 教育史上以美国学制为蓝本，第一次明确以学龄儿童和青少年身心发展规律作为划分学校教育阶段的依据，并且一直沿用到解放初期的现代学制是(　　)

A. 壬寅学制　　B. 癸卯学制

C. 壬子癸丑学制　　D. 壬戌学制

38. 片面追求升学率易造成教育的荒废，这是教育的(　　)

A. 正向个体功能　　B. 负向个体功能

C. 正向社会功能　　D. 负向社会功能

39. "吾十有五而志于学，三十而立，四十而不惑，五十而知天命，六十而耳顺，七十而从心所欲，不逾矩。"这句话体现的教育思想是(　　)

A. 素质教育　　B. 终身教育　　C. 全民教育　　D. 全纳教育

40. 在教育方面，注重军事体育训练和政治道德灌输，教育内容单一，教育方法比较严厉的国家是(　　)

A. 古印度　　B. 古埃及

C. 斯巴达　　D. 雅典

41. 美国斯坦福大学的一项研究表明，儿童期的智力测验并不能正确地预测成年以后的工作成就，一个人的成就同智力的高低并无极大的相关。这说明(　　)

A. 遗传素质仅仅为人的身心发展提供了可能性

B. 遗传素质的成熟机制制约着人的身心发展

C. 遗传素质具有可塑性

D. 遗传素质的差异对人的身心发展具有决定性影响

42. 《学记》中的"藏息相辅"即主张(　　)

A. 教与学相结合　　B. 学与思相结合

C. 课内与课外相结合　　D. 教学与劳动相结合

43. 制约教育的性质、领导权和受教育权的根本因素是(　　)

A. 政治经济制度　　B. 社会生产力

C. 人口数量与质量　　D. 文化习俗

44. 关于教育起源问题的各种观点中，为人们理解教育起源和教育性质提供了一把"金钥匙"的学说是(　　)

A. 心理起源说　　B. 神话起源说

C. 劳动起源说　　D. 生物起源说

45. "六艺"教育的中心是(　　)

A. 文字教育　　B. 计数教育　　C. 礼乐教育　　D. 射击教育

46. “橘生淮南为橘,生于淮北为枳。”这句话反映了(　　)因素对个人发展的影响。

A. 成熟　　B. 遗传　　C. 教育　　D. 环境

47. 马克思主义关于人的全面发展学说提出要培养德、智、体、美、劳全面发展的人,为培养社会主义人才指明了方向。这体现了教育目的具有(　　)

A. 导向作用　　B. 激励作用　　C. 评价作用　　D. 调控作用

48. 我国政府通过在国外设立“孔子学院”,让更多的外国民众学习汉语、了解中国、喜爱中国。这说明教育可以(　　)

A. 创造、更新文化　　B. 传播、交流文化

C. 选择、提升文化　　D. 筛选、保存文化

49. 教育的任务应该使儿童“归于自然”,这是自然主义教育的核心。下列人物当中,(　　)提出了“自然教育”的主张。(常考)

A. 赫尔巴特　　B. 康德　　C. 洛克　　D. 卢梭

50. 近年来,部分学校开设了雕版印刷、根雕、剪纸等课程,这在一定程度上促进了非物质文化遗产的传承、保护与发展。该现象体现出教育具有(　　)

A. 经济功能　　B. 政治功能　　C. 文化功能　　D. 生态功能

51. 昆体良是古罗马教学法大师,也是西方教育史上第一个专门论述教育问题的教育家。其代表作是(　　)

A.《论演说家的教育》　　B.《普通教育学》

C.《大教学论》　　D.《理想国》

52. 历史上第一个明确主张“教育心理学化”的教育家是(　　)

A. 夸美纽斯　　B. 赫尔巴特

C. 裴斯泰洛齐　　D. 杜威

53. “蓬生麻中,不扶而直;白沙在涅,与之俱黑”夸大了(　　)因素对人的身心发展的影响。

A. 遗传　　B. 环境

C. 个体主观能动性　　D. 学校教育

54. (　　)的教育思想散记在他的哲学著作《理想国》一书中。他以“理念说”为核心,建立了一整套包含形而上学、价值论及知识论的哲学系统。

A. 苏格拉底　　B. 柏拉图

C. 亚里士多德　　D. 康德

55. 在我国,最早规定实行“男女教育平等,允许初等小学男女同校”的学制是(　　)

A. 壬寅学制　　B. 癸卯学制

C. 壬子癸丑学制　　D. 壬戌学制

56. “教，上所施，下所效也”，“育，养子使作善也”，这一教育名言出自(　　)

A.《孟子》　B.《荀子》　C.《中庸》　D.《说文解字》

57. “一两的遗传胜过一吨的教育”是(　　)的观点。

A. 遗传决定论　B. 环境决定论

C. 二因素论　D. 教育万能论

58. 我国近代第一个在全国推行的学制是(　　)(易错)

A. 壬寅学制　B. 癸卯学制

C. 壬子癸丑学制　D. 壬戌学制

59. “产婆术”作为一种学生和教师共同讨论、共同寻求正确答案的方法，有助于激发和推动学生思考问题的积极性和主动性，是西方最早的(　　)方法。

A. 巩固性教育　B. 民主性教育　C. 主观性教育　D. 启发式教育

60. 对教育事业的发展速度、规模和学校结构起决定作用的因素是(　　)

A. 决策者的观念　B. 生产力发展水平

C. 政治制度　D. 社会需求

61. 学制是一个国家各级各类学校的系统，下列哪一项不属于学制的内容(　　)

A. 学校性质　B. 课程标准

C. 入学条件　D. 修业年限

62. “教育是与种族需要、种族生活相适应的、天性的，而不是获得的表现形式，教育既无需周密的考虑使它产生，也无需科学予以指导，它是扎根于本能的不可避免的行为。”这种教育起源说属于(　　)

A. 神话起源说　B. 生物起源说

C. 心理起源说　D. 劳动起源说

63. 我国古代教育史上提出“循序渐进”“熟读精思”“虚心涵泳”“切己体察”“着紧用力”“居敬持志”读书法的思想家是(　　)

A. 韩愈　B. 朱熹　C. 董仲舒　D. 王守仁

64. 我国最早提出“教育”一词的是(　　)

A. 孔子　B. 墨子　C. 孟子　D. 荀子

65. 马克思主义教育学在教育起源问题上坚持(　　)

A. 劳动起源论　B. 生物起源论

C. 心理起源论　D. 生物进化论

66. 下列选项中，属于实用主义教育家及其代表作的是(　　)

A. 布鲁纳《教育过程》　B. 杜威《民主主义与教育》

C. 赞可夫《教学与发展》 D. 凯洛夫《教育学》

67. “教育既有培养创造精神的力量，也有压抑创造精神的力量，甚至有的教育还在摧残儿童”，这说明（ ）

A. 教育在人的发展中起主导作用 B. 教育在人的发展中具有导向性作用

C. 教育比遗传素质更能影响人的发展 D. 教育对人的发展的主导作用是有条件的

68. 首次把教育学作为一门独立学科提出来，并与其他学科并列的是西方教育家（ ）

A. 赫尔巴特 B. 康德 C. 培根 D. 洛克

69. 有一种学制最早产生于美国，因为它有利于教育的逐级普及，有利于现代生产和现代科技的发展而被世界许多国家利用。这种学制是（ ）

A. 单轨制 B. 双轨制 C. 分支型学制 D. 六三三学制

70. 学制在大、中、小学阶段的入学年龄划分方面，多数国家基本上是一致的。这是因为学制的设置受（ ）的影响。

A. 政治经济 B. 生产力和科技

C. 人的身心发展规律 D. 民族文化传统

71. 在教育史上首次提出“教育遵循自然”的观点的教育家是（ ）（常考）

A. 苏格拉底 B. 孔子 C. 亚里士多德 D. 柏拉图

72. （ ）不仅是我国古代最早的教育专著，而且也是世界上最早的教育专著。

A.《学记》 B.《论语》 C.《师说》 D.《劝学篇》

73. 最早系统阐述终身教育并出版《终身教育引论》的是（ ）

A. 赫尔巴特 B. 舒尔茨

C. 埃德加·富尔 D. 保罗·朗格朗

74. 我国第一部马克思主义教育学著作是（ ）

A. 商务印书馆编的《教育学》 B. 杨贤江的《新教育大纲》

C. 凯洛夫的《教育学》 D. 钱亦石的《现代教育理论》

75. 在构成教育活动的基本要素中，主导性的因素是（ ）

A. 教育者 B. 受教育者 C. 教育媒介 D. 教育内容

76. 著名生态学家、生物学家劳伦兹发现，刚出生的小鸭子会发生“印刻”，即模仿第一眼看到的动物进行学习。这一现象支持了教育的（ ）

A. 神话起源说 B. 生物起源说

C. 劳动起源说 D. 心理起源说

77. 提出“人是唯一需要教育的动物”，并且最早在大学开设教育学讲座的教育家是（ ）

A. 康德 B. 卢梭 C. 裴斯泰洛齐 D. 夸美纽斯

78. 我国基础教育阶段的语文教材中能够选取唐诗、宋词中的名篇作为学生的学习内容。这体现的是教育在文化发展中的(　　)作用。

A. 传递和保存　　B. 传播和交流

C. 选择和提升　　D. 更新和创造

79. 在教育史上注重科学文化、历史知识的掌握和逻辑思维能力的培养，认为获得知识的途径是亲知、闻知、说知的是(　　)

A. 道家　　B. 墨家　　C. 儒家　　D. 法家

80. 某家长认为目前学校课业负担过重，担心会影响孩子创造性和批判反思能力的发展，决定在家亲自给孩子上课。该事例说明学校教育具有(　　)(易错)

A. 正向显性功能　　B. 负向显性功能

C. 正向隐性功能　　D. 负向隐性功能

81. 提出“白板说”，认为天赋的智力人人平等的教育家是(　　)

A. 凯洛夫　　B. 卢梭　　C. 皮亚杰　　D. 洛克

82. 杜威的(　　)强调“儿童中心”，提出了“做中学”的方法，开创了“现代教育派”。

A.《民主主义与教育》　　B.《爱弥儿》

C.《经验与教育》　　D.《学校与社会》

83. 教育家凯兴斯泰纳曾说：“我十分明确地把培养有用的国家公民当作国家国民学校的教育目标，并且是国民教育的根本目标。”这是教育史上较为典型的(　　)的思想。

A. 遗传决定论　　B. 环境决定论

C. 社会本位论　　D. 个人本位论

84. 在恶劣的环境中，有的人仍能够“出淤泥而不染”，这主要体现的是(　　)对个体身心发展的影响。

A. 环境　　B. 学校教育

C. 遗传　　D. 个体主观能动性

85. 下列不属于孔子的教学主张的是(　　)

A. 不愤不启，不悱不发　　B. 学而不思则罔，思而不学则殆

C. 有教无类　　D. 教学相长

86. “南人善泳，北人善骑”主要说明了(　　)对人的发展的影响。

A. 遗传因素　　B. 环境　　C. 生理成熟　　D. 先天因素

87. 以下不属于孔子的教学内容特点的是(　　)

A. 偏重社会人事，宗教成分较少　　B. 偏重文事，轻视武事

C. 轻视科技与生产劳动　　D. 主张“绝学”

88. 否定教育自身的发展规律，割裂教育的历史传统，把教育完全作为政治、经济的附庸。这样的观念违背了教育的哪一特性(　　)

A. 生产性　　B. 永恒性
C. 相对独立性　　D. 工具性

89. "控辍保学"工作的落实体现了义务教育的(　　)特点。

A. 普及性　　B. 强制性　　C. 民主性　　D. 免费性

90. 教育作为培养人的社会活动，虽然具有多方面的教育功能，但这些功能的实现却不是自发的，而是一种在理性引导下的有目的的追求。现阶段，确立我国教育目的的理论依据是(　　)

A. 马克思关于人的全面发展理论　　B. 素质教育理论
C. 创新教育理论　　D. 生活教育理论

91. 涂尔干说："教育是成年一代对社会生活尚未成熟的年青一代所实施的影响。其目的在于，使儿童的身体、智力和道德状况都得到激励与发展，以适应整个政治社会在总体上对儿童的要求。"这种论断指出了教育的目的是促进个体的(　　)

A. 社会化　　B. 个性化
C. 终身发展　　D. 德智体全面发展

92. 科学知识是第一生产力，但是科学知识在未用于生产之前，只是一种意识形态的或潜在的生产力，必须通过教育才能把前人积累的科学知识传递给年青一代，才能把潜在的生产力转为人能掌握并用于生产的现实生产力，使原来为少数人所掌握的科学知识在较短的时间内为更多的人所掌握，从而提高劳动生产效率。这说明教育具有(　　)的功能。

A. 再生产科学知识　　B. 推进科学的体制化
C. 科学研究　　D. 促进科学技术成果的开发利用

93. 从教育的性质看，教育通过自我更新和变革，促进和引领人类社会的发展体现了教育的(　　)

A. 超越功能　　B. 保守功能　　C. 显性功能　　D. 隐性功能

94. 个体主观能动性的最高层次是个体的(　　)

A. 生理活动　　B. 心理活动
C. 思考活动　　D. 社会实践活动

95. 马克思说："搬运工和哲学家之间的原始差别要比家犬和猎犬之间的差别小得多，他们之间的鸿沟是分工造成的。"这句话表明遗传素质(　　)

A. 对人的发展不起作用　　B. 决定人的发展
C. 仅为人的发展提供可能性　　D. 具有个别差异性

96. "今天的教育就是明天的经济，教育已经成为经济发展的杠杆"，这说明教育具有(　　)

A. 科学性　　B. 生产性　　C. 阶段性　　D. 独立性

97. 联合国教科文组织在《学会生存》中主张，建设学习化社会的关键在于(　　)

A. 实施终身教育　　B. 推行回归教育

C. 改革正规教育　　D. 发展成人教育

98. 国家教育制度的核心部分是(　　)

A. 教育管理制度　　B. 成人教育制度

C. 学校教育制度　　D. 国民教育制度

99. 孔子主张"为政以德"，用道德和礼教来治理国家是最高尚的治国之道，可以体现其教育目的的观点是(　　)

A. 仕而优则学，学而优则仕　　B. 性相近也，习相远也

C. 有教无类　　D. 发愤忘食，乐以忘忧

100. "使其言皆若出于吾之口，使其意皆若出于吾之心"，体现了"朱子读书法"中的(　　)(易错)

A. 居敬持志　　B. 熟读精思　　C. 着紧用力　　D. 切己体察

101. "一般发展"与"特殊发展"是赞可夫在其著作《教学与发展》一书中提出的两个概念。下列关于"一般发展"和"特殊发展"的说法错误的是(　　)

A. "一般发展"是指整个个性的发展

B. "特殊发展"是指知识和技能的发展

C. 教学过程应当是让学生得到"一般发展"的过程

D. "特殊发展"是指包括心理发展在内的智力和能力的发展

102. 夸美纽斯是捷克伟大的民主主义教育家，是西方近代教育理论的奠基者。贯穿夸美纽斯整个教育体系的一条根本性指导原则是(　　)(常考)

A. 教育的系统性原则　　B. 教育的量力性原则

C. 教育适应自然原则　　D. 教育的巩固性原则

103. 教育目的的价值取向分为社会本位价值取向和个人本位价值取向。下列观点属于个人本位价值取向的是(　　)

A. 一切教育的目的，是教育有用的国家公民

B. 理想教育所要达到的目的就是使儿童善的本性和理性得到发展

C. 在教育目的决定方面，个人不具有任何价值，个人不过是教育的原料，个人不可能成为教育的目的

D. 教育除造就每个人，使其乐于为社会而活，并乐于贡献其最优力量于人类生活的保存和改善以外，不能有别的目的

104. 教育的生物起源论和心理起源论的共同点是(　　)(易错)

A. 将教育视为本能模仿　　B. 忽视教育的社会属性

C. 否认动物界存在教育　　D. 强调教育的目的性

105. 下列选项中,以马克思主义的观点来阐述教育教学问题的教育家及其著作是(　　)

A. 夸美纽斯的《大教学论》　　B. 凯洛夫的《教育学》

C. 赫尔巴特的《普通教育学》　　D. 杜威的《民主主义与教育》

106. 下列教育思想和人物对应错误的是(　　)

A. "化性起伪"——荀子

B. "把一切知识教给一切人类"——夸美纽斯

C. "美德即知识"——柏拉图

D. "亲知、闻知、说知"——墨子

107. 基础教育的基本目标在于提高整个中华民族的素质,它的对象和着眼点是(　　)

A. 中小学生　　B. 全体人民　　C. 全体师生　　D. 学生发展

108. 一位教育家曾说:"不存在无教学的教育这个概念,正如反过来,我不承认有任何无教育的教学一样。"则该教育家属于(　　)

A. 实验教育学派　　B. 形式教育学派

C. 传统教育学派　　D. 现代教育学派

109. 提出了"艰苦实践、服从纪律"教育思想,以及"兴天下之利,除天下之害"的教育目的的教育家是(　　)

A. 荀子　　B. 朱熹　　C. 王夫之　　D. 墨子

110. 学校能够在思想上促进学生思想意识社会化,在行为上促进学生行为社会化,在角色上培养学生的职业意识和角色。这体现的是教育的(　　)

A. 流动功能　　B. 变迁功能　　C. 个体功能　　D. 社会功能

111. 下列关于"德智体美劳"五育的表述,正确的是(　　)

A. 劳动教育、美育的任务均包含培养学生美好的情操和文明行为习惯

B. 发展学生智力最核心的是培养学生的创造能力

C. 德育是学生全面发展的基础

D. 体育是人全面发展的物质前提

112. "上通(高等学校)下达(初等学校),左(中等专业学校)右(中等职业技术学校)畅通"这是(　　)的优点和特点。

A. 六三三学制　　B. 单轨学制　　C. 双轨学制　　D. 分支型学制

113. 下列关于环境对个体发展的影响,表述错误的是(　　)

A. 环境对个体的发展有可能是消极的　　B. 个体的发展不完全由环境决定

C. 环境为个体的发展提供了多种可能　　D. 个体是被动地接受环境影响的

114. 精神科学教育学的代表人物是(　　)(易混)

A. 斯普兰格　　B. 克鲁普斯卡娅

C. 金蒂斯　　D. 拉伊

115. 最新修正的《中华人民共和国教育法》中对新时代党的教育方针作出最新表述:教育必须为社会主义现代化建设服务、为人民服务,必须与(　　)相结合,培养德智体美劳全面发展的社会主义建设者和接班人。

A. 生产劳动　　B. 社会实践

C. 生产劳动和社会实践　　D. 经济建设和社会实践

116. (　　)提出德育的重要作用,认为一个人要被人看重,被人喜爱,要使自己也感到喜悦,或者也还过得去,德行是绝对不可缺少的。

A. 康德　　B. 夸美纽斯　　C. 洛克　　D. 杜威

117. 在西方教育史上被誉为"科学教育学的奠基人",在世界教育史上被称为"教育科学之父""现代教育学之父"的教育家是(　　)

A. 裴斯泰洛齐　　B. 第斯多惠

C. 卢梭　　D. 赫尔巴特

118. 《学记》是著名的世界教育思想遗产,下列有关《学记》的表述正确的是(　　)(常考)

①教学原则:"当其可之谓时"　②教育与文化的关系:"建国君民,教学为先"

③教师观:"师严然后道尊"　④教学方法:"亲知""闻知""说知"

A. ①②③　　B. ①③　　C. ③④　　D. ①④

119. 下列选项中,描述卢梭的教育思想的观点是(　　)

A. "生活就是发展,而不断发展,不断生长,就是生活"

B. "把一切事物教给一切人类"

C. "出自造物主之手的东西都是好的,而一到人的手里,就全变坏了"

D. "不存在无教学的教育,正如反过来,我不承认有任何无教育的教学一样"

120. 下列有关癸卯学制的表述正确的是(　　)

A. 首次以法令形式推广班级授课制

B. 注重天才教育

C. 规定男女可以同校

D. 基本框架未变,只是根据时局需要作适当变通

121. "鸡娃内卷化"的背后,是整个教育大环境下父母的集体焦虑。父母打着"不让孩子输在起跑线上"的旗号,想方设法让孩子上各种培训班。这种想法违背了教育的(　　)

A. 永恒性　　B. 生产性　　C. 长期性　　D. 继承性

122. 亚里士多德的教育思想主要体现在他的教育著作《政治学》中，他在人类历史上首次提出(　　)的观点，主张按照儿童心理发展的规律，对儿童进行分阶段教育。他所倡导的和谐教育思想成为全面发展教育的思想渊源。

A. 泛智思想　　B. 白板说

C. 教育遵循自然　　D. 三中心论

123. “善歌者，使人继其声；善教者，使人继其志。其言也，约而达，微而臧，罕譬而喻，可谓继志矣。”这是《学记》中对(　　)的要求

A. 教师素质　　B. 学生素质

C. 校园环境　　D. 社会环境

二、简答题(每小题10分，参考时限10分钟。共10小题)

1. 学校教育为什么在人的发展中起主导作用?

2. 蔡元培提出的“五育并举”方针具体包含哪五种教育?

3. 简述原始社会的教育特征。

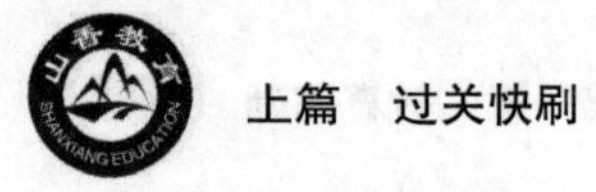

4. 简述教育的科技功能。

5. 简述影响个体身心发展的主要因素。

6. 简述教育目的确立的依据。

7. 简述文化对教育的影响。

8. 简述中世纪西欧教会教育和骑士教育的内容。

9. 简述学制的影响因素。

10. 简述马克思的全面发展学说的主要内容。

专题二　我国的小学教育

链接答案本 P268

一、单项选择题(每小题2分,共5小题。参考时限5分钟)

1. 小学教育通常是指一个国家学制中第一个阶段的教育,也称为初等教育,教育对象一般为(　　)

A. 5～11岁　　B. 5～12岁

C. 6～12岁　　D. 7～13岁

2. 我国公办中小学的内部领导体制是(　　)

A. 党支部领导体制　　B. 校长负责制

C. 集中制　　D. 分权制

3. 普通小学教育的性质是(　　)

A. 高等教育　　B. 职业教育　　C. 基础教育　　D. 专业教育

4. 以下不属于学校管理基本内容的是(　　)

A. 思想品德教育管理　　B. 教学工作管理

C. 教务行政管理　　D. 学生生活管理

5. 小学教育必须面向全体适龄儿童,体现了小学教育的(　　)

A. 全民性特征　　B. 义务性特征

C. 发展性特征　　D. 全面性特征

二、简答题(每小题10分,参考时限10分钟。共2小题)

1. 简述我国小学教育的特点。

2. 简述学校管理的原则。

专题三　课　程

链接答案本 P268

一、单项选择题(每小题2分,共56小题。参考时限60分钟)

1. 针对20世纪初形成并流行的常模参照测验的不足而提出的评价模式是(　　)

A. 目标评价模式　　B. 目的游离评价模式

C.CIPP模式　　D. 以上都不对

2. 课程资源的核心和主要组成部分是(　　)(易错)

A. 学生　　B. 教师　　C. 教材　　D. 知识

3. 从课程的表现形式来看,校园文化属于(　　)

A. 显性课程　　B. 隐性课程

C. 技术课程　　D. 综合课程

4. 历史上最早把"课程"用作一个专门的教育术语的教育家是(　　)

A. 柏拉图　　B. 杜威　　C. 斯宾塞　　D. 泰勒

5. 某小学为培养学生的"工匠精神"和动手能力,与企业合作开发"手工陶瓷工艺品制作"课程。从空间上讲,这种课程资源属于(　　)

A. 校内课程资源　　B. 素材性课程资源

C. 校外课程资源　　D. 条件性课程资源

6. 规定了学科的教学目标与任务,知识的范围、深度和结构,教学进度以及有关教学方法的基本要求的文件是(　　)

A. 课程标准　　B. 课程计划　　C. 课程　　D. 教材

7. 课程资源按功能特点的不同,可以分为(　　)

A. 校内课程资源和校外课程资源　　B. 显性课程资源和隐性课程资源

C. 素材性课程资源和条件性课程资源　　D. 物质形态的课程资源和精神形态的课程资源

8. 学校人际关系状况,师生特有的心态、行为方式等属于(　　)

A. 显性课程　　B. 活动课程

C. 隐性课程　　D. 学科课程

9. 综合实践活动是一门以(　　)为核心的实践性课程。

A. 教师的经验和生活　　B. 学生的经验与生活

C. 师生的经验与生活　　D. 社会实践

10. 我国把课程分为国家、地方、学校三个层次。那么,一级课程和二级课程分别指的是(　　)

A. 地方课程和学校课程　　B. 国家课程和学校课程

C. 国家课程和地方课程
D. 地方课程和国家课程

11. 我国中小学课程主要由(　　)三部分组成。

A. 课程计划、课程目标、教材
B. 课程计划、课程标准、课程目标
C. 课程目标、课程标准、教材
D. 课程计划、课程标准、教材

12. 下列所列举的各种课程类型中,不属于综合课程的是(　　)

A. 植物学、动物学、生理学融合而成的"生物学"课程
B. 环境教育课程
C. 活动课程
D. 小学数学课程

13. 按照美国学者古德莱德的课程层次理论,由研究机构、学术团体和课程专家提出的课程属于(　　)(常考)

A. 理想的课程
B. 正式的课程
C. 领悟的课程
D. 运作的课程

14. 我国古代的"六艺"和古希腊的"七艺"都属于(　　)

A. 学科课程
B. 活动课程
C. 经验课程
D. 综合课程

15. 下列关于小组合作评价机制设计的表述,错误的是(　　)

A. 评价的方式要让小组成员感觉到彼此有共同的目标
B. 要让学生获得同样的分数,这样才能体现小组合作的意义
C. 是否使用组间竞争需要考虑到任务的类型
D. 评价方式需要体现对小组共同努力的认可

16. 根据学生选择课程的自主性,可将课程分为(　　)

A. 学科课程和经验课程
B. 必修课程和选修课程
C. 分科课程和综合课程
D. 基础型课程、拓展型课程和研究型课程

17. 主张评价应关注非预期的结果,评价的重点应放在课程计划实际的结果上,更多地考虑课程计划满足实际需要的程度的是(　　)

A. 差距评价模式
B.CSE 评价模式
C.CIPP 评价模式
D. 目的游离评价模式

18. 国家、地方或学校规定学生必须学习的课程属于(　　)

A. 必修课程
B. 选修课程
C. 显性课程
D. 隐性课程

19. 最古老、使用范围最广泛的课程类型是(　　)

A. 活动课程
B. 综合课程
C. 学科课程
D. 实验课程

20. 美国课程专家泰勒提出的课程开发模式为(　　)

A. 任务分析模式
B. 过程模式
C. 工作分析模式
D. 目标模式

21. 显性课程和隐性课程是根据(　　)的不同而划分的。

A. 课程内容的固有属性　　B. 对学生学习的要求

C. 课程的任务　　D. 影响学生的方式

22. “泰勒原理”被公认为是对课程开发原理最完美、最简洁、最清楚的阐述，其中最关键的一个阶段是(　　)

A. 确定教育目标　　B. 选择教育经验

C. 组织教育经验　　D. 评价教育计划

23. 学校为增强学生体质，专门修建的综合性体育训练馆属于(　　)

A. 校外课程资源　　B. 条件性课程资源

C. 隐性课程资源　　D. 素材性课程资源

24.《课程与教学的基本原理》一书被誉为“现代课程论的圣经”，其作者是美国著名课程理论专家(　　)

A. 斯宾塞　　B. 华生　　C. 杜威　　D. 泰勒

25. 从课程设计、开发、管理主体或管理层次来看，可将课程分为(　　)

A. 学科课程与活动课程　　B. 国家课程、地方课程与校本课程

C. 必修课程与选修课程　　D. 基础型课程、拓展型课程与研究型课程

26. 将课程内容按照由浅入深、由易到难的原则，在逻辑上前后联系，直线推进，不重复地进行排列属于(　　)课程。

A. 直线式　　B. 纵向式　　C. 横向式　　D. 螺旋式

27. 我国第八次课程改革提出了课堂教学的“三维目标”，“三维目标”是对传统的“双基”目标的一次超越，突出了以学生发展为本的思想。下列不属于“三维目标”的是(　　)

A. 知识与技能　　B. 过程与方法

C. 情感态度与价值观　　D. 体验与感悟

28. 把若干相邻的学科内容加以筛选、充实后按照新的体系合而为一的课程是(　　)

A. 学科课程　　B. 分科课程

C. 综合课程　　D. 活动课程

29. 某小学根据当地太极拳具有悠久历史的现实，在该校开设了太极拳课程。该课程属于(　　)

A. 国家课程　　B. 地方课程

C. 校本课程　　D. 学科课程

30. 我们国家国土面积约960万平方公里，幅员辽阔，山川秀美，教研人员可以对秀美的山川进行相应的开发和利用。按照课程资源的性质来划分，辽阔的国土以及秀美的山川属于(　　)

A. 显性课程资源　　B. 隐性课程资源

C. 自然课程资源　　D. 社会课程资源

31. “新教材一方面关注并充分利用学生的生活经验，另一方面也注意及时恰当地反映科学技术新成果……”这主要说明新教材(　　)

①为学生提供了更多现成的结论　　②强调与现实生活的联系

③强调知识与技能、过程与方法的统一　　④体现了国家基础教育课程改革的基本思想

A. ①②　　B. ③④

C. ②④　　D. ①③

32. 按照美国学者古德莱德的课程层次理论分类，学生在课堂学习中实实在在体验到的课程属于(　　)

A. 理想的课程　　B. 正式的课程

C. 运作的课程　　D. 经验的课程

33. 直接经验与间接经验的关系反映到课程类型上，主要表现为(　　)的关系。

A. 活动课程与学科课程　　B. 学科课程与综合课程

C. 显性课程与隐性课程　　D. 选修课程与必修课程

34. 显性课程的主要特征是(　　)，这是区分显性课程和隐性课程的主要标志。(易错)

A. 计划性　　B. 外显性

C. 目的性　　D. 直接性

35. 新课程结构整体设置九年一贯的义务教育课程，在小学阶段(　　)

A. 以分科课程为主　　B. 分科课程与综合课程相结合

C. 以综合课程为主　　D. 以分科课程为主，综合课程为补充

36. 为了改变传统课程过分强调学科本位的现象，新课程注重联系学生经验和生活实际，提倡和追求不同学科间的彼此关系。这体现的新课程结构特征是(　　)

A. 均衡性　　B. 选择性　　C. 独立性　　D. 综合性

37. 综合实践活动是新的基础教育课程体系中设置的(　　)

A. 选修课程　　B. 必修课程

C. 学科课程　　D. 活动课程

38. 为发展学生的兴趣、爱好和特长而开设的，可供学生自由选择的课程是(　　)

A. 综合课程　　B. 选修课程

C. 学科课程　　D. 活动课程

39. 首次提出“隐性课程”一词的学者是(　　)

A. 杰克逊　　B. 泰勒　　C. 杜威　　D. 博比特

40. 与现在人们对课程的理解有相似之处，认为“课程”主要是指“功课及其进程”的学者是(　　)(易混)

A. 孔子　　B. 朱熹　　C. 王夫之　　D. 曾国藩

41. 从学生的兴趣和经验出发，以儿童的活动为中心，通过儿童的亲身体验获得直接经验的课程，被称为(　　)

A. 学科课程　　B. 综合课程　　C. 校本课程　　D. 活动课程

42. 课程计划首先要解决的问题是(　　)

A. 课程设置　　B. 课程开设顺序

C. 教学时数　　D. 学年编制和学周安排

43. 综合课程打破了学科知识的界限，按照学生身心发展的阶段，以社会和个人最关心的问题为依据将内容组织起来。这种课程内容的组织形式是(　　)

A. 垂直组织　　B. 横向组织　　C. 纵向组织　　D. 序列组织

44. 某农村学校因地制宜，开设了粮食画、树叶画、麦秆画、泥塑、草编、根雕等课程。学生可以根据自己的兴趣爱好，在课外时间自由选择学习。从课程类型来看，该学校开设的这些课程属于(　　)

A. 地方课程　　B. 校本课程

C. 学科课程　　D. 国家课程

45. 下列不属于隐性课程的是(　　)

A. 学校领导和教师的教育理念　　B. 学校的校风、学风

C. 学校人际关系状况　　D. 课程内容与课程实施

46.《中共中央 国务院关于全面加强新时代大中小学劳动教育的意见》中提出要在大中小学设立劳动教育课程，其课程性质为(　　)

A. 选修课程　　B. 必修课程

C. 融合课程　　D. 地方课程

47. 在教师引导下，学生自主进行的综合性学习活动，是基于学生的经验，联系学生的生活与社会实际，能够体现出学生对知识的综合应用的课程是(　　)

A. 综合实践活动　　B. 探究性活动

C. 小组活动　　D. 个人活动

48. 社会研究课综合了历史、地理、经济学、社会学、政治学、法学、人类学等有关学科内容，其课程类型是(　　)

A. 融合课程　　B. 广域课程　　C. 核心课程　　D. 相关课程

49. 新课程倡导“自主、合作、探究”的学习方式，郑老师为了帮助学生更好地适应合作学习的方式，决定适当提供一些合作训练。下列关于郑老师提供的训练，不恰当的是(　　)

A. 郑老师根据自己对学生训练过程的观察发现问题，提出反馈和建议

B. 郑老师充分放权给学生，让学生自己展露问题，并自行体会问题产生的原因

C. 郑老师在训练时，让学生明白“做什么”和“怎么做”

D. 郑老师在训练时，设计真实的情境与细节

50. 李老师刚入职一周，为避免自己紧张，他总是在上课前写好教案，并在课堂上严格按照自己的教案来上课。李老师课程实施的价值取向为（ ）

A. 多元化取向 B. 相互调适取向

C. 课程创生取向 D. 忠实取向

51. 教材编写、教学、考试评价以及课程实施管理的直接依据是（ ）（常考）

A. 教学大纲 B. 课程目标

C. 国家课程标准 D. 课程内容

52. 既可以是活动课程，也可以是选修课程，各校可根据实际情况开设的课程是（ ）

A. 个人课程 B. 校本课程 C. 经验课程 D. 国家课程

53. 把课程计划付诸实践，达到预期课程目标的基本途径是（ ）

A. 课程设计 B. 课程实施 C. 课程标准 D. 课程内容

54. 课堂上，教师让各小组用自己的方式展示对“诚信”的理解，于是出现了故事讲述、角色扮演、自由辩论等多种形式。这一教学行为旨在达成（ ）

A. 行为性目标 B. 普遍性目标 C. 生成性目标 D. 表现性目标

55. 某语文老师设计的《敬业与乐业》的教学目标之一为“理解课文中有业、敬业、乐业三者之间的关系”。这属于（ ）

A. 情感态度与价值观目标 B. 知识与技能目标

C. 品德与能力目标 D. 过程与方法目标

56. 以杜威为代表的（ ）主张教学要顺应学生的心理因素，发挥学生的主动性，发展学生的个性，强调学校与社会联系，以社会生活的实际来组织课程教材。

A. 学科中心课程论 B. 活动中心课程论

C. 社会中心课程论 D. 后现代主义课程论

二、简答题（每小题10分，参考时限10分钟。共8小题）

1. 简述新课程倡导的教学观。

2. 确立课程目标的依据是什么？

3. 简述基础教育课程改革的目标。

4. 简述新课改提倡的教师角色。

5. 简述基础教育课程改革的基本理念。

6. 简述新课程倡导的学生观。

7. 简述基础教育课程改革的发展趋势。

8. 简述教材编写的原则和要求。

三、材料分析题(每小题20分,参考时限15分钟。共1小题)

材料:

张老师选了一篇课文改编成课本剧,分配表演任务时,听到了学生们的议论,学生A说:"老师怎么选了这篇课文,又长又不好演。"学生B说:"你管呢,让演什么就演什么呗。"学生A又说:"我可不想演。"于是,张老师就请不想演的学生谈谈自己的看法,学生A说:"您选的课文不好,而且您每次都是写好剧本让我们演,为什么不让我们自己来试一试呢?"经过考虑,张老师把编导的任务交给了学生A,学生A高兴地接受了任务,与同学们商量表演哪一课,并请老师做参谋。最终,课本剧表演非常成功,师生共同品尝了收获的喜悦。

问题:请结合基础教育课程改革的教学理念对该材料进行分析。

专题四　学生与教师

链接答案本 P275

一、单项选择题(每小题2分,共45小题。参考时限45分钟)

1. 体育课上,小刚和小明因为好奇将李老师拿来的扩音器弄坏了,李老师看到后并没有直接批评他们,而是给他们讲解了扩音器的原理,满足了他们的好奇心之后才进行处理。这反映了教师劳动的(　　)特点。

A. 复杂性　　B. 示范性　　C. 创造性　　D. 长期性

2. "亲人不在身边,老师就是我们的亲人"反映了留守儿童所期待的教师角色是(　　)

A. 父母与朋友　　B. 研究者

C. 管理者　　D. 授业、解惑者

3. 叶圣陶指出:"教师以身作则,教师本身的行为就是标准和规范,也是一种及时有效的'不言之教'。"这句话体现了教师劳动的(　　)

A. 复杂性　　B. 创造性　　C. 长期性　　D. 示范性

4. "教学有法,教无定法"说明教师的劳动具有(　　)(常考)

A. 示范性　　B. 复杂性　　C. 创造性　　D. 个体性

5. "为了使学生获得一点知识的亮光,教师应吸进整个光的海洋。"这句话是指教师应该具备(　　)

A. 广博的文化知识　　B. 崇高的专业理想

C. 精湛的专业技能　　D. 务实的专业态度

6. 王老师关注如何教好每一堂课的内容,如何通过自己的授课提高学生的成绩,这说明王老师处于(　　)(易错)

A. 关注情境阶段　　B. 关注学生阶段

C. 关注生存阶段　　D. 关注自我感受阶段

7. 学生的"向师性"和"模仿性"的心理特征决定了教师的劳动具有(　　)

A. 示范性　　B. 复杂性　　C. 主体性　　D. 长期性

8. 不少从教多年的教师,虽然经验丰富,却难以形成对教育教学工作的理论认识,这制约了他们的专业成长。从知识结构的角度看,这是因为他们较为缺乏(　　)的储备。

A. 本体性知识　　B. 条件性知识

C. 实践性知识　　D. 程序性知识

9. 王老师在讲余光中的《乡愁》时,先高声朗诵这首脍炙人口的诗:"小时候,乡愁是一枚小小的邮票,我在这头,母亲在那头……"话音未落,一位学生站起来说:"老师,一枚小小的邮票,哪能容

得下那么多人?"面对这种情况,以下哪种处理方式最为合适( )

A. 不耐烦地说:"某某同学,你总喜欢这样钻牛角尖,学习成绩怎么好得了!"

B. 把这位同学的发言当成鲜活的课程资源,鼓励学生思考,结合教材,发表意见

C. 强调教材的权威性,告诫学生要尊重事实

D. 批评学生不遵守课堂纪律,回避该问题,继续教学

10. 教师担负全部的责任,计划班级的学习活动,安排学习的情境,学生没有自由,只能听从教师的命令。与这种现象相匹配的教师领导类型最可能是( )

A. 专制型　　B. 民主型　　C. 放任型　　D. 消极型

11. 在学生眼里,老师是"吐辞为经,举足为法"的象征。这反映的是教师劳动的( )

A. 长期性　　B. 连续性　　C. 创造性　　D. 示范性

12. 英语教师胡老师上课时,学生琳琳指出胡老师某处讲解有误,但实际上胡老师的讲解是对的。胡老师的做法恰当的是( )

A. 不搭理琳琳

B. 肯定琳琳勇于指出老师错误的行为,并跟琳琳解释为什么没有错

C. 批评琳琳没有认真听讲,胡乱指出错误

D. 直接告诉琳琳,老师是对的

13. 何老师在教育教学中,只管教书、完成教学任务,对学生不管不问,使得学生在他所教科目的学习上,处于一种无人管理的状态。何老师与学生之间的关系最有可能属于( )

A. 一般型师生关系　　B. 放任型师生关系

C. 专制型师生关系　　D. 民主型师生关系

14. 一位教师经常会反思同事们怎么看自己,领导觉得自己工作做得怎么样。这个教师目前处于( )

A. 关注学生阶段　　B. 关注生存阶段

C. 关注情境阶段　　D. 虚拟关注阶段

15. "学高为师""良师必须是学者"是强调哪一类知识对教师专业发展的重要性( )(易错)

A. 本体性知识　　B. 条件性知识

C. 实践性知识　　D. 文化知识

16. 吴老师任某班班主任后,用了一个月的时间了解班里每个学生的性格特点和兴趣爱好,并且建立学生档案,依此进行教育教学工作。吴老师的成长阶段属于( )

A. 关注生存阶段　　B. 关注情境阶段

C. 关注学生阶段　　D. 关注自我感受阶段

17. 刚刚走上工作岗位的赵老师为了迅速提高自己的授课技能,尝试以少数学生为对象,做小型的

课堂教学，并且把授课过程录制下来，便于自己课下分析、总结，逐步提升自己的教学能力。这属于教师专业发展方法中的（ ）

A. 微格教学　B. 教学反思　C. 观摩教学　D. 说课

18. 刘老师认为教师不能束缚学生的天性，因此，即使班上的学生不按时完成作业也不管不问；而学生们认为刘老师教学水平低下，也从不主动向他请教问题。这属于（ ）师生关系。

A. 专制型　B. 放任型

C. 民主型　D. 平等型

19. 教师不仅要传授学生科学文化知识、训练技能、发展智力与培养能力，还要培养学生一定的思想品德，并促进其心理健康。这说明教师的劳动具有（ ）的特点。

A. 示范性　B. 复杂性　C. 主体性　D. 创造性

20. 李老师教学能力强，善于与学生交流，经常倾听学生的意见，班上的学生学习积极性高，兴趣广泛，和老师配合默契。这属于（ ）的师生关系。

A. 专制型　B. 放任型

C. 民主型　D. 权威型

21. “道之所存，师之所存也。”这句话反映了教师职业角色中的（ ）（常考）

A. “传道者”角色　B. 示范者角色

C. “授业、解惑者”角色　D. “研究者”角色

22. 你总是微笑着看学生，学生也微笑着看你；你总是蹲下来看学生，学生也把你看作知己。这样的师生关系特点为（ ）

A. 教学相长　B. 民主平等

C. 关心学生　D. 严师出高徒

23. 俗话说：“十年树木，百年树人。”这体现了教师职业的（ ）特点。（常考）

A. 创造性　B. 复杂性

C. 示范性　D. 长期性

24. 作文课上，老师要学生写一件有趣的事，学生都写不出。突然外面飘起了大雪，于是老师带学生到教室外面观察雪花、解读雪花、感受雪花、堆雪人、打雪仗。最后，学生写出了一篇篇佳作。这主要体现了教师劳动的（ ）

A. 复杂性　B. 示范性　C. 创造性　D. 专业性

25.《小学教师专业标准（试行）》提出的基本理念是（ ）

A. 师德为先、学生为本、能力为重、终身学习

B. 师德为先、智育为本、能力为重、创新改革

C. 能力为先、智育为本、创新为重、终身学习

D. 能力为先、学生为本、创新为重、促进公平

26. “学为人师，行为世范”体现了教师劳动的(　　)特点。

A. 复杂性、创造性　　B. 连续性、广延性

C. 长期性、间接性　　D. 主体性、示范性

27. 一位小学数学教师在教授“千克的初步认识”时，忘了拆下天平托盘下的胶垫，出现了第一次称一支粉笔为100克，第二次称一支粉笔为10克的情况。面对这种情况，以下哪种处理方式最为合适(　　)

A. 向学生解释说是天平这种测量工具的误差

B. 反问学生：“这是为什么呢？”从而引起学生思考

C. 假装什么都没发生

D. 向学生说这是因为在称的过程中粉笔有损耗

28. 陶行知的“捧着一颗心来，不带半根草去”的教育信条体现了教师(　　)

A. 丰富的教育理论知识　　B. 崇高的职业道德

C. 精深的学科知识　　D. 过硬的教学基本功

29. 悠悠喜欢唱歌跳舞，孙老师对她说：“整天蹦蹦跳跳的没有学生样，学生得老老实实学习才行！”孙老师的说法忽略了(　　)

A. 学生的心理发展　　B. 学生的全面发展

C. 学生的主动发展　　D. 学生的主体发展

30. 教师将自己的意志强加于学生，扼杀学生的学习兴趣，从而使学生被所谓的“标准答案”框住，压抑了学生创造的天性。这违背了学生(　　)的本质属性。

A. 依赖性　　B. 生成性　　C. 自主性　　D. 整体性

31. 具有“表扬可能宠坏儿童，所以很少给予儿童表扬”典型特征的师生关系模式属于(　　)

A. 专制型　　B. 民主型

C. 放任型　　D. 溺爱型

32. 多年来，曾老师坚持让学生使用反思记录表、学习日志和成长记录袋等多种方法来记录学习过程，并不断指导学生优化记录的方法。曾老师的做法(　　)

A. 忽视了学生的发展性　　B. 忽视了学生的差异性

C. 尊重了学生的创造性　　D. 尊重了学生的自主性

33. 经过长时间的积累，教师会形成个性化的、独特的、富有规律性的做法。这些做法属于(　　)

A. 本体性知识　　B. 通识性知识

C. 条件性知识　　D. 实践性知识

34. 语文老师关于语言、文学方面的知识，属于教师知识结构中的(　　)(易错)

A. 一般文化知识　　B. 条件性知识

C. 本体性知识　　D. 实践性知识

35. 教师的劳动成果是学生的品德、知识和能力，而非显性的物质财富。这说明教师的劳动具有(　　)特点。

A. 创造性　　B. 长期性

C. 间接性　　D. 示范性

36. 对于一名具备广博的科学文化知识、精深的数学知识、丰富的实践性知识的数学老师来说，必备的教育学、心理学和教学法等相关知识属于(　　)

A. 经验性知识　　B. 理论性知识

C. 本体性知识　　D. 条件性知识

37. 作为教师，要做到为人师表、以身作则，学生在学校期间，都以老师为榜样学习，这是因为学生具有(　　)的特点。

A. 可塑性　　B. 依赖性

C. 独立性　　D. 向师性

38. (　　)是教师完善人格的一个重要标志，也是教师心理健康的重要内容。

A. 良好的人际关系　　B. 高尚的师德

C. 愉悦的情感　　D. 健康的人格

39. 安排宿舍时，有家长认为特长生学习热情不高，作息也与普通学生有差别，他们会影响自己孩子的学习和休息，坚持让班主任把特长生调出宿舍。对此，班主任的下列处理方式不当的是(　　)

A. 组织召开关于交往的主题班会，引导学生了解、分析，解决问题

B. 与学生对话，让学生自己表达诉求，寻找问题的真相和原因

C. 鼓励寝室学生自主协商制订寝室公约

D. 教育学生要独立，指出父母的观点是不对的

40. 学生具有可塑性、依赖性和向师性的特点，教师的言谈举止、行为方式、为人处世的态度都会对学生产生潜移默化的影响，这体现了教师职业的(　　)角色。

A. 示范者　　B. 研究者　　C. 传道者　　D. 朋友

41. 刚参加工作的丁老师积极找有经验的老师请教教学方法，还经常主动听其他老师的课，但在实际教学过程中，丁老师发现这些方法对自己并不适用。这主要是因为丁老师忽略教学工作的(　　)

A. 技巧性　　B. 复杂性　　C. 系统性　　D. 经验性

42. 随着信息社会的飞速发展，学生获得知识的途径多元化，教师不再是学生唯一的知识源。这就要求教师不能简单地把知识传授作为自己的主要任务和目的，而应成为学生学习的(　　)

A. 促进者　　B. 组织者和管理者

C. 平等中的首席　　D. 研究者

43. 教师相互观摩彼此的教学，详细描述看到的情景，并对此进行讨论分析。这属于（　　）

A. 反思日记　　B. 详细描述　　C. 交流讨论　　D. 行动研究

44. 王老师在教育活动中注意关注学生的个体差异，因材施教。这表明其处于教师成长的（　　）

A. 关注情境阶段　　B. 关注自我阶段

C. 关注学生阶段　　D. 关注生存阶段

45. 教师要学习教材，了解与教材有关的信息，以严肃的态度来研究教材、处理教材，把知识客体内化为自身的主体结构，同时也要终身学习，更新自己的知识结构，以便适应学生的个性发展、自己的专业发展和教育教学改革的需要。上述要求属于教师角色中的（　　）

A. 学生学习的榜样　　B. 学生心灵的培育者

C. 学习者和研究者　　D. 知识的传授者

二、简答题（每小题10分，参考时限10分钟。共4小题）

1. 简述《小学教师专业标准（试行）》中关于教师个人修养与行为的规定。

2. 简述教师专业发展的内容。

3. 简述教师职业道德素养的主要内容。

4. 简述教师的职业角色的内容。

三、材料分析题(每小题20分,参考时限15分钟。共1小题)

材料:

在一次教研活动中,一位小学老师感慨地说:"如今的孩子虽然年龄小,可脑子里稀奇古怪的想法却不少。他们经常在课上或课下问我一些问题,令我时常怀疑自己是否适合当小学老师。比如我在讲有关太阳和月亮的知识时,有的孩子就问:'老师,太阳为什么白天出来?月亮为什么晚上出来?'对这样的问题,我还能勉强回答,但是有些问题真的让我难以回答。比如,有的孩子会冷不丁地问:'老师,古代女子都是裹脚的,花木兰替父从军,晚上不洗脚吗?女人什么时候开始裹脚的呢?'我当时就懵了,不知如何回答。有的学生会兴奋地问我:'老师,您想穿越到哪儿呢?'我更茫然了……"

问题:

(1)试分析这位老师困惑的原因。

(2)如果你面临这样的情况,你将如何对待?

专题五　小学教育科学研究

链接答案本 P281

一、单项选择题(每小题2分,共23小题。参考时限25分钟)

1. 教育科学研究的起始环节是(　　)

A. 制订研究计划　　B. 选择研究课题
C. 调查研究　　D. 文献检索与综述

2. 研究者按照研究目的,合理控制或创设一定的条件,人为地变革研究对象,从而验证研究假设,探讨教育现象因果关系,揭示教育工作规律的研究方法是(　　)

A. 教育观察法　　B. 教育实验法
C. 教育调查法　　D. 叙事研究法

3. 根据(　　),可将调查法分为问卷调查、访谈调查、测量调查和调查表法。

A. 调查的内容　　B. 调查的性质
C. 调查的对象　　D. 调查的手段

4. 专门为教育科学研究提供感性认识的文献是(　　),包括教育参考书、教学大纲、调查报告、工作总结等。

A. 事实性文献　　B. 理论性文献
C. 工具性文献　　D. 经验性文献

5. 杜威所著的《民主主义与教育》在文献等级中属于(　　)(易混)

A. 一次文献　　B. 二次文献
C. 三次文献　　D. 四次文献

6. 三年级二班是某校公认的差班、乱班,班上不少同学具有较强的攻击性。陈老师刚接手这个班,就开始在课外活动或学生交往中记录他们的攻击行为,以此来研究性别与攻击的关系。这种研究方法称为(　　)

A. 个案法　　B. 调查法　　C. 实验法　　D. 观察法

7. 身处教育实践第一线的研究者与受过专门训练的科学研究者密切协作,以教育实践中存在的某一问题作为研究对象,通过合作研究,再把研究结果应用到自身从事的教育实践中的研究方法是(　　)

A. 观察法　　B. 文献法
C. 行动研究法　　D. 读书法

8. 某老师为了检验哪个版本的教材更合适，在任教的两个平行班开展了教育研究，在教学条件一样的情况下，分别使用了不同的教材。期末考试使用相同的试卷测试了两个班级学生的学习结果并进行比较。其采用的研究方法是(　　)

A. 观察法　　B. 调查法

C. 经验总结法　　D. 实验法

9. 某教研室教研员计划研究学生参与课堂讨论对其成绩的影响。他选择每周在某学校的语文课堂进行四个课时的跟堂观察，并依据含有具体观测维度的观察表，记录学生参与课堂讨论的具体情况。从研究类型上看，这种观察属于(　　)

A. 参与式、非结构式观察　　B. 非参与式、非结构式观察

C. 参与式、结构式观察　　D. 非参与式、结构式观察

10. 杨老师在教授生字词的过程中发现部分学生有丢笔少画的现象，于是把“小学生丢笔少画现象的原因及对策研究”作为自己的研究课题，根据在工作中收集整理的资料提出可能的假设，根据假设设计、实施教学措施，并根据反馈信息进一步调整教学行动方案。这种研究方法属于(　　)

A. 教育实验法　　B. 教育行动研究

C. 教育叙事研究　　D. 个案研究法

11. 教师围绕某一教育现象，采用问卷、谈话、座谈等形式收集资料，并对所获得的资料进行定量、定性分析，指出存在的问题并提出建议的研究方法属于(　　)(常考)

A. 调查法　　B. 观察法　　C. 实验法　　D. 个案研究法

12. 实际工作者在现实情境中自由展开反思，敢于探索，并以解决工作情境中特定的实际问题为主要目的的研究是(　　)

A. 叙事研究　　B. 个案研究　　C. 行动研究　　D. 调查研究

13. 某学校一年级语文教师邓老师发现所教学生错别字偏多，于是他在识字教学中尝试运用字理教学法，之后他设计申报“低年级小学生产生错别字的心理机制与对策研究”课题。就课题产生而言，邓老师设计的课题来源于(　　)

A. 文献的梳理　　B. 教育实践

C. 各级课题指南　　D. 他人课题的启示

14. 在较长时间内，通过系统搜集特定个体的有关资料，研究其发展变化过程。这种研究方法是(　　)

A. 观察法　　B. 调查法

C. 行动研究法　　D. 个案研究法

15. 郑老师发现运用小组讨论法一段时间后,学生对小组讨论逐渐失去了兴趣。郑老师对这种现象进行反思后,发现学生对讨论的话题不感兴趣以及对话题没有明确的观点是失去兴趣的主要原因。据此,郑老师有针对性地设计并实施了问题解决方案。通过一段时间的观察,发现学生对小组讨论的兴趣大大增加。郑老师采用的教育研究方法主要是(　　)

A. 问卷法　　B. 叙事研究法

C. 调查研究法　　D. 行动研究法

16. 教师将自我的教育观念转变及教学能力提升的过程写成自传,通过积极的自我反思,进而明确专业发展方向的教育研究方法是(　　)

A. 教育叙事　　B. 样本比较　　C. 教育实验　　D. 抽样调查

17. 书目、索引、提要和文摘属于(　　)

A. 一次文献　　B. 二次文献

C. 三次文献　　D. 检索性文献

18. 文献检索中,按时间范围、以课题研究的发生时间为检索始点,按事件发生、发展时序,由远及近、由旧到新地查找资料的方法是(　　)(易错)

A. 顺查法　　B. 逆查法　　C. 引文查找法　　D. 综合查找法

19. 行动研究法是教育研究方法之一。有关行动研究法的缺点,下列说法正确的是(　　)

A. 无法将理论研究与实践问题结合起来,解决实际问题的有效性较差

B. 研究样本受具体情境的限制,缺少控制,影响研究的代表性

C. 对研究人员的语言技能、洞察力有较高要求

D. 研究结论一定会遇到伦理道德问题

20. 在本学期的听课活动中,张老师严格按照学校发放的听课记录表进行观察记录,这种观察是(　　)

A. 叙述观察　　B. 间接观察

C. 结构观察　　D. 参与观察

21. 观察法是学校教育中常用的研究方法,根据对观察的环境条件是否进行控制和改变,可将观察法分为(　　)

A. 定量观察与定性观察　　B. 直接观察与间接观察

C. 自然情境中的观察与实验室中的观察　　D. 参与式观察与非参与式观察

22. 在"关于小学生学习现状的调查问卷"中,某老师的一个题目是:"你曾经是否因为作业题目过难,抄过他人的作业?"这一题目存在的主要问题是(　　)

A. 过于书面化　　B. 缺乏逻辑性　　C. 带有暗示性　　D. 涉及敏感性问题

23. 在教育研究中，教材、教法、教学手段等往往被作为(　　)

A. 自变量　　B. 因变量　　C. 无关变量　　D. 控制变量

二、简答题(每小题10分，参考时限10分钟。共4小题)

1. 简述一个好的教育研究课题应具有的特点。

2. 简述行动研究法的一般步骤。

3. 简述教育科学研究的基本过程。

4. 简述实验法的优点。

第二章　学生指导

链接答案本P285

- 学生指导
  - 心理学基础知识
    - 认知过程
      - 感觉现象:感觉适应,感觉对比,感觉后效,感觉的补偿作用,①________★
      - 知觉的特性:②________,理解性,整体性,恒常性★★
      - 注意
        - 种类:无意注意(不随意注意)、③________、有意后注意★
        - 品质:稳定性、④________、分配、转移★★
      - 记忆
        - 艾宾浩斯遗忘曲线——⑤________、先多后少、呈负加速★
        - 影响遗忘进程的因素;遗忘原因;依据记忆规律有效组织复习★★
      - 思维
        - 特点:概括性、间接性★
        - 小学生思维发展基本特点:由⑥________向抽象逻辑思维过渡★
        - 发散思维特征:流畅性、灵活性(变通性)、独创性★
        - 影响问题解决的因素:问题情境、⑦________与功能固着、原型启发等★★
      - 想象:无意想象、有意想象;再造想象、创造想象;小学生想象力的培养★
    - 情绪情感过程
      - 情绪:心境、激情、应激
      - 情感:⑧________、美感、理智感★
      - 自我防御机制:否认、退行、转移(移置)、补偿、合理化、升华等★
    - 意志过程
      - 动机冲突:双趋冲突,双避冲突,⑨________,多重趋避冲突★★
      - 意志品质:自觉性、果断性、自制性、坚韧性
    - 个性心理
      - 马斯洛的需要层次理论★★
      - 加德纳的多元智力理论★
      - 气质类型:多血质、胆汁质、黏液质和抑郁质★
      - 性格
        - 性格结构:态度特征、意志特征、情绪特征、理智特征★
        - 性格与能力的关系★
      - 自我意识发展过程:生理自我、⑩________、心理自我★
    - 人格
      - 埃里克森人格发展阶段理论:6~12岁的发展危机是⑪________★
      - 影响人格形成与发展的因素:生物遗传、社会、个人主观★
  - 小学生身心发展
    - 个体身心发展的一般规律
      - 顺序性:不可"陵节而施"★
      - 阶段性:教育工作要有针对性
      - 不平衡性(不均衡性):抓住儿童发展的⑫________★★
      - 互补性:扬长避短、长善救失
      - 个别差异性:⑬________★★
      - 整体性:要把学生看作复杂的整体
    - 心理发展的理论
      - 皮亚杰的认知发展阶段理论:感知运动阶段、前运算阶段、⑭________、形式运算阶段★★
      - 维果斯基的最近发展区理论:教学应该走在发展的前面★★
    - 学生的个别差异
      - 认知方式差异:场依存型与场独立型,冲动型与沉思型等★
      - 智力差异:类型差异、发展水平差异、性别差异、年龄差异等

- 学生指导
  - 小学生学习指导
    - 学习理论
      - 行为主义:巴甫洛夫的⑮________与分化;斯金纳的正强化与负强化;班杜拉的直接强化、⑯________、自我强化★★★
      - 认知派:⑰________的有意义接受学习理论★
      - 人本主义:罗杰斯的学生中心模式(非指导性教学模式)
      - 建构主义:知识观,学生观,学习观,教学观★
    - 学习策略
      - 认知策略:⑱________________★★
      - 元认知策略:计划策略、监控策略、调节策略
      - 资源管理策略:时间管理、环境管理、努力管理、学业求助★
    - 学习迁移
      - 学习迁移的种类:正迁移、负迁移、顺向迁移、逆向迁移等
      - 影响学习迁移的因素★
  - 小学德育、美育与劳动教育
    - 品德的心理结构:道德认知、道德情感、⑲________和道德行为★★
    - 品德发展的理论
      - ⑳________:对偶故事法;自我中心阶段(前道德阶段)、权威阶段(他律道德阶段)、可逆性阶段(自律道德阶段)、公正阶段★
      - 科尔伯格:道德两难故事法;前习俗水平、习俗水平、后习俗水平★
    - 态度和品德的形成与培养
      - 形成过程:依从,包括从众与服从;认同;内化★
      - 形成影响因素:外部条件、内部条件★
      - 培养方式:有效说服、树榜样、群体约定、价值辨析、给予奖惩
    - 德育的目标和内容★
    - 德育原则:疏导、因材施教、知行统一、集体教育和个别教育相结合等★
    - 德育途径
      - 基本途径:㉑________★★
      - 课外、校外活动,劳动,少先队活动,班主任工作,班会、校会、周会、晨会等
    - 德育方法:说服教育法、榜样示范法、陶冶教育法、品德评价法等★★★
    - 美育的内涵、任务与实施途径★
    - 劳动教育★★
      - 劳动教育的目标、内容、意义
      - 小学劳动教育的途径
  - 小学生心理健康教育
    - 学校心理健康教育对象:㉒________
    - 常见心理问题:多动症、焦虑症、抑郁症、强迫症、恐怖症、厌学症等★
    - 心理辅导的方法
      - 行为疗法:强化法、行为塑造法、系统脱敏法、暂时隔离法等★
      - 认知疗法:㉓________的理性—情绪疗法★
      - 精神分析疗法:移情与反移情★
      - 人本主义疗法:来访者中心疗法——真诚、无条件积极关注、共情★
  - 小学生安全教育
    - 常见疾病:发热、头痛、呕吐、腹泻等
    - 常见传染病:麻疹、流感等★
    - 卫生保健:教学卫生、个人卫生、环境卫生、营养卫生保健★★
    - 意外事故预防和应急处理:火灾、雷击、中暑、异物入眼等★★★

链接答案本 P285

一、单项选择题(每小题2分,共51小题。参考时限55分钟)

1.[2023上半年]学龄儿童易感染麻疹病毒。该病毒传播的主要途径是( )(易错)

A.血液 B.消化道

C.呼吸道 D.蚊虫叮咬

2.[2023上半年]贾老师告诉学生:“不高兴时,你可以跑跑步、打打球,或者散散步、听听音乐,甚至可以大声喊叫。”贾老师所使用的心理辅导技术是( )

A.积极暗示 B.行为矫正

C.认知改变 D.情绪调控

3.[2022下半年]在小学阶段,榜样作为一种重要的德育手段,主要是将道德规范( )

A.具体化与人格化 B.标准化与系统化

C.标准化与制度化 D.人格化与系统化

4.[2022下半年]夏季,师生在操场活动时突然遇到雷雨天气,最安全的做法是( )

A.站在空旷的地方 B.在大树下避雨

C.在建筑物下避雨 D.立即进入建筑物内并关闭门窗

5.[2022下半年]“及时复习”是学生记忆学习材料的有效策略,依据的遗忘规律是( )

A.先快后慢 B.时快时慢

C.先慢后快 D.呈倒U型

6.[2022下半年]小学三、四年级儿童的思维发展会出现质变,表现为( )(常考)

A.从直观动作思维过渡到具体形象思维

B.从具体形象思维过渡到直观动作思维

C.从具体形象思维过渡到初步的抽象逻辑思维

D.从直观动作思维过渡到初步的抽象逻辑思维

7.[2022上半年]当灰尘、飞虫等异物进入孩子的眼睛时,不宜采用的措施是( )

A.用手揉眼睛 B.用生理盐水冲洗

C.用清水冲洗 D.用棉签去除异物

8.[2022上半年]个体早期发展阶段存在着关键期,表明儿童的身心发展具有( )(易错)

A.差异性 B.不平衡性 C.稳定性 D.顺序性

9.[2022上半年]小文的学习成绩不好,但爱在同学面前炫耀自己的限量版运动鞋或其他高档物品,看到同学投来羡慕的目光,感到十分满足。小文的心理防御方式是( )

A.升华 B.转移 C.补偿 D.退行

10. [2022上半年]下列词语中,体现注意品质广度特征的是(　　)(常考)

A. 一目十行　　B. 一心二用　　C. 目不转睛　　D. 心猿意马

11. [2021下半年]识字教学中,教师将"辩""辨""辫""瓣"的不同部件标成红色,以帮助学生更好区别。这一做法符合(　　)

A. 知觉的选择性　　B. 知觉的理解性　　C. 知觉的恒常性　　D. 知觉的整体性

12. [2021下半年]心理活动的准备状态有时有助于问题的解决,有时又会妨碍问题的解决。这种影响问题解决的心理活动准备状态属于(　　)

A. 情绪　　B. 定势　　C. 动机　　D. 酝酿效应

13. [2021下半年]皮亚杰认为,处于具体运算阶段的儿童,其思维的典型特点是(　　)

A. 自我中心性　　B. 可逆性　　C. 客体永久性　　D. 可验证性

14. [2021下半年]教师上课提问时,有的学生总是急于表现,甚至没有弄清题意便抢先回答。这类学生的认知风格属于(　　)

A. 冲动型　　B. 沉思型　　C. 场独立型　　D. 场依存型

15. [2021下半年]在教师的帮助下,小学生通过列提纲、画思维导图等方式进行学习。这种学习策略属于(　　)

A. 计划策略　　B. 元认知策略　　C. 组织策略　　D. 资源管理策略

16. [2021上半年]三(2)班的一些学生只要作业稍微难一点就望而却步,还有一些学生在班级活动中经常叫苦叫累,对此班主任需要在班级加强学生(　　)

A. 情绪情感的教育　　B. 意志品质的培养

C. 人际交往的教育　　D. 思维品质的培养

17. [2021上半年]眼保健操是预防小学生近视的一种保健方法,包括(　　)(易错)

①挤按睛明穴　②揉按四白穴　③揉按太阳穴和闭目轮刮眼眶

④揉按涌泉穴　⑤揉按风池穴　⑥闭目干洗脸

A. ①②③④⑤　　B. ①②③⑤⑥　　C. ①②③④⑥　　D. ②③④⑤⑥

18. [2021上半年]教师在课堂上一边讲授一边板书,同时留意学生反应,这种品质属于(　　)

A. 注意的广度　　B. 注意的转移　　C. 注意的分配　　D. 注意的稳定性

19. [2021上半年]小军因喜欢班主任王老师,所以喜欢她的课和她组织的各种活动。这种心理现象属于(　　)

A. 泛化　　B. 强化

C. 分化　　D. 消退

20. [2021上半年]在许多人起哄的时候,平时文静的学生往往也会参与其中。这种行为是(　　)(易混)

A. 服从　　B. 模仿　　C. 从众　　D. 顺从

21. [2021上半年]小学心理健康教育的对象是( )

A. 全体学生
B. 有行为障碍的学生
C. 学业成绩差的学生
D. 有心理问题的学生

22. [2020下半年]小学生疾跑后不能立刻站立不动或坐下，需继续慢跑一小会儿，主要原因是( )

A. 防止低血糖晕倒
B. 有利于氧债的偿还
C. 防止重力性休克
D. 有利于心功能恢复

23. [2020下半年]小学生在背诵一篇较长的课文时，往往中间部分比开头和末尾部分遗忘较多，这是因为其记忆受到了( )

A. 前摄抑制
B. 前摄抑制和倒摄抑制
C. 倒摄抑制
D. 倒摄抑制和干扰抑制

24. [2020下半年]划分机械学习与有意义学习的主要依据是( )(易错)

A. 学生是否主动学习
B. 学习目的是否为解决问题
C. 学生是否理解学习材料
D. 学习内容是否由学生发现

25. [2020下半年]在创造性思维训练中，教师要求学生在规定时间内尽可能多地举出“杯子”的用途，这侧重培养的是( )

A. 思维的独创性 B. 思维的灵活性 C. 思维的流畅性 D. 思维的深刻性

26. [2019下半年]小学教师经常采用贴小红花、插小红旗等方式鼓励学生为班级做好事，这种德育方法是( )

A. 奖惩评价法 B. 榜样示范法 C. 情感陶冶法 D. 实际锻炼法

27. [2019下半年]小学高年级学生自我意识的发展受学校、教师、同伴等影响显著。这表明其自我意识发展处于( )

A. 生理自我时期 B. 社会自我时期 C. 心理自我时期 D. 精神自我时期

28. [2019下半年]小学生背诵课文时，为达到最佳的记忆效果，学习程度最好达到( )

A. 200% B. 150% C. 100% D. 50%

29. [2019下半年]教师表扬小明坚持每天背诵20个单词之后，班上更多的同学表现出坚持完成学习任务的行为。这属于( )

A. 直接强化 B. 替代强化 C. 自我强化 D. 负强化

30. [2019上半年]小龙明知乱扔纸屑是不文明的行为，但又总是管不住自己，教师应注重培养其( )(常考)

A. 道德认识 B. 道德情感 C. 道德意志 D. 道德信念

31. [2019上半年]儿童易患口角炎、角膜炎、皮炎等，可能是缺乏( )

A. 维生素A B. 维生素B_2 C. 维生素C D. 维生素D

32. [2019 上半年]橙色往往使人感到温暖，蓝色往往使人感到清凉，这种心理现象属于(　　)

A. 联觉　　B. 感觉对比　　C. 感觉适应　　D. 感觉后像

33. [2019 上半年]为方便学生理解和记忆，教师将某个英语单词编成小故事，这是运用了(　　)

A. 复述策略　　B. 组织策略　　C. 精加工策略　　D. 元认知策略

34. [2019 上半年]在心理辅导中，小学生有时会把辅导老师当成自己的父母，以获得情感的满足。这种心理现象属于(　　)

A. 共情　　B. 移情

C. 同情　　D. 激情

35. [2018 下半年]人们常说"三翻六坐八爬叉，十二个月喊爸爸"，这一说法所体现的儿童身心发展规律是(　　)

A. 稳定性　　B. 顺序性　　C. 不平衡性　　D. 个体差异性

36. [2018 下半年]通过"道德两难故事法"提出道德认知发展阶段理论的学者是(　　)(易错)

A. 马斯洛　　B. 皮亚杰　　C. 科尔伯格　　D. 罗森塔尔

37. [2018 下半年]在发生火灾时，使用干粉灭火器进行灭火，正确的步骤是(　　)

①将灭火器提到距火源两米左右的上风处

②倒置灭火器，握紧压把

③除掉铅封，拔出保险销

④右手用力压下压把，左手拿着喇叭筒，对准火源根部喷射

A. ①②③　　B. ①②④　　C. ①③④　　D. ②③④

38. [2018 下半年]小英帮助生病在家的小勇辅导功课后，感到很快乐，这种情感属于(　　)

A. 道德感　　B. 美感

C. 理智感　　D. 幸福感

39. [2018 下半年]芳芳在学习中遇到不懂的问题就会主动向老师请教。她采用的学习策略是(　　)

A. 精加工策略　　B. 认知策略　　C. 元认知策略　　D. 资源管理策略

40. [2018 上半年]小学德育的基本途径是(　　)

A. 课外活动和校外活动　　B. 少先队活动

C. 品德课和各科教学　　D. 班主任工作

41. [2018 上半年]如果学生被蜜蜂蜇伤，教师应在第一时间向伤口涂抹(　　)(易错)

A. 肥皂水　　B. 蒸馏水　　C. 食用醋　　D. 稀盐酸

42. [2018 上半年]小英想当班干部为同学服务，又怕当不好被同学嘲笑。这种心理现象属于(　　)(易混)

A. 双趋冲突　　B. 双避冲突　　C. 趋避冲突　　D. 多重趋避冲突

43. [2018上半年]教师经常会采用“换位思考”的方式进行心理辅导，其背后的心理机制是( )

A. 激情 B. 共情 C. 热情 D. 反移情

44. [2017下半年]小芳常常因为不守纪律而受到批评，但她不以为然，还说只要学习好，守不守纪律都无所谓。面对这种情况，班主任首先应采取的教育方法是( )

A. 说服教育 B. 情感陶冶

C. 榜样示范 D. 实践锻炼

45. [2017上半年]学生的学习是基于自己的经验，主动接受新的信息，并对其意义进行重构的过程。这一观点属于( )

A. 有意义接受学习理论 B. 建构主义学习理论

C. 信息加工学习理论 D. 联结主义学习理论

46. [2017上半年]小强不按时完成作业，妈妈就禁止他看动画片，一旦按时完成就取消这一禁令，随后小强按时完成作业的次数增加了。这属于( )

A. 正强化 B. 负强化

C. 自我强化 D. 替代强化

47. [2017上半年]根据皮亚杰的道德发展阶段理论，小学低年级儿童常常认为听父母和老师的话就是好孩子。这是因为其道德发展处于( )

A. 权威阶段 B. 公正阶段

C. 可逆性阶段 D. 自我中心阶段

48. [2016下半年]根据埃里克森的人格发展阶段理论，6～12岁儿童人格发展的主要任务是获得( )

A. 勤奋感 B. 主动感 C. 自主感 D. 自我同一感

49. [2016下半年]小军在上幼儿园时，将自己最喜欢的玩具汽车送给妈妈作为生日礼物；三年级时，他送给妈妈的生日礼物是妈妈喜欢的漂亮发夹。这一转变说明他的思维已进入( )（易错）

A. 感知运动阶段 B. 前运算阶段

C. 具体运算阶段 D. 形式运算阶段

50. [2016下半年]在下列矫正学生行为的方法中，不属于行为疗法的是( )

A. 强化法 B. 暂时隔离法

C. 系统脱敏法 D. 合理情绪疗法

51. [2016上半年]不受外界环境影响，常用自己的内在标准判断客观事物的人。其认知方式属于( )

A. 场独立型 B. 场依存型 C. 整体型 D. 系列型

二、简答题（每小题10分，参考时限10分钟。共10小题）

1.［2023上半年］简述美育的主要任务。

2.［2021下半年］简述儿童心理发展“关键期”的教育意义。

3.［2021下半年］简述学校德育陶冶法及其要求。

4. [2021 上半年]简述小学劳动教育的基本目标。

5. [2020 下半年]简述皮亚杰认知发展理论的教育启示。

6. [2019 下半年]简述维果斯基“最近发展区”理论及其教育启示。

7. [2019 上半年]简述人格形成与发展的影响因素。

8. [2018下半年]简述影响学生有意注意的因素。

9. [2018上半年]简述学习迁移的影响因素。

10. [2017下半年]简述思维过程中问题解决的影响因素。

三、材料分析题(每小题20分,参考时限15分钟。共1小题)

[2022上半年]**材料:**

三(1)班小玉同学新买的《新华字典》不见了,她曾在这本字典的背面写了一个“玉”字,班主任沈老师让小玉先不要声张,到教室对同学们说:“前两天老师请每位同学都买了一本字典,现在请大家把自己的字典拿出来让老师看一下。”沈老师在检查时发现小叶满面通红,她的字典背面有个“璧”字,像是在“玉”字上面改的。沈老师迟疑了一下,继续检查其他学生的字典。

事后,沈老师了解到小叶家生活非常困难,母亲卧病在床,对她来说,购买一本字典是个不小的负担。沈老师就自己买了一本字典,并在背面精心地描摹了一个“玉”字,当着全班同学的面把字典交给了小玉,然后对她说:“你的字典找到了,是其他班的同学捡到了。”小叶听到后,红着脸低下了头。

问题:

(1)请结合材料,从德育的角度评析老师的行为。

(2)作为一名小学教师,处理类似问题时应遵循哪些原则?

专题一　心理学基础知识

链接答案本 P297

一、单项选择题(每小题2分,共124小题。参考时限125分钟)

1. 1879年,在德国莱比锡大学建立世界上第一个心理学实验室的心理学家是(　　)

A. 威特金　　B. 冯特　　C. 苛勒　　D. 奥苏伯尔

2. 王老师在黑板上绘制教学地图时,铁路用白色,公路用红色,河流用蓝色,学生便可清晰地将它们区别开来。该教学所体现的是感觉的(　　)

A. 后像　　B. 对比　　C. 适应　　D. 补偿作用

3. 听音乐时能够在头脑中看到相应的色彩或场景,这种“有色听觉”属于(　　)

A. 联觉　　B. 感觉后像　　C. 感觉适应　　D. 感觉对比

4. 当我们在人群中寻找自己的朋友时,经常会把一些与朋友具有某些相似特征的人误认成朋友。这体现的是知觉的(　　)

A. 整体性　　B. 恒常性　　C. 选择性　　D. 理解性

5. 当我们站在30层的高楼朝下看时,发现街道上行走的人群看起来很小,但我们依然不会将行人都认为是小孩子,这说明知觉具有(　　)

A. 整体性　　B. 恒常性　　C. 选择性　　D. 理解性

6. 考试时,监考教师的走动使某学生无法集中精力回答问题,此时该学生发生的注意现象是(　　)

A. 注意的起伏　　B. 注意的分散

C. 注意的分配　　D. 注意的转移

7. 一位同学在阅读完一篇小说后,只记得小说的开头和结尾,中间部分情节遗忘较多,这是受(　　)因素的干扰。

A. 消退和干扰抑制　　B. 倒摄和干扰抑制

C. 前摄和消退抑制　　D. 前摄和倒摄抑制

8. 下列选项中,不属于发散思维的是(　　)

A. 研究人员提出多种解决问题的设想

B. 学生从多种解题方法中筛选出一种最佳解法

C. 教师设想多种教学改革方案

D. 作家为了提高写作水平进行一事多写

9. 课堂上，当老师读到“傣家竹楼”时，同学们头脑中出现了“傣家竹楼”的形象。这种现象属于(　　)

A. 想象　B. 表象　C. 幻想　D. 记忆

10. 某学生在放学回家的路上突遇歹徒抢劫，这一突发事件使其心理上产生高度紧张和惊慌，这种在出乎意料的紧迫与危险情况下引起的情绪状态称为(　　)

A. 心境　B. 激情　C. 应激　D. 危机

11. 不管用什么乐器演奏《义勇军进行曲》，我们都能立刻把它辨别出来，这是由于知觉的(　　)

A. 选择性　B. 恒常性　C. 理解性　D. 整体性

12. 不论是在中午的强光下还是傍晚的暗淡光线下，我们看到的煤炭总是黑的、粉笔总是白的、国旗总是红的，不会因光照的不同而变化。这属于知觉的(　　)

A. 选择性　B. 恒常性　C. 理解性　D. 整体性

13. 小夏虽然不喜欢英语，但是为了迎接考试，仍克服困难，坚持努力学习，这种注意属于(　　)

A. 不随意注意　B. 有意注意　C. 有意后注意　D. 注意的动摇

14. 红红看动画片时，妈妈喊她很多遍她都没有听见。这一现象体现了注意的(　　)

A. 指向性　B. 调节性　C. 集中性　D. 维持性

15. 技术工人在对一台机器进行维修时，一边检查一边思考故障的原因，直到发现问题排除故障为止。这一过程中(　　)占据主要地位。(易错)

A. 直观动作思维　B. 具体形象思维

C. 抽象逻辑思维　D. 直觉思维

16. 教师在讲新知识之前都要先带领学生复习以前学过的知识，并通过找到旧知识与新知识之间的联系来帮助学生识记新知识。这种识记属于(　　)

A. 机械识记　B. 无意识记　C. 意义识记　D. 被动识记

17. 因个体具有某种特性而推断他人也具有与自己相同特性的社会心理现象是(　　)

A. 近因效应　B. 首因效应　C. 投射效应　D. 晕轮效应

18. 法国作家左拉的《陪衬人》描述有钱的小姐、太太们专门找一些比较丑的、没有特点的人带在身边出入公共场合，以此来显示自己的美。这利用的是(　　)

A. 同时对比　B. 继时对比　C. 感觉适应　D. 感觉补偿

19. 魏征曾对唐太宗李世民说：“嗜欲喜怒之情，贤愚皆同。贤者能节之，不使过度；愚者纵之，多至失所。”这说的是意志要有(　　)

A. 自制性　B. 果断性

C. 坚韧性　D. 自觉性

20. 一个人区别于他人的稳定而统一的心理品质是(　　)(易混)

A. 人格　B. 性格　C. 气质　D. 倾向性

21. 在嘈杂的环境中能听见有人喊自己的名字，在书店能迅速发现所需书籍，这体现了知觉的(　　)(常考)

A. 恒常性　　B. 理解性　　C. 整体性　　D. 选择性

22. "笨鸟先飞""勤能补拙"说明(　　)

A. 需要对能力有影响　　B. 动机对能力有影响

C. 性格对能力有影响　　D. 气质对能力有影响

23. 有关记忆的研究表明，排在最前面和最后面的单词比排在中间的单词记忆效果要好。这种现象属于(　　)

A. 有意回忆　　B. 前摄抑制

C. 倒摄抑制　　D. 系列位置效应

24. 小华在背诵《山行》时，背10分钟刚好记住，接着又继续背诵了5分钟，这种知识保持的方法属于(　　)

A. 及时复习　　B. 合理安排复习时间

C. 适度学习　　D. 过度学习

25. 节俭属于性格的(　　)

A. 态度特征　　B. 行为特征　　C. 意志特征　　D. 情感特征

26. 小李成绩好，班主任便觉得小李是个优秀的学生，且认为其品德和行为习惯都非常好；而小张成绩较差，班主任对他的评价便是什么都干不好。这体现了(　　)

A. 近因效应　　B. 皮格马利翁效应

C. 晕轮效应　　D. 首因效应

27. 刘老师在为同学们播放《冰上圆舞曲》时，有的同学似乎看到了舞者在冰上翩翩起舞。学生的这种心理活动属于(　　)(易混)

A. 感觉适应　　B. 感觉对比　　C. 错觉　　D. 联觉

28. 学生在课堂上学习的各种课本知识和日常生活常识都属于(　　)

A. 动作记忆　　B. 语义记忆　　C. 陈述性记忆　　D. 程序性记忆

29. 红、橙、黄色往往使人产生暖的感觉，绿、青、蓝色使人产生冷的感觉。这种现象是(　　)

A. 感觉适应　　B. 感觉对比　　C. 联觉　　D. 错觉

30. 问题解决中，把一个较为复杂的问题分解为几个较为简单的子问题的方法是(　　)

A. 算法　　B. 爬山法

C. 手段—目的分析法　　D. 逆推法

31. 在日常生活中由于情绪紧张而引起遗忘的情况是常有的。例如，考试时由于情绪过分紧张，致使一些学过的内容怎么也想不起来。这种遗忘理论属于(　　)

A. 痕迹衰退说　　B. 干扰说　　C. 压抑说　　D. 提取失败说

32. 百米竞赛的预备信号与起跑信号间隔2秒比较合适，相隔太长时间才发起跑信号会影响运动员的成绩，其原因是(　　)

A. 注意的选择性　　B. 注意的分配

C. 注意的起伏　　D. 注意的指向性

33. 丽丽和爸爸一起看到一幅画，丽丽说："这幅画里有一个女孩！"而爸爸却说："小女孩正在思考问题呢！"他们的话语体现了知觉的(　　)(常考)

A. 理解性　　B. 选择性　　C. 恒常性　　D. 整体性

34. 一位教师头天晚上与家人发生了不愉快的事情，但第二天上课仍然兢兢业业，在课堂上谈笑风生，这反映了意志的(　　)

A. 自觉性　　B. 自制性　　C. 果断性　　D. 坚韧性

35. 人们欣赏名画《蒙娜丽莎》时，陶醉在"永恒"的微笑中，感到非常愉悦。这种情感属于(　　)

A. 道德感　　B. 理智感　　C. 美感　　D. 自豪感

36. "忧者见之则忧，喜者见之则喜"，这是受一个人的(　　)的影响所致。

A. 激情　　B. 心境　　C. 热情　　D. 应激

37. "外行看热闹，内行看门道"体现的是知觉的(　　)

A. 选择性　　B. 整体性　　C. 理解性　　D. 恒常性

38. 通常情况下，一提到护士，我们会想到心细、体贴人、讲卫生；一提到空姐，我们就会想到年轻、美丽、高薪。这种现象，在心理学上称为(　　)

A. 首因效应　　B. 刻板效应　　C. 晕轮效应　　D. 偏见效应

39. 上课时老师突然停止讲课，这时全班学生会不自觉地看向老师，这时引起的注意是(　　)

A. 无意注意　　B. 有意注意　　C. 有意后注意　　D. 随意后注意

40. 变色龙会根据周围环境改变自身颜色，从而达到避免被人发觉的目的。这主要是利用了知觉的(　　)

A. 整体性　　B. 选择性　　C. 理解性　　D. 恒常性

41. 盛怒时拍案大叫、暴跳如雷；狂喜时捧腹大笑、手舞足蹈；绝望时心灰意冷、麻木不仁。这反映的情绪状态是(　　)

A. 应激　　B. 心境　　C. 激情　　D. 热情

42. 小东在学习了数量的比较方法后，根据"A比B高13厘米，则B比A矮13厘米"，得出"如果甲数比乙数多25%，则乙数比甲数少25%"的结论。这属于(　　)

A. 定势　　B. 功能固着　　C. 酝酿效应　　D. 范畴效应

43. 张博认为，"伞是用来防雨的""笔是用来写字的""牙膏是用来刷牙的"。张博的这种只熟悉事物的通常用途而看不到事物其他可能的功能的心理现象是(　　)

A. 迁移　　B. 思维定势　　C. 功能固着　　D. 原型启发

44. 鲁班由“茅草划破手”这一现象引发思考，发明了锯，这种创造活动的心理机制属于(　　)

A. 思维定式　　B. 功能固着　　C. 负向迁移　　D. 原型启发

45. 小王同学在阅读《水浒传》时，脑海中浮现出鲁智深的形象。这种想象属于(　　)

A. 再造想象　　B. 创造想象　　C. 自主想象　　D. 无意想象

46. 心理学家汉密尔顿最先做了注意品质的实验，他在地上撒了一把石子儿，发现人们很难在一瞬间同时看到六颗以上的石子儿。这反映的是(　　)

A. 注意的范围　　B. 注意的转移

C. 注意的分配　　D. 注意的稳定

47. 某学生活泼、好动、乐观、灵活，喜欢交朋友，爱好广泛，稳定性差，缺少毅力，见异思迁。她的气质类型属于(　　)

A. 胆汁质　　B. 多血质　　C. 黏液质　　D. 抑郁质

48. 王老师中途接手小学三年级二班的班主任工作，有几个学生经常缺交数学作业。经过了解王老师发现只要题目难一点或计算量大一点，这几个学生就不能按时完成作业。不仅如此，在各项活动中也有一些学生叫苦叫累。如果你是班主任，可在全班进行(　　)

A. 积极的情感教育　　B. 意志品质的培养

C. 人际交往教育　　D. 良好性格的教育

49. 李逵的情绪爆发快，难持久；林黛玉多愁善感，极富审美情感；燕青思维灵活，动作敏捷；林冲稳重，坚毅等。这些人的心理差异实际上就是(　　)(易错)

A. 人格的差异　　B. 性格的差异　　C. 情绪的差异　　D. 气质的差异

50. 中医使用的“望闻问切”的诊断方法体现了思维的(　　)

A. 抽象性　　B. 概括性　　C. 间接性　　D. 意识性

51. “新官上任三把火”“初次见面时希望给人留下好印象”都体现了(　　)

A. 投射效应　　B. 晕轮效应　　C. 近因效应　　D. 首因效应

52. 学生利用头脑中的概念、理论知识来解决问题，这种思维是(　　)

A. 直观动作思维　　B. 具体形象思维

C. 抽象逻辑思维　　D. 发散思维

53. “入芝兰之室，久而不闻其香”描述的是(　　)

A. 嗅觉适应　　B. 听觉适应　　C. 视觉刺激　　D. 味觉刺激

54. 艾宾浩斯的遗忘曲线表明，遗忘的速度是(　　)

A. 匀速发展　　B. 先快后慢　　C. 先慢后快　　D. 无规律的

55. 影响遗忘进程的因素有很多，下列表述不正确的是(　　)

A. 学习材料的性质　　B. 系列位置效应

C. 识记材料的数量　　D. 个体的性格特点

56. 明明知道某位明星的名字，也记得其容貌，却在某一瞬间回想不起该明星的名字，这是哪种遗忘学说的典型例子（　　）

A. 消退说　　B. 干扰说　　C. 压抑说　　D. 提取失败说

57. 旅游本是一项对人们很有吸引力的活动，但人们常常因害怕耗费时间、精力和钱财而不愿意去。这时人们面临的心理冲突是（　　）

A. 双趋冲突　　B. 双避冲突

C. 趋避冲突　　D. 双重趋避冲突

58. 面对要求不能得到满足而吵闹不休的孩子，母亲把一个电动玩具人放在地上，玩具人翻起了筋斗，孩子顿时停止了吵闹而开怀大笑。这里，母亲所利用的注意形式是（　　）

A. 有意注意　　B. 无意注意　　C. 有意后注意　　D. 无意后注意

59. “鱼，我所欲也；熊掌，亦我所欲也。二者不可得兼。”这种矛盾心态是动机冲突形式中的（　　）

A. 双避冲突　　B. 趋避冲突　　C. 双趋冲突　　D. 单趋冲突

60. 有的小学生在学习英语字母“t”时，常常会发出汉语拼音“t”的音，造成这种干扰现象的原因是（　　）

A. 前摄抑制　　B. 倒摄抑制

C. 消退抑制　　D. 双向抑制

61. 进入小学三年级的佳佳在背诵唐诗时，会慢慢根据老师解释的诗句含义来记忆，不再像以前只是反复诵读记忆，这说明其记忆发展从（　　）

A. 无意记忆转向意义记忆　　B. 机械记忆转向意义记忆

C. 具体形象记忆转向抽象逻辑记忆　　D. 意义记忆转向无意记忆

62. 下列有关注意的说法正确的是（　　）

A. 注意的分散和转移是个体无意识的行为

B. 注意最重要的功能是对活动的调节和监督

C. 有意后注意不应在课堂中出现

D. 有意注意也可以是没有目的的注意

63. 古人经过长期观察后得出“月晕而风，础润而雨”的结论。这体现了思维的（　　）

A. 概括性　　B. 间接性　　C. 稳定性　　D. 抽象性

64. 在某项测验中，要求学生在3分钟之内尽可能多地说出“砖”的多种用途，这主要是测量学生思维的（　　）（易混）

A. 灵活性　　B. 独特性　　C. 流畅性　　D. 深刻性

65. 足球运动员在一瞬间把握球场上对方球员的布局漏洞，不失时机地把球踢进球门。这属于（　　）

A. 分析思维　　B. 直觉思维　　C. 聚合思维　　D. 发散思维

66. 项羽在鸿门宴中没有听从谋士范增的建议杀掉刘邦,最后落得英雄末路、乌江自刎的下场。从心理学的角度来看,项羽最需要培养的意志品质是(　　)

A. 自制性　　B. 果断性　　C. 自觉性　　D. 坚韧性

67. 在实验中,让你戴上耳机,然后开始由小到大地调节音量,你会从一开始听不见,到开始逐渐能够听得见。你刚刚能够听得见时的音量,在心理学中被称为(　　)

A. 绝对感受性　　B. 绝对感觉阈限

C. 差别感受性　　D. 差别感觉阈限

68. 安安平时比较踏实,遇事沉着、冷静,但比较死板,灵活性不足。她应该属于(　　)的气质类型。

A. 胆汁质　　B. 多血质　　C. 黏液质　　D. 抑郁质

69. 某学生既想参加演讲比赛、锻炼自己,又害怕讲不好、被人讥笑。这时他面临的心理冲突是(　　)

A. 双趋冲突　　B. 双避冲突

C. 趋避冲突　　D. 多重趋避冲突

70. 小佳的家人对她十分宠爱,她生性柔弱,做事磨蹭。一天,老师因为她做作业磨蹭而批评她后,小佳无法接受哭了很久,也不愿意去上学了。从气质特征的类型上看,小佳属于(　　)

A. 多血质　　B. 黏液质

C. 抑郁质　　D. 胆汁质

71. 小莉前几天与同桌吵架了,这几天都闷闷不乐,上课也老走神。她的情绪体验属于(　　)

A. 激情　　B. 心境　　C. 热情　　D. 应激

72. 十岁左右的学生其自我意识发展较为成熟的方面是(　　)

A. 心理自我　　B. 生理自我

C. 社会自我　　D. 言语自我

73. 学生对于不能理解和不能解决的问题,表现出惊奇和疑虑,这类情感属于(　　)

A. 道德感　　B. 理智感

C. 美感　　D. 心境

74. 警察在嘈杂的人群中,能迅速辨别出罪犯。这主要依赖哪种思维(　　)

A. 分析思维　　B. 直觉思维

C. 形象思维　　D. 发散思维

75. 在学习和生活中,我们常确定目标,而在目标实现的过程中会遇到各种障碍,这就要求我们要通过自己的心理努力克服困难,有意识地把自己的行为调节和控制在与实现目标一致的方向上。这种心理过程是(　　)

A. 动机　　B. 情绪　　C. 意志　　D. 思维

76. 刚上二年级的小红在做值周生时，每天都很早起床去学校开教室门、打扫教室。如果某一天到学校晚了，她就会沮丧一整天。根据埃里克森提出的人格发展八阶段，小红正处在(　　)阶段。

A. 基本的信任对不信任　　B. 自主对害羞

C. 勤奋对自卑　　D. 主动对内疚

77. 某人经常问自己："我是一个怎样的人？"按照埃里克森的人格发展阶段理论，该个体正处在(　　)

A. 信任感对怀疑感阶段　　B. 主动感对内疚感阶段

C. 勤奋感对自卑感阶段　　D. 自我同一性对角色混乱阶段

78. 先注视打开的电灯，几分钟后闭上眼睛，会感到眼前有一个同电灯差不多的光源出现在黑暗的背景里，这就是视觉现象中的(　　)

A. 视觉对比　　B. 颜色视觉　　C. 视觉适应　　D. 视觉后像

79. 一名教师走到安静的教室门口故意咳嗽两声，目的是引起学生的(　　)

A. 无意注意　　B. 有意注意

C. 有意后注意　　D. 随意注意

80. 能力有高低之分，性格有自信与自卑之差。这说明人有(　　)的差异。

A. 心理过程　　B. 认知过程

C. 个性心理倾向性　　D. 个性心理特征

81. 当我们去电影院看电影迟到时，刚进去时光线很暗，很难看清自己的座位号，而过了一段时间之后，我们就能看清楚了，这是暗适应现象，它表示我们的视觉感受性(　　)(易错)

A. 提高了　　B. 降低了　　C. 没有变　　D. 较差

82. 先有一个目标(目的)，它与当前的状态之间存在着差别，人们认识到这个差别，就要想出某种办法采取行动(手段)来减小这个差别。这种解决问题的方法或策略是(　　)

A. 算法策略　　B. 逆推法

C. 手段—目的分析法　　D. 尝试错误法

83. 听同样一个报告，懂行的人和不懂行的人相比，结果大相径庭。这符合的知觉特性是(　　)

A. 选择性　　B. 理解性　　C. 整体性　　D. 恒常性

84. 一个学习外语的人在初学阶段去阅读外文报纸，需要意志努力，但随着学习的深入，外语水平的不断提高，他能够毫不费力地阅读外文报纸。此时他的注意状态达到了(　　)

A. 有意注意　　B. 无意注意

C. 有意后注意　　D. 无意后注意

85. "昨夜雨疏风骤，浓睡不消残酒。试问卷帘人，却道海棠依旧。知否？知否？应是绿肥红瘦。"李清照的这首《如梦令》体现了思维的(　　)

A. 间接性　　B. 敏捷性　　C. 概括性　　D. 深刻性

86.《聊斋志异》中神鬼狐妖的故事体现了作者的(　　)

A. 再造想象　　B. 创造想象

C. 幻想　　D. 无意想象

87. 人们看书时用红笔画出重点便于重新阅读,这是利用知觉的(　　)

A. 选择性　　B. 整体性　　C. 理解性　　D. 恒常性

88. 人们对已储存在头脑中的表象进行加工改造形成新形象的过程称为(　　)

A. 表象　　B. 想象　　C. 幻想　　D. 印象

89. 小刘打算用五天时间完成一项任务,但是领导分派了新任务,小刘又很快把精力投入到新任务上。这说明小刘(　　)

A. 注意的广度大　　B. 注意的稳定性强

C. 注意的分配性好　　D. 注意的转移快

90. 掩耳盗铃、自欺欺人、讳疾忌医等体现的心理防御机制是(　　)

A. 否认　　B. 转移　　C. 投射　　D. 代偿

91. 为了获得优秀的成绩而努力,为了取得他人的赞扬而勤奋工作,为了摆脱孤独而结交朋友。这体现了动机的(　　)(易混)

A. 激活功能　　B. 指向功能　　C. 维持功能　　D. 调节功能

92. 丽娜晚上在家复习功课,忽然灯灭了,她根据所学知识,推测可能是跳闸了,然后检查了空气断路器。这是问题解决的(　　)阶段。

A. 发现问题阶段　　B. 理解问题阶段　　C. 提出假设阶段　　D. 检验假设阶段

93. 学生在读到"霜叶红于二月花"的诗句时,头脑中出现了满山的枫叶在秋季红似春花的景象。这属于(　　)

A. 表象　　B. 再造想象　　C. 创造想象　　D. 幻想

94. 小明驾车行驶中突然发现前方路面塌陷,连忙急刹车,终于在塌陷前停下来,身上惊出了一身冷汗,这是受(　　)的影响所致。

A. 激情　　B. 心境　　C. 兴趣　　D. 应激

95. 当老师告诉学生"圆"字读"yuan","驱"字读"qu"后,再接下来提问"桔"字的读音时,大部分学生都回答读"jie"。这体现了(　　)的影响。

A. 定势思维　　B. 首因效应　　C. 近因效应　　D. 前后对比

96. 一般来说,从具体形象思维过渡到抽象逻辑思维的关键年龄阶段是(　　)

A. 13～14岁　　B. 7～8岁　　C. 4～5岁　　D. 10～11岁

97. 记忆消退说认为,造成遗忘的主要原因是(　　)

A. 情绪压抑　　B. 前摄抑制和倒摄抑制

C. 缺少提取线索　　D. 缺少强化

98. 新冠疫情间歇性爆发，李彤感到未来不可预测，社会秩序会受到威胁。根据马斯洛的观点，李彤所产生的主要需要是(　　)

A. 安全需要　　B. 生理需要

C. 尊重需要　　D. 归属与爱的需要

99. 对于吹风机，小李只想到是吹头发用的，却想不到还可以烘干衣服。这种现象属于(　　)

A. 原型启发　　B. 功能固着

C. 酝酿效应　　D. 思维定势

100. 在智力活动中认识、探求或维护真理的需要是否得到满足而产生的情感体验称为(　　)

A. 美感　　B. 道德感　　C. 理智感　　D. 自豪感

101. 课堂上，老师在讲解到重难点时，全班学生会集中精力认真听讲。这种注意的方式是(　　)

A. 无意注意　　B. 随意前注意　　C. 有意后注意　　D. 有意注意

102. 学生在听教师讲解公式原理时，总是在已有知识经验的基础上去理解所学的内容，这属于(　　)

A. 知觉的选择性　　B. 知觉的恒常性

C. 知觉的理解性　　D. 知觉的整体性

103. 学生办黑板报时，能够领会教师意图，选择、确定合适的素材设计填充黑板报的内容。这一过程体现了意志的(　　)

A. 自制性　　B. 坚韧性　　C. 自觉性　　D. 果断性

104. 下列关于气质的描述有误的是(　　)

A. 影响个体职业选择　　B. 无好坏之分

C. 影响智力水平　　D. 具有先天性，受遗传因素影响较大

105. 注意是伴随着感知觉、记忆、思维、想象等心理过程的一种共同的心理特征。注意的两种最基本的特点是(　　)

A. 指向性与集中性　　B. 分散性与集中性

C. 指向性与分散性　　D. 选择性与紧张性

106. 小玲性格直率、热情，常表现出积极进取、不怕困难、精力旺盛的状态，但是情绪易于冲动、心境变换剧烈。小玲的气质类型属于(　　)

A. 多血质　　B. 黏液质　　C. 抑郁质　　D. 胆汁质

107. 学生在晨读时阅读语文课文或英语单词，此时学生主要的记忆活动是(　　)

A. 再认　　B. 回忆　　C. 保持　　D. 识记

108. 同样是努力学习，有些学生只是为了获得老师或家长的赞许，并不在意自己是否真正掌握了知识，而有些学生则是对学习内容本身较为感兴趣。这种现象体现了动机具有(　　)

A. 激活功能　　B. 指向功能　　C. 调节功能　　D. 维持功能

109. 根据马斯洛的需要层次理论，如果某学生怕老师、不愿上学，说明他在班上缺少（　）

A. 归属和爱的需要　　B. 自我实现的需要

C. 尊重需要　　D. 求知需要

110. 所谓过度学习，是指在学习达到刚好成诵以后的附加学习。假如小明学习《望月》，20分钟后就刚好能背诵，为取得最好的记忆效果，小明需要再读（　）分钟。

A. 2　　B. 5　　C. 10　　D. 15

111. 根据记忆内容的性质，掌握了骑自行车的车技属于（　）

A. 陈述性记忆　　B. 程序性记忆

C. 外显记忆　　D. 情景记忆

112. 学生对数学定理、公式、哲学命题等内容的记忆属于（　）

A. 逻辑性记忆　　B. 程序性记忆

C. 条件性记忆　　D. 长时性记忆

113. "人类虽然还没有真正搞清楚宇宙形成的奥秘，但人们可以根据宇宙中存在的种种现象以及相关的知识经验来推测它的形成。"这反映了思维的（　）

A. 概括性　　B. 间接性　　C. 系统性　　D. 分析性

114. 在相关情境的刺激下，个体在一定时间内会产生相应的情绪状态，下列情形与情绪状态对应不正确的是（　）

A. 小宇在考试中名列前茅，心里很高兴但并未表现出来——理智感

B. 小军在篮球场边看同学打球，其间篮球不小心飞向他，他赶紧躲闪——应激

C. 某班在广播体操比赛中获得一等奖，听到消息后全班学生兴奋地跳了起来——激情

D. 小亮收到了理想大学的录取通知书，心情一直非常愉悦——心境

115. 小露学习成绩名列前茅，同时她还希望为班级管理贡献力量。班主任考虑到小露的综合能力，决定让其担任班干部。根据马斯洛需要层次理论，班主任的决定满足了小露的（　）（易混）

A. 尊重的需要　　B. 自我实现的需要　　C. 发展的需要　　D. 安全的需要

116. 下列选项中，不属于幻想的有（　）

A. 有个小学生将来想成为科学家

B. 庄周梦蝶

C. 一个多世纪前人们幻想以后能在海底遨游

D. 守株待兔

117. 教室里一片喧哗声，教师突然放低声音或停止说话以引起学生的注意，这是利用了（　）

A. 刺激物的新异性　　B. 刺激物的变化

C. 刺激物的运动　　D. 刺激物的对比

118. 当个体面对新环境时，努力地适应环境，并对环境进行塑造以提高自己与环境的和谐程度。当个体感到自己无法适应某个环境时，会选择另外一种环境。这体现了(　　)

A. 成分亚理论　　B. 情境亚理论

C. 经验亚理论　　D. 元成分

119. 一位四年级小学生根据芭蕾舞裙和游泳圈的形状和功能发明了一种充气雨衣，雨衣下面是一个圈，充气后雨衣张开，雨水就不会落进鞋子，这体现的是(　　)

A. 原型启发　　B. 功能固着　　C. 酝酿效应　　D. 思维定势

120. 某日，元元因和同桌产生矛盾，委屈得像幼儿一样坐在地上号啕大哭。元元的这种心理防御机制属于(　　)

A. 移置　　B. 合理化　　C. 退行　　D. 升华

121. 观看感动中国年度人物事迹及颁奖词时所产生的情感体验主要是(　　)

A. 应激　　B. 理智感　　C. 激情　　D. 道德感

122. 埃里克森认为学龄期(6～12岁)儿童的发展危机是(　　)

A. 勤奋感对自卑感　　B. 亲密感对孤独感

C. 自主感对羞耻感　　D. 主动感对内疚感

123. 在教育教学中，教师要根据学生的不同气质类型做好教育工作，要特别注意对(　　)学生的重视，尽量避免强烈的刺激和大起大落的情绪变化。

A. 抑郁质和黏液质　　B. 胆汁质和抑郁质

C. 多血质和胆汁质　　D. 黏液质和多血质

124. 根据马斯洛的需要层次理论，下列(　　)一旦获得满足，其对行为的影响逐渐减弱。

A. 尊重的需要　　B. 认知的需要

C. 审美的需要　　D. 自我实现的需要

二、简答题(每小题10分，参考时限10分钟。共8小题)

1. 简述动机冲突的种类。

2. 简述影响注意转移的因素。

3. 简述在教学中如何提高学生解决问题的能力。

4. 简述影响遗忘进程的因素。

5. 简述知识、技能与能力之间的关系。

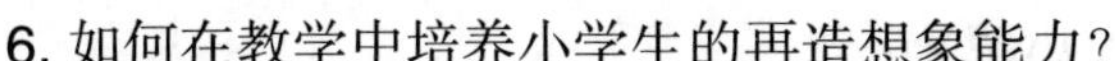

6. 如何在教学中培养小学生的再造想象能力？

7. 影响智力发展的因素有哪些？

8. 简述埃里克森的人格发展阶段理论中的八个阶段。

三、材料分析题(每小题20分,参考时限15分钟。共2小题)

1.材料:

小明的父母都从事房地产开发工作。因为工作的原因,小明从小到大跟着父母去过不少地方,每个地方待了不到两三年就又要到另一个城市去。父母工作忙,小明与父母的沟通也不是很多,每次到了一个新的地方进入当地学校读书,小明就又要适应一个新环境。而当小明渐渐熟悉起来,可能又要离开了。刚入学时,小明成绩挺好的,可是几年下来,成绩一落千丈,他自己很烦恼,父母也很担忧。

问题:

(1)从马斯洛需要层次理论来看,小明的哪种基本需要没有得到满足?

(2)请从需要之间的关系分析小明成绩下降的原因。

(3)请分析如何帮助小明摆脱困境,提高成绩。

2. 材料：

甲同学有偏科现象，对语文产生较强的畏难心理。他平时学习缺乏主动性，总是“临时抱佛脚”。考前复习时总以为“语文就靠背”，可以不求甚解。他采取反复识记的方法，但刚能背诵就停止学习，浅尝辄止。再加上时间紧、任务重，学习效果往往欠佳。他对一些形象的知识记忆效果相对好些。对抽象的知识，他采取相同的学习方法，尽管也投入大量的时间和精力，但总难以取得相应的记忆效果。后来，甲同学不断尝试运用自己习惯的记忆方法，发现早晨起床后和晚上临睡前的记忆效果好。

问题：

(1)运用记忆理论，分析“早晨起床后和晚上临睡前的记忆效果好”这一现象。

(2)结合材料，分析甲同学记忆方面存在的问题并提出相应的改善措施。

专题二　小学生身心发展

链接答案本 P315

一、单项选择题(每小题2分,共34小题。参考时限35分钟)

1. 个体身心发展具有一定的阶段性,它反映了量变与质变的统一。由于身心发展各阶段是相互联系的,具有连续性,前一阶段是后一阶段的准备,这就要求教育工作者应(　　)

A. 做到因材施教　　B. 抓好关键期教育

C. 考虑各阶段教育的衔接　　D. 促进学生的一般发展

2. 亮亮把果冻偷偷藏在厨房的橱柜里。妈妈发现之后把果冻放到了客厅的抽屉里。有些儿童认为亮亮以后还会到厨房的橱柜里找果冻。这些儿童处在皮亚杰所说的认知发展阶段中的(　　)(易混)

A. 感知运动阶段　　B. 前运算阶段

C. 具体运算阶段　　D. 形式运算阶段

3. 皮亚杰认为,儿童思维发展趋于成熟的标志是(　　)

A. 获得"客体永久性"概念　　B. 去自我中心性

C. 获得"守恒"概念　　D. 进入形式运算阶段

4. 在教学过程中,教育者要能够面向全体学生,特别是生理或者心理机能发生障碍、学习成绩落后的学生,要树立坚定的信心,相信他们可以通过其他方面的补偿性发展来达到与一般正常人一样或相似的发展水平。这种做法遵循了个体身心发展的(　　)

A. 稳定性　　B. 不平衡性　　C. 差异性　　D. 互补性

5. 六岁是人类语言学习的一个敏感期,错过了将无法弥补,并且事倍功半,这反映了个体身心发展具有(　　)

A. 阶段性　　B. 差异性　　C. 不平衡性　　D. 顺序性

6. 儿童身体发展是头部、躯干、四肢;儿童个体动作发展是自上而下,由躯体中心向外围、从大肌肉动作到精细动作;儿童的认知和思维能力的发展,遵循着先具体后抽象的顺序。这体现了个体身心发展的(　　)

A. 顺序性　　B. 连续性　　C. 稳定性　　D. 阶段性

7. 一个女孩正在清扫房间,她决定把自己书架上一大堆的动物玩具从最高到最矮重新摆放。先放高的,然后是中等的,最后是矮的。这个女孩的认知处于(　　)

A. 感知运动阶段　　B. 前运算阶段

C. 具体运算阶段　　D. 形式运算阶段

8. 将一个大杯中的水倒入小杯中时，儿童不仅能够考虑水从大杯倒入小杯，而且还能设想水从小杯倒回大杯，并恢复原状。根据皮亚杰的认知发展阶段理论，该儿童处于(　　)

A. 感知运动阶段　　B. 前运算阶段

C. 具体运算阶段　　D. 形式运算阶段

9. 苏联心理学家维果斯基依据一系列实验的结果，指出学龄期的教学与发展问题具有重要价值，其理论“最近发展区”实际是指(　　)

A. 正处于掌握边缘的能力　　B. 过去曾有的发展水平

C. 最新达到的解决问题水平　　D. 现有水平和可能达到的发展水平的差异

10. 在知觉、思维、记忆等认知活动中，往往强调速度而不是精度的认知风格属于(　　)

A. 场独立型　　B. 沉思型　　C. 场依存型　　D. 冲动型

11. 某语文教师不按课程标准所要求的学段目标开展教学，教授学生远远超出其当前认知水平的知识，该教师的行为主要违背了儿童发展的(　　)

A. 顺序性　　B. 阶段性

C. 不平衡性　　D. 个别差异性

12. 一般来说，偏爱自然科学，且自尊心较强的学生的认知风格属于(　　)

A. 场依存型　　B. 场独立型

C. 沉思型　　D. 冲动型

13. 老师在和年龄较小的儿童交流时发现，他们经常会说“太阳公公”“白云姐姐”“小草妹妹”等等，这体现的儿童思维特点是(　　)

A. 泛灵论　　B. 自我中心

C. 集体独白　　D. 思维不可逆性

14. 多多思考问题时常常拿不定主意，往往需要询问他人意见，情绪和行为很容易受到外部环境的影响。这说明多多的认知方式倾向于(　　)

A. 场独立型　　B. 反思型　　C. 冲动型　　D. 场依存型

15. 新课改理念强调，课程实施要适当增加学习内容的难度，引导学生自主发展，但同时又要量力而行。这种教学理念主要基于(　　)(常考)

A. 心理准备区　　B. 最近发展区　　C. 适应期　　D. 关键期

16. 个体身心发展的互补性规律要求教育工作者在教育教学过程中应该(　　)

A. 对学生树立信心，发挥学生的优势，扬长避短

B. 有的放矢地开展教育工作，做到因材施教

C. 抓住学生发展的关键期，提高教育的有效性

D. 遵循由易到难、由简单到复杂、循序渐进的教学原则

17. 根据皮亚杰的认知发展理论，儿童可以同时从两个或两个以上角度思考问题，这一特征表明儿童的认知水平处于（　　）

A. 感知运动阶段　　B. 前运算阶段

C. 具体运算阶段　　D. 形式运算阶段

18. 张老师在数学课上将橘子剥成一瓣一瓣的，并问小红原来的橘子多还是现在的橘子多，小红认为橘子被剥成一瓣一瓣后比原来少了，这说明小红的思维还没有具备（　　）

A. 守恒性　　B. 平衡性

C. 抽象性　　D. 具体性

19. 儿童发展是一个持续不断的过程，不同年龄阶段表现出不同的特征。儿童发展的阶段性特点决定了教育工作要（　　）

A. 循序渐进　　B. 有针对性

C. 因材施教　　D. 抓关键期

20. 五年级一班的白老师向同学们提问说："大家知道唐朝的诗人有哪些吗？"老师话音刚落，小丽立马回答说："李白，还有苏轼……"小丽的认知风格属于（　　）

A. 场依存型　　B. 场独立型

C. 冲动型　　D. 沉思型

21. 在个体身心发展的过程中，身高和体重有两个发展的高峰，这说明个体发展具有（　　）（易混）

A. 顺序性和阶段性　　B. 稳定性和可变性

C. 不均衡性　　D. 整体性

22. "须知参差多态，乃是幸福的本源""有的人爱动，有的人喜静；有的人观察能力强，有的人记忆能力好；有的人善于理性思维，有的人长于形象思维"都体现了人的身心发展规律中的（　　）

A. 整体性　　B. 阶段性

C. 个别差异性　　D. 不平衡性

23. 皮亚杰认为，儿童的认知发展是在已有图式的基础上，通过同化、顺应和平衡等机制，不断从低级向高级发展的一个建构过程。其中个体调节自己的内部结构以适应特定刺激情境的过程是（　　）

A. 图式　　B. 同化　　C. 顺应　　D. 平衡

24. 张老师在设置教学目标时，会考虑学生的现有知识水平，也考虑他们在老师的指导下可以达到的水平。维果斯基将这两种水平之间的差距称为（　　）

A. 教学支架　　B. 最近发展区

C. 先行组织者　　D. 自我差异性

25. 李老师问一名六岁的儿童："你有兄弟吗？"儿童："有。"李老师："兄弟叫什么名字？"儿童："小

明。”李老师：“小明有兄弟吗？”儿童：“没有。”按照皮亚杰的认知发展阶段理论，该儿童的思维发展处于(　　)

A. 感知运动阶段　　B. 前运算阶段

C. 具体运算阶段　　D. 形式运算阶段

26. 小强的妈妈望子成龙心切，明知道小强不喜欢弹钢琴，仍然给他报了钢琴兴趣班。这说明小强妈妈在教育过程中违背了儿童身心发展的(　　)

A. 互补性　　B. 差异性　　C. 稳定性　　D. 顺序性

27. 印度“狼孩”的事例表明，个体在早期心理发展的某一个短暂时期内，对某类刺激特别敏感，一旦错失将难以达到应有的发展水平。心理学上把这一时期称为(　　)

A. 最近发展期　　B. 生长高峰期

C. 心理断乳期　　D. 关键期

28. 教育要适应人的发展的个别差异性规律，应该做到(　　)

A. 因材施教　　B. 循序渐进　　C. 教学相长　　D. 防微杜渐

29. 思维具有了守恒性、可逆性和脱离自我中心性特点的认知发展阶段是(　　)(常考)

A. 感知运动阶段　　B. 前运算阶段

C. 具体运算阶段　　D. 形式运算阶段

30. 在个体的发展中，有的能力在较早的年龄阶段已经达到较高的发展水平，有的能力则要到较晚的年龄阶段才能达到较为成熟的水平。这反映了个体身心发展的(　　)

A. 同一方面发展不同速　　B. 互补性

C. 差异性　　D. 不同方面发展不同步

31. 小伟在解决问题时会首先收集相关信息与知识，运用逻辑规律缩小解答范围，直到找到最恰当的正确答案，这种认知风格属于(　　)

A. 整体型　　B. 辐合型　　C. 序列型　　D. 发散型

32. 在童年期，学生思维特征以形象思维为主，情感特征不稳定且形于外；而在少年时期，其抽象思维已有较大发展，对情感的体验开始向深与细方向发展，但还很脆弱；在青年期，以抽象思维为主，情感较丰富细腻、深刻稳定。这表明学生身心发展具有(　　)

A. 顺序性与阶段性　　B. 稳定性与可变性

C. 整体性与个别差异性　　D. 不均衡性与互补性

33. 学生的“自我中心”程度下降，他们开始克服“片面性”而注意到事物的各个方面，发展了了解他人观点的能力，从而提升了自己与他人沟通的能力。该阶段的学生年龄段大致为(　　)

A. 12～15岁　　B. 10～16岁

C. 2～7岁　　D. 7～11岁

34. “跳一跳，摘桃子”强调教师在教学过程中要尽可能挖掘每个学生的潜力，使其得到更好的发展，其理论依据是(　　)

A. 学科基本结构理论　　B. 建构主义教学理论

C. 最近发展区理论　　D. 范例教学理论

二、简答题(每小题10分，参考时限10分钟。共2小题)

1. 形式运算阶段儿童的思维特征主要表现在哪些方面？

2. 简述皮亚杰“发生认识论”的主要内容。

三、材料分析题(每小题20分,参考时限15分钟。共2小题)

1. 材料:

六岁的夏夏刚上小学一年级。她特别喜欢和小朋友玩过家家、扮医生等游戏。母亲节那天她把自己喜欢的洋娃娃玩具作为礼物送给了妈妈,因为她认为自己喜欢的就是妈妈喜欢的。夏夏会计算2+3=5,却不会计算5-2=3。两排数量一样多的糖果,前后排列一致时,她知道两排糖果的数量是一样的,把其中的一排扩大或缩小间距,改变其外观形态,她就认为两排糖果的数量不一样多。

问题:

(1)结合材料运用皮亚杰的认知发展阶段理论分析,夏夏的认知发展属于哪个阶段?

(2)该阶段儿童的认知发展具有哪些特点?

2. 材料：

陈明和罗亮是一对好朋友，两个人在处理问题时的认知风格方面有较大的差异。陈明在学习上遇到问题时，常常利用个人经验独立对其进行判断，喜欢用概括的与逻辑的方式分析问题，很少受到同学与老师建议的影响。而罗亮遇到问题时的表现则与陈明相反，他更愿意听老师和同学的建议，并以他们的建议作为分析问题的依据。另外，罗亮还喜欢察言观色，关注社会问题。

问题：

(1)请结合材料谈谈二人的认知风格有何差异。

(2)请从教师的角度来说说如何根据二人的认知方式的差异进行教育。

专题三　小学生学习指导

链接答案本 P321

一、单项选择题(每小题2分,共62小题。参考时限65分钟)

1. 某学生这样来管理自己的学习:“如果我能在30分钟内完成英语老师布置的家庭作业,那么就可以和爸爸出去玩。”该学生运用的是(　　)

A. 外部强化　　B. 替代强化

C. 自我强化　　D. 消极强化

2. 在日常生活中,看见路上的垃圾会绕道走开,这体现了(　　)

A. 负强化作用　　B. 回避条件作用

C. 正强化作用　　D. 逃避条件作用

3. 小石认为空气没有重量,但经过科学演示后他知道自己错了。他现在认为,空气是有重量的。从迁移的角度来说,这一理解的变化属于(　　)(易混)

A. 同化性迁移　　B. 顺应性迁移

C. 一般迁移　　D. 重组性迁移

4. 如果一个心理学家的研究对象是具有经验的人,研究关心的是个人的创造性、对个人和社会有意义的问题以及如何提高人的尊严和价值,则该心理学家最有可能属于的学派是(　　)

A. 行为主义学派　　B. 认知主义学派

C. 精神分析学派　　D. 人本主义学派

5. 在课堂上,有些性子急的学生不举手就回答问题,老师不理会他,而是点那些举手的学生回答问题。该老师运用的方法是(　　)

A. 强化　　B. 消退

C. 分化　　D. 泛化

6. 通常情况下,一次好的考试成绩能够引发学生更加努力地学习,这符合桑代克提出的(　　)

A. 准备律　　B. 效果律

C. 练习律　　D. 动机律

7. 小学生先前学习的加法、减法,对以后更高级的乘除法的学习具有促进作用。这种迁移是(　　)

A. 纵向迁移　　B. 横向迁移

C. 负向迁移　　D. 逆向迁移

8. 张明在快速阅读英语课文时发现某段语句没有读懂，就放慢了阅读速度，重新仔细地进行阅读。该生使用的学习策略是(　　)

A. 注意策略　　B. 复述策略

C. 元认知策略　　D. 精加工策略

9. 学习是任何动物生存中普遍存在的、贯穿生命全过程的现象，是有机体生存和发展不可缺少的条件。下列选项中，属于学习现象的是(　　)(易错)

A. 蜘蛛织网　　B. 吃了酸的食物流唾液

C. 含梅生津　　D. 儿童模仿电影中人物的行为

10. 对“植物、动物”等具体概念的理解影响着对“生物”这一概念的掌握；“角”这个概念的掌握对“直角、锐角”等概念的学习有一定的影响。这种迁移属于(　　)

A. 水平迁移　　B. 垂直迁移

C. 顺向迁移　　D. 逆向迁移

11. 首先做我要你做的事，然后才可以做你想做的事。如要求不爱吃青菜的孩子吃青菜，可以这样做：吃完这些青菜，才可以吃鸡腿。这种做法符合(　　)

A. 普雷马克原理　　B. 扇贝效应

C. 教师期望效应　　D. 习得性无助效应

12. 前摄抑制和倒摄抑制属于(　　)

A. 正迁移　　B. 负迁移

C. 近迁移　　D. 远迁移

13. 一位地理学家向一班学生问道：“假如你们在地球表面挖了一个几十千米深的洞，你们说洞底比上面热还是冷？”全班鸦雀无声，一片寂静。这时，学生的地理老师着急地说道：“教授，你问问题的方式不对。”随即，该老师问道：“同学们，地球的深层处于什么状态？”这时全班同学异口同声地回答道：“地球的深层都是岩浆。”按照奥苏伯尔对学生学习价值的看法，学生对“地球的深层都是岩浆”这一知识的学习属于(　　)

A. 有意义学习　　B. 机械学习

C. 条件学习　　D. 社会学习

14. 学习化学中锂、钠、钾等各种金属元素概念时，它们之间的相互影响称为(　　)

A. 水平迁移　　B. 垂直迁移

C. 同化迁移　　D. 顺应迁移

15. 下列选项中，属于元认知策略的是(　　)

A. 设置目标　　B. 列提纲

C. 寻求同学帮助　　D. 做笔记

16. 小明犯错误后通过撒谎避免了父母的惩罚，此后小明学会了用谎言来逃脱惩罚。此处发生了（　　）（易混）

A. 惩罚　　B. 逃避条件作用

C. 回避条件作用　　D. 消退

17. 对于经常违反校规校纪的学生，一旦发现他们有好的表现，马上给予表扬。这种鼓励能帮助他们逐渐改掉坏习惯，养成良好的品行。这种做法在心理学上叫（　　）

A. 消退　　B. 间隔强化

C. 负强化　　D. 正强化

18. 听到隔壁班班主任高跟鞋的声音，以为是自己班的班主任回来了，全班同学顷刻间鸦雀无声，这体现了刺激的（　　）

A. 泛化　　B. 分化　　C. 获得　　D. 消退

19. 学生不是空着脑袋走进教室的，所以教学不能无视学生原有的经验背景，而是要把学生已有的知识经验作为新知识的生长点，引导学生从原有的知识经验中"生长"出新知识。持这种观点的是（　　）

A. 联结学习理论　　B. 认知学习理论

C. 建构主义学习理论　　D. 有意义接受学习理论

20. 某学生因进步明显，老师取消了对他的处分，这是（　　）

A. 正强化　　B. 负强化

C. 惩罚　　D. 消退

21. 一个孩子出现打人行为，因此他的父母规定他一个月不准吃肯德基。这种做法属于（　　）

A. 正强化　　B. 消退

C. 惩罚　　D. 负强化

22. 在实际的教育和教学过程中，引导学生分辨勇敢和鲁莽、谦让和退缩，要求学生区别重力和压力、质量和重量等，需要对刺激进行（　　）

A. 分化　　B. 消退

C. 泛化　　D. 撤销

23. 苛勒在他的完形—顿悟学习理论中提出学习的结果是（　　）

A. 形成新的完形　　B. 塑造新的行为

C. 形成健康的人格　　D. 形成刺激—反应联结

24. 将在语文学习中总结出来的阅读技能运用到英语学习中的迁移属于（　　）

A. 水平迁移　　B. 一般迁移

C. 垂直迁移　　D. 具体迁移

25.“其身正，不令而行；其身不正，虽令不从。”能够有效解释这一现象的学习理论是(　　)

A. 认知学习理论　　B. 社会学习理论

C. 人本主义理论　　D. 建构主义理论

26. 小贺觉得自己越长大，父母就越冷漠。小时候他只要大哭大闹就能换来想要的东西，可是长大之后无论再怎么哭、再怎么闹，父母都不会理睬自己。根据行为主义理论，父母的做法实际上属于(　　)

A. 正强化　　B. 负强化　　C. 消退　　D. 惩罚

27.“一朝被蛇咬，十年怕井绳”属于巴甫洛夫经典性条件反射理论中的(　　)

A. 分化　　B. 泛化　　C. 获得　　D. 消退

28. 下列有关认知学习的理论，关系对应错误的是(　　)

A. 苛勒：完形—顿悟学习理论　　B. 布鲁纳：认知—发现学习理论

C. 加涅：信息加工学习理论　　D. 桑代克：符号学习理论

29. 现在越来越多的学校在教学上都强调让教师引导学生使用某些方法或策略来解答问题，或者给学生某个问题，让他们通过网络、图书馆等途径自己寻找答案。这种学习方式属于(　　)

A. 接受学习　　B. 发现学习

C. 深度学习　　D. 观察学习

30. 在英语学习中，学生在学习“eye”和“ball”后，学习“eyeball”就比较容易。这种现象属于(　　)

A. 一般迁移　　B. 具体迁移

C. 垂直迁移　　D. 负迁移

31. 下列人物中，提出“先行组织者”概念的是(　　)

A. 奥苏伯尔　　B. 布鲁纳

C. 桑代克　　D. 班杜拉

32. 任何学习都应该在学生有准备的状态下进行，而不能经常搞突然袭击。这符合桑代克学习规律中的(　　)

A. 准备律　　B. 练习律

C. 效果律　　D. 学习律

33.“学习过程就是尝试错误的过程”，这一观点属于哪种学习理论(　　)

A. 行为主义　　B. 认知主义　　C. 人本主义　　D. 建构主义

34. 如果一个家长想用看电视作为强化物来奖励儿童认真按时完成作业的行为，最合适的安排应该是(　　)

A. 让儿童看完电视以后立即督促他完成作业

B. 规定每周看电视的适当时间

C. 惩罚孩子过分喜欢看电视的行为

D. 只有按时完成家庭作业后才能看电视

35. 托尔曼学习理论的核心概念是( )

A. 期望 B. 强化

C. 动作 D. 完形

36. “举一反三,闻一知十”指的是( )

A. 学习策略 B. 学习动机

C. 学习迁移 D. 学习期待

37. 小学生在阅读课文时,遇到不认识的生字,积极向老师请教。该学生运用的是资源管理策略中的( )

A. 时间管理策略 B. 环境管理策略

C. 努力管理策略 D. 学业求助策略

38. 老师在教授课文时采用列提纲的形式来板书。这种学习策略是( )

A. 精加工策略 B. 组织策略

C. 元认知策略 D. 阅读理解策略

39. 小明通过阅读文献,像历史学家研究分析史料那样,在求知过程中组织属于自己的知识。小明的学习属于( )

A. 接受学习 B. 发现学习

C. 机械学习 D. 动作技能学习

40. 考试结果出来后,学生分析考试成败的原因,并做出下一步的计划和安排,这属于( )

A. 精加工策略 B. 元认知策略

C. 组织策略 D. 复述策略

41. 潇潇在学习英语单词时,将“dog”联想为“我有一条小狗名叫多格”,潇潇使用的学习策略是( )

A. 复述策略 B. 组织策略

C. 精加工策略 D. 元认知策略

42. 学生学习时用简洁的词语写出材料中的主要观点、次要观点以及各观点之间的关系。这种学习策略属于( )

A. 精加工策略 B. 计划策略

C. 调节策略 D. 组织策略

43. 布鲁纳提出的掌握学科基本结构的教学原则是( )

A. 注意、保持、复现、动机

B. 动机原则、结构原则、程序原则、强化原则

C. 动机原则、结构原则、程序原则、迁移原则

D. 准备律、练习律、效果律

44. 小刚上课害怕被点名回答问题，当他发现坐在教室后排并趴在课桌上时，就不大可能被提问。于是后来就越来越多地表现出类似行为。从行为主义的观点来看，这是由于该生曾受到(　　)(易错)

A. 正强化　　B. 负强化

C. 惩罚　　D. 塑造

45. 某学习者运用形象联想法进行记忆，他所运用的学习策略是(　　)

A. 复述策略　　B. 元认知策略

C. 精加工策略　　D. 组织策略

46. 小东的英语学习成绩很好，所以他在学习法语时觉得比较轻松，小东的这种学习迁移属于(　　)

A. 逆向迁移　　B. 垂直迁移

C. 正迁移　　D. 负迁移

47. 现实生活中，我们经常发现，越是成绩好的学生越愿意学习，越是成绩差的学生越不愿意学习。如果用桑代克提出的学习规律加以解释，则最适宜解释这种现象的是(　　)

A. 反馈律　　B. 练习律

C. 效果律　　D. 准备律

48. 为了方便记忆二十四节气，人们采用首字连词法(即利用每一个词的第一个字形成一个缩写)，编制了二十四节气歌，这种做法从学习策略的角度看属于(　　)

A. 复述策略　　B. 元认知策略

C. 组织策略　　D. 精加工策略

49. 学生小芳由于“锐角三角形”的知识没有掌握好，从而影响了“钝角三角形”知识的掌握。这种现象属于(　　)

A. 纵向迁移　　B. 横向迁移

C. 顺应迁移　　D. 重组迁移

50. 下列不属于桑代克认为的学习要遵循的三条重要原则的是(　　)

A. 练习律　　B. 效果律

C. 准备律　　D. 强度律

51. 亮亮看见同班同学张强上课乱说话被老师批评，他就知道上课不能随便乱说话，亮亮此时受到的强化是(　　)

A. 直接强化　　B. 替代强化

C. 自我强化　　D. 定时强化

52. 刚上小学的童童不敢独自一人睡觉，一旦发现妈妈不在就哭闹。第一天，妈妈将其哄睡前，告诉他明天晚上自己睡。第二天童童哭一会儿就睡了，第三天没哭就睡了。妈妈运用的是（　　）

A. 正强化　　B. 负强化

C. 惩罚　　D. 消退

53. 下列哪项属于负惩罚（　　）（易错）

A. 背诵完课文就可以出去玩　　B. 背诵完课文就不用收拾屋子

C. 没有背诵完课文就要收拾屋子　　D. 没有背诵完课文就不能出去玩

54. 小李为了提高自己的学习效率，制订了一份学习计划，细化到每个时间段的学习内容，这属于（　　）

A. 认知管理策略　　B. 精细加工策略

C. 元认知策略　　D. 资源管理策略

55. 小菲报名参加了英语演讲比赛，为了加强练习，小菲每天早上会早起半小时到学校英语角进行英语朗诵或模拟对话。这种学习策略属于（　　）

A. 组织策略　　B. 监控策略

C. 计划策略　　D. 资源管理策略

56. 司机驾驶汽车未系上安全带，汽车不断地发出滴滴的提示音，直到系好安全带为止，这种自觉系上安全带的行为是一种（　　）

A. 惩罚　　B. 消退

C. 负强化　　D. 正强化

57. 阳阳的数学成绩比语文成绩好，她学习数学的积极性更高，这符合桑代克学习理论的（　　）

A. 练习律　　B. 准备律

C. 强化律　　D. 效果律

58. 张老师在教研活动课上强调，学生的学习应该与情境化的社会实践活动联系在一起，要注意学生的学习应该是存在于具体的情境中的。由此可知，这位老师可能更支持（　　）

A. 认知主义学习理论　　B. 人本主义学习理论

C. 行为主义学习理论　　D. 建构主义学习理论

59. （　　）的教学观认为，促进学生学习的关键不在于教师的教学技巧、专业知识、课程计划、演示和讲解、丰富的书籍等等，而在于特定的心理气氛因素，这些因素存在于“促进者”与“学习者”的人际关系之中。

A. 赫尔巴特　　B. 杜威

C. 罗杰斯　　D. 奥苏贝尔

60. 上课开始，老师提出一种对新旧知识起连接作用的陈述，以帮助学生顺利接受学习材料，这种教学策略称为(　)

A. 先行组织者　　B. 问题教学策略

C. 反思教学策略　　D. 联系策略

61. 有利于降低某种反应在将来发生的概率，以达到消除某种行为的无强化的过程是(　)

A. 负强化　　B. 正强化

C. 消退　　D. 惩罚

62. 晓晓在阅读课文时常常自我提问："我清楚课文表达的内容了吗？我抓住课文的重点了吗？"这种学习策略属于(　)

A. 组织策略　　B. 复述策略

C. 监控策略　　D. 计划策略

二、简答题(每小题10分，参考时限10分钟。共7小题)

1. 简述桑代克的学习定律。

2. 简述奥苏伯尔有意义学习的条件。

3. 罗杰斯认为有意义学习的主要特征是什么？

4. 简述影响学习兴趣的因素。

5. 简述常用的复述策略。

6. 如何理解学习的内涵？

7. 简述激发小学生学习兴趣的方法。

三、材料分析题(每小题20分,参考时限15分钟。共2小题)

1. 材料:

王明在班级中成绩一般,是老师和同学经常忽视的对象。有一天上英语课,他在那里叠纸飞机,为了引起同学和老师的注意,他把飞机投向了空中。英语老师当场在全班同学面前批评了他。

问题:

(1)结合马斯洛的需要层次理论分析王明出现这种情况的原因。

(2)请用行为主义学习理论分析材料中英语老师处理问题的方法及其效果。

(3)请用其他的学习理论,提出更好的处理方法。

2. 材料：

期末考试后，某班举行了学习方法交流讨论会，让几名成绩优秀的学生，介绍他们学习的策略和方法。

学生A说："我上每门课都喜欢做笔记，尤其喜欢把老师讲授的知识用关系图或者框架图总结起来，因为我觉得这个框架就像脑中的知识框架一样，每次复习的时候看到这个框架，掌握知识就会特别轻松高效。"

学生B说："每次学习新的知识点，我自己会先设立一个学习目标，这个目标是在老师教学目标基础上所做的调整，在阅读课本时，我会对有疑问的知识点做标注并设置问题，课下等待老师的解答，这样可以很快把握这个章节的重难点。"

学生C说："我认为是否掌握了所学的知识点，重要的是是否意识到课本哪个部分懂了，哪个部分还不懂，不懂的部分问题出在哪里。我课下也会思考，老师刚刚所讲的重要内容我是否关注到了，然后我会根据对这些问题的评估，调整自己的学习进度。"

学生D说："可能是我热爱天文的缘故，我常常阅读科普杂志，参观博物馆和展览馆。我将对天文知识的热爱转化为对老师所讲知识的好奇心，尤其像生物、物理、地理这样的学科，使我感到学习的乐趣。所以我从不觉得学习是负担，学习是开阔眼界、挑战自我的过程。"

会后，同学们相互交流着各自的学习策略和经验，大家都认为，想要提高学习效率，首要的就是掌握适合自己的学习方法。

问题：

(1)结合材料，用学习策略的相关知识分析上述学生的学习行为。

(2)作为教师，你会如何引导学生形成自己的学习策略？

专题四 小学德育、美育与劳动教育

链接答案本 P331

一、单项选择题(每小题2分,共41小题。参考时限45分钟)

1. 某儿童认为规则不是绝对的,它可以怀疑、可以改变,甚至可以违反。按照科尔伯格的理论,其道德发展处于( )

A. 服从与惩罚阶段　　B. 普遍原则阶段

C. 维护权威或秩序阶段　　D. 社会契约阶段

2. 某校长在谈到学校的校园环境时讲道:“这些长长的回廊和雄伟的石柱,这些随风摇曳的棕榈树就像实验室和讲堂一样在学生的教育中起着重要的作用。这个庭院的每块石头都有教育意义。”这主要体现的德育方法是( )

A. 实际锻炼法　　B. 情感陶冶法

C. 说服教育法　　D. 榜样示范法

3. 苏联教育家马卡连柯说:“要尽量多地要求一个人,也要尽可能地尊重一个人。”这句话体现的德育原则是( )

A. 正面教育原则　　B. 因材施教原则

C. 教育影响的一致性与连贯性原则　　D. 尊重信任与严格要求相结合的原则

4. 形成道德品质的关键在于培养( )

A. 道德认知　　B. 道德信念　　C. 道德情感　　D. 道德意志

5. 下列行为中,需要加强“知情意行”四个德育环节中的“知”的是( )

A. 小亮明知道上课玩手机不对,但还是玩了

B. 小张身心尚未成熟,不能辨别是非善恶

C. 小赵对公交车上倚老卖老的行为感到愤怒

D. 小罗生活中总是无法控制自己的情绪,容易发怒

6. 学生对居室、日用品、服饰等方面按美的标准做出选择与合理的配置属于美育中的( )的能力。

A. 感受美　　B. 欣赏美　　C. 创造美　　D. 鉴赏美

7. 按照科尔伯格的道德发展阶段理论,个体认为只要动机是好的,行为就是正确的。这反映了其道德发展处于( )(易混)

A. 相对功利的道德定向阶段　　B. 社会契约道德定向阶段

C. 普遍原则的道德定向阶段　　D. 好孩子的道德定向阶段

8. 学校德育可以通过多种途径实施，但其中最基本的途径是(　　)

A. 思想品德课和其他学科教学　　B. 课外和校外活动

C. 班主任工作　　D. 少先队活动

9. 在德育工作中，要统一学校、家庭和社会各方面的教育力量，建立"三结合"的教育网络。这主要遵循的德育原则是(　　)

A. 导向性原则　　B. 知行统一原则

C. 尊重信任与严格要求学生相结合原则　　D. 教育影响的一致性与连贯性原则

10. 对学生进行思想品德教育，如果企图用"堵"和"压"的办法去解决，就会产生矛盾，造成反抗；用大禹治水的办法，就能使学生明白事理，提高认识。这反映了德育的(　　)

A. 知行统一原则　　B. 依靠积极因素，克服消极因素原则

C. 疏导原则　　D. 正面教育与纪律约束相结合原则

11. 在科尔伯格有关儿童道德发展阶段的研究中，好孩子的道德定向阶段属于(　　)

A. 前习俗水平　　B. 习俗水平

C. 后习俗水平　　D. 权威水平

12. 对于那些"认识到拿人家东西不对，也为此而感到羞愧，但还是抵挡不住一些好东西的诱惑，从而出现了偷盗行为"的孩子，应加强其(　　)的培养。(常考)

A. 道德认知　　B. 道德信念

C. 道德情感　　D. 道德意志

13. 子路对教育的作用不以为然，说："南山有竹，人不去管它照样长得直；砍来当箭，照样能穿透犀牛皮。"孔子对他说："若是将砍来的竹子刮光装上箭头，磨得很利，岂不射得更深吗?"子路接受了孔子的教诲，成为孔子的学生。孔子的做法体现了哪一德育原则(　　)

A. 教育影响的一致性和连贯性原则　　B. 尊重信任学生与严格要求学生相结合的原则

C. 因材施教原则　　D. 疏导原则

14. 学校在抗战纪念日组织学生开展参观历史博物馆、走访抗日老战士的活动，这些活动体现的德育途径是(　　)

A. 思想品德课教学　　B. 课外与校外活动

C. 其他学科教学　　D. 少先队活动

15. 表现为"富贵不能淫，贫贱不能移，威武不能屈"的阶段是(　　)

A. 依从　　B. 认同　　C. 内化　　D. 坚定

16. 道德形成的最终环节，同时也是衡量道德品质的客观标志是(　　)

A. 道德认识　　B. 道德情感

C. 道德意志　　D. 道德行为

17. 甲同学打扫卫生时打碎了一盘玻璃杯，乙同学偷吃时打碎了一个玻璃杯，处于他律道德阶段的儿童会认为（　　）（易错）

A. 甲同学错误大　　B. 乙同学错误大

C. 两者都没错　　D. 两者错误一样大

18. 下列选项中，属于规范内化的初级阶段、品德建立的开端的是（　　）

A. 依从　　B. 接受

C. 认同　　D. 内化

19. 美育，又称审美教育。下列选项中，不属于美育的主要任务的是（　　）

A. 培养和提高学生感受美、理解美、鉴赏美的能力

B. 培养和提高学生体现美、创造美的能力

C. 培养学生的心灵美和行为美

D. 培养和提高学生的美术课成绩

20. 个体根据家庭、社会的期望和要求而行事，不考虑行为所产生的直接明显的后果，这属于道德的（　　）

A. 前习俗水平　　B. 习俗水平

C. 后习俗水平　　D. 他律水平

21. "视其所以，观其所由，察其所安"最符合下列哪项德育原则（　　）

A. 导向性原则　　B. 尊重信任学生与严格要求学生相结合的原则

C. 教育影响的一致性与连贯性原则　　D. 因材施教原则

22. 许多学校都组织学生从事义工活动，鼓励学生参加"大手牵小手"活动，让学生在这些活动中自己去感受、去体验。这种做法属于（　　）

A. 陶冶教育法　　B. 实际锻炼法

C. 说服教育法　　D. 榜样示范法

23. "言传不如身教"这句话体现了哪一种德育方法（　　）

A. 陶冶教育法　　B. 榜样示范法

C. 品德评价法　　D. 实践锻炼法

24. 教师指导学生自觉进行学习、反思和评价以实现思想转化和行为控制，这是（　　）

A. 品德评价法　　B. 实际锻炼法

C. 陶冶教育法　　D. 品德修养指导法

25. 在我国教育发展史上，第一个把美育概念引入中国并对美育的独特性质和独特地位做出进一步阐述的是（　　）

A. 孔子　　B. 蔡元培　　C. 王国维　　D. 陶行知

26. 通过教学和实践,使学生了解物质生产的基本技术知识,掌握一定的职业技术知识和技能,培养学生的动手能力,养成良好的劳动态度和艰苦奋斗的精神。这属于(　　)方面的要求。

A. 德育　　B. 劳动教育　　C. 体育　　D. 美育

27. 针对学生思想品德形成过程中出现的曲折和反复现象,教师应该循循善诱,等待时机。这体现的德育规律是(　　)

A. 德育过程是具有多种开端的对学生知、情、意、行的培养与提高过程

B. 德育过程是组织学生的活动和交往,统一多方面教育影响的过程

C. 德育过程是一个促进学生思想内部矛盾斗争的发展过程,是教育与自我教育相结合的过程

D. 德育过程是一个长期的、反复的、逐步提高的过程

28. 采用"道德两难故事法"研究道德认知发展问题的教育心理学家是(　　)

A. 麦克菲尔　　B. 科尔伯格　　C. 班杜拉　　D. 斯宾塞

29. 根据学生的身心发展特点,小学、初中、高中不同学习阶段的德育工作有相应的侧重点,其中,小学阶段的德育重点主要是(　　)

A. 基本道德知识的理解与掌握　　B. 日常行为习惯的培养与指导

C. 道德理想信念的培养与指导　　D. 人生观价值观的选择与确立

30. 王军写了保证书,决心上课不再迟到,但是由于冬天天冷,王军迟迟不肯钻出被窝,以致再次迟到。对王军进行思想品德教育的重点在于提高其(　　)

A. 道德认识水平　　B. 道德情感水平

C. 道德意志水平　　D. 道德行为水平

31. 某美术老师在讲设计与线条的相关知识时,引导学生思考"酱油瓶及平常喝的可乐瓶为什么拥有曲线腰身",从"设计"的视角领略普通事物的美好和惊奇,通过基础的设计原理以及多样化的视觉呈现对学生进行思维认知和美育启蒙。这反映的美育途径是(　　)

A. 通过文艺活动实施美育　　B. 通过艺术设计进行美育

C. 通过生活美学实施美育　　D. 通过设计专业知识实施美育

32. 小赵把冒险当作勇敢,做出了违反纪律的事情,其原因是他缺乏(　　)

A. 正确的道德认识　　B. 积极的道德体验

C. 良好的道德意志　　D. 高尚的道德动机

33. 美育是审美教学与美感教学的结合,是新时代培养德智体美劳全面发展的社会主义建设者和接班人的重要着力点,在"立德树人"方面发挥着独特的、不可替代的作用。它的最高层次任务是(　　)

A. 提高学生感受美的能力　　B. 形成学生创造美的能力

C. 培养学生的审美能力　　D. 培养学生鉴赏美的能力

34. 为了加强学生思想道德建设工作，某校组织学生参观革命纪念馆，缅怀革命先烈。在工作人员的讲解下，学生们观看了纪念馆陈列的图片、文史资料和历史文物，了解了革命先烈的英雄事迹，感受到了红色热土的历史人文情怀。这里运用的德育方法是（　　）（常考）

A. 说服教育法　　B. 实际锻炼法

C. 道德修养法　　D. 品德评价法

35. 某小学把戏曲、剪纸、刺绣等引入校园活动，这是通过情感陶冶法中的（　　）进行德育。

A. 环境陶冶　　B. 人格感化　　C. 艺术陶冶　　D. 文化陶冶

36. "一个水管，如果强行关闭，它会慢慢爆裂或者倒流，而如果在合适的地方打开缺口，把水疏导出来，则会相安无事。"这句话暗含的德育原则是（　　）

A. 长善救失原则　　B. 导向性原则

C. 知行统一原则　　D. 疏导原则

37. 一般说来，态度和品德的形成过程中，行为具有盲目性、被动性、不稳定性，随情境的变化而变化。这种表现属于（　　）

A. 内化阶段　　B. 依从阶段　　C. 认知阶段　　D. 认同阶段

38. 科尔伯格认为，个体道德判断的后习俗水平包括的两个阶段是（　　）

A. 惩罚和服从定向阶段与相对功利定向阶段

B. 好孩子的定向阶段与普遍原则定向阶段

C. 好孩子的定向阶段与维护权威或秩序的定向阶段

D. 社会契约定向阶段与普遍原则定向阶段

39. 苏霍姆林斯基说："一个好老师意味着什么？首先意味着他是这样一个人，他热爱孩子，感到和孩子在一起交往是一种乐趣，相信每个孩子都能成为好人，善于跟他们交朋友，关心孩子们的快乐和悲伤，了解孩子的心理，时刻不忘自己曾经是个孩子。"这体现的德育原则的基本要求是（　　）

A. 尊重和信任学生　　B. 以表扬激励为主，坚持正面教育

C. "一分为二"地看待问题　　D. 因势利导，循循善诱

40. 皮亚杰在他的《儿童的道德判断》一书中，把儿童道德的发展划分为四个阶段，其中9至10岁属于（　　）

A. 权威阶段　　B. 可逆性阶段　　C. 自我中心阶段　　D. 公正阶段

41. 为使学生认识某些思想和行为的不当，促使其克服、纠正和彻底根除这些思想和行为，班主任根据学校及班级管理制度对学生进行批评或处分。这种德育方法是（　　）

A. 明理教育法　　B. 实践锻炼法

C. 品德评价法　　D. 自我修养法

二、简答题(每小题10分,参考时限10分钟。共5小题)

1. 简述贯彻教育影响的一致性与连贯性原则的要求。

2. 简述小学德育的目标。

3. 简述德育过程的基本规律。

4. 简述运用品德评价法的要求。

5. 简述我国劳动教育的内容。

三、材料分析题(每小题20分,参考时限15分钟。共3小题)

1. 材料:

班主任李老师接了一个新班,第一天走进教室就发现桌斜椅翻、污物遍地,卫生状况非常差。李老师一声不吭,拿起扫帚把地面打扫干净,又把桌椅重新摆好,然后请同学们进教室上课。第二天李老师依旧提前来到教室进行打扫,有同学不好意思地说:“老师,让我们打扫吧!”李老师微笑着说:“这一周我做值日,大家监督我打扫得是否整洁。”一星期后,李老师安排了值日表,每天值日的学生都非常认真负责,就连角落也打扫得干干净净。这个原来卫生最差的班级竟然得到了卫生流动红旗,受到了学校的表扬。

问题:

(1)李老师的做法体现了哪一德育方法?

(2)结合材料分析,运用该方法有何具体要求?

2. 材料：

案例1　我是小学一年级新任教师，执教一个月来，我发现，这些孩子急于表达的往往是"吴老师，某某在……"的"告状"，无论在教室里、操场上还是餐厅里，无论在上课、写作业还是活动时，有时候课堂上一不留神，教学就被"告状"打断。如何让一年级孩子不要总盯着别人的短处、错处看？我反复跟学生明确"管好自己就好"。然而，这样的表述有些简单粗暴，对天真热情的孩子可能是一种打击，而且"管好自己"与"告状"之间没有绝对的非此即彼的关系。可能有的孩子会特别委屈："我已经管好自己了啊！但我看到某某小朋友违反纪律了。"

过了一段时间，班级告状之风有增无减，我决定采取必要的措施。比如，在课堂教学时，A举手发言："老师，我看见B在玩橡皮。"于是，教师走过去没收了B的橡皮。三番两次之后，一个个"A同学"就会如雨后春笋般冒出来，甚至有些"A同学"会无心听课，一直眼观六路、耳听八方，找寻一个个可供"告状"的"B同学"。或者，在自由活动时间，C同学和D同学在玩耍，你一拳、我一脚地"切磋"，有分寸且都不介意，彼此开心。而一旁经过的E同学，却立刻找到教师："老师，C同学和D同学在打架。"如果教师过于重视这样的"告状"，就会立刻化身警察去查案，除了阻止C同学和D同学的游戏，还会不断追问："你们为什么打架""谁先动手的""同学之间要团结友爱"。这样的询问与教育，不但让C同学和D同学无限困惑、无法回答，而且也加重了教师的负担。最可怕的是，这样的处理滋长了一个个"E同学"的"告状"热情，那些与自己无关、他人之间的交往，都成了E同学"告状"的好题材。我尝试培养帮助教师"管学生"的"小助手"。但是又出现了这样一种情况，"站好队，站不好就多站一会儿。"这是"小助手"在批评站队不整齐的同学。"做眼保健操的时候不许睁开眼睛。某某某，你睁眼睛了，你的名字被记下来了。"这是"小助手"在监督同学做眼保健操。"音乐课上某某某被批评了。"这是"小助手"在向班主任汇报同学在专用教室上课时的表现。看来这样改善"告状"效果也不太可行，真是让人越想越烦……

案例2　学生乐乐把巧克力带到学校，同学君君到王老师那举报，巧克力被没收了。在不少中小学，学生带零食到校都属于违规行为。但王老师的处理方法出乎意料，她惩罚了君君。事后王老师说出了实情：乐乐带巧克力来学校被君君举报，我便把那款巧克力没收了，中午举报者君君又来告状，说由于她举报乐乐，乐乐骂她，还想打她。于是，我把两个学生一并喊来，问乐乐为何骂人。乐乐含着一汪泪水喊道："她威胁我，如果不给她吃巧克力，她就告诉老师。我没给她，她就告我的状，后来她还笑话我。"君君不仅威胁、勒索同学，而且来告状时只挑对自己有利的部分说，即使在乐乐说出真相后还想抵赖。我对君君进行了严厉的批评，君君才老实下来。后来我对他们说，乐乐带零食来学校是不对，但君君以告诉老师为由来威胁同学，问同学要好处,性质更恶劣,最后我决定让乐乐当着君君的面吃掉巧克力。

问题:

(1)依据皮亚杰的道德发展阶段理论,分析案例1和案例2中告状行为有哪些不同?

(2)针对班级学生的告状行为,教师可采取哪些应对策略?

3. 材料:

升国旗仪式后,少先队大队部下发了为残疾儿童献爱心的倡议。回教室途中,班主任刘老师听到本班有位同学在嘀咕:“献爱心,献爱心,想必又要让我们捐款了。”一旁的同学也在低声讨论着。下午的班队课上,刘老师组织同学们观看有关残疾儿童的纪录片,并围绕“有何感想”和“我们能做什么”进行分组讨论。集体交流时,A同学说:“我们小区有一个这样的孩子,真的很可怜,我去帮过他,但是我要上学做作业,只能偶尔帮帮他。”其他同学也纷纷发言:“我们可以省下自己的零花钱,更多地帮助他们。”“众人拾柴火焰高!”“捐物捐款只是献爱心的一种表现,帮助他们对生活充满信心才是关键!”“我们可以给他们写信、送贺卡。”……刘老师总结时,分享了自己很喜欢的一句话——让别人因为我们的存在而感到幸福。

问题:结合材料,分析刘老师的行为遵循了哪些德育规律?

专题五 小学生心理健康教育

链接答案本 P339

一、单项选择题(每小题2分,共37小题。参考时限40分钟)

1. 最近三个月小东情绪低落,总是闷在宿舍里,他原来喜欢打篮球,现在却提不起兴趣,甚至还产生了轻生的念头。小东的表现具有( )

A. 躁狂倾向　B. 焦虑倾向　C. 抑郁倾向　D. 自闭倾向

2. 心理健康有两层含义:一是无心理疾病;二是( )

A. 无身体疾病　B. 有积极发展的心理状态

C. 适应环境　D. 充分发挥自身的潜能

3. 艾利斯提出的ABC理论中,B代表( )(易混)

A. 良好的人际关系　B. 事件造成的情绪结果

C. 个体对事件的信念和观点　D. 诱发事件

4. 一个学生过分害怕猫,我们可以让他先看猫的照片,谈论猫;再让他远远观看关在笼中的猫,靠近笼中的猫;最后让他摸猫、抱猫,消除对猫的惧怕反应。这是运用了( )

A. 全身松弛训练　B. 强化法

C. 系统脱敏法　D. 肯定性训练

5. “没有查出病就是健康”实质上忽视了人的( )

A. 生理健康　B. 生理卫生

C. 心理健康　D. 身体健康

6. 在学生群体当中,常见的焦虑反应是( )

A. 生活焦虑　B. 择友焦虑　C. 缺钱焦虑　D. 考试焦虑

7. 在对学生进行心理辅导时要注意对学生个别差异的了解,并且对不同学生实行区别对待。这体现了心理辅导的( )

A. 面向全体学生原则　B. 预防与发展相结合原则

C. 个别化对待原则　D. 尊重与理解学生原则

8. 王老师经常鼓励胆小的小敏在课堂上要大胆表达自己的观点,并对其少有的发言行为加以表扬,使其克服了胆怯心理,王老师运用的方法是( )

A. 代币奖励法　B. 自我控制法

C. 系统脱敏法　D. 强化法

9. ( )是一种表现为心境低落状态,常伴有躯体不适、睡眠障碍的神经症。

A. 抑郁症　B. 焦虑症　C. 强迫症　D. 恐怖症

10. 小雷最近有一个毛病，写作业时总觉得不整洁，擦了写，写了又擦，反反复复。他明知道这样做没有必要，但就是控制不住。他可能出现了(　　)

A. 恐惧症　　B. 强迫症　　C. 焦虑症　　D. 抑郁症

11. 为了使小莉形成努力学习的好习惯，小莉每次认真听讲、积极回答问题、认真完成作业后，张老师都会表扬小莉，慢慢地小莉养成了良好的学习习惯。张老师采用的方法是(　　)

A. 系统脱敏法　　B. 行为塑造法　　C. 代币奖励法　　D. 自我控制法

12. 根据艾利斯的ABC理论，人的不合理信念常常具有绝对化的要求、过分概括的评价及糟糕至极的结果三个特征。下列说法体现了“绝对化要求”的是(　　)(易错)

A.“我没考上大学，一切都完了”

B.“我这次考试一定要考年级第一”

C.“在全校师生面前演讲时忘词是一件非常可怕的事”

D.“如果我这次考试失败了，那我的整个人生就没有希望了”

13. 儿童多动症是小学生中常见的一种以注意力缺陷和活动过度为主要特征的综合性障碍，其高峰发病年龄在(　　)

A. 3～5岁　　B. 5～7岁　　C. 8～10岁　　D. 12～13岁

14. 小林总觉得自己的手很脏，于是经常连续不断地洗手，为此他耗费了大量时间。小林的这种表现属于心理障碍中的(　　)

A. 恐怖症　　B. 抑郁症　　C. 强迫症　　D. 焦虑症

15. 小明害怕同老师说话，遇到问题也不敢向老师请教。为解决这一问题，老师总在小明主动请教时立即给予表扬，老师这一行为运用了(　　)

A. 强化法　　B. 示范法　　C. 需要满足法　　D. 引导法

16. 对学生进行心理辅导工作，让当事人自己运用学习原理进行自我分析、自我监督、自我强化，以改变自身行为的方法是(　　)

A. 行为塑造法　　B. 强化法

C. 示范法　　D. 自我控制法

17. 亮亮害怕上学，一进校门就惶恐不安，千方百计地逃学旷课，其心理问题属于(　　)

A. 学校恐怖症　　B. 过度焦虑反应

C. 学习困难综合征　　D. 厌学症

18. 儿童厌学症的主要表现是(　　)

A. 缺乏学习技能　　B. 过度焦虑

C. 注意力缺陷　　D. 对学习不感兴趣

19. 在学校心理辅导的实践中，运用改善学生认知的技术来解决学生的心理问题。这是(　　)

A. 行为疗法　　B. 团体心理辅导

C. 系统脱敏法　　D. 理性—情绪疗法

20. 小青认为做事应该尽善尽美,决不允许出现任何差错,因而平时稍有失误就极度焦虑,老师通过改变其认知偏差来帮助她克服这种焦虑。这种心理疏导方法是( )

A. 强化法　　B. 系统脱敏法

C. 消退法　　D. 理性—情绪疗法

21. 小学生张亮不愿意写作业,一看到那么多作业就干脆放弃。为了帮助张亮完成期待的作业量,老师先让他一次写很少的作业,完成后就给予表扬,然后再慢慢增加作业的量,直到他能完成期待的作业量。这种行为矫正的方法是( )

A. 系统脱敏法　　B. 自信心训练法

C. 行为塑造法　　D. 满灌疗法

22. 某学生在与他人谈话时缺乏自信,于是老师用角色扮演的方式来增强他的自信心。这属于( )

A. 肯定性训练　　B. 来访者中心疗法

C. 系统脱敏法　　D. 示范法

23. 对于不能够真实地表达自己意见和情感的学生,有效的行为改变的方法是( )

A. 肯定性训练　　B. 全身松弛训练　　C. 系统脱敏法　　D. 改变认知法

24. 心理健康表现为个人具有生命的活力,积极的内心体验和良好的( )

A. 精神面貌　　B. 社会化人格

C. 社会适应能力　　D. 精神状态

25. 临近期末,小飞因为担心期末考试自己考不好,吃不下睡不着,注意力集中不起来,严重影响了正常学习。小飞的这种情况最可能是产生了( )

A. 强迫症　　B. 焦虑症　　C. 抑郁症　　D. 恐惧症

26. 小高喜欢在课堂上发出怪声来扰乱课堂秩序,班主任得知小高对模型感兴趣后,便告诉小高,只要他能一整节课都不发出怪声,就奖励他一个小红星,当攒够15个小红星时,便让他参加模型展,班主任采用的行为疗法是( )

A. 隔离法　　B. 代币奖励法

C. 示范法　　D. 自我控制法

27. 学生性格过分内向,害怕在社交场合说话,觉得自己说话不自然,说话时不敢抬头,不敢正视对方的眼睛。这属于( )

A. 嫉妒心理　　B. 抑郁状态

C. 强迫行为　　D. 社交恐怖

28. 在对学生进行心理辅导时,老师使用的"ABC"情绪疗法属于( )

A. 行为改变法　　B. 认知改变法

C. 精神分析法　　D. 运动改变法

29. 学生使用“我能应付这个考试”“无论考试的结果如何，都将不会是最后一次”等正向的自我对话来缓解考试焦虑，这种方法是(　　)

A. 合理宣泄　　B. 心理放松　　C. 系统脱敏　　D. 认知矫正

30. 下列选项中，属于焦虑症特征的是(　　)

A. 动机缺失、被动、缺少热情

B. 躯体上疲劳、失眠、食欲不振

C. 紧张不安、忧心忡忡、集中注意力困难

D. 对学习、工作异常负责，但又十分拘泥

31. 张老师发现，王强在上课的时候有找同学聊天的习惯，就把他的位置换到了表现很好的魏敏旁边，后来王强想找同学聊天的时候就想起要向魏敏学习，张老师的这种方法属于心理辅导方法中的(　　)

A. 强化法　　B. 代币奖励法

C. 行为塑造法　　D. 示范法

32. 小雨是一个内向且害羞的女孩，平常不敢表达自己的意见或情感。下列方法可有效改变小雨行为的是(　　)

A. 系统脱敏法　　B. 自我控制法

C. 肯定性训练　　D. 示范法

33. 小刘每次出门前都要反复检查门锁十几次，尽管明知没有必要，但如若不这样做他就会感到非常焦虑。这种现象可能属于(　　)

A. 焦虑症　　B. 强迫行为　　C. 强迫观念　　D. 强迫恐惧

34. 每次到了考场上，小刚就会极度紧张、心跳加快、过度出汗，同时注意力难以集中。这种情况很可能是(　　)

A. 考试强迫　　B. 考试焦虑

C. 考试抑郁　　D. 学习困难

35. 刘亮在课堂上注意力难以集中、注意时间短暂，经常出现随意讲话和在教室四处走动的行为，和同学相处也经常发生矛盾，伴有学习困难、品行障碍等问题。这种情况最可能是下列病症中的(　　)

A. 多动症　　B. 强迫症　　C. 焦虑症　　D. 厌学症

36. 采取跑步、大声喊叫甚至痛哭一场来缓解心理压力的方式属于(　　)

A. 松弛训练　　B. 理性—情绪疗法　　C. 心理换位　　D. 合理宣泄

37. 教师诱导特别害怕考试的小玲缓慢地接触导致考试焦虑的环境，并通过心理放松的状态来对抗这种焦虑情绪，从而达到消除焦虑或恐惧的目的。该教师使用的是(　　)

A. 自我控制法　　B. 合理情绪疗法

C. 系统脱敏疗法　　D. 森田疗法

二、简答题(每小题10分,参考时限10分钟。共4小题)

1. 人的自我肯定行为表现在哪几方面?

2. 简述学校心理辅导的原则。

3. 简述考试焦虑症的治疗方法。

4. 简述学校开展心理健康教育的途径。

专题六　小学生安全教育

链接答案本 P344

单项选择题(每小题2分,共25小题。参考时限25分钟)

1. 维生素D和钙是儿童骨骼生长发育所必需的重要营养物质,摄入不足或吸收代谢障碍会导致(　　)

A. 腹泻　　B. 贫血　　C. 佝偻病　　D. 小儿麻痹症

2. 发生火灾冲出火海后,若身上的衣物正在燃烧,应当(　　)

A. 用手把火苗拍灭　　B. 用嘴巴把火苗吹灭

C. 立即就地打滚　　D. 立即大声呼救

3. 在日常生活中,热烫伤是常见的。当手部被烫伤时,正确的应急处理方法是(　　)

A. 迅速将烫伤的手置于冷水中,并不断用冷水冲洗

B. 迅速将烫伤的手脱离热源,并对烫伤的手进行包扎

C. 迅速将烫伤的手置于热水中,并不断用热水冲洗

D. 不采取任何措施

4. 如果发现家用电器着火,下列措施正确的是(　　)

①立即关闭开关,拔下电源插头或拉下总闸　　②赶快用水扑救

③电器外壳着火时,用湿棉被覆盖　　④待火熄灭后可接通电源,查明着火原因

A. ①②　　B. ②④　　C. ②③　　D. ①③

5. 下列急救常识正确的是(　　)

A. 对骨折患者急救时,应该背起患者尽快赶往医院

B. 遇见他人触电时,应该尽快将其拉走,远离电源

C. 蜜蜂蜇伤症状较轻的,可以用肥皂水冲洗叮咬处

D. 若有人误服强腐蚀性物品,应该立即对其进行插胃管洗胃处理

6. 掌握正确的刷牙方法,对于牙齿健康极有帮助。下列刷牙方式中,操作不正确的是(　　)

A. 顺着牙齿生长的方向刷　　B. 上牙从上往下刷,下牙从下往上刷

C. 所有的牙齿都用横刷方式　　D. 每刷一个地方,需要往返5~10次

7. 许多传染病都是通过蚊虫传播的,这类疾病往往十分凶险。下列属于有效防蚊方法的是(　　)

A. 多用香皂和香水　　B. 光脚穿鞋

C. 保持皮肤清爽　　D. 在户外穿黑色的衣服

8. 小学生在做课间操时,不慎扭伤,作为老师,此时你不应该采取的措施是(　　)

A. 用冰对扭伤处进行冷敷　　B. 立即让学生停止运动

C. 固定学生扭伤部位,并联系医务人员　　D. 立即对伤处进行按摩

9. (　　)缺乏会造成毛细血管通透性增加,导致坏血病。(易混)

A. 维生素C　　B. 维生素A

C. 维生素B　　D. 维生素D

10. 地震发生时,若身处高楼,下列选项中正确的自救防护措施是(　　)

A. 立即往外跑,乘坐电梯下楼　　B. 蹲到外墙窗户旁躲避,找机会跳楼逃生

C. 躲在吊柜下方　　D. 把靠垫举在头顶,蹲到坚固的桌子下面

11. 在野外活动时难免会受伤,下列有关户外受伤急救的说法,错误的是(　　)

A. 先处理危重病人,再处理病情较轻的病人

B. 对同一病人,先救治生命,再处理局部

C. 在急救处理时,以患者感觉最舒适的方式移动身体

D. 若有脸色发青者,需要稍抬高其头部

12. 下列有关生活常识的说法,正确的是(　　)

A. 流鼻血时要抬高下巴　　B. 脚崴着之后可以立刻冷敷一下

C. 嚼口香糖能使牙齿更加健康　　D. 头被磕了个包后应尽快按揉消肿

13. 长时间暴露于寒冷环境或淹溺于冷水之中容易患上低温症,可能出现头晕、恶心、呼吸困难、失去意识等症状。下列关于应对低温症的做法,错误的是(　　)(易错)

A. 如果患者手脚冰凉,可用热水袋给患者四肢加热

B. 如果患者身上有湿衣服,应轻柔地帮患者脱掉或剪掉

C. 如果患者出现呼吸微弱甚至停止,应对患者进行心肺复苏

D. 如果有人出现低温症的症状,应立即拨打120,用衣服帮患者取暖

14. 儿童气管有异物堵塞,现场急救最有效的方法是(　　)

A. 口对口吹气法　　B. 胸外心脏按压法

C. 肩部颠簸法　　D. 海姆立克手法

15. 遇到下列情况,处理措施错误的是(　　)

A. 炒菜时油锅不慎着火,可用锅盖盖灭

B. 皮肤不慎沾有苯酚,立即用酒精擦洗

C. 遇到火灾用湿毛巾或口罩等捂住口鼻

D. 晚间进入厨房,闻到很浓的煤气味,立即开灯检查

16. 预防儿童“脚气病”的膳食配置方法是(　　)

A. 干稀搭配,少吃调料和油炸食品

B. 荤素搭配,经常吃适量的鱼、禽、蛋、瘦肉

C. 蔬菜水果搭配,多吃新鲜蔬菜、水果

D. 粗细粮搭配,每天吃豆类及其制品

17. 小光的胳膊被狗咬伤了，教师在第一时间发现后采取的正确处理方法是（　　）

A. 用止血药粉或者药膏涂抹在伤口上　　B. 用自来水对着伤口急水冲洗

C. 用嘴去吸吮伤口　　D. 用牙膏、醋等非医疗物品冲洗伤口

18. 小学生在学校发生轻微烫伤后，教师应及时处理，可采取的措施有（　　）

①在烫伤处冲冷水降温　②脱去烫伤处的衣服

③送医院处理　④通知家长来学校处理

⑤直接包扎烫伤处　⑥涂抹烫伤药物

A. ①④⑤　B. ①②⑥　C. ②③⑤　D. ③④⑤

19. 眼睛被酸、碱烧伤时，急救的关键是（　　）

A. 立即用大量的生理盐水冲洗　　B. 用手揉眼睛

C. 用干净的布擦眼睛　　D. 用温开水冲洗眼睛

20. 儿童出现口角溃烂、鼻腔红肿，可能是缺乏（　　）

A. 维生素A　　B. 维生素B_1

C. 维生素B_2　　D. 维生素D

21. 小梁见青青被电线缠住，发生了触电状况，小梁最合适的做法是（　　）

A. 直接拖拽青青使其脱离电源　　B. 赶快拨打120急救电话

C. 立即用干木棍挑开电线　　D. 呼喊别人一起想办法

22. 下列预防近视的措施中，错误的是（　　）

A. 防止用眼过度　　B. 在阳光直射下看书

C. 定期检查视力　　D. 保持眼睛周围清洁

23. 在高层室内遭遇火灾时逃生的正确做法是（　　）

A. 大声呼救，等待救援　　B. 用湿毛巾捂住口鼻，弯腰低头贴墙走

C. 乘坐电梯直达一楼　　D. 立即开门往高处通风口跑，防止窒息

24. 雷电交加时，居家者的下列做法中最正确的是（　　）

A. 停用电脑，关掉电视即可　　B. 关掉所有家用电器，最好切断电源

C. 打开门窗，保持通风　　D. 打手机告诉亲友注意安全

25. 下面有关安全教育的说法或解释正确的是（　　）（易错）

A. 发生雷电时，不能在高大的建筑物下躲避，而可以在树下躲避

B. 坐在行驶的汽车前排的人要系上安全带，是为了减小刹车时人的惯性

C. 在火车站或地铁站的站台边，有1m的安全警戒线，应用的原理是气体的流速与压强的关系

D. 一旦发生带电火灾应先打开消火栓用水灭火，再切断电源

第三章　班级管理

链接答案本 P347

- 班级管理
  - 班级与班级管理
    - 班集体的四个基本特征
      - 明确的共同目标
      - 一定的组织结构,有力的领导集体
      - 共同生活的准则,健全的规章制度
      - 正确的集体舆论以及团结、和谐、向上的人际关系
    - 班集体的形成与培养★★
      - 确定班集体的发展目标
      - 建立得力的班集体核心
      - 建立班集体的正常秩序
      - 组织形式多样的教育活动
      - ①________
    - 班级管理模式:班级常规管理、班级平行管理、班级民主管理、班级目标管理★
    - 班级突发事件的处理原则★★★
      - ②________
      - 客观性原则
      - 有效性原则
      - 可接受性原则
      - 冷处理原则
    - 突发事件处理的方法★★★
      - ③________
      - 机智果断应对
      - ④________
      - 善于总结引导
  - 班主任工作
    - 班主任在班级管理中的地位和作用
      - 班主任是班级建设的设计者
      - 班主任是班级组织的领导者:职权影响力和个性(人格)影响力★
      - 班主任是协调班级人际关系的主导者(艺术家)
    - 班主任工作的内容与方法★★★
      - ⑤________
      - 建立学生档案
      - 组织班会活动
      - ⑦________
      - 组织和培养班集体
      - ⑥________
      - 协调各种教育影响
      - 班主任工作计划与总结
  - 班队活动和课外活动
    - 班队活动的类型:主题教育活动、例会、文艺活动、体育活动、科技活动、游戏活动、班队劳动★
    - 班会活动:班级例会和主题班会
    - 少先队基本知识,如队旗、队徽、队歌、队礼、入队年龄等★★
    - 课外活动的组织形式:⑧________、小组活动、个别活动★
    - 课外活动的内容:社会实践活动、学科活动、主题活动等★★

链接答案本 P347

一、单项选择题(每小题2分,共11小题。参考时限15分钟)

1. [2023上半年]课外活动区别于课堂教学的显著特征是(　　)

A. 自愿性　　B. 计划性　　C. 同步性　　D. 组织性

2. [2022上半年]少先队的队礼是右手五指并拢,高举头上,其含义是(　　)(常考)

A. 党的利益高于一切　　B. 国家的利益高于一切

C. 少先队的利益高于一切　　D. 人民的利益高于一切

3. [2021下半年]小学班集体形成的主要标志是(　　)

A. 成立班委会　　B. 形成了正确的集体舆论

C. 确定班级工作计划　　D. 开展班级工作

4. [2021上半年]班主任的影响力除表现在职权影响力外,更重要的表现力为(　　)

A. 年龄影响力　　B. 性别影响力

C. 人格影响力　　D. 知识影响力

5. [2019下半年]从课外活动的内容看,学校举办的法治教育报告会属于(　　)(常考)

A. 学科活动　　B. 社会活动　　C. 主题活动　　D. 文体活动

6. [2019上半年]学校在课外活动中举办安全教育报告会,这一活动形式属于(　　)

A. 小组活动　　B. 学科活动　　C. 阅读活动　　D. 群众性活动

7. [2018上半年]班主任李老师常常与学生协商处理班级各项事务,并鼓励学生积极参与讨论、互动交流、敢于质疑。这种班级管理方式属于(　　)

A. 专制型　　B. 民主型　　C. 放任型　　D. 对抗型

8. [2017下半年]《中国少年先锋队章程》规定,少先队队员的入队年龄是(　　)

A. 6~12周岁　　B. 6~14周岁　　C. 7~12周岁　　D. 7~14周岁

9. [2017下半年]小学生轮流值日负责班级卫生扫除,这属于(　　)

A. 志愿服务劳动　　B. 社会公益劳动

C. 勤工俭学劳动　　D. 自我服务劳动

10. [2017上半年]在小学课外活动中,学校摄影小组举办的摄影作品大赛属于(　　)

A. 游戏活动　　B. 学科活动　　C. 科技活动　　D. 文学艺术活动

11. [2016下半年]白老师在班会上声情并茂地讲述了钱学森历尽艰辛回到祖国,投身科学研究事业的故事,激发起学生强烈的爱国热情。这种班会活动类型属于(　　)

A. 叙事型　　B. 讨论型　　C. 表演型　　D. 体验型

二、简答题(每小题10分,参考时限10分钟。共3小题)

1.［2020下半年］简述小学班主任对学优生的教育策略。

2.［2017下半年］简述班主任培养良好班风的主要措施。

3.［2017上半年］简述班主任了解、研究学生的主要内容。

三、材料分析题(每小题20分,参考时限15分钟。共1小题)

[2019上半年]**材料:**

四(2)班的小明最近在校表现不好,学习成绩直线下滑,为了解小明在家中的情况,班主任顾老师到小明家家访。在同小明的父亲交流情况时,顾老师引用了一句古语:"养不教,父之过。"小明的父亲听后很不高兴地说:"顾老师,您这话欠妥。孩子是我生养的,我不送他到学校接受教育,剥夺他受教育的权利,那是我的过错。现在,我把孩子送到学校接受教育,你们教不好,这应是老师的过错,怎么能说是我们做家长的过错呢?"结果,双方未能在教育小明的问题上达成共识。

问题:

(1)结合材料,谈谈你对教师与家长冲突的看法。

(2)试述教师家访的注意事项。

专题一　班级与班级管理

链接答案本 P349

一、单项选择题(每小题2分,共25小题。参考时限25分钟)

1. 班集体形成的基础是(　　)

A. 有力的领导组织　　B. 明确的共同目标

C. 健全的规章制度　　D. 和谐的人际关系

2. 班级是由教师和学生共同组成的,在学校进行教育和教学活动的基本单位,是学生学习、生活、发展的直接环境,同时也是其实现社会化发展的重要场所。(　　)最早提出"班级"一词。

A. 埃拉斯莫斯　　B. 马卡连柯

C. 夸美纽斯　　D. 赫尔巴特

3. 在班集体发展的某一阶段,师生之间、同学之间有了一定的了解,产生了一定的友谊与信赖,学生积极分子不断涌现,班主任开始从直接领导、指挥班级活动,逐步过渡到向他们提出建议,由班干部来组织开展集体工作与活动。这一阶段指的是班集体的(　　)

A. 组建阶段　　B. 核心初步形成阶段

C. 充分磨合与调试阶段　　D. 集体自主活动阶段

4. 班级管理的核心是(　　)

A. 满足学生的发展　　B. 维持班级秩序

C. 形成良好的班风　　D. 提高教学效率

5. 张老师作为班主任,为了管好班级,他给学生制订了一系列的班级规则,培养学生养成良好的行为习惯。张老师运用的班级管理方法是(　　)

A. 目标管理法　　B. 行为训练法

C. 规范制约法　　D. 情境感染法

6. 班级成员在服从班集体的正确决定和承担责任的前提下,参与班级全程管理的模式是(　　)(易混)

A. 常规管理　　B. 平行管理　　C. 民主管理　　D. 目标管理

7. 小张和小勇在课间休息的时候发生冲突,在互相推搡的过程中,小张把小勇推倒在地,作为班主任,这时你应该(　　)

A. 厉声喝止两人的动作　　B. 让小勇也推小张一把

C. 问清事情缘由后,再做处理　　D. 让他们叫家长过来

8. 平行管理是班级管理的常见模式之一，源于(　　)的“平行影响”的教育思想。

A. 马卡连柯　B. 巴班斯基　C. 夸美纽斯　D. 陈鹤琴

9. 班主任杨老师一直认为班风对一个班级的影响很大，认为学生要在一个良好的集体氛围中，才能健康地学习和成长，因此经常对学生进行积极正向的引导，创设和谐的班级氛围。这种方法属于班级管理方法中的(　　)

A. 调查研究法　B. 舆论影响法　C. 目标管理法　D. 心理疏导法

10. 单老师是二年级(1)班的班主任，今年的这一批学生让他十分头疼，无论什么事情都得他亲自去管，同学们都非常依赖他。这个时期的班级处于(　　)

A. 组建期　B. 核心形成期　C. 成熟期　D. 自主活动期

11. 对于一些偶发事件，教师不应急于表态、急于下结论，而应冷静地观察，待把问题的来龙去脉弄清楚再去处理，这体现了(　　)

A. 客观性原则　B. 教育性原则

C. 有效性原则　D. 冷处理原则

12. 某班主任总是对同学们说：“咱们班犹如海洋上航行的船。你们都是勇斗巨浪的海员，我就是你们的老船长，目标都是彼岸。”该班主任的话体现了班集体具备(　　)的特征。

A. 明确的共同目标　B. 一定的组织结构

C. 共同生活的准则　D. 团结、和谐、向上的人际关系

13. 衡量一个班级是不是一个良好的班集体，关键的因素是(　　)

A. 有没有共同的奋斗目标　B. 有没有健全的班规

C. 有没有得力的班干部　D. 有没有团结的教师集体

14. 在一个班集体形成之前，班主任通过制定一日常规(包含考勤、纪律、卫生、作业完成、劳动态度等方面)来稳定班级秩序。根据各方面的特点，制定相应的评分细则，视学生的表现给予相应的得分，而且发动学生参与管理，每项打分都由学生负责。班主任运用的班级管理模式为(　　)

A. 常规管理、平行管理　B. 平行管理、民主管理

C. 常规管理、民主管理　D. 目标管理、平行管理

15. 班主任既通过对集体的管理去间接影响个人，又通过对个人的直接管理去影响集体，从而把对集体和个人的管理结合起来的管理方式是(　　)

A. 常规管理　B. 平行管理

C. 民主管理　D. 目标管理

16. 班级教育管理者利用或创设各种教育情境，以境育情，使学生在情感上受到感染的方法是(　　)

A. 榜样示范法　B. 情境感染法

C. 舆论影响法　D. 心理疏导法

17. 班主任与学生共同确立班级总体目标，然后转化为小组目标和个人目标，使其与班级总体目标融为一体，形成目标体系，以此推进班级管理活动，实现班级目标的管理方法属于（　　）

A. 平行管理

B. 常规管理

C. 民主管理

D. 目标管理

18. 班级管理常见的几种模式是（　　）

A. 常规管理、平行管理、民主管理、目标管理

B. 教师管理、平行管理、民主管理、目标管理

C. 制度管理、交叉管理、民主管理、目标管理

D. 制度管理、交叉管理、教师管理、目标管理

19. 班级管理的重要功能是（　　）（易错）

A. 维持班级秩序

B. 实现教学目标、提高学习效率

C. 形成良好的班风

D. 使学生学会自治自理

20. 当班主任接到一个教育基础水平较低的班级时，首先要做好的工作是（　　）

A. 组织形式多样的集体活动

B. 建立班集体的正常秩序

C. 建立班集体的核心队伍

D. 确定班集体的发展目标

21. 通过制定和执行规章制度去管理班级的经常性活动是（　　）模式。

A. 班级常规管理

B. 班级民主管理

C. 班级目标管理

D. 班级平行管理

22. 班级教学管理的核心是（　　）

A. 班级常规管理

B. 教学思想管理

C. 教学档案管理

D. 教学质量管理

23. 学校行政体系中最基层的行政组织是（　　）

A. 学生会

B. 班级

C. 小组

D. 团委

24. 维持和控制学生在校生活的基本条件以及教师开展工作的重要保证是班集体的（　　）

A. 学生干部

B. 正常秩序

C. 目标和规范

D. 班风

25. 班级教育管理者和班级学生根据社会发展要求、学校任务和班级实际情况，共同规划班级或个体在一定时间内要达到的目标，并将目标分解成一定的层次，逐级落实，通过采取一定的措施，努力使目标实现的一种管理方法是（　　）

A. 调查研究法

B. 目标管理法

C. 行为训练法

D. 规范制约法

二、简答题(每小题10分,参考时限10分钟。共5小题)

1. 如何提高学生自我管理班级的效果?

2. 简述班级教学管理的内容。

3. 简述班级管理的功能。

4. 简述班级突发事件的处理原则。

5. 简述班集体的特征。

三、材料分析题(每小题20分,参考时限15分钟。共1小题)

材料:

王老师和张老师同时入职,各自担任一个平行班的班主任。两位教师都有良好的敬业精神和工作态度,学校领导也很信任他们。

王老师为了把班级带好,几乎把全部精力都投入班级工作中,找学生谈话,督促学生做作业,管课堂纪律、教室环境卫生等等,甚至亲力亲为,代替学生完成部分学校布置的班级活动任务。

张老师的班级管理风格和王老师有所不同,她尊重每个孩子的个性,注重班集体建设,相信班集体的力量,创造条件让每个孩子在集体中成长成才。

几年下来,无论是学生的精神风貌与学业成绩,还是班级的教室环境卫生、体育运动和文艺演出等,张老师所带的班级都走在全校前列,今年张老师还被评选为校级优秀班主任。

一天,两人聊起班主任工作,王老师问:"张老师,你把班级带得那么好,有什么绝招?"张老师说:"其实也没有什么特别的,就是首先要相信每个孩子都是可造之才,都能成功,同时最主要的是把班集体培养好,发挥班集体的作用。"

问题:

(1)请你说说班集体对学生健康成长具有哪些作用。

(2)结合材料谈谈如何培养一个良好的班集体?

专题二　班主任工作

链接答案本 P353

一、单项选择题(每小题2分,共18小题。参考时限20分钟)

1. 班主任要协调各种教育影响,其中不包括(　　)

A. 任课教师的影响　　B. 家庭的影响

C. 政府的影响　　D. 社会机构的影响

2. 班主任工作中,最常用、最基本的教育方法是(　　)

A. 书面材料分析法　　B. 谈话法

C. 观察法　　D. 调查研究法

3. 有人说过这样一句话:"一个学校可以一时没有校长,但不能一时没有班主任。"这一句话体现了班主任工作的重要性和必要性。下列四个选项中,(　　)是班主任工作的重要内容。(易错)

A. 组织班会活动　　B. 组织和培养班集体

C. 了解和研究学生　　D. 操行评定

4. 学生档案是指本校在学生管理活动中形成的,记录和反映学生个人经历、德才能绩、学习和工作表现的、以学生个人为单位集中保存起来以备查考的文字、表格及其他各种形式的历史记录。建立学生档案的基本步骤是(　　)

A. 保管—收集—鉴定—整理　　B. 收集—鉴定—整理—保管

C. 收集—整理—鉴定—保管　　D. 整理—收集—鉴定—保管

5. 学生操行评定的一般步骤是(　　)

A. 学生自评、小组评议、信息反馈、班主任评价

B. 学生自评、小组评议、班主任评价、信息反馈

C. 信息反馈、小组评议、班主任评价、学生自评

D. 信息反馈、小组评议、学生自评、班主任评价

6. 班主任在对学生进行操行评定时,下列做法错误的是(　　)(易错)

A. 评语要实事求是,抓住主要问题,有针对性

B. 充分肯定学生的进步

C. 评语用词生动形象,有感染力

D. 指明学生的主要缺点和努力的方向

7. 班主任对学生健康成长起着比一般教师更为重要的作用,班主任工作的中心环节是(　　)

A. 搞好班级教育工作　　B. 组织和培养班集体

C. 了解和研究学生　　D. 教育个别学生

8.《中小学班主任工作规定》指出:“班主任是中小学日常思想道德教育和学生管理工作的主要实施者,是中小学生健康成长的(　　),班主任要努力成为中小学生的人生导师。”

A. 教育者　　B. 引领者

C. 代言者　　D. 示范者

9. 张老师是毕业班班主任,为了更好地管理班级,加强与家长及社会等方面的联系,她主要采取家访、召开家长会、发放家校联系册和学生评价手册等方式。这主要体现了班主任(　　)的工作任务。

A. 建立班级日常管理规则　　B. 协调各方面教育影响

C. 提高全班学生的学习质量　　D. 组织开展丰富多彩的活动

10. 班上的小芳同学从来不参与学校或者班集体组织的课外活动,作为她的班主任,在和小芳谈心时,首先应该(　　)

A. 向小芳详细说明学校或班集体组织课外活动的重要意义

B. 询问和了解小芳不参加或者不愿意参加集体活动的原因

C. 让小芳知道参加课外活动也是课程学习的重要组成部分

D. 使小芳明白自己在班集体中所处的位置和应发挥的作用

11. 班主任工作总结一般分为(　　)

A. 学年总结和学期总结　　B. 全面总结和专题总结

C. 班级总结和教学总结　　D. 学习总结和活动总结

12. 班主任要做好个别教育工作,所谓个别教育是指(　　)(易错)

A. 班集体中优秀学生的个别教育

B. 班集体中后进生的个别教育

C. 既包括优秀学生的个别教育,也包括后进生的个别教育

D. 全体学生的教育

13. 全面了解和研究学生包括(　　)

A. 学生的品德和学习两个方面　　B. 学生个体和集体两个方面

C. 学生校内和校外表现两个方面　　D. 学生家庭环境和社会关系两个方面

14. 李老师作为一名刚毕业踏上工作岗位的新人,接手了一个低年级班主任的工作。李老师成为班主任后,为了有效开展工作,他应该首先(　　)

A. 选好班级干部　　B. 组织培养班集体

C. 了解和研究学生　　D. 做好思想品德教育

15. 协调班级人际关系的主导者是(　　)

A. 班干部　　B. 校长

C. 各科教师　　D. 班主任

16. 刚接手新的班级，班主任张老师利用学生的登记表、学籍卡、体格检查表、学习手册等对学生进行分析和研究，张老师使用的方法是（ ）

A. 观察法　　B. 谈话法

C. 调查法　　D. 书面材料分析法

17.（ ）是以教育目的为指导思想，以“学生守则”为基本依据，对学生一个学期内在学习、劳动、生活、品行等方面的小结与评价。

A. 操行评定　　B. 成绩评定

C. 素质评定　　D. 道德评定

18. 优秀生虽然学习成绩优良，品行端正，工作积极，但他们也有缺点，也会犯错。因此，班主任面对他们不能偏爱，对其缺点和所犯的错误要及时指出并督促其改正。这体现了对优秀生的教育工作要遵循（ ）的教育要求。

A. 不断激励，弥补挫折　　B. 消除嫉妒，公平竞争

C. 发挥优势，全班进步　　D. 严格要求，防止自满

二、简答题（每小题10分，参考时限10分钟。共6小题）

1. 简述班主任的基本素养。

2. 班主任如何教育后进生？

3. 简述教师撰写操行评语的原则。

4. 简述班主任的职责和任务。

5. 简述班主任工作的内容。

6. 简述班主任在班级管理中的地位和作用。

三、材料分析题(每小题20分,参考时限15分钟。共1小题)

材料:

唐老师布置作业让学生回家用泥巴做手工,要求留意制作的过程和感受,给作文积累素材。谁知不久,小强爸爸气势汹汹地来到办公室,对唐老师大吼:“为啥娃儿回家不做作业,就玩泥巴?”唐老师没有生气,和颜悦色地对小强爸爸说:“您的心情我理解,但我先读一篇作文给您听,可以吗?”于是,唐老师就把小强在作文课上写的作文读了一遍。大致内容是:周末,他用泥巴好不容易制成了一辆“新型坦克”,很是得意,不料老爸一见,就将他的“成果”狠狠地摔个粉碎,还骂自己不务正业,他非常难过……

读罢文章,唐老师给小强爸爸讲明为什么要安排孩子回家做这样的作业。小强爸爸听后,连声道歉,说:“是我不对,我还以为您就是让孩子玩呢!”

问题:

(1)评析唐老师与家长沟通的做法。

(2)试述家校合作应遵循的基本要求。

专题三 班队活动和课外活动

链接答案本 P356

一、单项选择题(每小题2分,共15小题。参考时限15分钟)

1. 教师在课外活动中处于辅助地位,说明学生在课外活动中具有(　　)

A. 自愿性　B. 自主性　C. 灵活性　D. 实践性

2. 学习计算机和良种培育均属于课外活动中的(　　)(常考)

A. 学科活动　B. 科学技术活动

C. 文化艺术活动　D. 思想政治教育活动

3. 下列选项中不属于小组活动特点的是(　　)

A. 自愿组合　B. 小型分散　C. 灵活机动　D. 具体实践

4. 少先队员自己确定活动形式并开展组织活动,这体现了少先队活动的(　　)

A. 组织性　B. 自主性　C. 趣味性　D. 创造性

5. 下列课外活动中,不属于群众性活动的是(　　)

A. 小制作、小发明　B. 参观

C. 各种集会　D. 报告和讲座

6. 在开展少先队教育活动过程中,要遵循少年儿童的年龄特点,满足少年儿童的兴趣和爱好。这体现了少先队活动的(　　)特点。

A. 组织性　B. 自主性　C. 实践性　D. 趣味性

7. 河南省博物院在暑期组织了“国宝讲解小明星”的活动,这类活动属于(　　)

A. 体育活动　B. 学科活动

C. 社会实践活动　D. 文学艺术活动

8. 少先队活动要有利于少年儿童德、智、体、美、劳全面和谐的发展,这是培养未来人才的需要,也是少年儿童自身成长和自身发展的内在规律的需要。这体现了少先队活动的(　　)原则。

A. 自主性　B. 实践性　C. 创造性　D. 教育性

9. 文体活动、游览活动属于课外活动组织形式中的(　　)

A. 群众性活动　B. 小组活动　C. 个别活动　D. 主题活动

10. 为了培养学生书写汉字的能力,城南小学的语文小组定期举办“汉字听写大赛”。这种活动属于(　　)

A. 学科活动　B. 科技活动　C. 文体活动　D. 主题活动

11. 班级活动是班级群体为了满足彼此的需要,有目的地作用于客观事物而实现的相互配合的动作系统。(　　)是班级活动的主要形式。

A. 主题班会　B. 运动会　C. 晨会　D. 校会

12. 某班开展以“小发明、小创造”为主题的兴趣活动，这属于课外活动中的(　　)

A. 文艺活动　　B. 体育活动　　C. 科技活动　　D. 游戏活动

13. 学校课外活动的基本组织形式是(　　)

A. 群众性活动　　B. 个别活动

C. 小组活动　　D. 社会活动

14. 某小学开展全校性的以“热爱家乡”为主题的课外活动，此活动属于(　　)

A. 个别活动　　B. 小组活动　　C. 群众性活动　　D. 班级活动

15. 主题班会是德育的主阵地，一堂精彩的主题班会课能直抵学生的心灵深处，引起班集体成员共鸣。主题班会既是班主任组织、管理、教育学生的有效形式，也是引导学生进行(　　)的良好途径。

A. 民主管理　　B. 自我教育　　C. 思想交流　　D. 相互评价

二、简答题(每小题10分，参考时限10分钟。共3小题)

1. 简述教师组织课外活动的基本要求。

2. 简述少先队活动的原则。

3. 班主任如何管理班级例会?

第四章 学科知识与教学设计

链接答案本 P359

- 学科知识与教学设计
  - 教学设计与教案
    - 教学设计的依据
      - 现代教学理论
      - 系统科学的原理和方法
      - 教学的实际需要
      - ①________的需要和特点
      - ②________的教学经验
    - 教学设计的原则
      - 系统性原则:综合考虑师生、教材、手段、评价等因素,发挥整体效应
      - ③________:目标明确
      - 程序性原则:教学设计要体现其程序的规定性及联系性,确保其科学性
      - 反馈性原则:有效获取反馈信息,修正、完善原有教学设计
      - 具体性原则:适用于具体教学情境,能对具体的教学过程起指导作用
      - 可行性原则:符合主客观条件,具有操作性
    - 教学设计的步骤
      - 教学背景分析:教学内容与学生情况分析
      - 教学目标设计:教学目标的分类与陈述
      - 教学重难点设计:确定教学重难点
      - 教学过程设计
        - 课堂导入
        - ④________
        - 巩固练习
        - 课堂总结
      - 作业布置
      - 板书设计
    - 教案设计的内容
      - 课题
      - 课型与课时
      - ⑤________
      - 教学重点和难点
      - 教学过程
      - 作业布置
      - 板书设计
  - 语、数、英、音、体、美等学科的专业知识与教学设计★★★

链接答案本 P359

教学设计题(每小题40分,参考时限40分钟。共6小题)

(第1小题为“中文与社会”,第2小题为“数学与科学”,第3小题为“英语”,第4小题为“音乐”,第5小题为“体育”,第6小题为“美术”。考生可按照所学专业方向,选择作答。)

1.[2023上半年]请认真阅读下列材料,并按要求作答。

17　长　城

远看长城,它像一条长龙,在崇(chóng)山峻(jùn)岭之间蜿(wān)蜒(yán)盘旋。从东头的山海关到西头的嘉(jiā)峪(yù)关,有一万三千多里。

从北京出发,不过一百多里就来到长城脚下。这一段长城修筑在八达岭上,高大坚固,是用巨大的条石和城砖筑成的。城墙顶上铺着方砖,十分平整,像很宽的马路,五六匹马可以并行。城墙外沿有两米多高的成排的垛(duǒ)子,垛子上有方形的瞭(liào)望口和射口,供瞭望和射击用。城墙顶上,每隔三百多米就有一座方形的城台,是屯(tún)兵的堡垒(lěi)。打仗的时候,城台之间可以互相呼应。

站在长城上,踏着脚下的方砖,扶着墙上的条石,很自然地想起古代修筑长城的劳动人民来。单看这数不清的条石,一块有两三千斤重,那时候没有火车、汽车,没有起重机,就靠着无数的肩膀无数的手,一步一步地抬上这陡峭的山岭。多少劳动人民的血汗和智慧,才凝结成这前不见头、后不见尾的万里长城。

这样气魄(pò)雄伟的工程,在世界历史上是一个伟大的奇迹。

崇 峻 嘉 峪 瞭 屯 垒 魄

崇	旋	嘉	砖	隔	屯	
堡	垒	仗	扶	智	慧	魄

根据上述材料完成下列任务:

(1)结合本文教学,谈谈小学语文课程所要培养的核心素养包括哪些方面。

(2)如指导第二学段学生学习本文,试拟定教学目标。

(3)依据拟定的教学目标,设计第一课时教学活动并简要说明理由。

2.［2022下半年］请认真阅读下列材料，并按要求作答。

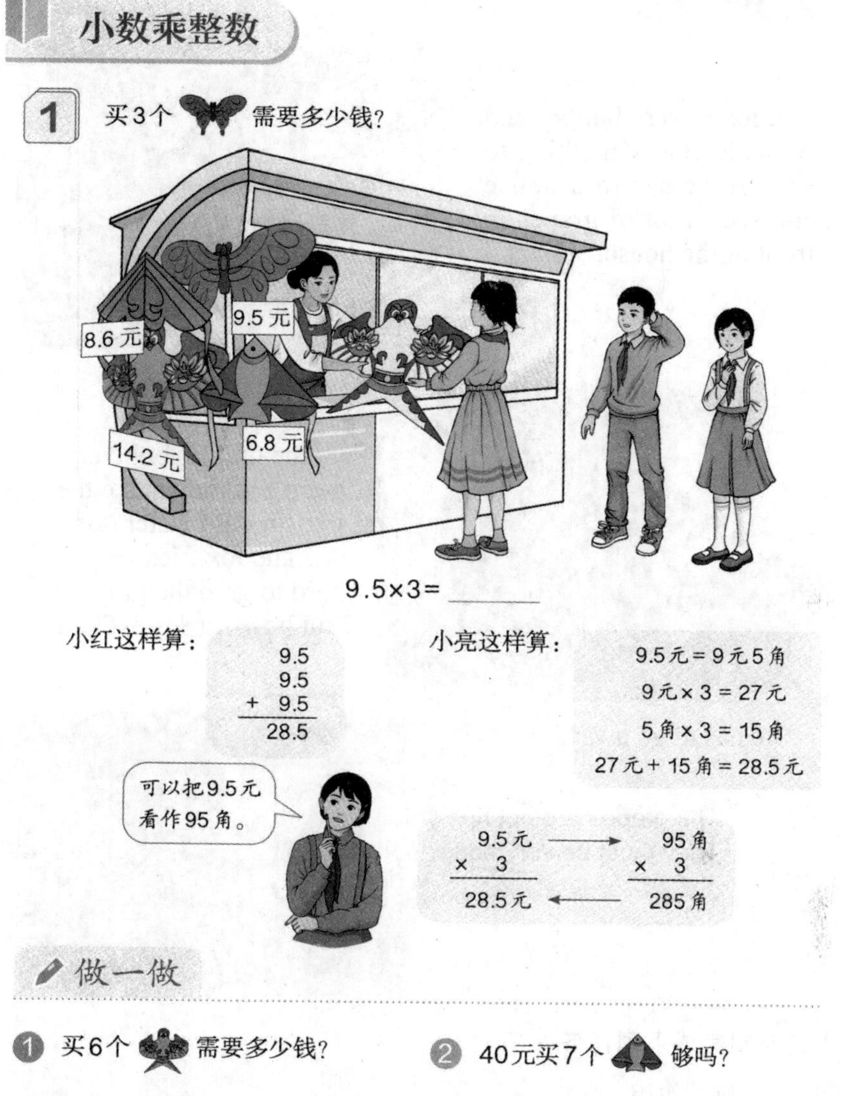

请根据上述材料完成下列任务：

(1)分析上述材料所体现的数学思想和包含的运算规律。

(2)如指导小学高年段学生学习上述内容，试拟定教学目标。

(3)依据拟定的教学目标，针对教学重点、难点设计相应的教学活动并说明理由。

3.［2022 下半年］请认真阅读下列材料，并按要求作答。

STORY 8

A fox is very hungry and wants to find something to eat. He comes to a house and sees a lot of grapes in front of the house.

The grapes look very good and they make the fox's mouth water (流口水). The fox tries very hard to grab the grapes. But he can't reach them.

He has to go away.

请根据上述材料完成下列任务：

(1)简述英语故事的教学作用。

(2)如指导小学生学习本文，试拟定相应的教学目标。

(3)依据拟定的教学目标，设计新授课导入和故事理解环节的教学活动，并说明理由。

4. [2022下半年]请认真阅读下列材料,并按要求作答。

踏雪寻梅

刘雪庵词

黄　自曲

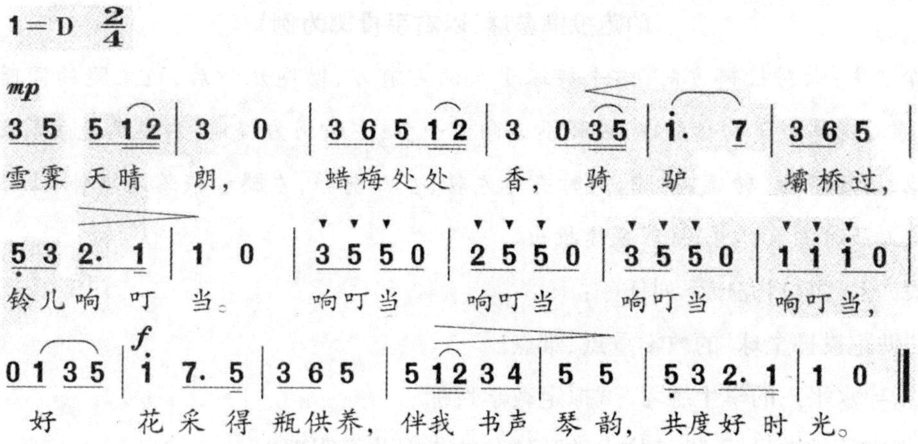

1=D $\frac{2}{4}$

mp

3 5 5 1 2 | 3 0 | 3 6 5 1 2 | 3 0 3 5 | i. 7 | 3 6 5 |

雪霁 天晴 朗, 蜡梅处处 香, 骑 驴 㶉桥过,

5 3 2. 1 | 1 0 | 3 5 5 0 | 2 5 5 0 | 3 5 5 0 | i i i 0 |

铃儿响 叮 当。 响叮当 响叮当 响叮当 响叮当,

f

0 1 3 5 | i 7. 5 | 3 6 5 | 5 1 2 3 4 | 5 5 | 5 3 2. 1 | 1 0 ‖

好 花采得瓶供养, 伴我书声琴韵, 共度好时光。

请根据上述材料完成下列任务:

(1)简要分析歌曲的调式、节拍、歌词内容与情感。

(2)如指导中年段小学生学习这首歌曲,试拟定教学目标。

(3)依据拟定的教学目标,设计导入环节的教学活动并说明理由。

5. [2022上半年]请认真阅读下列材料,并按要求作答。

助跑投掷垒球(以右手投掷为例)

动作方法:面对投掷方向,右手持球于头的右前方;助跑几步后,迈右腿的同时,身体向右转,右臂靠近身体经下向后引球,左腿迅速向前一步;左脚用力蹬地,右腿迅速向前交叉,当右脚刚一落地,迅速蹬地、转髋、挺胸,同时身体左转,重心前移,左腿积极落地蹬伸,上体向前鞭打,右臂经肩上屈肘向前挥臂,将球快速投出。

请根据上述材料完成下列任务:

(1)写出"助跑投掷垒球"的教学重点、难点。

(2)如果指导水平三的学生练习,试拟定教学目标。

(3)依据拟定的教学目标,设计技术教学环节的步骤并说明理由。

6.［2022下半年］请认真阅读下列材料，并按要求作答。

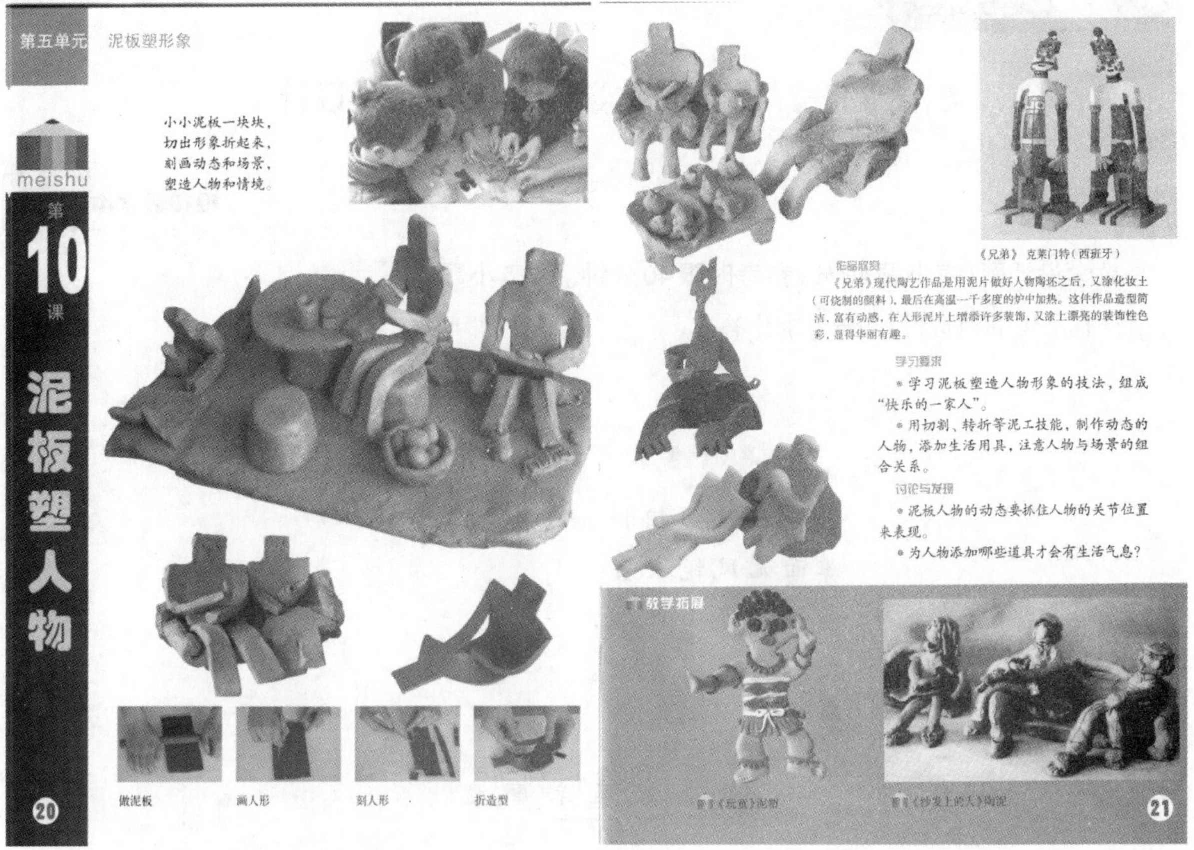

第五单元　泥板塑形象

meishu 第10课 泥板塑人物

小小泥板一块块，
切出形象折起来，
刻画动态和场景，
塑造人物和情境。

做泥板　画人形　刻人形　折造型

20

《兄弟》 克莱门特（西班牙）

作品欣赏

《兄弟》现代陶艺作品是用泥片做好人物陶坯之后，又涂化妆土（可烧制的颜料），最后在高温一千多度的炉中加热。这件作品造型简洁，富有动感，在人形泥片上增添许多装饰，又涂上漂亮的装饰性色彩，显得华丽有趣。

学习要求

● 学习泥板塑造人物形象的技法，组成“快乐的一家人”。

● 用切割、转折等泥工技能，制作动态的人物，添加生活用具，注意人物与场景的组合关系。

讨论与发现

● 泥板人物的动态要抓住人物的关节位置来表现。

● 为人物添加哪些道具才会有生活气息？

教学拓展

《沙发上的人》陶泥

21

请根据上述材料回答下列问题

（1）简述雕塑的含义及形式。

（2）如指导高年段小学生学习，试拟定教学目标。

（3）依据拟定的教学目标，设计新授环节的教学活动并说明设计理由。

专题一 小学语文学科知识与教学设计

链接答案本 P366

教学设计题(每小题40分,参考时限40分钟。共5小题)

1. 请认真阅读下列材料,并按要求作答。

望洞庭(tíng)①

〔唐〕刘禹锡(yǔ xī)

湖光秋月两相和,
潭面无风镜未磨(wèi mó)。
遥望洞庭山水翠,
白银盘(pán)里一青螺②。

注释

①〔洞庭〕即洞庭湖,位于今湖南北部。

②〔青螺〕青绿色的螺。这里用来形容洞庭湖中的君山。

亦(yì) 抹(mǒ) 宜(yí) 庭(tíng) 未(wèi) 磨(mó) 盘(pán)

断	楚	至	孤	帆	饮	初
镜	未	磨	遥	银	盘	

有感情地朗读课文,想象诗中描绘的景色。背诵课文。默写《望天门山》。

用自己的话说说下面诗句的意思。

◇ 两岸青山相对出,孤帆一片日边来。

◇ 湖光秋月两相和,潭面无风镜未磨。

请根据上述材料完成下列任务:

(1)试翻译这首诗。

(2)如指导小学中年段学生学习,试拟定教学目标。

(3)依据拟定的教学目标,设计课堂导入环节的教学过程并简要说明理由。

2. 请认真阅读下列材料，并按要求作答。

美丽的小兴安岭

我国东北的小兴安岭，有数不清的红松、白桦、栎树……几百里连成一片，就像绿色的海洋。

春天，树木抽出新的枝条，长出嫩绿的叶子。山上的积雪融化了，雪水汇成小溪，淙淙地流着。溪里涨满了春水。小鹿在溪边散步，它们有的俯下身子喝水，有的侧着脑袋欣赏自己映在水里的影子。

夏天，树木长得葱葱茏茏，密密层层的枝叶把森林封得严严实实的，挡住了人们的视线，遮住了蓝蓝的天空。早晨，雾从山谷里升起来，整个森林浸在乳白色的浓雾里。太阳出来了，千万缕耀眼的金光穿过树梢，照射在工人宿舍门前的草地上。草地上盛开着各种各样的野花，红的、白的、黄的、紫的，真像个美丽的大花坛。

秋天，白桦和栎树的叶子变黄了，松柏显得更苍翠了。秋风吹来，落叶在林间飞舞。这时候，森林向人们献出了酸甜可口的山葡萄，又香又脆的榛子，鲜嫩的蘑菇和木耳，还有人参等名贵药材。

冬天，雪花在空中飞舞。树上积满了白雪。地上的雪厚厚的，又松又软，常常没过膝盖。西北风呼呼地刮过树梢。紫貂和黑熊不得不躲进各自的洞里。紫貂捕到一只野兔当美餐，黑熊只好用舌头舔着自己又肥又厚的脚掌。松鼠靠秋天收藏在树洞里的松子过日子，有时候还到枝头散散步，看看春天是不是快要来临。

小兴安岭一年四季景色诱人，是一座美丽的大花园，也是一座巨大的宝库。

xīng 兴	cè 侧	xīn 欣	jìn 浸	rǔ 乳	jiàn 剑	shāo 梢	shè 舍	xiǎn 显	xī 膝	lín 临	kù 库

脑	袋	严	实	挡	视	线
坛	显	材	软	刮	库	

请根据上述材料完成下列任务：

(1)请分析本文景物描写的特点。

(2)若指导小学中年段学生学习本文，试拟定教学目标和教学重难点。

(3)依据拟定的教学重难点，设计课堂教学环节。

3. 请认真阅读下列材料，并按要求作答。

乡下人家

乡下人家总爱在屋前搭一瓜架，或种南瓜，或种丝瓜，让那些瓜藤攀上棚架，爬上屋檐。当花儿落了的时候，藤上便结出了青的、红的瓜，它们一个个挂在房前，衬着那长长的藤，绿绿的叶。青、红的瓜，碧绿的藤和叶，构成了一道别有风趣的装饰，比那高楼门前蹲着一对石狮子或是竖着两根大旗杆，可爱多了。

有些人家，还在门前的场地上种几株花，芍药，凤仙，鸡冠花，大丽菊，它们依着时令，顺序开放，朴素中带着几分华丽，显出一派独特的农家风光。还有些人家，在屋后种几十枝竹，绿的叶，青的竿，投下一片浓浓的绿荫。几场春雨过后，到那里走走，你常常会看见许多鲜嫩的笋，成群地从土里探出头来。

鸡，乡下人家照例总要养几只的。从他们的房前屋后走过，你肯定会瞧见一只母鸡，率领一群小鸡，在竹林中觅食；或是瞧见耸着尾巴的雄鸡，在场地上大踏步地走来走去。

他们的屋后倘若有一条小河，那么在石桥旁边，在绿树荫下，你会见到一群鸭子游戏水中，不时地把头扎到水下去觅食。即使附近的石头上有妇女在捣衣，它们也从不吃惊。

若是在夏天的傍晚出去散步，你常常会瞧见乡下人家吃晚饭的情景。他们把桌椅饭菜搬到门前，天高地阔地吃起来。天边的红霞，向晚的微风，头上飞过的归巢的鸟儿，都是他们的好友，它们和乡下人家一起，绘成了一幅自然、和谐的田园风景画。

秋天到了，纺织娘寄住在他们屋前的瓜架上。月明人静的夜里，它们便唱起歌来：“织，织，织，织啊！织，织，织，织啊！”那歌声真好听，赛过催眠曲，让那些辛苦一天的人们，甜甜蜜蜜地进入梦乡。

乡下人家，不论什么时候，不论什么季节，都有一道独特、迷人的风景。

gòu	guān	pǔ	sù	shuài	tǎng	fù	dǎo	huì	xié
构	冠	朴	素	率	倘	附	捣	绘	谐

构	饰	蹲	风	序	例	率	觅
耸	踏	倘	绘	谐	寄	眠	

请根据上述材料完成下列任务：

(1)从文体的角度分析上述文本。

(2)如指导四年级学生学习本文，试拟定教学目标。

(3)“乡下人家，不论什么时候，不论什么季节，都有一道独特、迷人的风景”是这篇文章的中心句，请设计该句的教学过程。

4. 请认真阅读下列材料，并按要求作答。

燕　子

一身乌黑的羽毛，一对轻快有力的翅膀，加上剪刀似的尾巴，凑成了那样可爱的活泼的小燕子。

二三月的春日里，轻风微微地吹拂着，如毛的细雨由天上洒落着，千条万条的柔柳，红的白的黄的花，青的草，绿的叶，都像赶集似的聚拢来，形成了烂漫无比的春天。这时候，那些小燕子，那么伶俐可爱的小燕子，也由南方飞来，加入这光彩夺目的图画中，为春光平添了许多生趣。

小燕子带了它的剪刀似的尾巴，在阳光满地时，斜飞于旷亮无比的天空，叽的一声，已由这里的稻田上，飞到那边的高柳下了。

另有几只却在波光粼粼的湖面上横掠着，小燕子的翼尖或剪尾，偶尔沾了一下水面，那小圆晕便一圈一圈地荡漾开去。

那边还有飞倦了的几对，闲散地在纤细的电线上休憩——嫩蓝的春天，几支木杆，几痕细线连于杆与杆之间，线上停着几个小黑点，那便是燕子。多么有趣的一幅图画呀！

líng lì yì yàng juàn xián sǎn xiān gān hén
伶 俐 翼 漾 倦 闲 散 纤 杆 痕

凑	拂	集	聚	形	掠	偶
尔	沾	倦	闲	纤	痕	

一、朗读课文，边读边想象画面，并读出对燕子的喜爱之情。背诵第1～3自然段。

二、读一读，记一记，再说几个这样的词语。

剪刀似的尾巴　　伶俐可爱的小燕子

光彩夺目的图画　旷亮无比的天空

三、找出课文中优美生动的语句，读一读，再抄写下来。

请根据上述材料完成下列任务：

(1)从文体的角度分析上述文本。

(2)如指导三年级学生学习本文，请设定教学难点和突破教学难点的思路。

(3)设计一个引导学生品味语言，感受小燕子的活泼可爱的教学片段。

5. 请认真阅读下列材料，并按要求作答。

3 荷　花

清早，我到公园去玩，一进门就闻到一阵清香。我赶紧往荷花池边跑去。

荷花已经开了不少了。荷叶挨(āi)挨挤(jǐ)挤的，像一个个碧绿的大圆盘。白荷花在这些大圆盘之间冒出来。有的才展开两三片花瓣儿。有的花瓣儿全展开了，露出嫩黄色的小莲蓬(péng)。有的还是花骨朵儿，看起来饱胀(zhàng)得马上要破裂似的。

“挨挨挤挤”“冒”用得真好！

这么多的白荷花，一朵有一朵的姿势。看看这一朵，很美；看看那一朵，也很美。如果把眼前的一池荷花看作一大幅活的画，那画家的本领可真了不起。

我忽然觉得自己仿佛就是一朵荷花，穿着雪白的衣裳，站在阳光里。一阵微风吹过来，我就翩(piān)翩起舞，雪白的衣裳随风飘动。不光是我一朵，一池的荷花都在舞蹈(dǎo)。风过了，我停止了舞蹈，静静地站在那儿。蜻蜓飞过来，告诉我清早飞行的快乐。小鱼在脚下游过，告诉我昨夜做的好梦……

过了好一会儿，我才记起我不是荷花，我是在看荷花呢。

本文作者叶圣陶，选作课文时有改动。

6

挨(āi)　蓬(péng)　胀(zhàng)　翩(piān)　蹈(dǎo)

瓣	蓬	胀	裂	姿	势
仿	佛	随	蹈	止	

有感情地朗读课文，注意读好下面的词语。背诵第2~4自然段。

花瓣儿　花骨朵儿　莲蓬　衣裳

默读课文，说说你从哪些地方体会到了这一池荷花是“一大幅活的画”。

画出课文中你觉得优美生动的语句，和同学交流。

小练笔

第2自然段写出了荷花不同的样子，仿照着写一种你喜欢的植物。

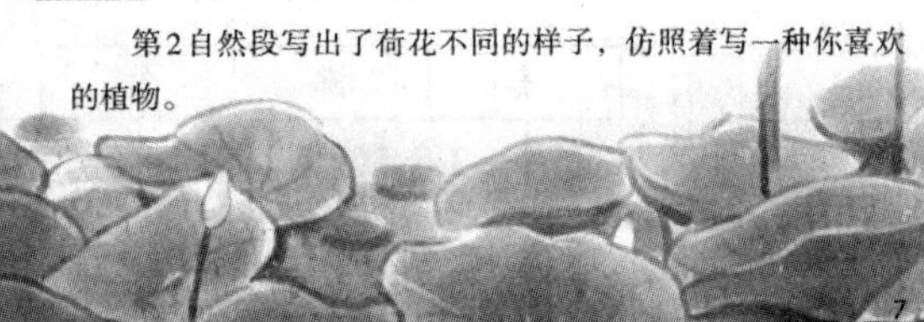

7

请根据上述材料完成下列任务：

(1)简要分析本文的写作特点。

(2)如指导三年级学生学习本文，试拟定教学目标。

(3)依据拟定的教学目标，设计完整的教学环节。

专题二 小学数学学科知识与教学设计

链接答案本 P371

教学设计题(每小题40分,参考时限40分钟。共5小题)

1. 请认真阅读下列材料,并按要求作答。

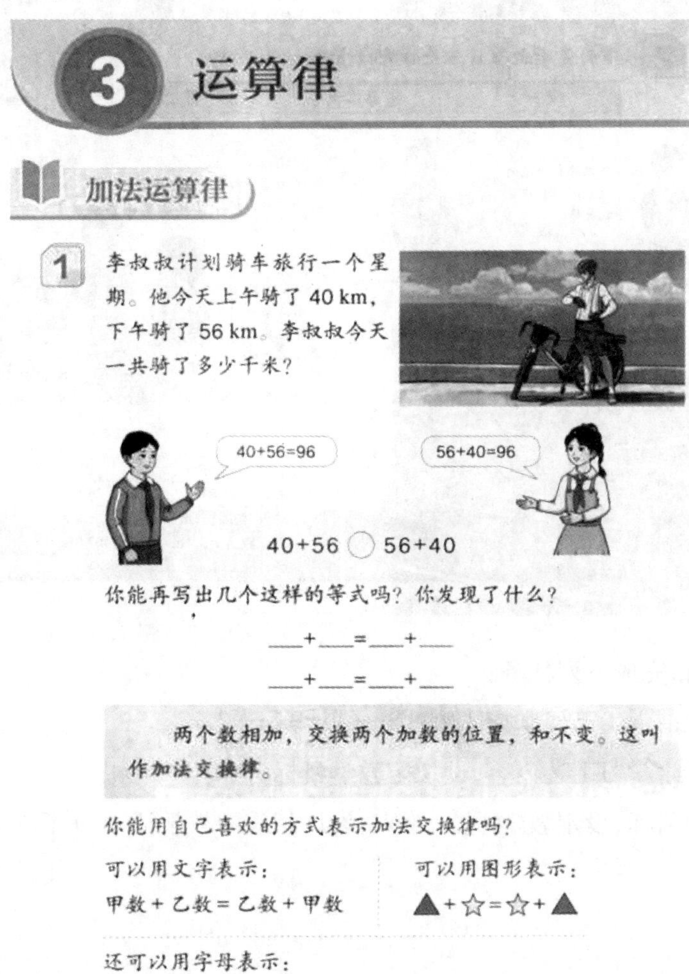

请根据上述材料完成下列任务:

(1)分析上述材料中所涉及的数学学科核心素养以及包含的运算规律。

(2)如指导小学中年段学生学习上述内容,试拟定教学目标。

(3)依据拟定的教学目标,针对教学重点、难点设计相应的教学活动并说明理由。

2. 请认真阅读下列材料，并按要求作答。

确定起跑线

为什么运动员站在不同的起跑线上？

终点相同，如果在同一条起跑线上，外圈跑道的同学跑的路程长！

各跑道的起跑线应该相差多少米呢？

所以外圈跑道的起跑线位置应该往前移。

跑道由两条直的跑道和两个半圆形跑道组成。

直道的长度是85.96 m，第一条半圆形跑道的直径为72.6 m，每条跑道宽1.25 m。

72.6 m

85.96 m

1.25 m

各条跑道直道的长度都一样，只要计算……

两个半圆形跑道，合起来就是一个圆。

我不用算出每条跑道的长度，也知道它们相差多少米。

我把每条跑道的长度都算出来，相差……

200 m跑呢？

400 m要跑一圈，每一道的起跑线要比前一道提前……

跑道序号	1	2	3	4	5	6
直径 / m	72.6	75.1				
圆周长 / m	228.08	235.93				
跑道全长 / m	400	407.85				

注：π取 3.14159。

请根据上述材料完成下列任务：

(1)简述本课学习之前学生已经掌握了哪些相关知识。

(2)如指导高年段学生学习上述内容，试拟定教学目标。

(3)依据拟定的教学目标，设定教学重点、难点，设计相应的教学活动，并简要说明理由。

3. 请认真阅读下列材料，并按要求作答。

七　可能性

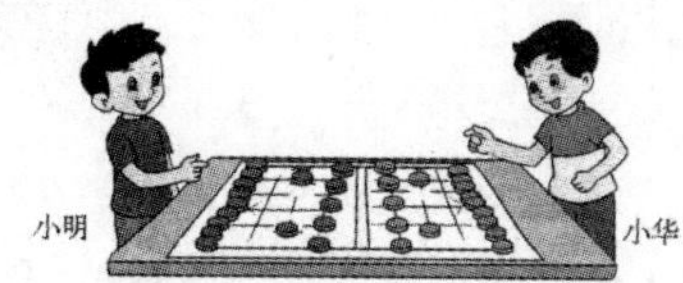

你能替他们想个办法，决定谁先走吗？

投骰子，点数大于 3，小明先走；点数小于 3，小华先走。

你认为他们的方法公平吗？

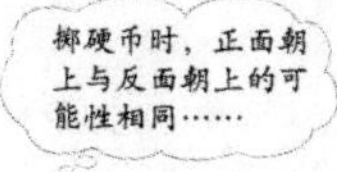

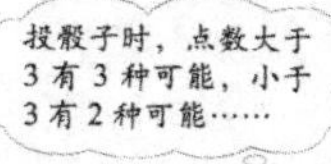

请你再设计一个方案，使它对双方公平。

与同桌做 20 次游戏，并记录游戏结果。

结果	盖面朝上	盖面朝下
次数		

汇总全班游戏结果。这个游戏对双方公平吗？

从汇总的数据上看……

想一想，盖子哪一面重一些？

练一练

1.

甲转盘　　乙转盘

(1) 甲转盘是笑笑设计的，请你确定规则，使游戏对双方公平。

(2) 乙转盘是淘气设计的，请你确定规则，使游戏对双方公平。

(3) 请你也设计一个转盘，并确定一个对双方都公平的游戏规则。

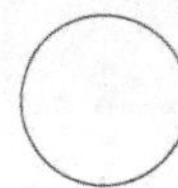

请根据上述材料完成下列任务：

(1)针对上述材料的教学过程提出教学建议。

(2)如指导小学高年段学生学习上述内容，试拟定教学目标。

(3)根据拟定的教学目标设计“感知可能性的大小”的教学活动并说明理由。

4. 请认真阅读下列材料,并按要求作答。

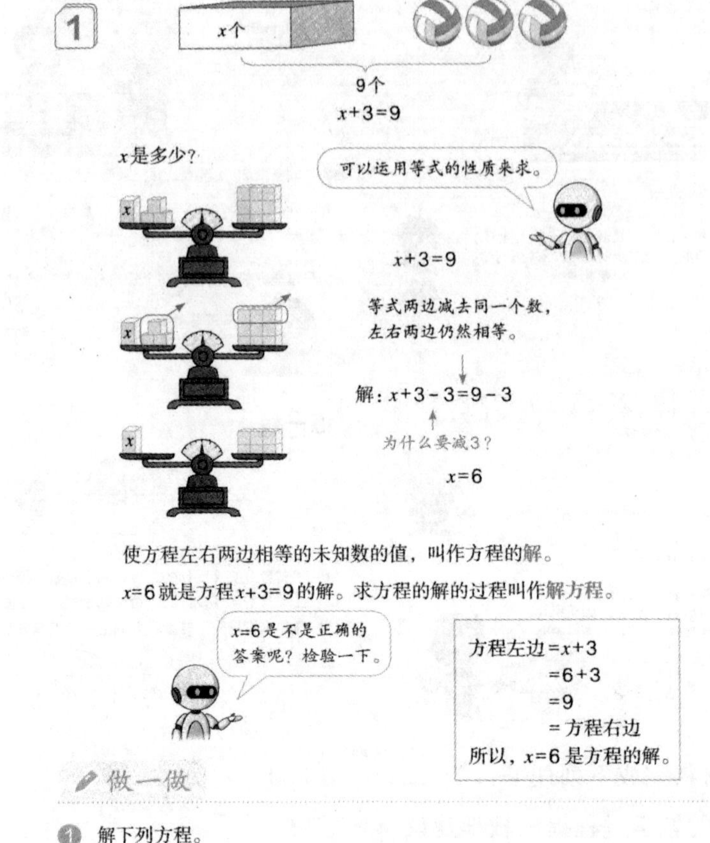

请根据上述材料完成下列任务:

(1)试分析方程与算术式的区别。

(2)如指导小学高年段学生学习,试拟定教学目标和教学重点。

(3)根据拟定的教学目标和重点,设计“方程的解”与“解方程”概念部分的教学环节。

5. 请认真阅读下列材料，并按要求作答。

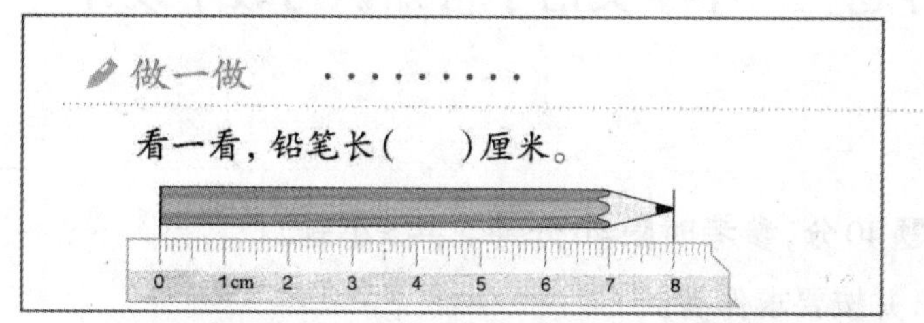

量比较长的物体，通常用“米”作单位。米可以用“m”表示。

5　在米尺上看看1米里面有多少个1厘米。

1米=100厘米

做一做

拿一根绳子，量出1米、2米……给大家看。

请根据上述材料完成下列任务：

(1)如指导小学二年级学生学习本课，试拟定教学目标。

(2)根据教学目标，拟定本课的重难点。

(3)依据拟定的教学目标和重难点，设计教学过程。

专题三　小学英语学科知识与教学设计

链接答案本 P379

教学设计题(每小题40分,参考时限40分钟。共5小题)

1. 请认真阅读下列材料,并按要求作答。

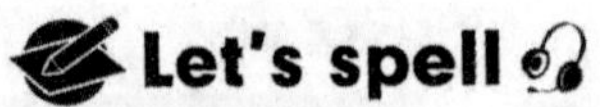

Read, listen and tick (√).

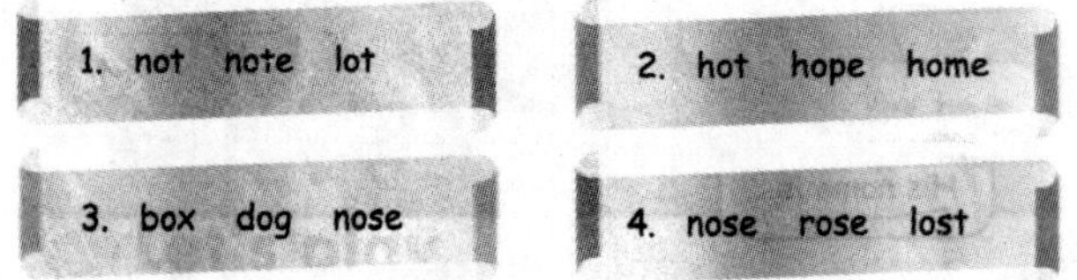

Listen, circle and write.

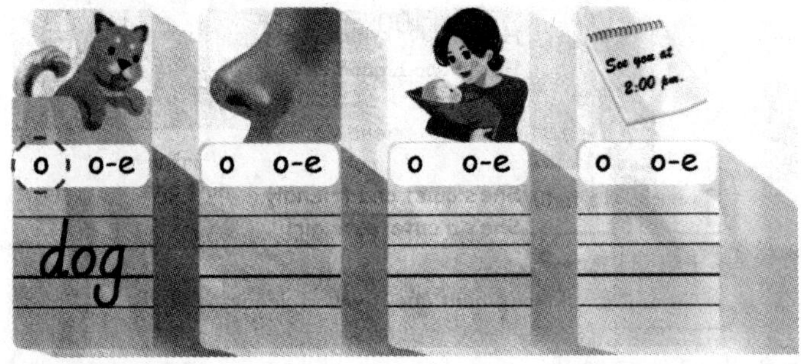

请根据上述材料完成下列任务:

(1)根据教学内容确定本课时的语言能力目标。

(2)设计本课时新知呈现活动,并用英文说明设计理由。

(3)设计一个巩固拓展活动,并用英文说明设计理由。

2. 请认真阅读下列材料,并按要求作答。

请根据上述材料完成下列任务:

(1)英语词汇教学的内容有哪些?

(2)若指导小学生学习,试拟定教学目标。

(3)依据教学目标,设计操练和运用环节的教学活动,并说明设计意图。

3. 请认真阅读下列材料,并按要求作答。

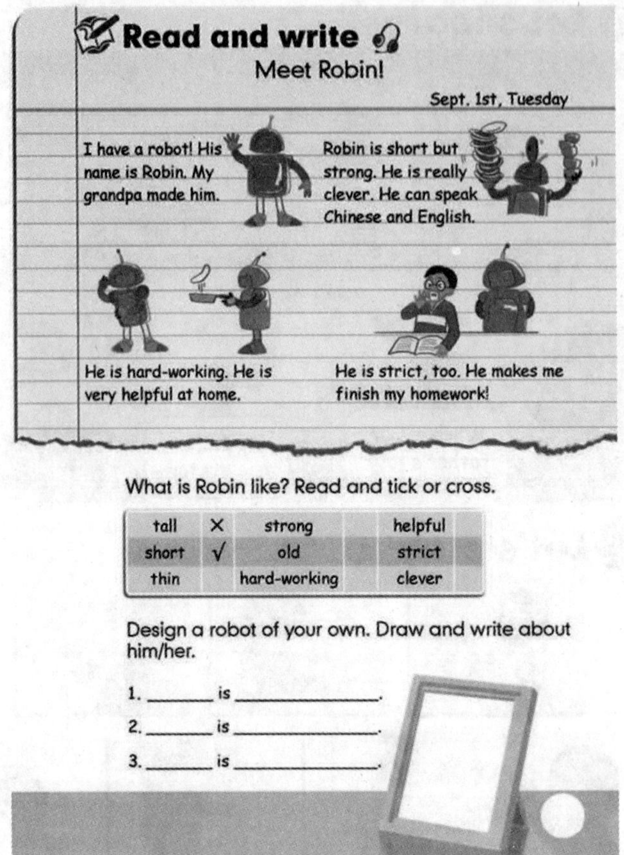

Read and write

Meet Robin!

Sept. 1st, Tuesday

I have a robot! His name is Robin. My grandpa made him.

Robin is short but strong. He is really clever. He can speak Chinese and English.

He is hard-working. He is very helpful at home.

He is strict, too. He makes me finish my homework!

What is Robin like? Read and tick or cross.

tall	×	strong		helpful	
short	√	old		strict	
thin		hard-working		clever	

Design a robot of your own. Draw and write about him/her.

1. ______ is ______________.
2. ______ is ______________.
3. ______ is ______________.

请根据上述材料完成下列任务:

(1)简述常见的阅读技巧。

(2)若指导小学生学习本文,试拟定本课时的语言能力目标。

(3)设计本课时的三个 while-reading 活动。

4. 请认真阅读下列材料,并按要求作答。

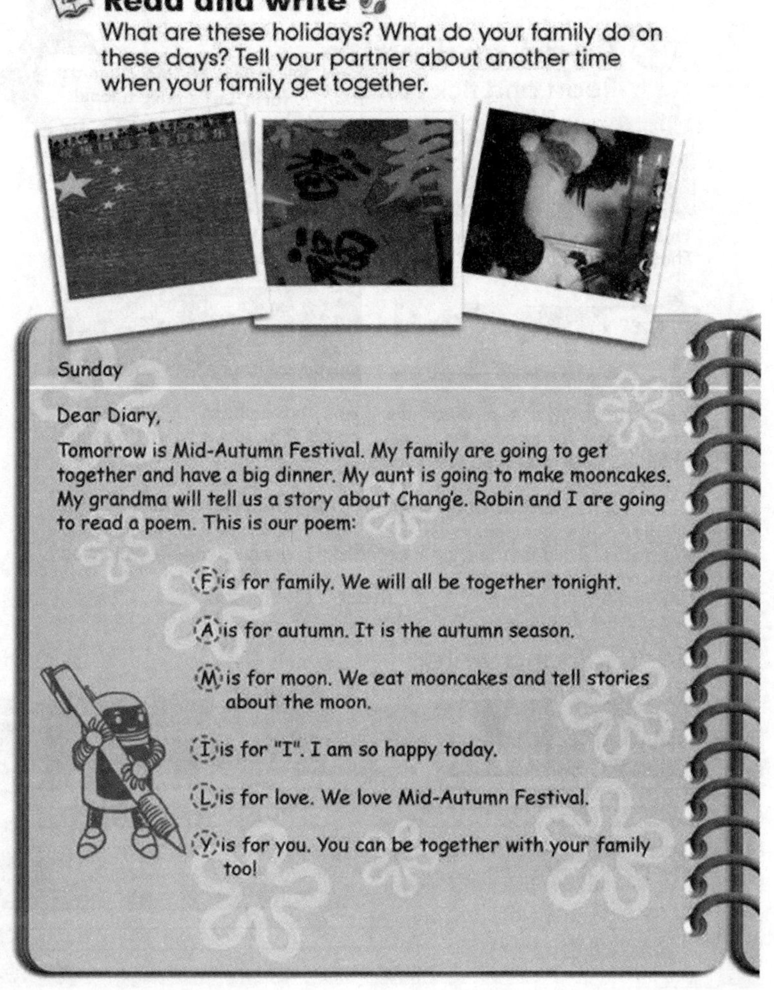
Read and write

What are these holidays? What do your family do on these days? Tell your partner about another time when your family get together.

Sunday

Dear Diary,

Tomorrow is Mid-Autumn Festival. My family are going to get together and have a big dinner. My aunt is going to make mooncakes. My grandma will tell us a story about Chang'e. Robin and I are going to read a poem. This is our poem:

F is for family. We will all be together tonight.

A is for autumn. It is the autumn season.

M is for moon. We eat mooncakes and tell stories about the moon.

I is for "I". I am so happy today.

L is for love. We love Mid-Autumn Festival.

Y is for you. You can be together with your family too!

请根据上述材料完成下列任务:

(1)拟定教学目标。

(2)设计课后作业并说明设计意图。

(3)设计两个不同层次的阅读活动和一个读后活动,并说明设计意图。

5. 请认真阅读下列材料，并按要求作答。

请根据上述材料完成下列任务：

(1)从教学角度分析本文，并用英文阐述。

(2)拟定教学目标及教学重难点。

(3)设计教学活动，并说明设计意图。

专题四　小学音乐学科知识与教学设计

链接答案本 P385

教学设计题(每小题40分,参考时限40分钟。共4小题)

1. 请认真阅读下列材料,并按要求作答。

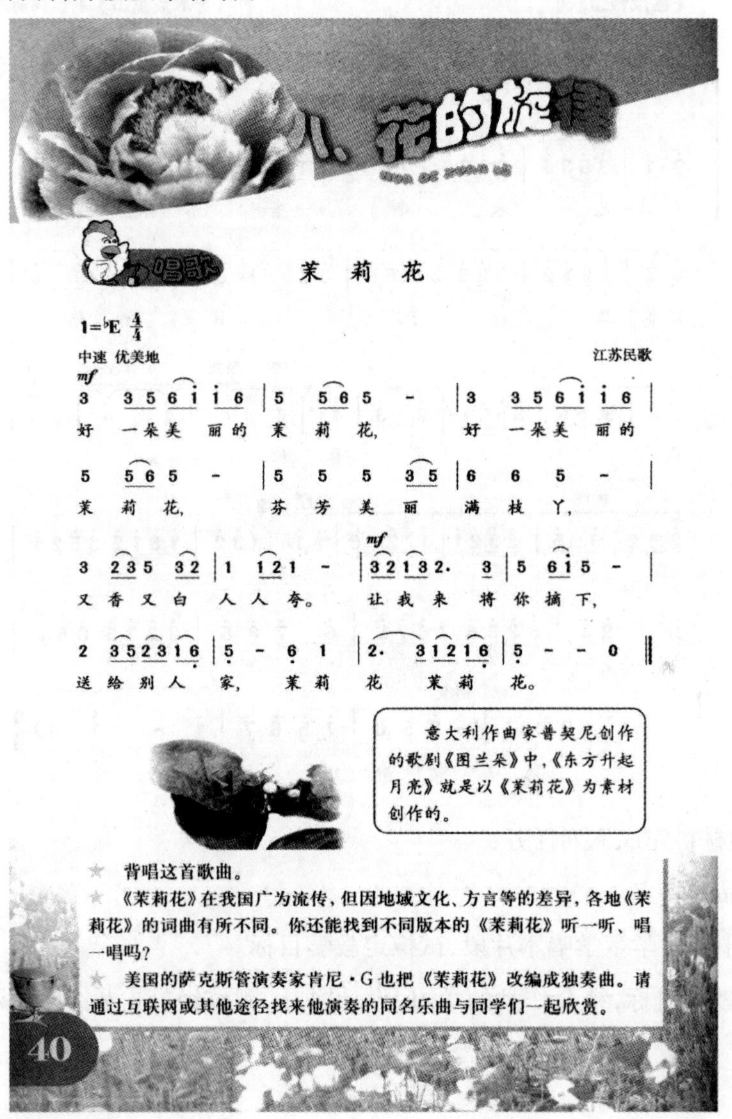

八、花的旋律

唱歌　茉　莉　花

1=♭E 4/4

中速 优美地　　江苏民歌

mf

3 35 6i i6 | 5 565 - | 3 35 6i i6 |

好 一朵美 丽的 茉 莉 花, 好 一朵美 丽的

5 565 - | 5 5 5 35 | 6 6 5 - |

茉 莉 花, 芬 芳 美 丽 满 枝 丫,

3 235 32 | 1 121 - | mf 32132. 3 | 5 615 - |

又 香 又 白 人 人 夸。 让 我 来 将 你 摘 下,

2 352316 | 5 - 61 | 2. 31216 | 5 - - 0 ‖

送 给 别 人 家, 茉 莉 花 茉 莉 花。

意大利作曲家普契尼创作的歌剧《图兰朵》中,《东方升起月亮》就是以《茉莉花》为素材创作的。

★ 背唱这首歌曲。

★ 《茉莉花》在我国广为流传,但因地域文化、方言等的差异,各地《茉莉花》的词曲有所不同。你还能找到不同版本的《茉莉花》听一听、唱一唱吗?

★ 美国的萨克斯管演奏家肯尼·G也把《茉莉花》改编成独奏曲。请通过互联网或其他途径找来他演奏的同名乐曲与同学们一起欣赏。

40

请根据上述材料完成下列任务:

(1)简要介绍什么是连音记号。

(2)如指导小学高年段学生学唱本歌曲,试拟定教学目标。

(3)依据拟定的教学目标,设计课堂教学过程。

2. 请认真阅读下列材料，并按要求作答。

甘洒热血写春秋

——选自现代京剧《智取威虎山》

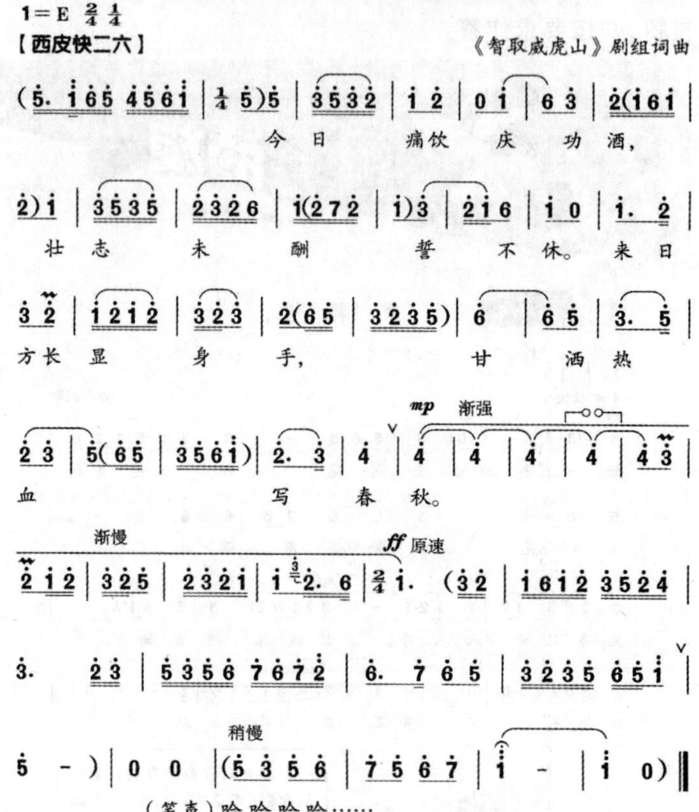

请根据上述材料完成下列任务：

(1)简要分析作品的特点。

(2)如指导小学中年段学生学唱本片段，试拟定教学目标。

(3)依据拟定的教学目标，结合作品的学习，设计“加入锣鼓经打击乐，丰富课堂教学”的教学环节并说明理由。

3. 请认真阅读下述材料，并按要求作答。

顽皮的小杜鹃

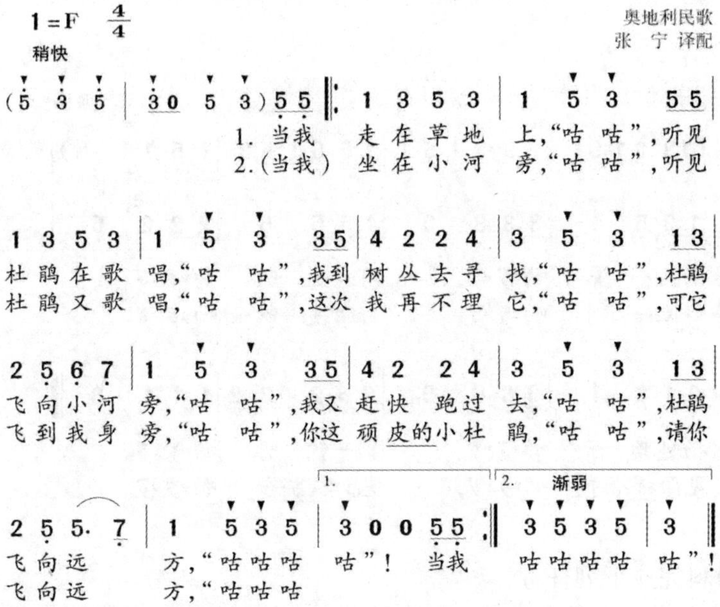

1=F $\frac{4}{4}$
稍快

奥地利民歌
张　宁 译配

(5 3 5 | 30 5 3) 55 ‖: 1 3 5 3 | 1 5 3 55 |
1. 当我 走在草地 上，"咕 咕"，听见
2.(当我) 坐在小河 旁，"咕 咕"，听见

1 3 5 3 | 1 5 3 35 | 4 2 2 4 | 3 5 3 13 |
杜鹃在歌 唱，"咕 咕"，我到 树丛去寻 找，"咕 咕"，杜鹃
杜鹃又歌 唱，"咕 咕"，这次 我再不理 它，"咕 咕"，可它

2 5 6 7 | 1 5 3 35 | 4 2 2 4 | 3 5 3 13 |
飞向小河 旁，"咕 咕"，我又 赶快 跑过 去，"咕 咕"，杜鹃
飞到我身 旁，"咕 咕"，你这 顽皮的小杜 鹃，"咕 咕"，请你

2 5 5· 7 | 1 5 3 5 |[1. 3 0 0 55 :‖[2. 渐弱 3 5 3 5 | 3 ‖
飞向远 方，"咕咕咕 咕"！ 当我 咕咕咕咕 咕"！
飞向远 方，"咕咕咕

请根据上述材料完成下列任务：

(1)简要分析歌曲的特点。

(2)如指导小学中年段学生学习这首歌曲，试拟定教学目标。

(3)依据拟定的教学目标，设计学唱歌曲环节的教学活动并简要说明理由。

4. 请认真阅读下列材料，并按要求作答。

两只小象

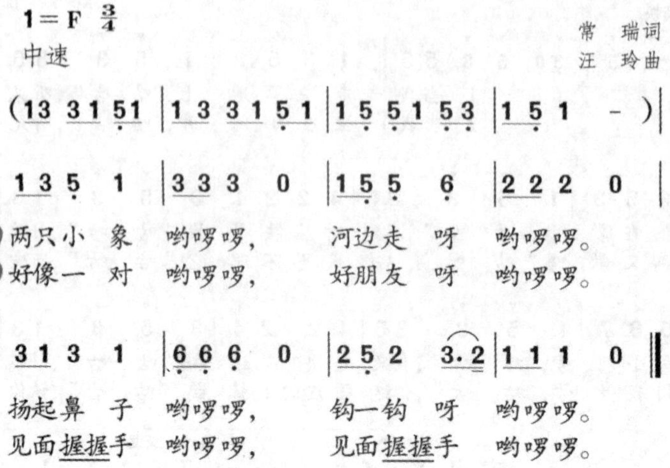

1＝F $\frac{3}{4}$
中速

常 瑞词
汪 玲曲

(13 31 51 | 1 3 3 1 5 1 | 1 5 5 1 5 3 | 1 5 1 -) |

1 3 5 1 | 3 3 3 0 | 1 5 5 6 | 2 2 2 0 |

①两只小 象 哟啰啰， 河边走 呀 哟啰啰。
②好像一 对 哟啰啰， 好朋友 呀 哟啰啰。

3 1 3 1 | 6 6 6 0 | 2 5 2 3.2 | 1 1 1 0 ‖

扬起鼻 子 哟啰啰， 钩一钩 呀 哟啰啰。
见面握握手 哟啰啰， 见面握握手 哟啰啰。

请根据上述材料完成下列任务：

(1)简要分析歌曲的特点。

(2)如指导小学低年段学生学唱歌曲，试拟定教学目标。

(3)依据拟定的教学目标，设计导入环节并说明理由。

专题五　小学体育与健康学科知识与教学设计

链接答案本 P389

教学设计题(每小题40分,参考时限40分钟。共4小题)

1. 认真阅读下列材料,并按要求作答。

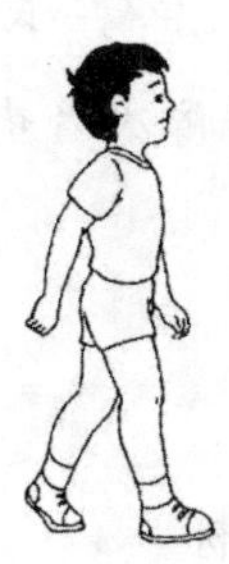

自然走

动作方法:上体正直,自然挺胸,两眼平视前方,两臂与异侧腿的动作方向相同,前后自然摆动,迈步腿脚尖向前,脚跟先着地迅速滚动至前脚掌蹬地。行进中,两脚的内侧应基本落在一条直线上。

请根据上述材料完成下列任务:

(1)简要说明“自然走”的教学重点、难点。

(2)如指导水平一的小学生练习,试拟定教学目标。

(3)设计学习中易犯错误和纠正的方法。

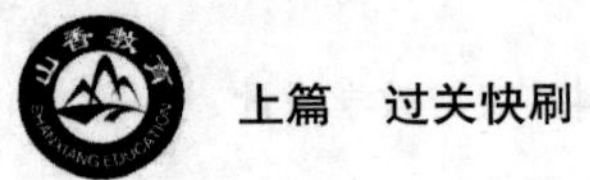

2. 请认真阅读下述材料，并按要求作答。

前滚翻

动作方法：蹲撑提踵，两手撑垫同肩宽，屈臂、低头，同时两脚蹬地、提臀收腹，重心前移团身向前滚动。前滚时，头后、颈、肩、背、腰、臀依次着垫，当滚至背部着垫时，迅速屈腿、团身，两手抱小腿成蹲立。

请根据上述材料完成下列任务：

(1)简要说明“前滚翻”的教学重点和难点。

(2)如指导水平二学生练习，试拟定教学目标。

(3)依据拟定的教学目标设计简单的教学过程。

3. 请认真阅读下列材料，并按要求作答。

双手前掷实心球

动作方法：面对投掷方向，两脚前后开立，两臂屈肘，两手持球于头后；上体稍后仰，重心落在后腿上，然后两腿用力蹬地、收腹、甩臂，用全身力量将球从头后向前上方掷出。

请根据上述材料完成下列任务：

(1)写出“双手前掷实心球”的动作要点。

(2)拟定小学中年段学生练习“双手前掷实心球”第1课时的教学目标。

(3)依据拟定的教学目标，设计本课内容的教学环节并简要说明理由。

4. 请认真阅读下列材料,并按要求作答。

脚背内侧传球

动作方法:斜线助跑,助跑方向与出球方向成45度;支撑脚以脚掌外侧着地,踏在球的后侧方20~25厘米处,脚尖指向出球的方向,身体稍微向支撑腿一侧倾斜;支撑脚着地同时,踢球腿以膝关节为轴,由大腿带动小腿成弧线向前摆动,当身体转向出球方向,膝关节摆至接近球的内侧垂直上方时,小腿加速前摆,脚尖稍外转指向斜下方,脚面绷直,脚趾紧扣,用脚背内侧击球的后中部;击球后,踢球腿随球继续前摆。

根据上述材料完成下列任务:

(1)简要说明“脚背内侧传球”的教学重点、难点。

(2)如果指导水平三的学生练习,试拟定教学目标。

(3)依据拟定的教学目标,设计不少于三种脚背内侧传球的练习方法并说明理由。

专题六　小学美术学科知识与教学设计

链接答案本 P392

教学设计题（每小题40分，参考时限40分钟。共4小题）

1. 请认真阅读下述材料，并按要求作答。

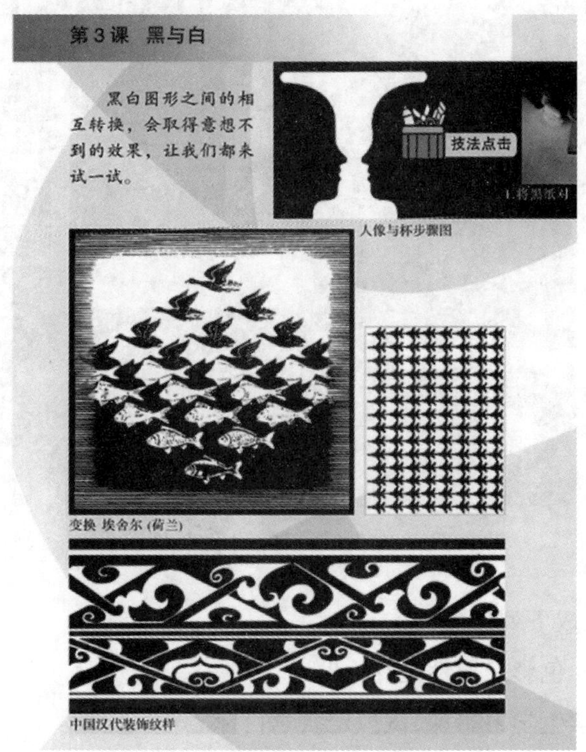

请根据上述材料完成下列任务：

(1)怎样进行黑白图形的组合和排列？

(2)如指导小学中年段学生学习，试拟定教学目标。

(3)依据拟定的教学目标，设计简单的教学过程。

2. 请认真阅读下列材料，并按要求作答。

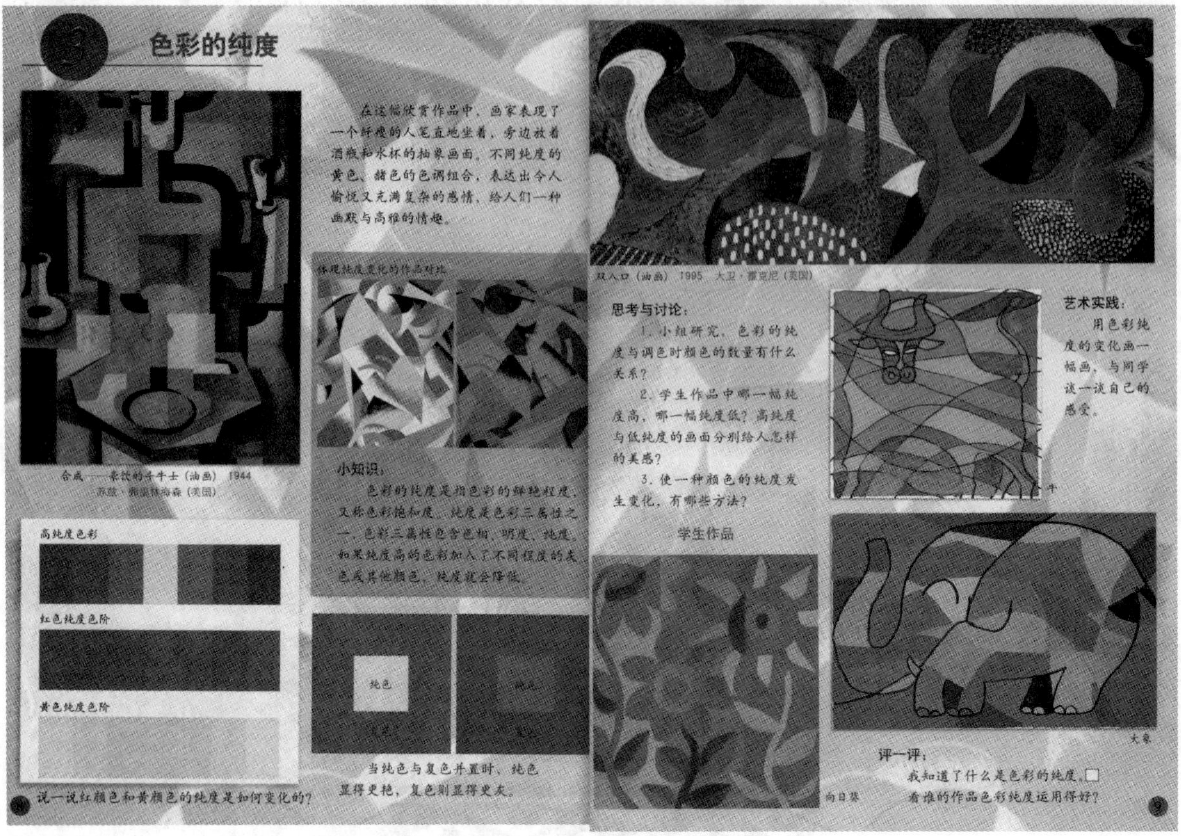

3　色彩的纯度

合成——豪饮的斗牛士（油画）　1944
苏兹·弗里林海森（美国）

在这幅欣赏作品中，画家表现了一个纤瘦的人笔直地坐着，旁边放着酒瓶和水杯的抽象画面。不同纯度的黄色、赭色的色调组合，表达出令人愉悦又充满复杂的感情，给人们一种幽默与高雅的情趣。

体现纯度变化的作品对比

小知识：

色彩的纯度是指色彩的鲜艳程度，又称色彩饱和度。纯度是色彩三属性之一，色彩三属性包含色相、明度、纯度。如果纯度高的色彩加入了不同程度的灰色或其他颜色，纯度就会降低。

高纯度色彩

红色纯度色阶

黄色纯度色阶

纯色　复色　　纯色　复色

当纯色与复色并置时，纯色显得更艳，复色则显得更灰。

说一说红颜色和黄颜色的纯度是如何变化的？

双入口（油画）　1995　大卫·霍克尼（英国）

思考与讨论：

1. 小组研究，色彩的纯度与调色时颜色的数量有什么关系？

2. 学生作品中哪一幅纯度高，哪一幅纯度低？高纯度与低纯度的画面分别给人怎样的美感？

3. 使一种颜色的纯度发生变化，有哪些方法？

学生作品

牛

向日葵

大象

艺术实践：

用色彩纯度的变化画一幅画，与同学谈一谈自己的感受。

评一评：

我知道了什么是色彩的纯度。□
看谁的作品色彩纯度运用得好？

请根据上述材料完成下列任务：

(1)什么是色彩的纯度？色彩三属性是什么？

(2)如指导小学高年段学生学习本课，试拟定教学目标。

(3)依据拟定的教学目标，设计导入活动并说明理由。

3. 请认真阅读下列材料，并按要求作答。

4 家乡的古塔

了解家乡塔的历史与文化，用纸版画进行表现。

你的家乡有古塔吗？说说它的特点。

你知道哪些有关古塔的传说与故事？一起与同学分享。

保俶塔 建于948~960年（杭州）

小知识

著名的历史文化名城和风景城市杭州有三座著名的塔：雷峰塔、六和塔和保俶塔。其中的保俶塔塔身挺秀，卓立山巅，成为西湖风景的一个突出标志。

木塔局部

应县木塔 建于1056年（山西）

虎丘塔 建于959年（苏州）

香山琉璃塔 建于1780年（北京）

大雁塔 建于652年（西安）

纸版画的制作步骤

1. 用厚纸板剪出塔各部分的形状，
2. 自下而上地粘贴，使之产生凹凸效果，
3. 油墨印制后的效果。

讨论角

塔按建筑材料可以分为木塔、石塔、砖塔、琉璃塔等。从古至今，塔有各种样式，如塔的层数一般为奇数，有5层、7层、9层、13层等，而形状多为偶数，有四方形、六角形、八角形等。比较一下这些塔的塔身、塔基、塔顶各有什么特点？

学生作品

六和塔（杭州）

雷峰塔 杭州

学习建议

● 了解家乡塔的历史与文化，并用纸版画或单色粉印版画的方式进行表现。

请根据上述材料完成下列任务：

(1)请列举四个中国古塔建筑。

(2)如指导小学高年段学生学习，试拟定教学目标。

(3)依据拟定的教学目标，设计新授环节的教学活动并简要说明理由。

4. 请认真阅读下列材料，并按要求作答。

请根据上述材料完成下列任务：

(1)相框的总体结构是什么？

(2)如指导小学高年段学生学习本课，试拟定教学目标。

(3)依据拟定的教学目标，设计导入活动并说明理由。

(4)依据拟定的教学目标，设计“学习如何制作一个相框”内容的新授教学活动并说明设计理由。

第五章　教学实施

链接答案本 P397

- 教学实施
  - 教学和教学过程
    - 教学
      - 教学与教育、智育、上课的关系★
      - 五项基本任务
    - 教学过程
      - 预设与①________★★
      - 基本规律:间接性规律,②________,发展性规律,③________★★★
  - 教学原则与方法
    - 教学原则
      - 科学性和思想性(教育性)相统一的原则★
      - 理论联系实际原则
      - 直观性原则:实物直观,④________,言语直观★★
      - 启发性原则★★★
      - 循序渐进原则★
      - 巩固性原则
      - 因材施教原则★★★
      - 量力性原则
    - 教学方法
      - 以语言传递为主:⑤________,谈话法,⑥________,读书指导法★
      - 以直观感知为主:⑦________,参观法★
      - 以实际训练为主:⑧________,实践活动法★★★
      - 以情感陶冶(体验)为主:欣赏教学法,情境教学法
      - 以引导探究为主:发现法
  - 教学组织形式
    - 常见教学组织形式:⑨________,个别教学,现场教学,复式教学,分组教学,道尔顿制,特朗普制等★★★
    - 新型教学组织形式:翻转课堂,微课,慕课,开放课堂,小班教学等★★
  - 小学课堂教学的实施
    - 课堂教学的基本环节
      - ⑩________★
      - ⑪________★★
      - ⑫________★★
      - 课外辅导
      - 学业成绩的检查与评定
    - 课堂管理
      - 教师期望效应(⑬________或皮格马利翁效应)★
      - 课堂纪律类型:教师促成、集体促成、任务促成和自我促成的纪律
    - 课堂教学导入的类型:直接导入,经验导入,故事导入,直观导入,设疑导入,活动导入,温故导入★★
    - 课堂总结的方式:总结式、游戏式、自然式、悬念式等★

- 教学实施
  - 学习动机
    - 学习动机的分类:内在动机与外在动机,⑭________、自我提高内驱力、附属内驱力★
    - 学习动机与学习效果的关系:⑮________定律★★
    - 学习动机理论
      - 行为主义学派的强化理论:通过外在诱因激发、维持学习动机,如奖惩
      - 马斯洛的需要层次理论:满足学生的缺失需要以激发学习动机
      - 阿特金森的成就动机理论:⑯________、避免失败者★
      - 韦纳的成败归因理论
        - 六因素:⑰________★★
        - 习得性无力感★
      - 班杜拉的自我效能感理论
        - 结果期待、效能期待
        - 影响因素:⑱________、替代经验、言语暗示、情绪唤醒★
    - 学习动机的激发
  - 知识与技能
    - 知识与知识学习
      - 知识的分类:陈述性知识和程序性知识,感性知识和理性知识
      - 知识学习的类型
        - 符号学习、概念学习、⑲________★★
        - ⑳________、下位学习、并列结合学习★
      - 知识学习的过程:获得、保持、应用★
    - 技能
      - 操作技能
        - 冯忠良四阶段论:操作定向、操作模仿、操作整合、操作熟练★
        - 高原现象★
      - 心智技能
        - 冯忠良三阶段论:原型定向、原型操作、原型内化
        - 加里培林五阶段论:活动的定向、㉑________、出声的外部言语活动、无声的外部言语活动、内部言语活动★★

刷真题

链接答案本 P397

一、单项选择题(每小题2分,共37小题。参考时限40分钟)

1. [2023上半年]“10以内的数字”一课教学结束时,为巩固所学内容,李老师让学生诵读儿歌:“1像铅笔细长条,2像小鸭水上漂,3像耳朵听声音,4像小旗迎风飘……”这种结课方式属于(　　)

A. 自然式　　B. 总结式

C. 游戏式　　D. 悬念式

2. [2022下半年]小学生在学习加法时,需要利用小石子、小木棒、手指等完成计算活动。依据加里培林的“智力活动按阶段形成的理论”,这种智力活动处于(　　)

A. 活动的定向阶段　　B. 无声的外部言语活动阶段

C. 内部言语活动阶段　　D. 物质活动或物质化活动阶段

3. [2022 下半年]小红非常喜欢数学,对数学问题具有强烈的好奇心和探究兴趣。这种学习动机是(　　)

A. 成就动机　　B. 认知内驱力

C. 自我提高内驱力　　D. 附属内驱力

4. [2022 下半年]在讲完长方形面积计算后,王老师要求学生回家计算一下自己房间的面积,以加深对面积知识的理解。这种教学方法是(　　)

A. 实践研究法　　B. 实验教学法

C. 实习作业法　　D. 实物演示法

5. [2022 上半年]小学生通过学习,掌握了"长方形面积=长×宽"这一公式。这种学习属于(　　)(常考)

A. 信号学习　　B. 连锁学习　　C. 概念学习　　D. 命题学习

6. [2022 上半年]为了认识蚕的生长过程,李老师指导学生饲养蚕宝宝,观察"卵—幼虫—蛹—蛾"的变化。这种教学方法是(　　)(易混)

A. 讨论法　　B. 实验法　　C. 练习法　　D. 演示法

7. [2021 下半年]《国家中长期教育改革和发展规划纲要(2010—2020 年)》提出,为了提高义务教育质量,深化课程与教学方法改革,中小学教学组织形式推行(　　)

A. 小组教学　　B. 开放课堂　　C. 小班教学　　D. 个别教学

8. [2021 下半年]科学课上,张老师在讲台上做水的加温和降温实验,让学生观察水的状态变化。张老师采用的教学方法是(　　)

A. 实验法　　B. 探究法　　C. 演示法　　D. 练习法

9. [2021 上半年]小勇认为自己学习成绩不好是因为自己不够聪明,根据韦纳的归因理论,这属于(　　)

A. 内部、稳定归因　　B. 外部、稳定归因

C. 内部、不稳定归因　　D. 外部、不稳定归因

10. [2021 上半年]赵老师在教授《第一场雪》时,播放了北方漫天大雪的视频,让学生感受下雪场景。他运用的教学手段属于(　　)(易混)

A. 实物直观　　B. 模像直观　　C. 语言直观　　D. 虚拟直观

11. [2021 上半年]下列中国古代经典教育名言中,体现循序渐进教学原则的是(　　)

A. 温故而知新　　B. 不愤不启,不悱不发

C. 不陵节而施　　D. 博学于文,约之以礼

12. [2021 上半年]作为一种常用的课程教学方法,讲授法的主要局限在于(　　)

A. 难以呈现系统的科学知识　　B. 难以控制教学时间

C. 难以发挥教师的主导作用　　D. 难以做到因材施教

13. [2020下半年]根据耶克斯—多德森定律,若要求学生完成较容易的学习任务,教师应使其学习动机强度控制在( )

A. 较高水平　B. 较低水平　C. 中等水平　D. 任意水平

14. [2020下半年]在教学过程中,学生得到教师的关注、赏识与期望后,常常表现出更积极的学习行为,这种心理效应是( )

A. 蝴蝶效应　B. 鲇鱼效应

C. 马太效应　D. 罗森塔尔效应

15. [2020下半年]教学《圆的认识》一课时,教师展示圆形图片、硬币,让学生看一看、摸一摸,然后总结圆的特点。这一教学过程主要遵循的是( )

A. 直观性原则　B. 启发性原则

C. 循序渐进原则　D. 因材施教原则

16. [2020下半年]在某些偏远地区的小学,将不同年级的学生编在一个班里,教师在同一节课里以直接授课和完成作业等交替进行的方式对不同年级的学生施教。这种教学组织形式属于( )

A. 个别教学　B. 课堂教学

C. 混合教学　D. 复式教学

17. [2020下半年]王老师在《两小儿辩日》教学开始时说道:"孔子是我国古代学识渊博的大教育家,有一次却被两个小孩子提出的问题难住了,为什么呢?学习了这篇课文后,你们就知道了。"这种导入方式属于( )(常考)

A. 设疑导入　B. 直接导入

C. 经验导入　D. 活动导入

18. [2020下半年]教师布置的作业应让学生"跳一跳,够得着"。这体现的作业设计基本要求是( )

A. 形式多样　B. 难度适宜　C. 尊重差异　D. 注重创新

19. [2019下半年]在学习成败归因影响学习动机的诸因素中,激励作用最大的是( )

A. 运气好坏　B. 能力高低　C. 任务难度　D. 努力程度

20. [2019下半年]布置作业时,李老师针对不同水平的学生设置了不同数量和难度的作业,这一做法所遵循的教学原则是( )(常考)

A. 直观性原则　B. 启发性原则

C. 循序渐进原则　D. 因材施教原则

21. [2019下半年]为了让学生认识常见的交通标志,遵守交通规则,教师组织学生到学校附近的路口进行观察,这种教学组织形式属于( )

A. 复式教学　B. 现场教学　C. 个别教学　D. 课堂教学

22. [2019上半年]在下列各种学习动机中,属于内在动机的是( )

A. 班级排名 B. 老师表扬 C. 家长鼓励 D. 学习兴趣

23. [2019上半年]学生学习了自然数以后,再学习整数,这种学习属于( )(易错)

A. 上位学习
B. 下位学习
C. 类属学习
D. 组合学习

24. [2019上半年]《学记》中“君子之教,喻也”所蕴含的教学原则是( )

A. 直观性原则
B. 因材施教原则
C. 启发性原则
D. 循序渐进原则

25. [2019上半年]学完《雷锋叔叔,你在哪里》一课后,为了更好地达成“通过朗读感悟,懂得奉献爱心”的教学目标,老师布置学生有感情地反复朗读课文。这种教学方法属于( )

A. 练习法
B. 实验法
C. 读书指导法
D. 实习作业法

26. [2018下半年]小学生学写新字时,先听教师讲解,观察教师书写示范。这时的技能学习阶段处于( )(易混)

A. 操作定向
B. 操作模仿
C. 操作整合
D. 操作熟练

27. [2018下半年]教师不是分学科进行系统的知识传授,而是为学生创设学习环境,由学生根据自己的兴趣在教室或其他场所自由学习。这样的教学形式属于( )

A. 在线课堂
B. 网络课堂
C. 开放课堂
D. 翻转课堂

28. [2018下半年]在《金色的鱼钩》教学开始时,张老师说:“同学们,前面我们通过学习《七律·长征》一诗,领略了红军长征的非凡气概,今天我们再来感受一下红军过草地的艰难困苦。”这种导课方式属于( )

A. 设疑导入 B. 温故导入 C. 情境导入 D. 故事导入

29. [2018上半年]苏格拉底的“产婆术”主要体现的教学原则是( )

A. 直观性原则 B. 启发性原则 C. 科学性原则 D. 思想性原则

30. [2018上半年]为了弥补班级授课制的不足,把大班上课、小组讨论、个人自学结合在一起的教学组织形式是( )

A. 特朗普制
B. 文纳特卡制
C. 道尔顿制
D. 贝尔—兰卡斯特制

31. [2017下半年]教师应引导学生而不是代替学生做出选择,这是尊重和发挥( )

A. 学生的主体性
B. 学生的差异性
C. 学生的创造性
D. 学生的发展性

32. [2017下半年]同学们学习一段舞蹈动作,刚开始进步很快,但一段时间后进步不明显,甚至停滞不前。这在技能练习上称为( )

A. 高原现象　　B. 抑制现象
C. 遗忘现象　　D. 挫折现象

33. [2017下半年]在直角三角形的教学中,老师呈现了直角三角形的各种变式,主要目的是( )

A. 激发学习兴趣　　B. 引起有意注意
C. 丰富学生想象　　D. 突出概念本质

34. [2017下半年]阿特金森对成就动机的研究表明,追求成功者与害怕失败者相比,更倾向于选择( )(易错)

A. 比较难的任务　　B. 非常难的任务
C. 非常容易的任务　　D. 难度适中的任务

35. [2017下半年]班级授课制是现代学校普遍采用的教学组织形式,但也存在一定的局限性,主要表现为不利于( )

A. 系统的知识传授　　B. 因材施教
C. 发挥教师主导作用　　D. 教学管理

36. [2017上半年]课堂教学中,课桌椅子的摆放方式会影响教学方法的运用效果。一般说来,"秧田形"最适合的教学方法是( )

A. 实验法　　B. 讲授法　　C. 探究法　　D. 讨论法

37. [2016下半年]学生在课堂前借助网络平台观看微视频进行自主学习,课堂上在教师指导下分组讨论、合作探究。这种新型教学组织形式称为( )

A. 在线课堂　　B. 网络课堂
C. 虚拟课堂　　D. 翻转课堂

二、简答题(每小题10分,参考时限10分钟。共1小题)

[2022上半年]简述加里培林关于智力技能形成阶段的理论。

三、材料分析题(每小题20分,参考时限15分钟。共2小题)

1.[2022下半年]材料:

单元测验后,李老师照例上了一堂讲评课。上课不到十分钟,她就发现那几位考满分的学生表现出不耐烦和心不在焉。于是,她及时调整了教学策略:每讲一道题,就请做对的学生将自己的答题思路和方法讲给其他同学听,不明白的可以随时提问,然后进行讨论。结果,这节课上得生动、活泼,不仅将学生的积极性调动起来了,还产生了许多新的解题思路和方法。

问题:

(1)评析材料中李老师的教学行为。

(2)如何理解教学中的“预设”与“生成”?

2.［2018下半年］**材料：**

一年级二班的林老师上完《要下雨了》一课之后，设计了两项作业：(1)请你回家后把小白兔碰到的趣事讲给你最喜欢的人听；(2)你还想知道下雨前其他动物的表现吗？可以跟家人交流一下。第二天，林老师刚走进教室，学生就纷纷围住他，迫不及待地汇报作业的完成情况，还抢着说："我好喜欢这个作业哦！"

问题：

(1)结合材料，评析林老师的作业设计。

(2)谈谈教师布置作业的基本要求。

专题一　教学和教学过程

链接答案本 P404

一、单项选择题(每小题2分,共21小题。参考时限25分钟)

1. 在教学过程中,学生学习的内容是已知的间接知识,并在教学中间接地认识世界。这体现了(　　)

A. 有领导的认识　　B. 认识的教育性

C. 认识的交往性　　D. 认识的间接性

2. 教师不应满足“授之以鱼”,更要做到“授人以渔”。这主要是强调教学应重视(　　)

A. 传授知识　　B. 发展能力　　C. 形成品德　　D. 培养个性

3. 教学的根本目的是(　　)

A. 培养全面发展的人　　B. 传授知识

C. 发展智力　　D. 陶冶情操

4. 在教学过程中,学生主要通过学习(　　)来认识客观世界。(常考)

A. 间接经验　　B. 直接经验　　C. 生活经验　　D. 生产经验

5. 在教学过程中,教师要结合学生的感性认识,促使学生掌握书本知识。这说明教学过程具有(　　)的规律。

A. 教师主导作用与学生能动性相结合　　B. 教学过程中知、情、意相统一

C. 掌握知识与发展智力相结合　　D. 间接经验与直接经验相结合

6. 在一节小学语文写作课上,梅老师在教授人物描写方法后,让学生写一写自己眼中妈妈的形象。通过写作,学生体会到妈妈温暖的爱和细致的呵护,展现出对母亲的依恋与信任,也更尊重自己的母亲。这体现了教师在教学过程中坚持(　　)

A. 间接经验与直接经验相结合的规律　　B. 教师主导作用与学生主体作用相统一的规律

C. 掌握知识和发展智力相统一的规律　　D. 传授知识与思想品德教育相统一的规律

7. 教学与教育两个概念既相互联系又有区别,下列说法中不正确的是(　　)(易混)

A. 教育是指一切培养人的活动

B. 狭义的教学专指教师的教与学生的学相统一的专门活动

C. 广义的教学所指与教育一词的含义基本没有区别

D. 教学完全归属于教育活动

8. 赫尔巴特指出“我想不到有任何无教学的教育,正如在相反方面,我不承认有任何无教育的教

学”。这句话体现的教学规律是(　　)(常考)

A. 间接经验与直接经验相结合规律　　B. 掌握知识与发展智力相结合规律

C. 传授知识与思想品德教育相统一的规律　　D. 教师主导作用与学生主体地位相统一规律

9. 在教学过程中，学生掌握科学文化知识和提高思想品德修养是相辅相成的两个方面。下面对此规律表述错误的是(　　)

A. 知识是思想品德形成的基础

B. 学生思想品德的提高又为他们积极地学习知识奠定了基础

C. 可以脱离知识进行思想品德教育

D. 防止只强调传授知识，忽视思想品德教育的倾向

10. 魏老师在课堂上把大部分时间交给学生讨论问题，学生自主学习的积极性很高，而魏老师作为课堂的引导者，保证学生不偏离主道，取得了很好的教学效果。这说明教学过程中(　　)

A. 掌握知识与发展智力相统一　　B. 教师主导作用与学生主体作用相统一

C. 学习知识与应用知识相统一　　D. 直接经验与间接经验相统一

11. 教学是教师的教和学生的学所组成的一种人类特有的人才培养活动。从本质上说，它是一种(　　)(常考)

A. 认识活动　　B. 教师教的活动

C. 学生学的活动　　D. 课堂活动

12.《礼记·学记》中说：“记问之学，不足以为人师。”这主要体现的教学规律是(　　)

A. 直接经验与间接经验相统一　　B. 掌握知识与发展智力相统一

C. 传授知识与思想品德教育相统一　　D. 教师主导作用与学生主体地位相统一

13. 关于教师与学生在教育过程中地位的描述，正确的是(　　)

A. 学生是被动的　　B. 教师是被动的

C. 教师起主导作用　　D. 教师不起主导作用

14. 我国古代既有“指引者，师之功也”的箴言，又有“师傅领进门，修行靠个人”的教谕。这体现了教学过程具有(　　)的规律。(常考)

A. 学生认识的简约性　　B. 教学与发展相互促进

C. 知识学习与品德形成相统一　　D. 教师主导作用与学生主体作用相统一

15. 李老师在讲解圆周率时，给学生介绍了我国数学家刘徽、祖冲之在当时数学工具匮乏的情况下，克服困难，为数学界做出了巨大贡献。李老师的做法体现了教学过程中的(　　)

A. 教师主导作用与学生主体作用相统一的规律

B. 传授知识与思想品德教育相统一的规律

C. 掌握知识与发展智力相统一的规律

D. 直接经验与间接经验相统一的规律

16. 学校的中心工作是(　　)

A. 教学工作　　B. 公共关系　　C. 行政工作　　D. 总务工作

17. 学校是培养人才的机构,教学的首要任务是(　　)(常考)

A. 关注学生个性发展　　B. 发展智力、体力和创造力

C. 培养品德和审美情趣　　D. 传授基础知识和基本技能

18. 通过老师的讲授和多媒体辅助,坐在教室里的学生可以在课堂上遨游至外太空,了解宇宙奥秘,也可穿越至万年前,认识远古人文。这种跨时空的知识获得,主要体现了(　　)

A. 认识的间接性和简捷性　　B. 教师的主体性

C. 师生的交往性　　D. 认识的教育性

19. 老师在课堂上讲解圆的周长的计算公式时,演示了π的推理计算,这属于教学过程中的(　　)

A. 帮助学生理解知识　　B. 引导学生获得感性知识

C. 让学生进行实践作业　　D. 检查学生的知识掌握情况

20. 某教师强调让学生在课堂上互相探讨,在做中学,而忽视了系统知识的传授。这说明该教师没有正确处理好(　　)的关系。

A. 掌握知识与发展智力　　B. 间接经验与直接经验

C. 教师主导作用与学生主动性　　D. 掌握知识与进行教育

21. 认为教学的主要任务在于发展智力,而不注重学科内容的实用意义的理论是(　　)(易混)

A. 传统教育论　　B. 发生认识论　　C. 形式教育论　　D. 实质教育论

二、简答题(每小题10分,参考时限10分钟。共4小题)

1. 简述教学过程的基本规律。

2. 教学过程包括哪几个阶段?

3. 简述教学的基本任务。

4. 教学过程的特殊性表现在哪些方面?

三、材料分析题(每小题20分,参考时限15分钟。共1小题)

材料:

为了提高教学效果,加强学生的主体性,郝老师一改原来的教学方式,在课堂上使用“三少”教学法:“少说”,用最少的语言呈现最多、最有价值的信息,让学生参与讨论;“少写”,板书简洁,层次分明,有主有次,内容明确;“少做”,不越俎代庖,相信学生,让学生动手实验。

有学生反映,“讲的太少,不理解学习内容”“讨论学不到东西”“老师不示范,学生瞎做”。郝老师很迷惑,一方面大家抱怨老师满堂灌,但让学生积极表达时,却不尽如人意,是否还要继续这种教学方式?

问题:

(1)结合材料,请对郝老师的教学进行评价。

(2)请谈谈在实际教学中,你是如何提高教学效果的。

专题二　教学原则与方法

链接答案本 P408

一、单项选择题(每小题2分,共42小题。参考时限45分钟)

1. 乌申斯基指出:“一般来说,儿童是依靠形式、颜色、声音和感觉来进行思维的。”“逻辑不是别的东西,而是自然界里的事物和现象的联系在我们头脑中的反映。”这就要求教育者在教学中要重视运用(　　)

A. 循序渐进原则　B. 因材施教原则　C. 直观性原则　D. 巩固性原则

2. “读书无疑者,须教有疑;有疑者,却要无疑,到这里方是长进。”这句话体现的教学原则是(　　)(常考)

A. 启发性原则　B. 科学性和思想性相统一原则

C. 理论联系实际原则　D. 直观性原则

3. 教学规律是指教学现象中客观存在的,具有必然性、稳定性、普遍性的联系。教学规律对教学活动具有规约作用,是制定教学原则的重要依据。依据“间接经验与直接经验相统一规律”制定的教学原则是(　　)

A. 循序渐进原则　B. 理论联系实际原则

C. 因材施教原则　D. 量力性原则

4. 王老师在讲授“磷及其化合物的性质”时,以磷化氢的“自燃”现象,说明民间俗称“鬼火”现象产生的原因,对学生进行了“无神论”教育。王老师在教学中主要贯彻的是(　　)

A. 循序渐进原则　B. 直观性原则

C. 启发性原则　D. 科学性和思想性相统一原则

5. 教师从学生的实际情况、个别差异出发,有的放矢地进行个别教学。这体现了教学的(　　)原则。(常考)

A. 启发性　B. 循序渐进　C. 直观性　D. 因材施教

6. 教学过程中,张老师根据学生实际情况,在教学内容的选择方面,从易到难、从简单到复杂,以满足学生的需要。这体现了张老师在教学过程中遵循了(　　)

A. 因材施教原则　B. 启发性原则

C. 循序渐进原则　D. 长善救失原则

7. 李老师在讲解《故都的秋》这篇课文时,通过播放视频、图片、幻灯片等手段,让学生真切感受到北国之秋的萧瑟与悲凉。她在教学中贯彻了(　　)

A. 启发性原则　B. 理论联系实际原则

C. 科学性与思想性相统一原则　D. 直观性原则

8.《礼记·学记》中说:“知其心,然后能救其失也。”这句话所体现的教学原则是(　　)

A. 因材施教原则　　B. 启发性原则

C. 理论联系实际原则　　D. 直观性原则

9. 第斯多惠有一句名言:“一个坏的教师奉送真理,一个好的教师则教人发现真理。”这体现了教学的(　　)

A. 直观性原则　　B. 启发性原则

C. 巩固性原则　　D. 因材施教原则

10. 王老师在讲解过厘米、分米和米的概念后,让学生通过实际测量桌子、铅笔、书本的长度来理解和掌握知识。王老师在教学过程中主要贯彻的教学原则是(　　)

A. 直观性原则　　B. 教学相长原则

C. 理论联系实际原则　　D. 启发性原则

11. 按照学生的“最近发展区”施教,体现的教学原则是(　　)

A. 高难度原则　　B. 高速度原则　　C. 量力性原则　　D. 直观性原则

12. 杨老师在讲授《看雪》一课时,通过大屏幕播放雪景,让学生感受雪的美。杨老师采用了什么教学方法(　　)

A. 讲授法　　B. 谈话法　　C. 参观法　　D. 演示法

13. 我国古代墨子提出:“夫知者,必量其力所能至而从事焉。”它所体现的教学原则是(　　)(常考)

A. 巩固性原则　　B. 量力性原则

C. 直观性原则　　D. 因材施教原则

14. 教师按照一定的教学要求向学生提出问题,要求学生回答,并通过问答的形式来引导学生获得或巩固知识的方法叫作(　　)

A. 讲授法　　B. 谈话法　　C. 讨论法　　D. 实验法

15. 教师通过在氧气瓶内外燃烧木炭的对比状况来讲解燃烧与氧气的关系,这种教学方法是(　　)(易混)

A. 实验法　　B. 演示法　　C. 实习作业法　　D. 练习法

16. 孔子要求“学而时习之”“温故而知新”,是说在教学中要贯彻(　　)原则。

A. 理论联系实际　　B. 循序渐进

C. 启发性　　D. 巩固性

17. 在教学过程中,教师有目的地引入或创设以形象为主体的具有一定情绪色彩的生动具体的场景,以引起学生一定的情感体验,从而帮助学生理解教材,并使学生的心理机能得到发展。这种教学方法是(　　)

A. 欣赏教学法　　B. 情境教学法

C. 发现法　　D. 现场教学法

18. 自习课上，李老师带学生去图书馆，指导学生选择图书和制订读书计划，并在阅读结束后向学生提出预先拟好的问题。李老师运用的教学方法是（ ）

A. 讲授法和谈话法
B. 读书指导法和演示法
C. 读书指导法和谈话法
D. 实验法和研究法

19. 依据指导思想的不同，各种教学方法可以归并为两类，即（ ）

A. 讲授式和直观式
B. 启发式和注入式
C. 情感陶冶式和直观式
D. 讲授式和练习式

20. 以直观感知为主的教学方法具有形象性、直接性、具体性和真实性的特点，能够激发和强化学生的学习兴趣，吸引和维持学生的学习注意力。下列属于以直观感知为主的教学方法的是（ ）

A. 讲授法
B. 谈话法
C. 实习作业法
D. 演示法

21. 朱熹说："圣贤施教，各因其材，小以小成，大以大成。"这体现的教学原则是（ ）

A. 直观性原则
B. 因材施教原则
C. 巩固性原则
D. 循序渐进原则

22. 循序渐进原则是指教学要按照学科的逻辑系统和学生认知发展的顺序进行，使学生系统地掌握基础知识、基本技能，形成严密的逻辑思维能力。以下不属于循序渐进原则贯彻要求的是（ ）（易混）

A. 按照教材的系统性进行教学
B. 要抓住主要矛盾，解决好重点与难点
C. 将知识体系化、系统化
D. 逐步培养与形成学生综合运用知识的能力

23. 孙老师在给学生讲解花的构造时，将各种类型的花的挂图带到了教室，供学生观察学习。孙老师采用的教学方式是（ ）（易混）

A. 实物直观
B. 模像直观
C. 言语直观
D. 虚拟直观

24. 曹老师教《圆的周长》时，讲述了我国古代数学家祖冲之在计算圆周率上的卓越贡献，同学们感到很自豪。曹老师遵循的教学原则是（ ）

A. 启发性原则
B. 巩固性原则
C. 因材施教原则
D. 科学性与思想性相统一原则

25. 王老师教学《观潮》时，播放了一段视频，让学生感受钱塘江大潮的雄伟壮观。其贯彻的教学原则是（ ）

A. 启发性原则
B. 因材施教原则
C. 直观性原则
D. 循序渐进原则

26. 《学记》指出"独学而无友，则孤陋而寡闻""相观而善"等。这说明我们在教学中要注意运用（ ）（常考）

A. 谈话法
B. 讨论法
C. 讲授法
D. 练习法

27. 法国思想家蒙田曾用教师指导学生走路来比喻指导学生学习，"教师最好先让孩子在其面前走几步,以便更好地判断孩子步伐的速度,从而推测他能坚持多久,然后方能判断他的能力。如果我们不顾分寸,就常会坏事”。可见,蒙田强调教师所要遵循的教学原则是(　　)

A. 循序渐进原则　　B. 量力性原则

C. 理论联系实际原则　　D. 巩固性原则

28. 某次班会中,学生们在班主任的指导下围绕如何预防火灾及发生火灾如何自救等问题发表和交换意见,通过相互之间的启发、讨论、商量获取知识。这种教学方法是(　　)

A. 演示法　　B. 练习法　　C. 实验法　　D. 讨论法

29. 老师带领学生参观博物馆,观看前人制造的金银首饰、碑刻书画,促进学生理解中国古代史及文明史。这种教学形式是(　　)

A. 实物直观　　B. 模像直观　　C. 言语直观　　D. 形象直观

30. 某小学音乐老师教授《明日歌》等诗词歌曲时,把《经典咏流传》节目引入课堂,组织学生观看节目、学唱歌曲。该教师的教学遵循了(　　)(易错)

A. 因材施教原则　　B. 系统性原则

C. 发展性原则　　D. 直观性原则

31. 在教学过程中,夏老师运用通俗易懂、科学准确的语言对教材内容进行解释、说明、论证。夏老师采用的是(　　)

A. 讲授法　　B. 谈话法

C. 讨论法　　D. 读书指导法

32. 李老师教三班的数学,这学期开始学习因式分解,他每讲完一个公式以后,就给学生大量的题目去做,以巩固所学的内容,李老师采用的教学方法属于(　　)(常考)

A. 讲授法　　B. 讨论法　　C. 练习法　　D. 读书指导法

33. 课堂教学中,教师发扬民主,创设问题情境以引发学生的独立思考。这一做法主要体现了(　　)教学原则。

A. 因材施教　　B. 巩固性　　C. 思想性　　D. 启发性

34. “不闻不若闻之,闻之不若见之。”这句话反映的是(　　)

A. 启发性原则　　B. 直观性原则　　C. 巩固性原则　　D. 系统性原则

35. 杨老师为了让学生了解昆虫的种类,带来了蜻蜓、蝴蝶、飞蛾、知了、螳螂等昆虫标本,让学生近距离观察。这种教学方式属于(　　)

A. 形象直观　　B. 实物直观　　C. 模像直观　　D. 言语直观

36. 布鲁纳所倡导的“发现学习”的教学方法是一种(　　)

A. 以直观感知为主的教学方法　　B. 以实际训练为主的教学方法

C. 以探究活动为主的教学方法　　D. 以情感陶冶为主的教学方法

37. 对于学生来说,完全凭借科学真理的思想品德教育价值去直接、自动地发挥作用是不够的,需要教育者引导和挖掘,使之充分地对受教育者产生熏陶作用,对于理性和逻辑思维能力尚处于初级阶段的小学生来说尤其如此。这要求教师在教学中坚持(　　)

A. 可接受性原则　　B. 教育性与科学性相统一的原则

C. 理论联系实际原则　　D. 系统性原则

38. 在讨论轻重与材料、轻重与体积大小的关系时,教师先让学生掂量或用天平称重比较,最后从大量的操作经验中发现:材料相同,体积越大就越重,反之就越轻;材料不同,虽然体积相同,但重量却不同。这体现的教学方法是(　　)

A. 实践指导法　　B. 实验法　　C. 发现法　　D. 讨论法

39. "读万卷书,行万里路"体现的教学原则是(　　)(常考)

A. 直观性原则　　B. 因材施教原则

C. 理论联系实际原则　　D. 启发性原则

40. 科学课上,李老师在讲解浮力原理时向学生介绍了阿基米德在洗澡时观察身体和水位变化的关系,受到启发而发现了浮力定律的故事。李老师的教学原则是(　　)

A. 直观性原则　　B. 巩固性原则

C. 循序渐进原则　　D. 科学性与思想性统一原则

41. 演示法是指教师通过展示实物、直观教具,进行示范性的实验或采取现代化视听手段等,指导学生获得知识或巩固知识的方法。下列不属于运用演示法的基本要求的是(　　)

A. 要根据教学需要,做好教具准备

B. 使学生能够主动、积极、自觉地投入观察与思考

C. 引导学生在感知过程中进行综合分析

D. 要求所有学生都亲自操作

42. 上课一开始,王老师展示了日本福岛核电站泄漏影响范围图,并给学生播放了几则核泄漏影响范围的新闻材料,然后对学生展开提问。这种情境教学的核心是(　　)

A. 减轻学生的学习负担　　B. 激发学生的情感

C. 巩固学生的基础知识　　D. 培养学生的探究精神

二、简答题(每小题10分,参考时限10分钟。共3小题)

1. 简述运用谈话法的基本要求。

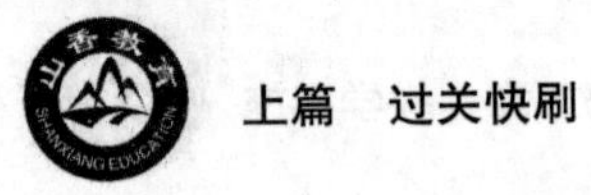

2. 简述运用教学方法的一般要求。

3. 在教学中如何贯彻因材施教原则？

三、材料分析题(每小题20分,参考时限15分钟。共2小题)

1. 材料:

林老师为了上好《蛙》一课,精心制作了PPT,并准备了青蛙标本、三张挂图和视频材料。课前林老师将这些教具摆放悬挂好后,马上受到了许多学生的围观。课上他先是播放了视频材料,接着他演示了青蛙标本,因标本过小,后面的同学伸长脖子也看不到,他不断翻着PPT,却没有适时做出讲解。下课铃声响了,准备的PPT还没有翻完。课后学生们反映说:"我们忙着看这看那,老师讲什么都没听清,而且有的PPT背景上的浅色字很模糊。"

问题:

(1)林老师在教学过程中运用的直观手段存在哪些问题?

(2)联系材料,阐述教师应如何贯彻直观性教学原则。

2.材料：

某校两位老师以“平行四边形的面积”为题开展同课异构的教学活动。

王老师首先告诉学生平行四边形的面积等于底乘高，然后列举了很多不同大小的平行四边形来计算它的面积，帮助学生掌握平行四边形的面积公式。这节课，学生虽然很快学会了平行四边形面积公式的应用，但是对于平行四边形的面积为什么等于底乘高还是不太清楚。

李老师首先让学生观察平行四边形的特征，让学生想一想平行四边形跟以前学过的三角形和长方形有什么联系，然后要求学生拿出纸、笔、直尺、剪刀，自己画一画、剪一剪。在动手操作的过程中，同学们发现可以把一个平行四边形变成一个长方形，或者是分割成几个三角形，他们尝试着用三角形或长方形的面积计算方法去推导平行四边形的面积计算公式。最后同学们自己总结出了计算平行四边形面积的公式。

问题：

(1)王老师和李老师分别采用了哪种教学方法？

(2)他们采用的教学方法各有何优缺点？

专题三　教学组织形式

链接答案本 P414

一、单项选择题(每小题2分,共22小题。参考时限25分钟)

1. 古代教学组织形式主要采用的是(　　)

A. 班级授课　　B. 个别教学　　C. 分组教学　　D. 混合教学

2. 在教学组织形式改革方面,美国柏克赫斯特创建的道尔顿制的主要特点是(　　)(易错)

A. 取消按年龄编班,按学生的能力或某些测验成绩编班

B. 教师辅导学生个别自学

C. 将教学活动分为大班上课,小组讨论和个人自学

D. 在同一教室的一节课内由一位教师对不同年级的学生进行教学

3. 我国所采用的教学基本组织形式是(　　)(常考)

A. 个别教学制　　B. 分组教学制　　C. 班级授课制　　D. 特朗普制

4. 班级授课制在我国兴起的时间是清朝,1862年,京师同文馆是最早采用这一教学组织形式的学校,在清政府颁布(　　)后,在全国广泛推广。

A.《钦定学堂章程》　　B.《奏定学堂章程》

C.《学校系统令》　　D.《强迫教育章程》

5. 把大班上课、小组讨论和个人自学三种教学形式结合在一起,并采用灵活的时间单位代替固定划一的上课时间的教学组织形式是(　　)

A. 道尔顿制　　B. 导生制　　C. 特朗普制　　D. 导师制

6. 在我国偏僻的山区小学,由于学生数量少、年龄小、不易集中,教师少,教学设备差等,有不少地方采用(　　)的教学组织形式来达到节约师资、完成教学任务的目的。(常考)

A. 个别辅导　　B. 复式教学　　C. 家庭作业　　D. 现场教学

7. 打乱传统的按年龄编班的做法,而按学生的能力或某些测验成绩编班。这是(　　)

A. 外部分组　　B. 内部分组　　C. 设计教学法　　D. 道尔顿制

8. 班级授课制是人类社会发展到一定历史阶段的产物,最早从理论上对班级授课制加以阐述的著作是(　　)

A.《民主主义与教育》　　B.《大教学论》

C.《普通教育学》　　D.《爱弥儿》

9. 教师先把教学内容教给年纪大的学生,然后由他们中间的佼佼者去教年纪小的或者成绩较差的其他学生,这属于下列哪一种教学组织形式(　　)

A. 道尔顿制　　B. 特朗普制　　C. 班级授课制　　D. 贝尔—兰卡斯特制

10. 把两个及两个年级以上的学生编在同一个班级,在一节课内由一位教师对不同年级学生进行教学的组织形式是( )

A. 分层教学 B. 合作教学 C. 小班教学 D. 复式教学

11. 教师组织学生到事情发生、发展的现场进行教学活动的组织形式是( )(常考)

A. 现场教学 B. 复式教学

C. 班级授课制 D. 个别教学

12. 微课是一种以视频为主要载体的新兴教学资源,从中小学生的注意时间考虑,微课时长一般为( )分钟。

A. 1～3 B. 5～8 C. 15～20 D. 30

13. 我国古代私塾的教学组织形式属于( )

A. 个别教学制 B. 班级授课制 C. 道尔顿制 D. 分组教学制

14. 王校长为了改革学校的教学组织形式,开始在六年级进行试验。教师上课不再向学生系统地讲授教材,而只为学生分别指定自学的参考书、布置作业,由学生自学和独立完成作业,学生有问题时才请教老师指导。这种教学组织形式属于( )

A. 个别教学制 B. 班级授课制

C. 道尔顿制 D. 分组教学制

15. 为了筹备市歌唱比赛,某音乐老师把两个不同年级的合唱团学生编在一个班级内进行音乐教学,将这两个合唱团的学生的直接教学活动与练习活动轮流交替进行。这种教学组织形式是( )

A. 分层教学 B. 复式教学 C. 小班教学 D. 合作学习

16. 在班级内部,教师根据学生的特点、兴趣与意愿进行分组教学,各组学习时间相同,学习内容不同,这种分组是( )(易混)

A. 外部分组 B. 内部分组 C. 能力分组 D. 作业分组

17. 王老师组织学生到郊区的牛奶厂参观,请工人师傅为学生讲解牛奶的生产加工流程。王老师采用的教学组织形式是( )

A. 复式教学 B. 小组教学

C. 个别辅导 D. 现场教学

18. 关于班级授课制的说法,错误的是( )

A. 固定的人数 B. 固定的时间

C. 没有课间和休息时间 D. 以班级为单位

19. 我国最早采用班级授课制的教学组织形式始于( )

A. 民国时期的北京大学 B. 清代时期的北洋水师学堂

C. 清代末期的京师同文馆 D. 明代时期的武夷精舍

20. 学生在课前借助网络平台观看微视频进行自主学习，课堂上在教师指导下分组讨论、合作探究，这种新型教学组织形式称为(　　)

A. 在线课堂　　B. 虚拟课堂

C. 翻转课堂　　D. 网络课堂

21. 下列教室座位安排形式中，最有利于教师管理课堂、维持秩序和有计划地传授知识，有利于教师观察学生的一切活动的是(　　)

A. 圆桌式　　B. 分组式　　C. 秧田式　　D. U型座位模式

22. 文纳特卡制和道尔顿制这两种教学组织形式均具有的缺陷是(　　)(易错)

A. 教师在教学中的主导作用受到限制　　B. 难以保证教学质量

C. 实施范围有限　　D. 办学规模小、速度慢、效率低

二、简答题(每小题10分，参考时限10分钟。共2小题)

1. 简述班级授课制的特征。

2. 简述复式教学的组织要求。

专题四　小学课堂教学的实施

链接答案本 P417

一、单项选择题(每小题2分,共22小题。参考时限25分钟)

1. 上课是整个教学工作的中心环节,上好一节课有多方面的要求,其中上好课最根本的要求是(　　)

A. 板书有序　　B. 充分发挥学生的主体性

C. 教学方法适当　　D. 教学结构合理

2. 以学生原有的生活经验为出发点,教师通过生动而富有感染力的讲解、谈话或提问引起回忆,从而引导学生发现问题的导入方法是(　　)

A. 间接导入　　B. 直观导入　　C. 事例导入　　D. 经验导入

3. 学业成绩的检查主要分考查和考试两种,考查不包括(　　)(常考)

A. 口头提问　　B. 检查书面作业

C. 书面测验　　D. 实践考试

4. 下列不属于教师上课前"三备"内容的是(　　)(常考)

A. 备教案　　B. 备教材　　C. 备学生　　D. 备教法

5. 李老师很担心同一批学生在第二次参加同样内容的人格测试时分数与上次不同。该老师的担心属于(　　)概念反映的内容。

A. 信度　　B. 效度　　C. 区分度　　D. 难度

6. 方老师在讲授《三角形的外角》一课时,先让学生回忆三角形内角的相关知识,进而进入新课的学习,方老师使用的导入方法是(　　)(常考)

A. 练习导入　　B. 温故导入

C. 问题导入　　D. 情境导入

7. 教师对学生的赞美、信任和良好的期望能够成为改变学生行为的力量,有效促进学生的发展。这种效应被称为(　　)(常考)

A. 霍桑效应　　B. 马太效应　　C. 南风效应　　D. 罗森塔尔效应

8. (　　)是教师上课的必要补充。

A. 布置作业　　B. 检查作业　　C. 课外辅导　　D. 课后练习

9. 杨老师是五班的英语老师,在他上课时,教室里吵闹声不断,学生有的说话打闹,有的在教室里随意走动。因此,他不得不中断讲课进程来维持课堂秩序。这属于(　　)

A. 积极的课堂气氛　　B. 消极的课堂气氛

C. 对抗的课堂气氛　　D. 一般的课堂气氛

10. 教师自编测验时，要想提高测验的区分度，最重要的是控制好试题的（　　）

A. 难度　　B. 效度　　C. 信度　　D. 题量

11. 张老师在讲授完峻青的《秋色赋》后，将欧阳修的《秋声赋》和毛泽东的《沁园春·长沙》也一同展示给学生，引导学生比较、思考和讨论，这种结课方法叫（　　）

A. 归纳式　　B. 比较式　　C. 悬念式　　D. 回味式

12. 教师用总结性的语言提纲挈领地再现教学内容中的知识结构体系，从而结束课堂教学的方法是（　　）

A. 比较结课　　B. 归纳结课　　C. 活动结课　　D. 悬念结课

13. 教完古诗《草》后，于老师扮演耳背的老奶奶，把"一岁一枯荣"听成"一岁一窟窿"，让学生纠正并解释。这种总结方式是（　　）

A. 自然式　　B. 归纳式　　C. 游戏式　　D. 悬念式

14. 学生学业成绩的检查与评定是教师了解学生学习情况的重要途径。下列选项中，不属于日常性学业成绩检查的有（　　）

A. 课堂提问　　B. 会考　　C. 书面测验　　D. 书面作业

15. 在讲《大气压力》一课时，老师手拿烧瓶给学生看，并用"魔术棒"敲几下，里面是空的。然后拿出熟的鹌鹑蛋放在瓶口，当然按不下去，把蛋拿下；接着点燃蜡纸条放入瓶中，迅速将蛋放在瓶口，于是在大气压力作用下，鹌鹑蛋被烧瓶"吞"进肚里。此时，学生必定看得目瞪口呆。老师马上说："蛋为什么会被烧瓶吞进肚里？今天我们就来揭开这个秘密。"这种导入方法属于（　　）

A. 悬念导入　　B. 直接导入

C. 故事导入　　D. 复习导入

16. 某堂课下课前，语文老师肖老师给学生留下作业，要求学生背诵该节课学习的课文。这种作业属于（　　）

A. 阅读作业　　B. 书面作业　　C. 口头作业　　D. 实践作业

17. 备课是教学工作的基本环节之一，是整个课堂教学工作的起点。备课首先应（　　）

A. 对教学对象的各方面情况有充分了解　　B. 做好教学设计，编写教案

C. 选择适当的教学方法　　D. 熟悉课程标准，掌握将要教授的内容

18. 完成教学任务的基本保证，提高教学质量的中心环节是（　　）（常考）

A. 备课　　B. 上课

C. 学生作业的布置与学业成绩评定　　D. 课外辅导

19. 在期末考试前，学校要求各年级、各学科分别编制A卷和B卷两份试卷，以衡量两次测验的评价结果是否符合学生学业水平的实际程度。这体现的重要指标是（　　）

A. 信度　　B. 效度　　C. 难度　　D. 区分度

20. 教师根据学科课程标准的要求和课程特点，结合学生实际情况，确定教学方法和重难点，撰写教案。这一教学环节属于(　　)

A. 备课　　B. 上课

C. 课后辅导　　D. 测试

21. 布置作业是教师日常工作的重要一环，也是学生对一日学习"查缺补漏"的手段。下列关于布置作业要求的表述，错误的是(　　)(常考)

A. 要求家长及时配合检查和批改

B. 要向学生提出明确要求，并规定完成时间

C. 内容要符合课程标准要求，并具有代表性

D. 分量要适当，难易要适度

22. 李老师想测量小学六年级学生的数学成绩，却误拿了一套小学四年级的数学试卷给学生测验，由此我们判断，该测验的(　　)不高。(易错)

A. 信度　　B. 效度

C. 难度　　D. 区分度

二、简答题(每小题10分，参考时限10分钟。共7小题)

1. 简述课堂教学导入设计的一般原则。

2. 简述备课的基本步骤。

3. 简述维持课堂纪律的策略。

4. 简述上好课的基本要求。

5. 简述批改作业的要求。

6. 简述课外辅导的内容。

7. 简述课堂总结中要注意的问题。

三、材料分析题(每小题20分,参考时限15分钟。共2小题)

1. 材料:

张江从师范大学毕业后,应聘到实验小学任教。刚刚参加工作,张江踌躇满志,决心要把自己所学的知识毫无保留地传授给学生。他非常认真地准备了上课的资料,上网查了小学生的心理特点。但没有想到第一节课就出现了问题,自己准备的内容只讲了半个小时就讲完了,剩下的时间老师和学生都无所事事。特别是讲课中和学生交流也遇到了障碍,自己的讲课方式学生适应不了,单一的教学方法使学生失去了学习的兴趣。毫无疑问,这是张江备课出现了问题。

问题:

(1)在新课改的背景下,教师如何有效备课?

(2)教师在设计教案的时候,应该注意哪些事项?

(3)新教师在备课时,应该特别注意哪些问题?

2. 材料：

孙老师在二(1)班上完《小壁虎借尾巴》一课后，设计了两项家庭作业让学生选择完成：

(1)把“小壁虎借尾巴”这个故事讲给自己喜欢的人听。

(2)你还知道哪些动物尾巴的作用呢？你是怎么知道的？想一想，明天上课时与小伙伴交流一下。

问题：

(1)对孙老师本次家庭作业的设计进行评析。

(2)谈谈“减负”与家庭作业之间的关系。

专题五　学习动机

链接答案本 P421

一、单项选择题(每小题2分,共36小题。参考时限40分钟)

1. 根据动机产生的诱因来源,可以把动机分为内部动机和外部动机,下面属于内部动机的是(　　)

A. 附属内驱力　　B. 自我提高内驱力

C. 认知内驱力　　D. 远大理想和父母期望

2. 根据耶克斯—多德森定律,下列说法不正确的是(　　)

A. 动机强度与工作效率之间并非一种线性关系

B. 随着任务难度的增加,动机的最佳水平有逐渐升高的趋势

C. 动机强度处于中等水平时,工作效率最高

D. 各种活动都存在一个最佳的动机水平

3. 现象①:王明同学认识到只要上课认真听讲,就会获得他所希望的好成绩,因此王明总是认真地听课。

现象②:陈红同学在课前会对本节课进行判断,如果认为自己能听懂老师讲述的知识,她就会认真听课。

根据班杜拉的理论,下列说法正确的是(　　)

A. 现象①和现象②都是结果期待

B. 现象①和现象②都是效能期待

C. 现象①是效能期待,现象②是结果期待

D. 现象①是结果期待,现象②是效能期待

4. 某学生非常喜欢发明创造,所以上科学课时非常认真。这种学习动机属于(　　)

A. 自我提高内驱力　　B. 认知内驱力　　C. 附属内驱力　　D. 生理内驱力

5. (　　)是在希望获得他人关心、认可、友谊与支持的需要基础上产生的,其目标是获得他人的赞许或认可,如学生努力学习就是为了得到教师、父母的称赞。

A. 认知内驱力　　B. 自我提高内驱力

C. 附属内驱力　　D. 情感内驱力

6. 冰冰学习很刻苦,但成绩总是提高不了,于是她慢慢失去了继续努力的勇气和信心。这种心理反应属于(　　)

A. 学习焦虑　　B. 高原反应

C. 习得性无助　　D. 认知功能障碍

7. 耶克斯—多德森定律表明，对于简单的学习来说，最佳的动机水平是(　　)

A. 中等偏低的强度　　B. 中等强度

C. 中等偏高的强度　　D. 越高越好

8. 成就动机理论的主要代表人物是(　　)

A. 马斯洛　　B. 韦纳　　C. 阿特金森　　D. 班杜拉

9. 从学习动机的类型来看，“知之者不如好之者，好之者不如乐之者”强调的动机类型是(　　)

A. 内部动机　　B. 外部动机

C. 社会交往动机　　D. 自我提高动机

10. 根据成就动机理论，力求成功者最可能选择的任务的成功概率为(　　)

A. 25%　　B. 50%　　C. 75%　　D. 100%

11. 根据美国心理学家班杜拉的理论，影响自我效能感的最主要因素是个体自身行为的(　　)

A. 自我预期　　B. 成败经验　　C. 自我归因　　D. 期待

12. 王明喜欢玩电脑游戏，于是老师让他担任计算机课代表。王明做得很好，并带领全班获得某项电脑设计比赛的冠军。以下哪项是促进王明取得成功的原因(　　)

A. 交往内驱力　　B. 内部动机　　C. 外部动机　　D. 附属内驱力

13. 下列因素中，属于成败归因理论中的稳定因素的是(　　)(常考)

A. 能力　　B. 努力程度　　C. 心境　　D. 运气

14. 小王是一名学生，下列选项中有可能对小王的自我效能感没有影响的是(　　)

A. 小王多次数学考试失败的经验

B. 与小王水平相仿的小红英语考试失败

C. 小王在面对一个十分难的任务时没有其他人的帮助而任务失败

D. 老师利用小王的偶像作为例子对小王进行引导

15. 人们在寻找自己成败的原因时，通常将导致自己成败的因素分为能力高低、努力程度、任务难度，运气好坏、身心状态、外界环境六个因素。其中，属于不稳定、外在和不可控的归因的是(　　)

A. 能力高低，努力程度　　B. 任务难度，身心状态

C. 运气好坏，外界环境　　D. 努力程度，身心状态

16. 小军为了应付教师的课堂抽查而努力背诵课文。这种学习动机属于(　　)(易混)

A. 近景的直接动机　　B. 远景的直接动机

C. 近景的间接动机　　D. 远景的间接动机

17. 下列选项中，能够激起内部学习动机的因素是(　　)

A. 父母的约束　　B. 学习材料的趣味性

C. 教师的表扬、奖励　　D. 期末考试

18. 根据韦纳的归因理论，长期把失败归因于稳定的内部原因，会导致(　　)

A. 自卑沮丧　　B. 骄傲自满　　C. 愈挫愈勇　　D. 气愤敌意

19. 学习动机有很多种，"让学习本身成为调动学生学习积极性的因素"这句话强调被激发的动机是(　　)

A. 情境动机　　B. 成就动机　　C. 外部动机　　D. 内部动机

20. 教音乐的崔老师询问了几个学生努力学习音乐的原因，得知小丽是因为喜欢唱歌而喜欢音乐课；小亮是因为学好音乐课，同学们都会崇拜他、听他指挥；小雅是因为学好了音乐，崔老师就会表扬她。小丽、小亮、小雅的学习动机分别是(　　)

A. 自我提高内驱力、附属内驱力、认知内驱力

B. 自我提高内驱力、认知内驱力、附属内驱力

C. 认知内驱力、附属内驱力、自我提高内驱力

D. 认知内驱力、自我提高内驱力、附属内驱力

21. 六年级学生小晶的英语成绩从来没有及格过，她自己说"我就不是这块儿料，反正长大也不当翻译官"。小晶的这种归因属于(　　)

A. 内部稳定的归因　　B. 外部稳定的归因

C. 内部不稳定的归因　　D. 外部不稳定的归因

22. 学习活动中最稳定、最可靠、最持久的推动力是(　　)

A. 学习动机　　B. 认知内驱力

C. 自我提高内驱力　　D. 附属内驱力

23. 看到与自己水平差不多的人考上大学，就会增强自己考上大学的信心。这种自我效能感源自(　　)

A. 个体自己成功和失败的经验　　B. 替代经验

C. 言语说服　　D. 情绪唤醒

24. 一般来说，对比较难的学习任务有利的学习动机应维持在(　　)(常考)

A. 适中偏低水平　　B. 较高水平

C. 适中偏高水平　　D. 适中水平

25. 一次小测验后，学生明明只得了80分。拿到成绩后，明明对张老师说："张老师，我生病了，在这次考试中没有发挥好。"此处，明明的归因是(　　)

A. 内在的、不稳定的、不可控的　　B. 内在的、稳定的、可控的

C. 外在的、不稳定的、可控的　　D. 外在的、稳定的、可控的

26. 学生在数学课学习过程中对自己能够取得好成绩的主观判断，称为数学学习的(　　)

A. 自我效能感　　B. 教学胜任感

C. 自我强化感　　D. 教学效能感

27. 激发个体进行学习活动，维持已引起的学习活动，并使行为朝向一定学习目标的心理倾向或内部动力是(　)

A. 学习需要　　B. 学习期待　　C. 学习动机　　D. 学习态度

28. 关于成就动机的研究表明，避免失败者倾向于选择(　　)的任务。

A. 比较容易　　B. 比较难

C. 难度适中　　D. 非常容易或非常难

29. 小贺在某次考试中考到了班级第一名，她认为这次能考这么好主要是因为运气好，很多不会做的题目都蒙对了。根据韦纳的归因理论，这属于(　　)的归因。

A. 不稳定、外在、不可控　　B. 不稳定、内在、可控

C. 稳定、外在、可控　　D. 不稳定、外在、可控

30. 军军最近废寝忘食地学习，为的是得到老师的认可和表扬。根据奥苏伯尔的理论，军军的学习动机属于(　　)

A. 认知内驱力　　B. 生理内驱力

C. 附属内驱力　　D. 自我提高内驱力

31. 有的学生为了得到老师的奖励或者规避惩罚而努力学习，从学习动机的来源看，这属于(　　)

A. 内部动机　　B. 外部动机　　C. 近景性动机　　D. 远景性动机

32. 实验课上，晓彤看到平时与自己成绩差不多的乐乐已经做成功了，顿时信心倍增，她的操作速度和规范性明显提高了，这体现的影响学生自我效能感的因素是(　　)

A. 情绪的唤起　　B. 直接经验　　C. 言语说服　　D. 替代经验

33. 自我效能感是美国著名心理学家班杜拉于20世纪70年代提出的，下列效能信息源中，对自我效能感影响最大的是(　　)

A. 直接经验　　B. 替代经验　　C. 言语劝说　　D. 情绪唤醒

34. 某学生被西北工业大学本硕博连读录取，该生认为考试成功是由于自己一贯的努力。其归因属于(　　)(常考)

A. 内部的、不稳定的、可控的　　B. 内部的、稳定的、可控的

C. 外部的、不稳定的、不可控的　　D. 外部的、稳定的、不可控的

35. 培养学生的自我效能感的最佳途径是帮助学生(　　)

A. 观察和学习榜样，反省自身的不足　　B. 树立高远的目标，激发创造的潜能

C. 全面认识自己，特别是多看到自己的长处　　D. 创造成功的经验，产生成就感

36. 新课改要求教师注重激发学生的学习兴趣、好奇心，巧妙创设问题情境，将学习内容与学生的生活背景、知识背景联系起来，促进学生的学习。这种做法是为了提高学生的(　　)(易错)

A. 情感内驱力　　B. 认知内驱力　　C. 自我提高内驱力　　D. 附属内驱力

二、简答题(每小题10分,参考时限10分钟。共2小题)

1. 简述激发小学生学习动机的方法。

2. 简述“耶克斯—多德森定律”。

三、材料分析题(每小题20分,参考时限15分钟。共2小题)

1. 材料:

甲、乙、丙三位同学对本次考试进行了总结。甲同学说:“一分耕耘,一分收获。正是因为我的不懈努力,换来了这次的好成绩。”乙同学说:“别人都太厉害了,感觉自己啥也不是,我可能不是学习的那块料。”丙同学说:“这次考试太爽了,背到的都考到了,没背的一题都没考。”

问题:

(1)结合材料分析甲、乙、丙三位同学归因的维度和因素。

(2)简述甲、乙、丙三位同学的归因将会导致什么样的动机和行为影响。

2. 材料：

某校学生吴某是老师们喜欢的乖学生，他的学习成绩一直非常优秀，多次考试成绩在年级都是数一数二的。进入六年级后，吴某报名参加了全市数学竞赛，班主任找吴某谈话，告诉他老师们一致看好他，希望他继续努力，不要辜负老师们对他的期望，为学校争光。吴某听后也暗下决心，要去搏一搏。随后的日子里，吴某每天学习的时间越来越长，做的题目也越来越多。一段时间后，吴某出现了食欲减退、失眠等反应，学习效率下降，数学竞赛也未取得好成绩。

问题：

(1)简述任务难度、学习效率与学习动机水平的关系。

(2)运用学习动机相关原理，分析班主任老师的做法存在的问题。

(3)你认为激励吴某学习的正确做法有哪些？

专题六　知识与技能

链接答案本 P427

一、单项选择题(每小题2分,共29小题。参考时限30分钟)

1. 根据奥苏伯尔对有意义学习的分类,如果儿童看到文字“鸟”,就知道它代表实际的鸟,即使此时并未见到真实的鸟,儿童也能以语言或文字的形式在大脑中形成关于鸟的形象,这属于(　　)

A. 概念学习　B. 类属学习　C. 上位学习　D. 符号学习

2. 学生已知“平行四边形”这一概念,可通过“菱形是四边一样长的平行四边形”这一命题学习菱形,这种学习属于(　　)

A. 上位学习　B. 下位学习　C. 并列结合学习　D. 组合学习

3. 陈述性知识也叫描述性知识。回答下列问题所用的知识不属于陈述性知识的是(　　)

A. “今天是星期几?”　B. “《离骚》是谁写的?”

C. “英国的首都在哪里?”　D. “饺子该怎么做?”

4. 先学习杠杆原理,再学习定滑轮,得知定滑轮的实质是等臂杠杆。这种学习属于(　　)

A. 上位学习　B. 下位学习　C. 并列结合学习　D. 符号学习

5. 如果学生已经学习了质量与能量、遗传结构与变异等之间的关系,现在要学习需求与价格之间的关系,它们之间虽然没有类属关系,但也内含着另外的关系——后一变量随前一变量的变化而发生变化。这种学习属于(　　)

A. 派生下位学习　B. 相关下位学习

C. 上位学习　D. 并列结合学习

6. 在学习了相似三角形的相关知识,并经过数学老师的悉心指导后,王雨终于知道如何证明并写出两个三角形相似。题干中,王雨的学习属于(　　)学习。

A. 陈述性知识　B. 程序性知识　C. 显性知识　D. 隐性知识

7. 学习了钠、镁、铝等元素的性质和特征之后,再学习铜、铁、锌等概念就比较容易,这类学习属于(　　)

A. 派生类属学习　B. 相关类属学习

C. 并列结合学习　D. 命题学习

8. 小芳想学习用外语写诗,老师建议她先学习这门外语的语法和词汇,还有一些诗的格式。该老师建议学习的内容属于(　　)

A. 程序性知识　B. 心智技能　C. 语言技能　D. 陈述性知识

9. 儿童将“猫”这个词在头脑中与猫的形象建立相应的等值关系,这属于(　　)(易错)

A. 表征学习　B. 概念学习　C. 命题学习　D. 辨别学习

10. 在知识的学习类型中，学习表示若干概念之间关系的判断属于(　　)

A. 概念学习　　B. 意义学习

C. 命题学习　　D. 符号学习

11. 个体运用所获得的知识解决实际问题属于知识学习过程中的(　　)阶段。

A. 知识理解　　B. 知识获得　　C. 知识巩固　　D. 知识应用

12. “蹒跚学步”属于动作技能学习中的(　　)

A. 操作整合　　B. 操作定向

C. 操作模仿　　D. 操作熟练

13. 吴老师在数学课上清楚而细致地演算例题，帮助学生形成解题的技能，其为学生提供的是(　　)

A. 原型定向　　B. 原型模仿　　C. 原型操作　　D. 原型内化

14. 在教学中讲授果实的概念时，既选可食的果实又选不可食的果实(如棉籽等)，这样才有利于学生准确掌握果实的概念，这是运用了(　　)

A. 正例与反例配合法　　B. 变式法

C. 比较法　　D. 直观法

15. 在学习“交通工具”这个概念时，把以前知道的自行车、汽车等归到这个概念里。此处是(　　)

A. 下位学习　　B. 上位学习

C. 并列结合学习　　D. 分类学习

16. 吹、拉、弹、唱所属的技能类型是(　　)

A. 操作技能　　B. 智力技能　　C. 认知技能　　D. 心智技能

17. 借助于内部言语在头脑中进行认知活动的方式是(　　)

A. 操作技能　　B. 心智技能

C. 一般技能　　D. 特殊技能

18. 李楠在期末复习时，刚开始学习效果较明显，后来无论多努力练习，成绩也很难有较大提高，甚至忽高忽低，沉浮不定。这种短暂的停顿现象被称为(　　)

A. 学习困难　　B. 倒摄抑制　　C. 高原现象　　D. 停滞现象

19. 观看乒乓球教练打球，掌握打球的基本要领和动作属于动作技能的(　　)

A. 操作整合阶段　　B. 操作模仿阶段

C. 操作定向阶段　　D. 操作熟练阶段

20. 下列属于常见的心智技能的是(　　)

A. 驾驶汽车　　B. 洗衣服　　C. 解应用题　　D. 拉小提琴

21. 学生在地理课上学习我国各省的简称，这是一种(　　)学习。

A. 符号　　B. 概念　　C. 命题　　D. 判断

22. 教师在教学生掌握科学概念时,一般多采用“变式”,其目的主要是(　　)

A. 激发兴趣　　B. 引起注意

C. 丰富想象　　D. 区分本质特征与非本质特征

23. 上位学习是指在认知结构中原有概念的基础上学习一个包容程度更高的概念,即原有概念是从属概念,而新学习的概念是总括性概念。以下不属于上位学习的是(　　)

A. 学完直角的概念再学习角的概念

B. 学完盐酸的概念再学习酸的概念

C. 学完长方形的面积计算公式再学习正方形的面积计算公式

D. 学完鲸的习性再学习哺乳动物的习性

24. 根据与动作相关的身体肌肉的数量多少,动作技能可分为粗大技能和精细技能。下列属于精细技能的是(　　)

A. 打球　　B. 跑步　　C. 摆动耳朵　　D. 游泳

25. 主体通过对感性材料的分析、综合、比较、抽象、概括等深度加工改造,认识某一类事物的本质特征与内在联系的认知活动是(　　)

A. 知识概括　　B. 知识直观

C. 知识保持　　D. 知识获得

26. 学生佳佳在演算进位加减时,已经不再需要默念公式和法则,而是在头脑中出现几个关键词,整个运算过程在她头脑中被压缩和简化,很快可以得出答案。根据加里培林技能形成的五阶段模式,佳佳处于(　　)(易混)

A. 内部言语活动阶段　　B. 无声的外部言语活动阶段

C. 物质化活动阶段　　D. 活动定向阶段

27. 学生在学习三角形的相关知识时,掌握了在同一平面内三角形的三个角和三条边相连接的关键特征,而与三角形的大小、形状、颜色等特征无关。这种学习属于(　　)(易混)

A. 规范学习　　B. 符号学习

C. 命题学习　　D. 概念学习

28. 课堂上,同学们学习了“角”的概念后,再学习“锐角”“直角”“钝角”等概念就会很容易理解。这种学习方法属于(　　)

A. 下位学习　　B. 上位学习

C. 并列学习　　D. 组合学习

29. 小刚觉得自己数学学得很好,但是几次数学考试成绩都不理想,向老师求助时,老师建议他先巩固和掌握课本上的基本概念。该老师建议的内容属于(　　)

A. 心智技能　　B. 程序性知识

C. 语言技能　　D. 陈述性知识

二、简答题(每小题10分,参考时限10分钟。共4小题)

1. 如何促进知识保持?

2. 简述如何培养学生的心智技能。

3. 简述操作技能的形成阶段。

4. 简述如何有效地进行知识概括。

第六章　教学评价与反思

链接答案本 P431

- 教学评价与反思
  - 教学评价
    - 教学评价的内容:学生学业评价、课堂教学评价、教师评价
    - 教学评价的功能★★
      - 导向功能
      - 诊断功能
      - 激励功能
      - 调节功能
      - 教学功能
      - 发展功能
      - 管理功能
    - 教学评价的类型
      - ①________、形成性评价和总结性评价★
      - 绝对性评价、②________和③________★★
      - 量化评价和④________★★
      - 即时评价和⑤________★
    - 教学评价的方法
      - 测验评价技术:标准化成就测验、教师自编测验★
      - 非测验评价技术:案卷分析、观察评价、情感评价
    - 现代教育评价:激励性评价与⑥________★★★
  - 教学反思
    - 教学反思的类型
      - 教学前反思、教学中反思和教学后反思
      - 纵向反思和横向反思
      - 个体反思和群体反思
    - 教学反思的基本内容
    - 教学反思的方法
      - 行动研究法
      - 自我提问法
      - 教学诊断法
      - 比较法
      - 阅读新知法
    - 教学反思的作用
      - 改进教案
      - 为撰写教学研究、论文提供丰富的素材
      - 促进教师专业发展
      - 使经验变成教学智慧,从事件中得到启发
      - 找到问题解决方法
      - 学会教学
      - 促进教师成长

链接答案本 P431

一、单项选择题(每小题2分,共7小题。参考时限10分钟)

1. [2022下半年]强强学习成绩一般,但劳动积极,老师奖励他一朵小红花。这种评价属于(　　)(常考)

A. 常模参照评价　　B. 标准参照评价

C. 个体内差异评价　　D. 总结性评价

2. [2022上半年]在小学阶段提倡运用的“档案袋评价”属于(　　)

A. 量化评价　　B. 质性评价

C. 绝对评价　　D. 相对评价

3. [2021下半年]小红语文测验得了90分,但与全班平均成绩相比属于“中下”,老师鼓励她继续努力,争取取得更好的成绩。这种评价方式属于(　　)(易错)

A. 标准参照评价　　B. 常模参照评价

C. 个体内差异评价　　D. 形成性评价

4. [2020下半年]学期末,李老师对小明做出的评价是:“这个学期你上课听讲比以往认真,积极回答课堂提问,能按时完成作业,学习成绩有很大进步。继续加油,我看好你哦!”这种评价属于(　　)

A. 适时评价　　B. 相对评价

C. 量化评价　　D. 质性评价

5. [2019上半年]为了保护学生学习的积极性,老师在批改学生作业时,对做错的题目暂不打“×”,做对后再打“√”,这种评价属于(　　)

A. 延迟评价　　B. 绝对评价

C. 相对评价　　D. 个体内差异评价

6. [2017上半年]教师通过听写英语单词,了解学生的掌握情况。这种评价方式属于(　　)

A. 测验评价　　B. 量表评价

C. 实作评价　　D. 档案袋评价

7. [2016上半年]新学期第一堂体育课,张老师对学生进行体能测试,以作为分组教学的依据。这种教学评价属于(　　)

A. 过程性评价　　B. 总结性评价

C. 诊断性评价　　D. 个体内差异评价

二、材料分析题(每小题20分,参考时限15分钟。共1小题)

[2022上半年]**材料:**

近年来,某小学为改革过于依赖纸笔测试的学业评价方式,在低年级实施基于绘本场景的表现性评价,采用游戏化、项目化、综合式评价方法,对学生各学科学习情况进行评价。由教师、家长志愿者、中高年级学生志愿者组成评价小组,根据每一位学生的表现评定等级。

一年级表现性评价选定的绘本为《犟龟》,其主要内容为:乌龟陶陶响应远方的邀请,启程去参加狮王二十八世的婚礼。一路上历经千辛万苦,闯过了各种难关。最终,他赶上的是狮王二十九世的结婚庆典。为考查学生的拼读能力,教师设计了"帮助乌龟陶陶朗读用拼音书写的请柬"的任务;为考查学生的音乐表演能力,要求学生为"狮王"唱一首歌,并配以表情和动作。接着,学生进行小组合作,用事先准备好的橡皮泥捏一顶王冠,作为献给"狮王"的礼物,这一任务不仅考查学生的造型能力,还考查学生的想象力、创造力和合作能力等。

实施表现性评价后,学生们都把期末评价当成期末庆典,从学期初就开始期待,整个学期的学习状态与以往大不相同,表现出极大的热情。

问题:

(1)请对该校的表现性评价进行评析。

(2)结合材料谈谈教学评价的功能。

专题一　教学评价

链接答案本 P433

一、单项选择题(每小题2分,共28小题。参考时限30分钟)

1. 张老师喜欢在课堂中对学习的内容向学生提问,在这里张老师运用的教学评价方式是(　　)

A. 相对性评价　　B. 形成性评价

C. 绝对性评价　　D. 总结性评价

2. 数学教师在一个单元学习结束后,安排学生做思维导图,以检验教学效果、改进教学。这属于(　　)

A. 总结性评价　　B. 个体内差异评价

C. 个体评价　　D. 形成性评价

3. 在实施课堂教学评价时,如果教师关注的重点是学生对学习内容的掌握程度,学生是否达到了教学目标的要求,应尽量采用(　　)

A. 绝对性评价　　B. 相对性评价

C. 常模参照评价　　D. 个体内差异评价

4. 一位教师在给他所教学生的作文判分时,将学生现在写的作文与过去写的作文进行对比,有进步的,其成绩都判为优。这一评价类型属于(　　)

A. 相对性评价　　B. 个体内差异评价

C. 绝对性评价　　D. 形成性评价

5. 老师想要知道学生这学期的学习成果,在学期结束后对学生进行测验,这属于(　　)

A. 总结性评价　　B. 相对性评价　　C. 形成性评价　　D. 诊断性评价

6. 教师分析学生学习困难的原因,判断学生是否具备学习新知的条件。这种评价方式是(　　)

A. 形成性评价　　B. 差异性评价

C. 诊断性评价　　D. 终结性评价

7. “矮子里找高个”是一种(　　)

A. 相对性评价　　B. 绝对性评价　　C. 定性评价　　D. 定量评价

8. 以常模为参照点,把学生个体的学习成绩与之相比,根据学生在该班中的位置和名次,确定他的学习成绩的等级的教学评价是(　　)

A. 相对性评价　　B. 绝对性评价

C. 个体内差异评价　　D. 过程性评价

9. 通过查明学生已有的知识水平、能力发展情况以及学习上的特点、优点与不足之处，从而更好地组织教学内容、选择教学方法，以便对症下药、因材施教的评价是(　　)

A. 形成性评价　　B. 诊断性评价　　C. 总结性评价　　D. 绝对性评价

10. 标准化成就测验是指由专家或学者所编制的适用于大规模范围内评定个体(　　)的测验。

A. 能力水平　　B. 学业成就水平

C. 智力水平　　D. 理论知识水平

11. 对被评价者的过去和现在进行比较，或将评价对象的不同方面进行比较的教学评价是(　　)

A. 诊断性评价　　B. 相对性评价

C. 个体内差异评价　　D. 绝对性评价

12. 下列属于相对性评价的是(　　)(易错)

A. 选拔性和竞赛性活动的评价

B. 一个学期或一门课程结束后对学生学习结果的评价

C. 教师在课堂中的口头提问和书面测验

D. 新学期教师进行的摸底考试

13. 教学评价是教学工作不可缺少的环节，从整体上调节、控制着教学活动的进行，保证着教学活动的顺利开展。教学评价根据不同的标准可以划分为不同的类型，教师资格考试属于(　　)

A. 相对性评价　　B. 质性评价　　C. 绝对性评价　　D. 形成性评价

14. 将教学评价的结果作为决定升留级、分班编组、选择教程乃至指导职业定向的依据。这体现了教学评价的(　　)

A. 调节功能　　B. 激励功能　　C. 诊断功能　　D. 管理功能

15. 在教学过程中，对学生个体的同一学科内的不同方面，或不同学科间的成绩与能力差异进行的横向比较和评价，以及对个体两个或多个时刻内的成就表现进行的前后纵向评价是(　　)

A. 个体内差异评价　　B. 绝对评价

C. 总结性评价　　D. 相对评价

16. 为了更好地了解学生的知识水平，更好地开展教学，某小学各班在新学期开始时都进行了摸底考试，这种评价方式属于(　　)

A. 诊断性评价　　B. 形成性评价　　C. 总结性评价　　D. 过程性评价

17. 老师利用课堂小测验的形式对学生进行评价，这种评价的目的是(　　)

A. 改进教学　　B. 了解学生　　C. 评定成绩　　D. 分班分组

18. 语文教师张某在一年级新生入学后立即组织了一次认知水平测试并根据学生的认知情况调整教学计划。该认知水平测试属于(　　)

A. 诊断性评价　　B. 形成性评价　　C. 终结性评价　　D. 发展性评价

19. 在英语教学过程中，李老师为了解学生是否能听懂所学课文，编制了一段相关题材的听力材料，让学生听材料后回答问题。李老师所运用的评价方法是(　　)

A. 相对性评价　　B. 形成性评价　　C. 诊断性评价　　D. 总结性评价

20. 学生小王以前经常不遵守课堂纪律，不认真听课，学习成绩十分落后。但新学期以来，小王慢慢改正了自己的不良行为习惯，学习成绩也有所提高，老师认为小王进步很大，在学生日常表现评价中给小王评为“良好”等级。这里老师使用的学生评价方法是(　　)

A. 相对性评价　　B. 个体内差异评价

C. 自我评价　　D. 绝对性评价

21. 某教师利用课堂提问、课堂讨论等形式来决定自己是否需要改善教学，这种评价类型属于(　　)评价。

A. 诊断性　　B. 描述性　　C. 形成性　　D. 总结性

22. 教师想要了解教学过程中可能存在的问题，以便调整教与学的步骤，需使用(　　)

A. 诊断性评价　　B. 形成性评价　　C. 总结性评价　　D. 结果性评价

23. 关注学生在学习过程中是否存在偏科现象属于(　　)(易错)

A. 绝对性评价　　B. 诊断性评价

C. 个体内差异评价　　D. 相对性评价

24. “多一把衡量的尺子，就会多出一批好学生。”这句话说明对学生发展进行评价时，应坚持的原则是(　　)

A. 系统性原则　　B. 发展性原则　　C. 方向性原则　　D. 多元性原则

25. 档案袋评价的特点主要在于展示学生学习的(　　)(常考)

A. 结果　　B. 问题　　C. 成绩　　D. 过程

26. 学完一单元知识后，老师根据重点语法与词汇编制试题，进行单元测试，测试的结果促使师生共同进步。这属于(　　)

A. 形成性评价　　B. 配置性评价

C. 诊断性评价　　D. 总结性评价

27. 成长记录袋是学生学业成就评价的一种方式，具有多种优势。下列不属于其优势的是(　　)

A. 激励学生发展自我评价功能　　B. 促进教师和家长及其他有关人员综合交流

C. 评价标准具有一致性　　D. 便于与课堂教学结合起来

28. 评价者根据评价标准对搜集的教学信息进行整理分析，能够发现课程方案、教学计划、教学方法与手段、学生学习中的优缺点和存在的问题，从而为修改课程方案，选择适当的教材、方法、手段，改善学生的学习提供材料储备。这体现了教学评价的(　　)

A. 导向功能　　B. 诊断功能　　C. 鉴定功能　　D. 激励功能

二、简答题(每小题10分,参考时限10分钟。共2小题)

1. 简述总结性评价的主要功能。

2. 简述标准化成就测验的优越性。

专题二　教学反思

链接答案本 P437

一、单项选择题(每小题2分,共7小题。参考时限10分钟)

1. (　　)要求教师在教学活动结束后,有充足的时间进行反思,对教学的整体结果进行归因和评价,及时通过自述回忆、模拟、角色扮演等形式广泛吸取有关经验,收集自己教学活动中的信息,深入细致地探讨教学中的长处和不足,总结自己的教学实践。

A. 教学前反思　　B. 教学中反思

C. 教学后反思　　D. 纵向反思

2. 通过教学反思,寻找教学实践中存在的问题并找出解决办法,这体现了教学反思的(　　)特点。

A. 实践性　　B. 创造性　　C. 自主性　　D. 批判性

3. 宋老师在备课时,常常在心中思索:学生已有哪些知识储备?怎样依据有关理论和学生实际设计易于学生理解的教学方案?我这样教学生能接受新知识吗?这种反思方法是(　　)

A. 叙事研究法　　B. 行动研究法

C. 文献研究法　　D. 自我提问法

4. “君子有九思：视思明，听思聪，色思温，貌思恭，言思忠，事思敬，疑思问，忿思难，见得思义。”孔子的这句话体现的教育思想是(　　)

A. 以人为本　　B. 教学反思　　C. 有教无类　　D. 情境教学

5. 从不同的维度进行划分，可将教学反思分为不同的类型。其中根据反思的时间，可将教学反思分为(　　)

A. 教学前反思和教学后反思　　B. 纵向反思和横向反思

C. 个体反思和群体反思　　D. 教学前反思、教学中反思和教学后反思

6. 教师可以通过自我反省法和小组“头脑风暴”法，收集各种教学“病例”，然后归类分析，找出典型“病例”，并对其进行分析，重点讨论影响教学有效性的各种教学观念，最后提出解决问题的对策。这种反思方法属于(　　)

A. 行动研究法　　B. 自我提问法

C. 教学诊断法　　D. 比较法

7. 肖老师经常把自身的教学实践作为一个反思对象放在教学生涯中进行思考，这属于(　　)

A. 教学前反思　　B. 教学后反思

C. 纵向反思　　D. 横向反思

二、简答题(每小题10分，参考时限10分钟。共2小题)

1. 简述教学反思的基本内容。

2. 简述教学反思的作用。

下篇　全真模考

国家教师资格考试全真模拟试卷(一)

链接答案本 P441

教育教学知识与能力(小学)

注意事项:

1. 考试时间为120分钟,满分为150分。

2. 请按规定在答题卡上填涂、作答,在试卷上作答无效,不予评分。

一、单项选择题(本大题共20小题,每小题2分,共40分)

在每小题列出的四个备选项中只有一个是符合题目要求的,请用2B铅笔把答题卡上对应题目的答案字母按要求涂黑。错选、多选或未选均无分。

1. “其身正,不令而行;其身不正,虽令不从”说明教师的劳动具有(　　)

A. 创造性　　B. 示范性

C. 复杂性　　D. 长期性

2. 在资本主义迅速发展时期,为了批判当时占主导地位的古典学科,唤起人们对自然科学的热情,明确提出“什么知识最有价值”这一经典课程论命题的学者是(　　)

A. 夸美纽斯　　B. 斯宾塞

C. 康德　　D. 杜威

3. 心理健康的人能够有效地发挥个人的身心潜力以及作为社会一员的(　　)

A. 积极的社会功能　　B. 应有的责任能力

C. 应有的责任义务感　　D. 道德精神面貌

4. 把教育的最高目的限定为“培养哲学王兼政治家”的教育家是(　　)

A. 柏拉图　　B. 拉伯雷

C. 卢梭　　D. 裴斯泰洛齐

5. 在教育文献中,各种文物、教育史学专著、名师教育实录等属于(　　)

A. 事实性文献　　B. 工具性文献

C. 理论性文献　　D. 经验性文献

6. 郑老师通过让全班同学观看“某小学生为了减轻妈妈的辛劳,时常为加班晚归的妈妈做好饭”的

视频，让学生学会孝敬长辈。这种品德修养方法属于(　　)

A. 价值辨析　B. 有效说服　C. 群体约定　D. 树立榜样

7. 小学生鼻中隔出血后，正确处理方法是(　　)

A. 鼻梁部涂紫药水，然后休息
B. 让学生略低头，冷敷前额、鼻部
C. 让学生仰头，冷敷前额、鼻部
D. 让学生仰卧休息

8. 方老师在班会课上给学生讲述自己当年的学习经历："小时候我觉得自己长得不好看，怕班上的同学不喜欢我，于是我告诉自己一定要好好学习，我觉得只有这样同学们才会喜欢我、尊重我。"方老师当年的学习动机属于(　　)

A. 近景的直接性动机
B. 自我提高内驱力
C. 附属内驱力
D. 认知内驱力

9. 当儿童能够认识到一个完整的苹果被切成4小块后，重量并没有改变时，儿童的思维已经具备了(　　)

A. 平衡性　B. 同化性　C. 顺应性　D. 守恒性

10. 王老师在某学生的作文上批注"此文有老舍风格，可试投《中国青年报》"，这让该学生做起了作家梦，从此之后如饥似渴地读书、搜肠刮肚地写稿。王老师在教学中主要运用了(　　)

A. 皮格马利翁效应
B. 同化效应
C. 投射效应
D. 巴纳姆效应

11. 课堂上，窗外传来了鸟叫的声音，同学们都被鸟叫声吸引了，这类注意属于(　　)

A. 有意注意　B. 无意注意　C. 有意后注意　D. 无意后注意

12. 根据艾宾浩斯遗忘曲线，为了使记忆效果好，学生应(　　)

A. 分散复习　B. 集中复习　C. 及时复习　D. 过度复习

13. 手机的开机密码忘记了，我们逐个尝试，终于找回了密码，这属于(　　)

A. 启发式　B. 推理式　C. 算法式　D. 演绎式

14. 根据一节课所完成的任务数，课的类型可以分为(　　)

A. 理论课和实践课
B. 讲授课和练习课
C. 新授课和巩固课
D. 单一课和综合课

15. 一位语文老师在教授李白的《赠汪伦》时，他是这样开讲的："李白是我国唐代的大诗人，可他上过一次大当，受过一次骗。"这让学生疑团顿生，充满好奇。这位教师导入新课的方法是(　　)

A. 直接导入　B. 悬念导入　C. 经验导入　D. 温故导入

16. "道而弗牵，强而弗抑，开而弗达"所阐明的教学原则是(　　)

A. 循序渐进原则　B. 直观性原则　C. 启发性原则　D. 因材施教原则

17. 先学加减后学乘除，这种课程内容的组织方式是(　　)

A. 综合式　B. 分科式　C. 横向组织　D. 纵向组织

18. 某教师在教授《小小的船》一课时,想要了解学生对这首诗的理解情况,于是在课堂上向学生提问:“你们知道叶圣陶先生想要通过这首诗表达什么吗?”这属于教学过程中的(　　)

A. 个体内差异评价　　B. 诊断性评价

C. 形成性评价　　D. 总结性评价

19. 从课外活动的组织形式来看,某小学在儿童节组织的文艺联欢会属于(　　)

A. 群众性活动　　B. 班级活动　　C. 小组活动　　D. 个别活动

20. 学习了三角形和长方形的面积公式之后,再学习梯形的面积公式就比较顺利。这种迁移属于(　　)

A. 零迁移　　B. 逆向迁移　　C. 负迁移　　D. 正迁移

二、简答题(本大题共3小题,每小题10分,共30分)

21. 简述教师劳动的特点。

22. 简述心理健康的标准。

23. 简述《小学教师专业标准(试行)》中“师德为先”的基本理念。

三、材料分析题(本大题共2小题,每小题20分,共40分)阅读材料,并回答问题。

24. 材料:

张老师是风华小学的一名语文教师,同时负责两个班级的教学工作,回忆起刚入职时因疫情来袭不得不面临适应新环境和线上教学两重挑战,她感慨颇多。下面是张老师在疫情期间进行线上教学时的工作记录:

在晨读环节,不少学生睡眼惺忪、无精打采,无论我怎么强调,学生们就是不张口,部分学生还故意关掉摄像头和我上演"猫捉老鼠"的游戏,还有一些缺乏自主性的学生更是"放任自我"。为调动班级学生晨读的积极性,我对两个教学班学生的实际情况进行摸排后,决定采用新方法,实行领读员轮值制度。每周我都会认真观察班级学生,通过学生朗读时的表现,选出两名领读员,负责一个星期的领读工作。其间我会将这两名领读员领读时的照片和视频发给家长留念,两名领读员一周的任务如果顺利完成,我还会在当周的最后一天为他们举行线上"颁奖仪式",考虑到线上颁奖无法直观感受教室里学生们的掌声,我便找了颁奖音乐来渲染气氛,甚至能达到线下达不到的效果。领读员轮值制度实行不到两周,同学们开始争当领读员,为了公平起见,我每周会发起线上投票,让大家选出最有资格当领读员的学生,还会不定时组织背诵PK和听写大赛,学生晨读的积极性明显提高了,我越来越觉得教师的每一次决策都影响着学生的学习情况。

到教学环节,我完全没有线上课堂教学经验,对于如何进行有效互动、调动学生思维犯了难,为尽快进入教学状态,我决定向有经验的毛老师请教……

问题:

(1)结合所学知识对材料中张老师的教学行为进行评析。

(2)如果你是毛老师,请为张老师线上教学有效互动提出五个实用锦囊。

25. 材料:

语文课上,王老师教童话故事《蚂蚁和蝈蝈》,蚂蚁夏天搬运粮食,冬天过幸福的生活。蝈蝈夏天玩耍,冬天不好过。初读课文时老师问:“你们喜欢谁?”学生踊跃发言:“我们喜欢小蚂蚁,小蚂蚁真勤快,小蚂蚁真爱劳动。”老师都给予鼓励。可是有位同学说:“小蚂蚁是小偷。”面对这个不同的声音,老师首先肯定学生爱动脑筋,并且组织学生讨论,当学生们争执不下时,老师说:“你说小蚂蚁是小偷,要拿出证据,要弄清这个问题,就要仔细调查研究小蚂蚁的生活习性,请大家课后完成这个作业。”就这样,老师巧妙处理了小蚂蚁是不是小偷的争论,又引导学生回到课文,让学生悟出童话故事里的道理。

问题:

(1)对王老师的教学行为进行评析。

(2)结合材料分析王老师的教学行为体现了新课改的哪些方面?

四、教学设计题(本大题有6小题,任选1小题作答,多答只按第1小题计分,40分。考生可按照所学专业方向,选择作答。第26小题为中文与社会,第27小题为数学与科学,第28小题为英语,第29小题为音乐,第30小题为体育,第31小题为美术)

26. 请认真阅读下列材料,并按要求作答。

⑨ 黄山奇石

中外闻名的黄山风景区在我国安徽省南部。那里景色秀丽神奇，尤其是那些怪石，有趣极了。

就说“仙桃石”吧，它好像从天上飞下来的一个大桃子，落在山顶的石盘上。

在一座陡峭的山峰上，有一只“猴子”。它两只胳膊抱着腿，一动不动地蹲在山头，望着翻滚的云海。这就是有趣的“猴子观海”。

联系生活，我能猜出“陡峭”的意思。

“仙人指路”就更有趣了！远远望去，那巨石真像一位仙人站在高高的山峰上，伸着手臂指向前方。

每当太阳升起，有座山峰上的几块巨石，就变成了一只金光闪闪的雄鸡。它伸着脖子，对着天都峰不住地啼叫。不用说，这就是著名的“金鸡叫天都”了。

黄山的奇石还有很多，如“天狗望月”“狮子抢球”“仙女弹琴”。那些叫不出名字的奇形怪状的岩石，正等你去给它们起名字呢！

闻　名　景　区　省　部　秀　尤　其　仙　巨　位　著　形　状

本文选自人民教育出版社《义务教育五年制小学教科书（实验本）语文第四册》。

请根据上述材料完成下列任务：

(1)试对上文进行文本解读。

(2)若指导小学低年段学生学习本文,试拟定教学目标。

(3)依据拟定的教学目标,设计写话教学环节,并简要说明理由。

27. 请阅读下列材料,并按要求作答。

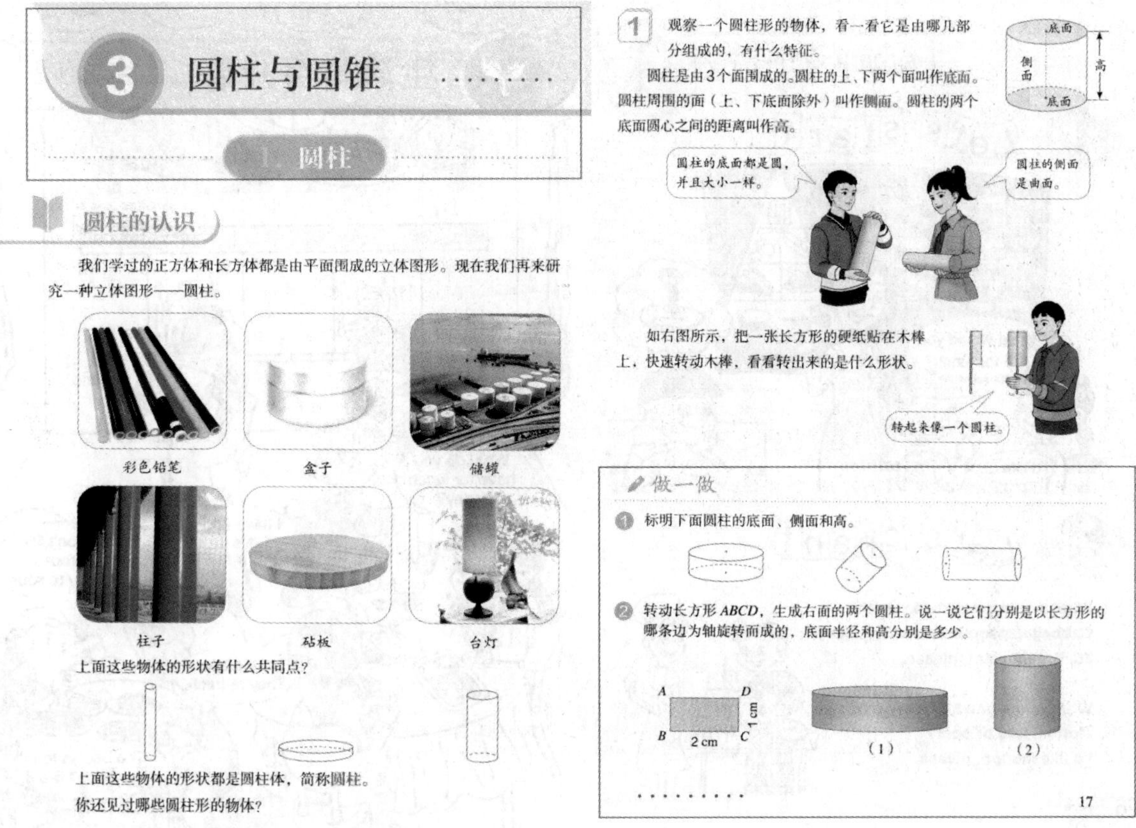

3 圆柱与圆锥

1. 圆柱

圆柱的认识

我们学过的正方体和长方体都是由平面围成的立体图形。现在我们再来研究一种立体图形——圆柱。

彩色铅笔　盒子　储罐

柱子　砧板　台灯

上面这些物体的形状有什么共同点？

上面这些物体的形状都是圆柱体，简称圆柱。

你还见过哪些圆柱形的物体？

1 观察一个圆柱形的物体，看一看它是由哪几部分组成的，有什么特征。

圆柱是由3个面围成的。圆柱的上、下两个面叫作底面。圆柱周围的面（上、下底面除外）叫作侧面。圆柱的两个底面圆心之间的距离叫作高。

如右图所示，把一张长方形的硬纸贴在木棒上，快速转动木棒，看看转出来的是什么形状。

做一做

1 标明下面圆柱的底面、侧面和高。

2 转动长方形 ABCD，生成右面的两个圆柱。说一说它们分别是以长方形的哪条边为轴旋转而成的，底面半径和高分别是多少。

17

请根据上述材料完成下列任务：

(1)简要说明“圆柱的认识”部分的设计意图。

(2)若指导六年级学生学习本课,试拟定教学目标。

(3)依据教学目标,设计“圆柱的特征”的小组探究活动。

28. 请认真阅读下列材料，并按要求作答。

UNIT THREE 3

WHAT'S YOUR FAVOURITE FOOD?

Let's start

I'm yummy to eat.
I'm red and round.
I grow on the ground.
My name begins with
the letter as "tea".
What am I?

What would you like for lunch?

I'd like ....

Let's chant

What would you like for lunch?
Cabbage, green beans or eggplant?
I'd like eggplant, please.

What would you like for lunch?
Mutton, tofu or beef?
I'd like mutton, please.

26

What's your favourite food?

Mutton.

What do you have for lunch today?

I have eggplant. It's tasty.

I don't like grapes. They're sour.

I like grapes. They're fresh.

The beef is too salty. I don't like it.

27

请根据上述材料完成下列任务：

(1)简述多媒体教学的优缺点。

(2)如指导小学生学习，试拟定教学目标。

(3)根据拟定的教学目标，设计导入和呈现环节的教学活动并说明设计意图。

29. 请认真阅读下述材料,并按要求作答。

可爱的家

1=D $\frac{4}{4}$

安详地

〔美〕比肖普 曲
吴研因 填词

12 | 3. 4 4 5 | 5 - 3 5 | 4. 3 4 2 | 3 - 0 1 2 |
我的 家 呀 真 可 爱, 美 丽 清 洁 又 安 详, 姐 妹

3. 4 4 5 | 5 - 3 5 | 4. 3 4 2 | 1 - 0 5 5 |
兄 弟 很 和 善, 父 亲 母 亲 都 健 康。 虽 然

i. 7 6 5 | 5 - 3 5 | 4. 3 4 2 | 3 - 0 5 5 | i. 7 6 5 |
没 有好 花 园, 月 季 凤 仙 常 飘 香, 虽然 没 有大 厅

5 - 3 5 | 4. 3 4 2 | 1 - - 0 | 5 - 4 2 | 1 - 2 - |
堂, 冬 天 温 暖夏 天 凉。 啊, 可 爱 我 的
3 - 1 7 | 1 - 7 - |

3 - 0 5 | i. 7 6 5 | 5 - 3 5 | 4. 3 4 2 | 1 - - ‖
家, 让 我 们 抱 成 团, 相 亲 相 爱地久天 长。
1 - 0 3 | 3. 5 4 2 | 3 - 1 3 | 2. 1 2 7 | 1 - - ‖

请根据上述材料完成下列任务:

(1)简要分析歌曲的特点。

(2)如指导小学中年段学生学唱本歌曲,试拟定教学目标。

(3)依据拟定的教学目标,设计歌曲二声部学唱环节的教学活动。

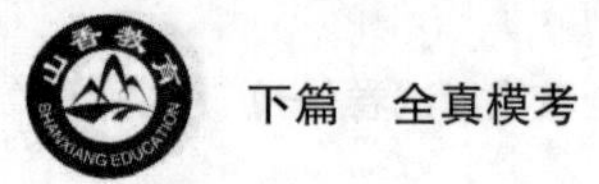

30. 请认真阅读下列材料，并按要求作答。

正面下手双手垫球

动作方法：正对来球，成准备姿势。垫球前，两臂自然下垂，两手并拢，两拇指平行，两小臂尽量靠近；垫球时，用两脚蹬地，两臂稍内收，利用伸膝、含胸、提肩、压腕的全身协调动作迎向来球，将球准确地垫击在前臂的击球部位上。击球瞬间，两臂要保持平稳，身体重心向抬臂的方向移动伴送球击出。

请根据上述材料完成下列任务：

(1)拟定“正面下手双手垫球”的教学目标。

(2)试拟定“正面下手双手垫球”的教学重点、难点。

(3)试根据拟定的教学目标设计教学过程。

31. 请认真阅读下列材料,并按要求作答。

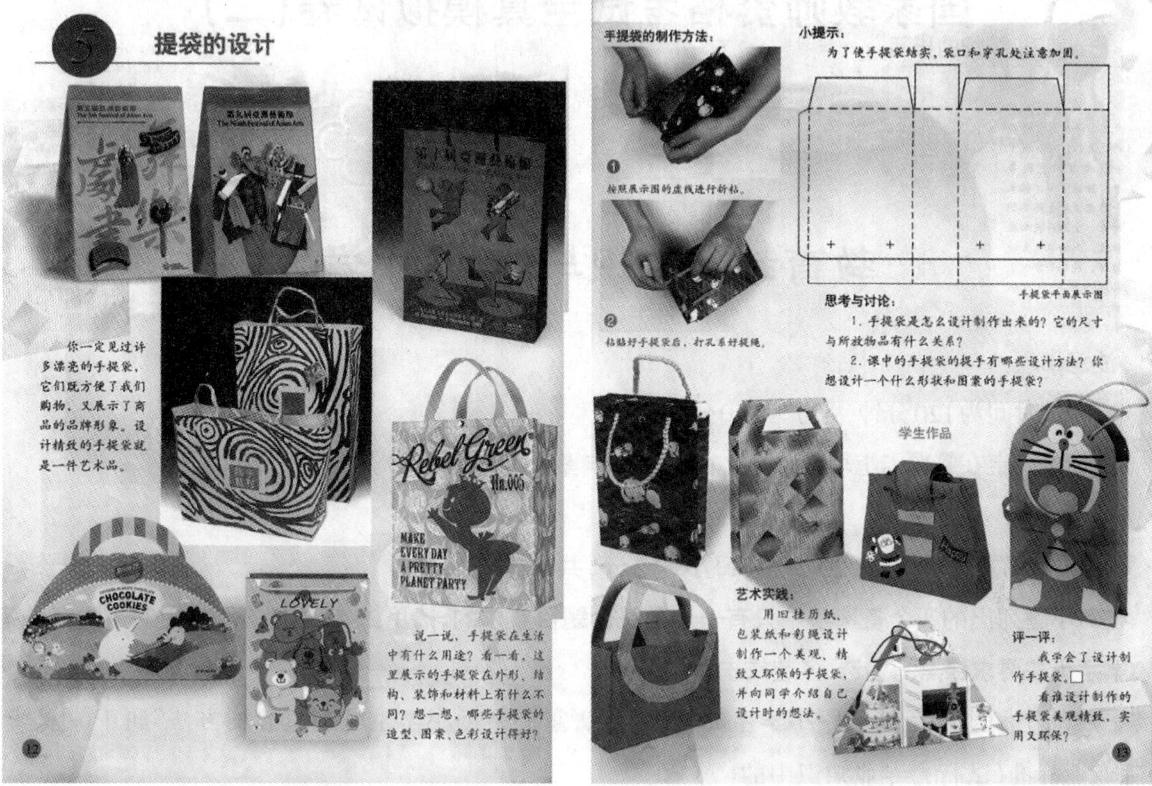

5 提袋的设计

你一定见过许多漂亮的手提袋,它们既方便了我们购物,又展示了商品的品牌形象。设计精致的手提袋就是一件艺术品。

说一说,手提袋在生活中有什么用途?看一看,这里展示的手提袋在外形、结构、装饰和材料上有什么不同?想一想,哪些手提袋的造型、图案、色彩设计得好?

12

手提袋的制作方法:

❶ 按照展示图的虚线进行折粘。

❷ 粘贴好手提袋后,打孔系好提绳。

小提示:

为了使手提袋结实,袋口和穿孔处注意加固。

手提袋平面展示图

思考与讨论:

1. 手提袋是怎么设计制作出来的?它的尺寸与所放物品有什么关系?

2. 课中的手提袋的提手有哪些设计方法?你想设计一个什么形状和图案的手提袋?

学生作品

艺术实践:

用旧挂历纸、包装纸和彩绳设计制作一个美观、精致又环保的手提袋,并向同学介绍自己设计时的想法。

评一评:

我学会了设计制作手提袋。□

看谁设计制作的手提袋美观精致、实用又环保?

13

请根据上述材料完成下列任务:

(1)手提袋的构成、材质和用途都有哪些?

(2)如指导小学高年段学生学习,试拟定教学目标。

(3)依据拟定的教学目标,设计简单的教学过程。

国家教师资格考试全真模拟试卷(二)

链接答案本 P453

教育教学知识与能力(小学)

注意事项:

1. 考试时间为120分钟,满分为150分。
2. 请按规定在答题卡上填涂、作答,在试卷上作答无效,不予评分。

一、单项选择题(本大题共20小题,每小题2分,共40分)

在每小题列出的四个备选项中只有一个是符合题目要求的,请用2B铅笔把答题卡上对应题目的答案字母按要求涂黑。错选、多选或未选均无分。

1. "了解幼小和小初衔接阶段小学生的心理特点,掌握帮助小学生顺利过渡的方法"属于《小学教师专业标准(试行)》专业知识中的( )

A. 通识性知识　　B. 学科知识

C. 教育教学知识　　D. 小学生发展知识

2. 有人说教师工作是个无底洞,没有明显的时空界限。这反映了教师劳动的( )特点。

A. 复杂性和创造性　　B. 连续性和广延性

C. 长期性和间接性　　D. 主体性和示范性

3. 古代斯巴达教育的目的是培养( )

A. 演说家　　B. 智者

C. 军人和武士　　D. 全面和谐发展的人

4. 要求"以最好的教学效果来达到学生最理想的发展水平"的苏联教育家是( )

A. 巴班斯基　　B. 赞可夫

C. 加里宁　　D. 凯洛夫

5. 西汉时期实行"罢黜百家,独尊儒术"的文教政策体现了教育的( )

A. 永恒性　　B. 历史性　　C. 继承性　　D. 民族性

6. 叶老师在结课时为诱发学生的求知欲,留下疑问,对学生说"欲知后事如何,请听下回分解"。这种结课方法为( )

A. 悬念法　　B. 延伸式　　C. 复述法　　D. 归纳法

7. 一只小昆虫爬进了跃跃的耳朵,教师正确的处理方式是( )

A. 用强光接近跃跃的外耳道,将小昆虫引出来

B. 用棉签掏出来

C. 可用倾斜头、单脚跳跃的动作,将小昆虫弄出来

D. 用掏耳勺挖出来

8. 为了培养学生的语言文字运用能力,阳光小学的语文小组定期举办“成语大赛”。这种活动属于( )

A. 科技活动　　B. 社会活动　　C. 文学艺术活动　　D. 学科活动

9. 一名学生在描述自己的房间时说:“窗边是书桌,挨着书桌的是……”这种记忆法是( )

A. 形象联想法　　B. 谐音联想法　　C. 首字连词法　　D. 位置记忆法

10. 当人们从暗处来到光亮处,刚开始会觉得目眩,看不清周围的东西,过一会儿视觉才能恢复正常。这种现象属于( )

A. 暗适应　　B. 明适应

C. 前摄抑制　　D. 倒摄抑制

11. 小明喜欢做航空模型而不喜欢阅读,老师发现后,对小明说:“你完成一定的阅读任务后,就可以拥有一段自由时间去做模型了。”以此来促使小明参与阅读活动,完成阅读任务。这是行为主义学习理论中哪项原理的运用( )

A. 晕轮效应　　B. 代币奖励原则　　C. 霍桑效应　　D. 普雷马克原理

12. 某学生给自己的座右铭是:留住美好和感动,遗忘消极与不快。其中的“遗忘”所体现的遗忘理论是( )

A. 干扰理论　　B. 压抑理论

C. 提取失败理论　　D. 消退理论

13. 基础教育课程改革所倡导的研究性学习、合作学习等学习方式,其主要理论依据是( )

A. 建构主义学习理论　　B. 认知派理论

C. 行为主义理论　　D. 联结主义学习理论

14. 某班的科学老师在讲完“黄豆的内部组织”这一章节的内容后,指导学生进行黄豆栽培,并做好栽培记录。这种教学方法属于( )

A. 演示法　　B. 发现法　　C. 实习作业法　　D. 实验法

15. 某学校组织学生赴红旗渠开展研学活动,组织设计了一系列研学课程。研学课程中既包括对地理地貌、水系描述的知识,同时也包括历史背景及红旗渠精神等内容。在研学过程中,结合这些内容,在教师的指导下,学生们边研边学,受益匪浅。从课程性质来看,该校的研学课程属于( )

A. 学科课程　　B. 地方课程　　C. 活动课程　　D. 必修课程

16. 刚上学的莉莉对妈妈说："用眼睛看就可以学到东西，为什么要上课呢？"妈妈说："你自己去摸索，太费时间了，老师教你，你就会学得又快又好。"这反映的教学规律是( )

A. 间接经验与直接经验相结合
B. 掌握知识和发展智力相统一
C. 传授知识与思想品德教育相统一
D. 教师主导作用与学生主体作用相统一

17. 一位小学三年级的老师将《美丽的小兴安岭》这一课的教学目标设计为：①体会重点段落含义，了解小兴安岭的美丽、富饶；②概括中心思想，激发学生热爱祖国之情；③标出描写优美的句子，有感情地朗读这些句子；④所有学生能模仿课文完成一篇写景文章。对该教学目标设计，下列评价错误的是( )

A. 便于观察、测量和评价
B. 缺乏启发性、引导性
C. 忽视了整体性与个性的统一
D. 体现了情感态度与价值观目标

18. "虎父无犬子""老鼠的儿子会打洞"，体现了( )的观点。

A. 环境决定论
B. 宗教决定论
C. 遗传决定论
D. 多因素相互作用论

19. 陈老师认为，教师并非纯粹的课程实施者，而应根据自己的经验、学生状况、实际需要等因素来调整自己的教学活动。陈老师遵循了课程实施的( )

A. 忠实取向
B. 相互适应取向
C. 创生取向
D. 调控取向

20. 近年来学校提出"教书育人、管理育人、服务育人"的理念，所以学校中的管理者和工作人员都可被看成是( )

A. 教师
B. 管理人员
C. 教育者
D. 服务人员

二、简答题(本大题共3小题，每小题10分，共30分)

21. 简述班集体的形成与培养过程。

22. 简述我国新型师生关系的特点。

23. 简述新课程倡导的学习方式。

三、材料分析题(本大题共2小题,每小题20分,共40分)阅读材料,并回答问题。

24. 材料:

一个平时纪律涣散的学生,在数学课上被老师批评,很不服气,为表示反抗,在课间休息时,将一把小扫帚悄悄地卡在教室的前门顶上借以“报复”。恰好这位老师临时与班主任调课,当班主任推开门走进教室的一瞬间,扫帚不偏不斜砸在了她的肩上。学生中顿时有人哄笑起来。

问题:

(1)这个材料反映了班级管理中的什么现象?

(2)结合材料谈谈班主任处理突发事件的办法。

25. 材料：

田雨从一所师范大学毕业后，被某小学录用为语文教师。上岗后，她精神饱满、信心十足，相信只要积极学习优秀教师的经验就能够成为一名好教师。在教学中，田雨虚心向老教师请教，向同事学习，还经常观看精品课程视频。然而，期中教学检查后，她的教学效果并不理想，学生与同事们对她的评价都很一般。这令田雨十分不解，甚是苦恼：自己是师范大学毕业的，又非常敬业，并努力将优秀教师的经验运用到自己的教学中，可为什么就没有取得理想的教学效果呢？她陷入了深深的迷惘中……

问题：

(1)结合材料分析田雨没能取得良好的教学效果的主要原因。

(2)向田雨提出改进教学的建议。

四、教学设计题(本大题有6小题,任选1小题作答,多答只按第1小题计分,40分。考生可按照所学专业方向,选择作答。26小题为中文与社会,27小题为数学与科学,28小题为英语,29小题为音乐,30小题为体育,31小题为美术)

26. 请阅读下列材料,并按要求作答。

伯牙鼓琴[1]

伯牙鼓琴,锺(zhōng)子期听之。方鼓琴而志[2]在太山[3],锺子期曰:"善哉[4]乎鼓琴,巍巍乎若太山[5]。"少选[6]之间而志在流水,锺子期又曰:"善哉乎鼓琴,汤(shāng)汤乎若流水[7]。"锺子期死,伯牙破琴绝弦,终身不复鼓琴,以为世无足复为鼓琴者[8]。

注释

① 本文选自《吕氏春秋·本味》。鼓,弹。
②〔志〕心志,情志。
③〔太山〕泛指大山、高山。一说指东岳泰山。
④〔善哉〕好啊。
⑤〔巍巍乎若太山〕像大山一样高峻。巍巍,高大的样子。若,像。
⑥〔少选〕一会儿,不久。
⑦〔汤汤乎若流水〕像流水一样浩荡。汤汤,水流大而急的样子。
⑧〔以为世无足复为鼓琴者〕认为世上再没有值得他为之弹琴的人了。

请根据上述材料完成下列任务:

(1)简述文言文翻译的原则。

(2)如指导六年级学生学习本文,试拟定教学目标。

(3)依据设定的教学目标,设计新课教学过程。

27. 请阅读下列材料，并按要求作答。

1 下面是A市2021年8月的天气情况。

日	一	二	三	四	五	六
1	2	3	4	5	6	7
8	9	10	11	12	13	14
15	16	17	18	19	20	21
22	23	24	25	26	27	28
29	30	31				

晴 阴 多云 阵雨 雷阵雨

这个月的每种天气各有多少天？你能把它们清楚地表示出来吗？

小东这样表示：

天气情况	晴	阴	多云	阵雨	雷阵雨
天数	9	6	9	5	2

小红这样表示：

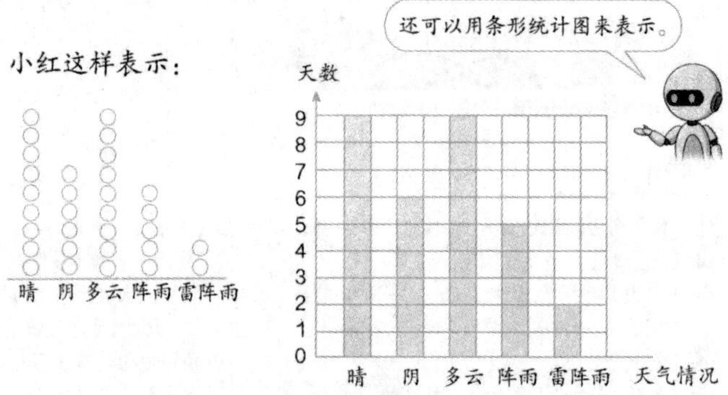

小红的方法和条形统计图，哪种表示更清楚？

条形统计图和统计表各有什么特点？你能从中得到哪些信息？

请根据上述材料完成下列任务：

（1）什么是数据意识？

（2）如指导小学中年段学生学习，试拟定教学目标。

（3）依据拟定的教学目标，设计课堂教学的主要环节，并简要说明设计意图。

28. 请认真阅读下列材料,并按要求作答。

D Let's Read

It is the Spring Festival. We also call it the Lunar New Year. People buy flowers and put them in their homes. They cook delicious food for the family. They also light firecrackers. When friends meet, they wish each other happiness and good luck. Their guests have nice food and drinks. The older people give red packets to the children.

What do people do during the Spring Festival?

They buy ______.
They give ______.
They cook ______.
They light ______.

True or false?

During the Spring Festival,

1. people light firecrackers. □
2. people have good food and drinks. □
3. people grow flowers at home. □
4. children get red packets. □

请根据上述材料完成下列任务:

(1)简述本文的教学重点和教学难点。

(2)如指导小学生学习本文,试拟定相应的教学目标。

(3)依据拟定的教学目标,设计导入和新授环节的教学活动,并简要说明理由。

29. 请认真阅读下列材料，并按要求作答。

洋娃娃和小熊跳舞

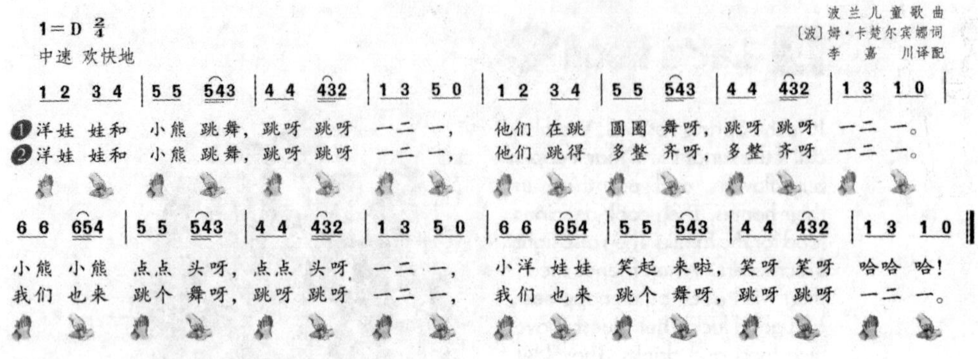

请根据上述材料完成下列任务：

(1)简要分析歌曲的特点。

(2)如指导小学低年段学生学唱歌曲，试拟定教学目标。

(3)依据拟定的教学目标，结合歌曲的学习，设计导入环节并说明理由。

30. 认真阅读下列材料,并按要求作答。

正面下手发球(以右手为例)

动作方法:发球前,面对球网,两脚前后站立,左脚在前,右脚尖稍向外转,两腿微曲;上体稍前倾,左手持球于腹前;发球时,将球向上抛起约30厘米,同时右臂后引,当球下落时,右脚蹬地,右臂自然伸直向前摆动,当摆至腹部右侧前方时,用手掌、半握拳或虎口击球的后下部,使球向前上方飞出。击球后随身体重心前移。

请根据上述材料完成下列任务:

(1)简要说明"正面下手发球(以右手为例)"的教学重点、难点。

(2)如指导水平三的小学生练习,试拟定教学目标。

(3)依据拟定的教学目标,设计本课内容的教学环节。

31. 请认真阅读下列材料,并按要求作答。

10 自行车局部写生

你认真观察过自行车吗?自行车主要由哪几部分组成?你研究过它的局部吗?通过仔细观察自行车局部,你有什么新的发现?

看,丰富的线条能表现出自行车精细的构造之美。

思考与讨论

1. 用什么样的线条能表现出自行车局部的特点?

2. 你认为本课中的学生作业哪些地方画得好?为什么?

学生作品

艺术实践:

请你选一辆自行车,认真观察它的某一局部,用线条表现它的美感。谈谈精细的观察对你的绘画有什么帮助。

评一评:

我学会了用线条表现自行车局部的美感。□

看谁刻画的自行车局部精细又有美感?

请根据上述材料完成下列任务:

(1)什么是速写?速写对美术学习有哪些积极意义?

(2)如指导小学中年段学生学习,试拟定教学目标。

(3)依据拟定的教学目标,设计“用线条表现自行车局部”内容的新授教学环节并简要说明理由。

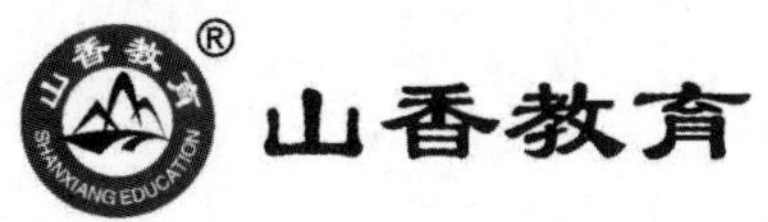

国家教师资格考试

高分过关题库

教育教学知识与能力·小学

答案

山香教师资格考试命题研究中心 主编

目 录

上篇 过关快刷

下篇　全真模考

上篇　过关快刷

第一章　教育基础

①培养人

②生物起源说

③论语

④有教无类

⑤启发诱导

⑥学不躐等

⑦大教学论

⑧生活即教育　社会即学校　教学做合一

⑨遗传、环境、学校教育、个体主观能动性

⑩马克思关于人的全面发展学说

⑪癸卯学制

⑫课程

⑬隐性课程

⑭综合课程

⑮直线式与螺旋式

⑯纵向组织与横向组织

⑰课程计划

⑱课程标准

⑲教材

⑳创生取向/课程缔造取向

㉑学生是发展中的人

㉒创造性

㉓学生为本

一、单项选择题

答案速查

1～5	CDBBC	6～10	CBAAD	11～15	ACBDD	16～20	CABAB
21～25	DBBCA	26～30	CBBCD	31～35	CACBA	36～40	BCACB
41～45	BACAA	46～50	DCADC	51～55	ACDBC	56～60	DCBDD
61～66	BCDBAC						

1. C　【解析】本题考查教育观察的类型。依据是否对观察活动进行严格的控制(观察内容是否有统一设计的、有一定结构的观察项目和要求),可将观察分为结构式观察和非结构式观察。结构式观察指在观察前有详细的观察计划、明确的观察指标体系,观察时严格按计划进行。非结构式观察既没有详细的观察计划,也没有明确的观察指标体系,它对研究问题的范围目标采取弹性态度,观察内容项目与观察步骤不预先确定,亦无具体记录要求。故题干中“对观察内容与步骤不作限定”的教育观察属于非结构式观察,A项排除,本题选C。

依据观察者是否直接参与被观察者所从事的活动(观察者是否直接介入活动),可将观察分为参与性观察和非参与性观察。参与性观察指观察者直接参与被观察者所从事的活动,非参与性观察指观察者不直接参与被观察者所从事的活动。B、D项不符合题意,排除。

2. D 【解析】本题考查课程类型。活动课程又称经验课程,是指围绕学生的需要和兴趣、以活动为组织方式的课程形态,即以学生的主体性活动的经验为中心组织的课程。这类课程注重学生的直接经验,A、C项排除。

综合课程是指打破传统的分科课程的知识领域,组合两门以上学科领域而构成的一门学科。

综合课程强调不同学科课程的整合,B项排除。

分科课程是一种单学科的课程组织模式,它强调不同学科门类之间的相对独立性,强调一门学科的逻辑体系的完整性。从课程开发来说,分科课程坚持以学科知识及其发展为基点,强调学科知识的优先性;从课程组织来说,分科课程坚持以学科知识的逻辑体系为线索,强调学科自成一体。故本题答案选D项。

3. B 【解析】本题考查课程观。在课程理论界,关于“课程”概念的界定向来是见仁见智。课程即知识观的主要特点是:课程体系是以科学逻辑组织的;课程是社会选择和社会意志的体现;课程是既定的、先验的、静态的;课程是外在于学习者且凌驾于学习者之上的教学计划。课程即知识观认为学习者只是以接受者的身份或角色服从课程,学习者自身的心智发展、情感陶冶、创造性表现、个性培养以及师生互动等对学生成长有重大影响的维度则遭遇漠视或被边缘化。可见,课程即知识观未体现“学习者是课程主体”。故本题选B项。

A项,课程即对话生成的过程。其理论基础是后现代主义课程论。美国学者多尔是后现代课程论的杰出代表。多尔认为在后现代框架之中的课程是一种过程——对话的和转变的过程。他认为学生的学习只在于转化自己的经验,课程是学习内容与教学活动相互交织的总体,这个“总体”表现为师生之间、生生之间的对话进而实现学生个体经验转变的过程。由“学生的学习只在于转化自己的经验、实现学生个体经验转变的过程”可知,课程即对话体现了“学习者是课程主体”。故A项排除。

C项,课程即经验指课程是学习者本身获得的某种性质或形态的经验,其特点是:课程往往是从学习者的角度出发设计的;课程是与学习者个人经验相联系的;强调学习者作为学习主体的角色。因此,课程即经验体现了“学习者是课程主体”。故C项排除。

D项,课程即活动指课程是受教育者各种自主性活动的总和,其特点是:强调学习者是课程的主体;强调以学习者的兴趣、需要、能力、经验为中介实施课程;强调活动的完整性、课程的综合性和整体性;特别重视学习者与课程各因素的关系。因此,课程即活动体现了“学习者是课程主体”。故D项排除。

4. B 【解析】本题考查教育的本质。教育的本质属性是育人,即教育是一种有目的地培养人的社

会活动,这是教育区别于其他事物现象的根本特征,也是教育的质的规定性。夸美纽斯认为,只要通过教育,任何人的德行和才能都能得到发展。“假如要形成一个人,就必须由教育去形成”,“只有受过恰当的教育之后,人才能成为一个人”。夸美纽斯的话强调了教育对人的发展的影响,在一定程度上揭示了“教育是有目的地培养人的社会活动”这一本质属性。故本题答案选B项。

5. C 【解析】本题考查蔡元培的“五育并举”教育方针内容。蔡元培于1912年发表了《对于教育方针之意见》一文,批判清末教育宗旨“忠君、尊孔、尚公、尚武、尚实”,认为“忠君与共和政体不合,尊孔与信教自由相违”,主张共和时代须立于人民立场以定标准。蔡元培从养成共和国民健全人格的目的出发,提出军国民教育、实利主义教育、公民道德教育、世界观教育、美育五育并举不可偏废的教育方针。他认为,军国民教育虽已不合时代潮流,但中国需外御强邻、内平军阀,非实行不可;实利主义教育是出于发展国家经济和实业的考虑,同时又承担着智育功能;公民道德教育是将法国大革命的自由、平等、博爱(亲爱)与中国的义、恕、仁相贯通,以克服贫富、强弱、智愚之争;世界观教育意在培养人立足于现象世界又超脱现象世界而贴近实体世界的观念和精神境界;美育介于现象世界与实体世界之间而为联结桥梁,是实现世界观教育的主要途径。故本题答案选C项。

6. C 【解析】本题考查旧中国的学制沿革。一战后,留美派主持的全国教育会联合会以美国学制为蓝本,提出了学制改革的方案,于1922年颁布了壬戌学制,即通称的六三三制。壬戌学制受实用主义教育的影响,适应社会进步的需要,发扬平民教育精神,谋求个性的发展,注重生活教育,在学校系统上以儿童身心发展时期为根据,将全部学校教育分为3段5级:初等教育段为6年,分初小4年、高小2年;中等教育段6年,分初中3年,高中3年;高等教育段为4~6年,不分级。

易混辨析:旧中国的四个学制的蓝本及地位是易混点,考生可通过以下表格进行识记。

学制	蓝本	地位
壬寅学制	日本学制	第一个现代学制,只颁布未施行
癸卯学制	日本学制	第一个正式实施
壬子癸丑学制	主要受日本学制影响	我国教育史上第一个具有资本主义性质的学制
壬戌学制	美国学制	标志中国资产阶级教育制度的确立

7. B 【解析】本题考查教师劳动的特点。教师劳动的创造性主要表现在以下三个方面:(1)因材施教;(2)教学方法上的不断更新;(3)教师需要“教育机智”。“教学有法”是说教学是有规律可循,有原则可据,有方法可用,有形式可取,而不是无章可循、无规可守,更不是可以完全随心所欲的。“教无定法”是说教学方法不是一成不变、僵化死板、程序固定的刻板模式,不仅不同教师采用的教法可以不同,就是同一教师在不同时间对不同对象采用的教法也可能不同;不仅不同学

科、不同课程内容采用的教法可以不同，就是同一学科、课程、内容在不同时间、不同对象中采用的教法也可能不同。因此，教师既要根据依据选择得当方法，更要根据实际和情境灵活地、创造性地运用。题干语句强调了教师要不断更新、灵活选择和运用各类教学方法，这体现了教师劳动的创造性特点。故本题答案选B项。

8. A　【解析】本题考查课程类型的分类依据。从课程内容的组织方式来划分，课程可分为分科课程与综合课程。故本题答案选A项。B项，按课程计划对课程实施的要求来划分，课程可分为必修课程与选修课程。C项，从课程内容的固有属性来划分，课程可分为学科课程与活动课程。D项，按课程管理层次来划分，课程可分为国家课程、地方课程和校本课程。

9. A　【解析】本题考查课程计划的概念。课程计划是根据一定的教育目的和培养目标，由教育行政部门制定的有关学校教育和教学工作的指导性文件。课程计划体现了国家对学校教育和教学工作的统一要求，是学校组织教育和教学工作的重要依据。它具体规定了教学科目的设置(课程设置)、学科顺序(课程开设顺序)、课时分配(教学时数)、学年编制和学周安排。故本题答案选A项。

10. D　【解析】本题考查《学记》中语句的含义。《学记》中说："善教者，使人继其志。其言也，约而达，微而臧，罕譬而喻，可谓继志矣。"意思是说：优秀的教师会使学生由衷地跟着他指引的路子去努力学习。教师的讲解能引人入胜，就在于语言简练而透彻，说理微妙而精善，举例不多而诱导得法。这样就会使学生跟着他指引的路子去努力学习，坚定志趣，收到教学的预期效果。这句话强调了教学语言要简约明达，言简意赅。故本题答案选D项。A项语句体现了循序渐进原则，B项语句体现了启发性原则，C项语句强调预防的重要性。

11. A　【解析】本题考查陶行知的教育思想。陶行知教育思想的核心是生活教育理论，其主要观点包括：(1)"生活即教育"，这是陶行知生活教育理论的核心；(2)社会即学校；(3)教学做合一。

B项，晏阳初被称为"国际平民教育之父"，他主张乡村平民教育，提出了"四大教育"(文艺、生计、卫生和公民教育)、"三大方式"(学校式、家庭式和社会式)。

C项，梁漱溟对近代中国教育史的贡献在于他的乡村教育理论与实践，他认为乡村教育与乡村建设在实际上是合二为一的。

D项，蔡元培提出了"五育并举"的教育方针，改革北京大学的教育实践，倡导教育独立的思想。

12. C　【解析】本题考查教育的起源。比较有代表性的教育起源学说有神话起源说、生物起源说、心理起源说和劳动起源说。

A项，神话起源论认为教育是由人格化的神(上帝或天)所创造的。

B项，心理起源论认为教育起源于儿童对成人的无意识模仿。

C项，生物起源论认为教育是一种生物现象，教育起源于动物界中各类动物的生存本能活动。D项,劳动起源论认为教育起源于人类特有的生产劳动。

因此,本题的正确答案为C。

易混辨析:考生在做题时注意通过题干中的关键词判断对应学说,如“本能”“动物界”对应的是生物起源说;“神”“宗教”对应的是神话起源说;“无意识模仿”“儿童模仿成人”对应的是心理起源说;“劳动”“马克思”对应的是劳动起源说。

13. B 【解析】本题考查《小学教师专业标准(试行)》的内容。2012年教育部印发的《小学教师专业标准(试行)》规定,小学教师的专业知识包括小学生发展知识、学科知识、教育教学知识以及通识性知识。因此,本题的正确答案为B。

14. D 【解析】本题考查课程类型。隐性课程也叫潜在课程、隐蔽课程,指学生在学校情景中无意识地获得的经验、价值观、理想等意识形态内容和文化影响。教室里的图画、标语及黑板报作为校园文化环境的一部分,潜移默化地影响着学生,故其属于隐性课程。

15. D 【解析】本题考查教师劳动的特点。教师劳动的长期性指人才培养的周期比较长,教育的影响具有迟效性。题干中的古语出自《管子·权修》,意思是:若是为一年谋算,没有比种植谷物更合适的;若是为十年谋划,没有比栽种树木更合适的;而若是要为一生制订规划,就没有比培养人才更合适的。后人把这句古语提炼成“十年树木,百年树人”,表示培养人才是长远之计,这体现了教师劳动的长期性。

16. C 【解析】本题考查陶行知的“生活教育理论”的主要观点。生活教育理论是陶行知教育思想的核心,它包括了教育的目的、内容和方法。(1)生活即教育,这是生活教育理论的核心。它主张以人类的生活作为教育内容,在生活实践中接受教育。(2)社会即学校,这是生活教育理论的范围论。“社会即学校”提出要“把学校里的一切延伸到大自然界中去”。(3)教学做合一,这是生活教育理论的教育方法论。

17. A 【解析】本题考查课程的类型。按课程设计、开发和管理主体或管理层次或制定者不同来划分,课程可分为国家课程、地方课程和校本课程。其中,校本课程是指由学生所在学校的教师编制、实施和评价的课程,其主导价值在于通过课程展示学校的办学宗旨和特色,同时要满足每一位受教育者的特殊需要和兴趣。题干中的小学开设的经典诵读、民族乐器、地方戏曲等课程均属于校本课程。

18. B 【解析】本题考查课程实施的取向。创生取向又称为课程缔造取向,创生取向者认为,课程实施本质上是在具体教育情境中缔造新的教育经验的过程,教师的角色是课程开发者。

易混辨析:关于三种课程实施取向的内涵,考生可抓住关键词进行辨析:

忠实取向:忠实执行计划;

相互适应取向:教学实施中调整、改变与适应;

创生取向:课程开发者、“用教材教”、创造性。

19. A 【解析】本题考查教育目的的价值取向。个人本位论注重教育对个人的价值。题干中,裴斯泰洛齐强调发展人天赋的内在力量,体现的是个人本位论的观点。

20. B 【解析】本题考查教育的功能。教育的经济功能之一,是再生产劳动力,即它可以提高劳动力的质量和素质,改变劳动力的形态,使劳动力得到全面发展,从而改变人的生存发展状态。"治贫先治愚"强调越贫穷的地方越要发展教育,是因为教育具有经济功能。

21. D 【解析】本题考查格塞尔的学说。格塞尔通过双生子爬梯实验证明了他的"成熟势力说",强调成熟机制对人的发展的决定作用,认为人的发展顺序受基因决定,教育想要通过外部训练抢在成熟的时间表前面形成某种能力的做法是低效的,甚至是徒劳的。

22. B 【解析】本题考查联合国教科文组织提出的21世纪教育的四大支柱。1996年,国际21世纪教育委员会向联合国教科文组织提交了《教育——财富蕴藏其中》的报告,其中最核心的思想是教育应使受教育者学会学习,即教育要使学习者"学会认知""学会做事""学会共同生活(学会合作)"和"学会生存"。这一思想很快被全球各国所认可,并被称为教育的四大支柱。

23. B 【解析】本题考查《课程》一书的作者。美国学者博比特在1918年出版《课程》一书,标志着课程作为专门研究领域的诞生。

24. C 【解析】本题考查课程内容的组织形式。逻辑顺序是指根据学科本身的体系和知识的内在联系来组织课程内容,心理顺序是指按照学生心理发展的特点来组织课程内容。目前人们一致认为,课程内容的组织要综合考虑逻辑顺序和心理顺序。

25. A 【解析】本题考查课程的类型。国家课程校本化是在国家课程改革纲要基本精神的前提下,学校根据自身性质、特点和条件,将国家层面上规划和设计的面向全国所有学生的书面的计划的学习经验转变为适合本校学生学习需求的实践的学习经验的创造性实践。题干中某小学结合当地特色在语文课程中融入民谣,体现了国家课程校本化。

26. C 【解析】本题考查孔子的教育思想。束脩指一束干肉。古人在孩子入学拜师时,一般都会送"束脩"给老师,作为见面礼。"自行束脩以上"说明求学者是在以礼相求,诚心求教。孔子说这番话的真实含义是:只要是诚心向我求教的人,我没有不教诲他的。这说明孔子在教育对象上不重亲疏、贵贱等,体现了其有教无类的教育思想。

27. B 【解析】本题考查20世纪后教育的新特点。1990年在泰国宗迪恩举行的"世界全民教育大会"通过了《世界全民教育宣言》,它提出全民教育的最终目标在于满足全体儿童、青年以及成人的基本学习需要。它指出,"每一个人,无论他是儿童、青年或是成人,都应能获益于旨在满足其基本学习需要的受教育机会",也就是说教育是所有人的一项基本权利,不论他们是女性还是男性,也不论他们的年龄大小,这充分体现了教育对象的全民化。故本题选B。

28. B 【解析】本题考查问卷设计的基本要求。在设计问题时,应避免引证权威论断,也不应把个人的认识、观点和价值判断包含在问题之中,以避免对被调查者产生暗示作用,导致特定的、有倾向性的回答,这是问卷设计中价值中立要求的具体内容。

29. C 【解析】本题考查泰勒的目标模式。泰勒被誉为“课程评价之父”。他在《课程与教学的基本原理》一书中指出,开发任何课程和教学计划都必须回答四个基本问题,即确定教育目标、选择教育经验、组织教育经验、评价教育计划。

30. D 【解析】本题考查三维课程目标。“情感态度与价值观”目标强调教学过程中激发学生的情感共鸣,引起积极的态度体验,形成正确的价值观。感受万里长城的宏伟和壮观以及油然而生的民族自豪感和爱国之情,是学生情感态度与价值观方面的变化,达成的是情感态度与价值观目标。

31. C 【解析】本题考查社会政治经济制度与教育发展的关系。《学记》中这句话的意思是:玉石不经雕琢,就不能变成好的器物;人不经过学习,就不会明白道理。所以古代仁君圣王,建立国家,统治人民,一定要把教育放在首要地位。这句话表明教育能够教会人们道理,向人们传输一定的政治思想,帮助统治者更好地统治人民,这体现了教育的政治功能,反映的是教育与政治的关系。

32. A 【解析】本题考查义务教育的基本特征。义务教育具有强制性、普及性(普遍性)、免费性、公共性、基础性、民主性等特点。

33. C 【解析】本题考查课程资源的类型。根据性质,课程资源可分为自然课程资源和社会课程资源。自然课程资源强调“天然性”,如自然界中的动植物、微生物、地质、地貌、矿产、气候、自然景色等;社会课程资源强调“人工性”,如图书馆、博物馆、雕塑、政治活动、军事活动、科技活动、宗教礼仪、风俗习惯等。民风民俗、传统节日等都是人为创造的,具有“人工性”,属于社会资源。

34. B 【解析】本题考查杜威的教育思想。杜威是现代教育学派的代表人物,他提出“从做中学”,要求以活动性、经验性的主动作业取代传统的书本式教材的统治地位。从题干“经验课程”“主动作业”可以判断这是杜威的观点。

35. A 【解析】本题考查三维课程目标。“知识与技能”目标强调基础知识和基本技能的获得。题干所述水的三种状态以及在一定条件下物质状态可以改变,这都属于基础知识,按照三维目标分类,这属于知识与技能目标要求掌握的内容。

36. B 【解析】本题考查课程的类型。综合课程是指打破传统的分科课程的知识领域,组合两门以上学科领域而构成的一门学科。《道德与法治》课程是道德领域与法治领域的融合,属于综合课程。

37. C 【解析】本题考查情感态度与价值观目标所适用的评价方法。情感态度与价值观目标注重考查学生在不同方面的表现,了解学生情感态度状况及其变化,采用的主要评价方式有课堂观察、活动记录、课后访谈等。C项适合评价“知识与技能”目标的达成度。

38. A 【解析】本题考查个体身心发展的动因。外铄论认为环境决定个体心理发展的水平和形式，强调教育的作用。"白板说"主张人的心灵如同白板，教育使心灵丰富多彩。洛克的"白板说"属于典型的外铄论。

方法技巧：内发论和外铄论的代表人物，考生可运用以下口诀来进行识记：(1)内(内发论)蒙(孟子)四耳(威尔逊、高尔顿、格塞尔、霍尔)佛(弗洛伊德)；(2)外(外铄论)出寻(荀子)落(洛克)花(华生)。

39. C 【解析】本题考查马克思主义关于人的全面发展学说的基本含义。马克思主义关于人的全面发展学说的基本含义是指劳动能力的全面发展。

40. B 【解析】本题考查《中华人民共和国义务教育法》的颁布时间。《中华人民共和国义务教育法》于1986年4月12日由第六届全国人民代表大会第四次会议通过，并于1986年7月1日起施行。

41. B 【解析】本题考查课程内容的组织形式。螺旋式是指在不同单元乃至阶段或不同课程门类中，使课程内容重复出现，逐渐扩大知识面，加深知识难度，即同一课程内容前后重复出现，前面呈现的内容是后面内容的基础，后面内容是对前面内容的不断扩展和加深，层层递进。题干所述先呈现动植物的基本知识，再呈现与动植物有关的生态系统知识，最后是与人类相关的生态系统知识，课程内容层层递进，逐渐扩大知识面，这种课程内容组织形式为螺旋式。

易混辨析：直线式和螺旋式都是由浅到深不断推进的，区别在于直线式课程内容前后不重复，而螺旋式课程内容则会重复出现，逐步推进和扩展。

42. A 【解析】本题考查三维课程目标。"知识与技能"目标强调基础知识和基本技能的获得。题干中"掌握圆的周长计算公式"属于对基础知识与基本技能的掌握，这在三维课程目标中属于知识与技能目标。

43. C 【解析】本题考查教材编写的依据。课程标准是课程计划中每门学科以纲要的形式编写的、有关学科教学内容的指导性文件，是课程计划的分学科展开。它是教材编写、教学、评估和考试命题的依据，也是国家管理和评价课程的基础。

44. A 【解析】本题考查儒家教育思想。有教无类属于孔子的教育思想，孔子为儒家学派的创始人。B、C项是道家的教育思想，D项是法家的教育思想。

45. A 【解析】本题考查我国学制的发展。"癸卯学制"以普通教育为主干，分为纵向三段七级、横向三类。横向三类学校是：(1)普通教育；(2)实业教育；(3)师范教育。"癸卯学制"是中国近代教育史上首次纳入师范教育并实施的学制。

46. D 【解析】本题考查教育调查法中的访谈法与问卷法。访谈法是指研究者通过与研究对象进行面对面的交谈，以口头问答的形式搜集资料的一种调查研究方法。访谈法较为灵活，能深入了解被访者的心理感受，可观察表情、动作等体态语言，容易进行深入调查。问卷法中问卷内容客观统一，数据处理分析方便，节省人力、时间和经费，适用于大样本研究。

47. C 【解析】本题考查教育学的独立形态阶段各代表人物的著作。1632年夸美纽斯出版的《大教学论》是教育学开始形成一门独立学科的标志，在此书中他提出了“泛智教育思想”，探讨“把一切事物教给一切人类的全部艺术”。

48. A 【解析】本题考查国家课程、地方课程与校本课程的关系。国家课程、地方课程和学校课程，都是我国基础教育课程体系的有机组成部分，它们在功能上具有互补性，不存在“高低贵贱”之分。故地方课程与国家课程在地位上具有平等性。

49. D 【解析】本题考查教材编写的原则和要求。教科书的编排形式要有利于学生的学习，符合卫生学、教育学、心理学和美学的要求。

50. C 【解析】本题考查教学过程最优化理论。教学过程最优化是苏联教育家巴班斯基提出的教学理论和方法。他认为，应该把教学看作一个系统，从系统的整体与部分、部分与部分以及系统与环境之间的相互联系、相互作用之中考察教学，以便最优处理教学问题。巴班斯基将现代系统论的方法引进教学论的研究，是对教学论科学化的新探索。

51. A 【解析】本题考查义务教育的特点。义务教育的公共性也称义务教育的国民性，是义务教育的一个重要特征。所谓公共性，是指义务教育是一种社会公共事业，属于国民教育的范畴。公共性的实质就是平等地占有资源，“均衡发展”强调了教育资源的平等。故A项正确。

52. C 【解析】本题考查制约课程内容选择的因素。制约课程内容选择的三个因素是社会因素、受教育者身心发展的规律与科学文化知识，即社会、儿童与学科。

53. D 【解析】本题考查教育的文化功能。题干中“一带一路”沿线国家的留学生把我国文化带回他们的国家体现了教育传播交流文化的功能，即教育的文化传播功能。

54. B 【解析】本题考查最早发现“儿童”的教育家。卢梭在《爱弥儿》里最早提出不要把儿童当作“小大人”，他被认为是最先发现了“儿童”的教育家。杜威提出了新三中心：儿童中心、活动中心、经验中心。康德是将“教育学”列入大学课程并将教育学作为一门学科在大学里讲授的人。洛克提出了“白板说”“绅士教育”等观点。

55. C 【解析】本题考查20世纪60年代“结构主义”课程改革的代表人物。20世纪60年代，美国“结构主义”课程改革的代表人物是布鲁纳。

56. D 【解析】本题考查基础教育课程改革的目标。2001年颁布的《基础教育课程改革纲要(试行)》在课程管理方面的改革目标包括：改变课程管理过于集中的状况，实行国家、地方、学校三级课程管理，增强课程对地方、学校及学生的适应性。

57. C 【解析】本题考查师生关系。教师是建立良好师生关系的主导因素，其学识水平、道德修养以及教学态度与方法，对建立良好的师生关系起着决定性作用。

58. B 【解析】本题考查教育观察法。根据观察活动的进行是否有规律，观察法可分为系统观察和非系统观察。根据观察条件是否人为控制，观察法可分为自然观察法和实验观察法。根据观察者是否直接介入活动，观察法可分为参与性观察和非参与性观察。根据观察内容是否有设计并有结构，观察法可分为结构式观察和非结构式观察。

59. D 【解析】本题考查学校教育的直接目标。学校教育是有目的、有计划、有组织地对受教育者施加影响，促使其朝着所期望的方向发展变化的活动，影响受教育者身心发展是学校教育的直接目标。据此可知，学校教育的直接目标是促进人的发展。

60. D 【解析】本题考查教育产生的根本原因。人类维持生命的需要和延续群体生命的需要的满足，都离不开人类创造、积累的群体生产经验和社会生活规范及准则的传承。由于这些经验和准则都不是从儿童天赋中自然生长起来的，而必须通过学习才能够获得和掌握，因此，有意识、有目的地向年青一代传授生产知识和技能，根据社会化生存的特点向儿童传授社会生活的规范和准则，便成为满足维持生命的需要和满足延续群体生命的需要的必要手段。这种人类对自身生存和发展需要的满足便是教育产生的最根本的原因，亦是教育作为人类社会中具有永恒意义的范畴的根本原因。

61. B 【解析】本题考查孔子的教育思想与著作。孔子的教育思想主要体现在《论语》一书中。《论语》是孔子弟子及再传弟子记录孔子及其弟子言行的语录集。

62. C 【解析】本题考查必修课程与选修课程的关系。必修课程与选修课程的关系：首先，必修课程与选修课程具有互补性。其次，必修课程与选修课程具有等价性，即二者拥有同等的价值。再次，必修课程与选修课程相互渗透、相互作用。故该题选C。

63. D 【解析】本题考查教育学的独立形态阶段的内容。赫尔巴特是传统教育学派的代表，强调“教师中心”“教材中心”“课堂中心”的“旧三中心论”；

杜威是现代教育学派的代表，提出了“儿童中心”“经验中心”“活动中心”的“新三中心论”。

夸美纽斯是教育学之父，提出“泛智”教育，著有《大教学论》；

布鲁纳是结构主义课程改革运动的代表人物。

易错提示：关于传统教育学派和现代教育学派的代表人物，考生做题时应注意：赫尔巴特虽然是“现代教育学之父”，但他却是传统教育学派的代表人物。传统教育学派和现代教育学派的区别在于是否把学生放在教育主体地位。

64. B 【解析】本题考查我国现行学校教育制度的结构。从层次结构上来看，我国现行学校教育包括幼儿教育、初等教育、中等教育和高等教育四个层次；从类别结构上来看，我国现行学校教育可划分为基础教育、职业技术教育、高等教育、成人教育和特殊教育五个大类。

65. A 【解析】本题考查家庭教育的特点。与制度化的学校教育相比，家庭教育在内容、形式、方法诸多方面带有自己明显的特点。首先就表现为生活化特点。家庭教育不需要专门的时间和场所，孩子的游戏活动、日常生活活动，都是家长进行教育的机会和场合。

66. C 【解析】本题考查课程内容的组织形式。纵向组织，又称垂直组织、序列组织，是指按照知识的逻辑序列，由已知到未知（要求课程内容的呈现由浅入深、由易到难）、由简单到复杂等先后顺序组织编排课程内容。

二、简答题（参考答案）

1. 简述文献检索在教育研究中的作用。

（1）能全面正确地掌握所要研究的问题的情况，帮助研究人员选定课题和确定研究方向；

（2）为研究提供科学的论证依据和研究方法；

（3）避免重复劳动，提高科学研究的效益；

（4）为解释、验证研究结果提供参考资料。

2. 简述教育实验设计的基本要素。

任何实验设计都离不开以下六个基本要素：

（1）实验者；

（2）实验对象；

（3）实验因素（自变量）的个数与水平数；

（4）无关因素（无关变量）的控制方法；

（5）因变量的测定方法；

（6）对实验结果的统计处理方法。

3. 简述教育叙事研究的一般步骤。

（1）观察并提出问题；（2）事件的记录与描述；（3）反思与分析；（4）总结与提升；（5）交流与评价。

4. 简述小学综合实践活动开展的基本步骤。

（1）确定活动主题；（2）制订活动方案；（3）活动具体实施；（4）总结交流；（5）活动反思。

5. 简述《小学教师专业标准（试行）》中关于教师专业能力的构成。

在《小学教师专业标准（试行）》中，专业能力包括的领域有：

（1）教育教学设计；（2）组织与实施；（3）激励与评价；（4）沟通与合作；（5）反思与发展。

6. 简述《小学教师专业标准（试行）》中"学生为本"的基本理念。

（1）尊重小学生权益，以小学生为主体，充分调动和发挥小学生的主动性；

（2）遵循小学生身心发展特点和教育教学规律，提供适合的教育，促进小学生生动活泼学习、健康快乐成长。

三、材料分析题（参考答案）

1. （1）依据现代学生观和我国《教育法》相关规定，材料中学生通过座谈会向学校反映任课教师的教学问题的行为是合法、合理的；学生在了解自身行为对任课教师造成伤害后向老师真诚致歉的行为是值得赞扬的，体现了新型师生关系特点。

①现代学生观认为，学生是具有独立意义的人。材料中，学生对王老师动不动发脾气、为小事大

发雷霆的行为有意见,体现了学生是具有独立意义的人,有自己的感受和看法,不是老师意志的附庸。

②现代学生观认为,学生是学习的主体和责权的主体。学生有权依法表达对教师教学的意见。材料中,学生通过学校组织的座谈会这一合理途径向学校反映王老师的教学问题,针对教学质量提出建议,体现了学生对学习的责任心,合理反映自身意见。

③我国《教育法》规定,受教育者依法享有"参加教育教学计划安排的各种活动"的权利,包括课堂教学、讲座、课堂讨论、考试、座谈会等活动。材料中,学生参加学校组织的座谈会并针对教师教学提出意见,是在依法行使受教育者的权利。

④学生的行为体现了新型师生关系特点中的尊师爱生和心理相容。材料中,学生的反馈使得王老师感到生气、委屈,学生在了解自身行为对王老师造成了伤害后,通过纸条向王老师解释原因并真诚地表示歉意,王老师也认识到了自身做法的不妥之处,这体现了学生对老师的爱与尊重以及师生之间的心理相容,也促进了师生关系的和谐发展。

(2)①成为学生喜欢的老师,要求老师树立正确的学生观,主动观察和了解学生,多对学生的学习情况进行反思以及自我反思。材料中的王老师应当多了解学生,对自身教学进行反思,改善课堂氛围。

②成为学生喜欢的老师,要求老师热爱、尊重学生,对学生充满爱心,忌讳粗暴对待学生。材料中的王老师应当控制好情绪,以合适的方式教育学生,不要动辄大发雷霆、"痛骂"学生,要学会尊重学生。

③成为学生喜欢的老师,要求老师提高自我修养,健全人格。材料中的王老师应当端正态度,努力提高师德修养、知识能力素养,培养健全人格,采取恰当、合理的教学方式,正确对待学生。

2. (1)材料中刘老师的教学行为是正确的,促进了学生的发展,值得学习。

①新课程倡导的教学观强调教学是课程创生与开发的过程,是师生交往、积极互动、共同发展的过程,教学应该重过程甚于重结论。材料中,刘老师面对学生突然提出的问题,灵活调整教学,向学生提出几个问题并组织大家讨论,最终使学生深刻理解了白求恩的国际主义精神。

②新课程倡导的教师观强调教师应该是学生学习的促进者。在对待教学关系上,教师应当帮助、引导学生。材料中,刘老师引导学生讨论,使得学生理解了白求恩所具备的高尚精神,取得了良好教学效果,这体现了教师在学生学习过程中的促进、引导作用。

③刘老师的做法体现了启发性原则。材料中,面对一个学生的突然发问,刘老师没有直接给出自己的意见和答案,而是组织全班同学进行讨论,最终使学生自身获得领悟,这体现了启发性原则的运用。

④新课程倡导的学生观强调学生是具有独立意义的人,学生是学习的主体。材料中,刘老师在教学过程中充分尊重学生,在学生产生疑惑的时候,引导学生通过讨论自己解决疑惑,体现了学

生的主体地位。

(2)①新课程倡导教师应该是学生学习的促进者。材料中，刘老师引导学生通过讨论理解了知识，促进了学生的发展，这体现了教师是学生学习的促进者。

②新课程要求教师应该是课程的建设者和开发者。材料中，刘老师面对学生的问题，因势利导，将问题转化为学生共同学习的资源，体现了教师是课程的建设者和开发者。

③教师具有传道者的角色。教师负有传递社会传统道德、价值观念的使命。材料中，刘老师引导学生领会白求恩所具有的国际主义精神，不仅使学生理解了知识，也对学生进行了思想品德上的教育。

④教师具有授业、解惑者的角色。教师是要将自己获得的知识经验、技能进行精心加工整理，然后以特定的方式传授给年青一代，并帮助他们解除学习中的困惑。材料中，面对学生的问题，刘老师引导学生进行讨论，使得学生明白了问题的答案。

3. (1)材料中校长的发言体现了以人为本的学生观。

①以人为本的学生观认为学生是发展中的人，要以发展的眼光看待学生。材料中校长把学生比喻成鲜花，认为只要给予学生足够的阳光、空气、水分以及耐心的等待，未开的花苞总会开放，这说明该校长看到了学生身上的发展潜能，意识到学生是发展中的人。

②以人为本的学生观认为学生是独特的人，每个学生都有自身的独特性。材料中校长把学生比喻成具有不同形态的鲜花，这说明该校长看到了学生之间的差异性，认识到了每个学生都有自身的独特性。

③以人为本的学生观认为学生是具有独立意义的人，学生是学习的主体。材料中校长认为要用静待花开的心态帮助学生，促进学生发展，而不是代替学生发展，这充分体现出该校长意识到了学生是学习的主体。

综上所述，我们应该像材料中的校长一样，树立以人为本的学生观。

(2)小学教师应该树立素质教育观，具体分析如下：

①素质教育是面向全体学生的教育。素质教育倡导人人有受教育的权利，强调在教育中每个人都得到发展，而不是只注重一部分人，更不是只注重少数人的发展。每一位学生都能得到发展，是学生的基本权利。材料中这位校长既看到了适时盛开的花朵，也看到了未开放的花苞，并且认为要帮助未开的花苞绽放，做到了面向全体学生。

②素质教育是促进学生全面发展的教育。素质教育倡导的是在教育中使每个学生都能得到充分的、全面的发展。实施素质教育必须坚持“五育”并举，促进学生生动活泼地发展。

③素质教育是促进学生个性发展的教育。每一个学生都有其个别性，教育要尊重并充分发展学生的个性。材料中校长认为只要给予花苞足够的阳光、空气、水分及耐心的等待，花苞总会开放，而且认为迟开的花苞盛开时也许会更鲜艳、更长久，充分体现了教师要因材施教。

④素质教育是以培养学生的创新精神和实践能力为重点的教育。在教学中教师不仅教给学生理论知识,更要把理论与实践相结合,倾听学生不同的声音,培养学生的创新精神。

总之,作为一名小学教师,在教学中应该坚持实施素质教育,以此来促进学生的全面发展和健康成长。

专题一　教育学基础知识

一、单项选择题

答案速查

1~5	AABDD	6~10	BABAB	11~15	DCDDB	16~20	CDCCC
21~25	CCACC	26~30	BACAA	31~35	ABADD	36~40	BDDBC
41~45	ACACC	46~50	DABDC	51~55	ACBBC	56~60	DABDB
61~65	BBBCA	66~70	BDCAC	71~75	CADBA	76~80	BAABD
81~85	DACDD	86~90	BDCBA	91~95	AAADC	96~100	BACAB
101~105	DCBBB	106~110	CBCDC	111~115	DDDAC	116~120	CDBCA
121~123	CCA						

1. A 【解析】法国社会学家利托尔诺和英国教育学家沛西·能是"生物起源说"的代表人物。孟禄是心理起源说的代表人物,苏联的凯洛夫和米丁斯基是劳动起源说的代表人物。

2. A 【解析】苏联教育家赞可夫出版了《教学与发展》一书,他把学生的一般发展作为教学的出发点,提出了发展性教学理论的五条教学原则。

3. B 【解析】个人本位论主张教育的目的是培养"自然人",发展人的个性,增进人的价值,促使个人自我实现。卢梭的观点属于个人本位论的教育目的价值取向。

4. D 【解析】教育的负向功能使教育在不同程度上对人和社会的发展产生阻碍作用。标准化的教学模式束缚了学生的想象力和创造力,扼杀了学生的创新精神,这主要体现了教育对个体发展的负向功能。

5. D 【解析】"以僧为师""以吏为师"是古埃及教育的一大特征。本题选D。A项,古印度的教育是与种姓制度和宗教教育密切联系在一起的。其中,婆罗门教育以家庭教育为主,僧侣是唯一的教师;佛教教育的目的在于让人们弃绝人间享乐,通过修行追求虚幻的来世,教育活动主要是背诵经典和钻研经义。B项,古巴比伦位于亚洲西部的幼发拉底河与底格里斯河流域,古巴比伦的教育为少数人垄断,奴隶不能享受学校教育。能掌握复杂的楔形文字知识的一般只限于职业官吏、僧侣、文艺家等少数人。C项,古希腊以雅典教育和斯巴达教育两种教育体系为主,雅典教育主要是培养有文化、有修养和多种才能的政治家和商人,斯巴达教育主要是培养忠于统治阶级的强悍的军人。

6. B 【解析】赫尔巴特提出的教学四阶段论是指教学活动经历四个阶段，即明了、联合(联想)、系统、方法。后来四阶段论被发展为五阶段，即预备、提示、联系、总结、应用。

7. A 【解析】题干引文的意思是如果贤良人才多，国家就治理得很好；如果贤良人才少，国家就治理得差。这说明教育可以通过培养人才来实现对政治经济制度的影响，体现了教育的政治功能。

8. B 【解析】社会本位论是从社会需要出发，注重教育的社会价值，主张教育的目的是培养合格公民和社会成员。马卡连柯的这句话体现的是社会本位论的思想。

9. A 【解析】“道之以政，齐之以刑，民免而无耻；道之以德，齐之以礼，有耻且格”的意思是：用法制禁令去引导百姓，使用刑罚来约束他们，老百姓只是求得免于犯罪受惩，却失去了廉耻之心；用道德教化引导百姓，使用礼制去统一百姓的言行，百姓不仅会有廉耻之心，而且也就守规矩了。这句话说明教育是治国的关键，反映了教育的政治功能。

10. B 【解析】题干意思是：樊迟向孔子请教如何种庄稼，孔子说自己不如老农；樊迟又请教如何种菜，孔子说自己不如老菜农。樊迟出去以后，孔子评价樊迟是小人。上位者重视礼仪，老百姓就没有敢不恭敬的；上位者爱好道义，老百姓就没有敢不服从的；上位者爱好诚信，老百姓就没有敢不诚实的。如果能够做到这一点，那么，四方的老百姓就会背负幼子前来归服，何必要自己来种庄稼呢？这表明孔子轻视生产劳动，教育偏重人事、文事。所以，樊迟问稼的故事体现了我国古代教育基本上与生产劳动相脱离的特点。

11. D 【解析】教育有广义的教育和狭义的教育之分，狭义的教育是指学校教育，D项说法错误。A项体现了教育的本质属性，B项体现了教育的永恒性，C项体现了广义的教育的内涵。

12. C 【解析】教育的继承性是指不同历史时期的教育有共同点，前后相继，后一时期教育是对前一时期教育的继承与发展。我国的教育方针在演变中继承了重视道德教育的优良传统，体现了教育的继承性。

13. D 【解析】蔡元培比较系统地提出了五育并举的思想，即：军国民教育、实利主义教育、公民道德教育、世界观教育和美感教育。故本题选D。

14. D 【解析】家庭教育是指在家庭内由父母或其他年长者对新生一代和其他家庭成员所进行的有目的、有意识的教育。家庭教育的针对性指教育工作能从实际出发，有的放矢，而不是想当然，不是一般化的说教。相对来说，家庭教育的针对性更强。人们常说：“知子莫若父，知女莫若母。”子女自幼随父母生活，长期相处，父母能够全面细致地了解、熟知子女。这说明家庭教育比学校教育更具有针对性。

15. B 【解析】双轨制以英国为典型代表，这种学制的学校系统分为两轨：一轨是学术教育，为特权阶层子女所占有，学术性很强，学生可升到大学以上；另一轨是职业教育，为劳动人民的子弟所开设，属生产性的一轨。两轨之间互不相通，互不衔接。

16. C 【解析】杜威强调儿童在教育中的中心地位，其主要的教育观点有：教育即生活、教育即生长、教育即经验的改组或改造、学校即社会等。

17. D 【解析】依据题干，“轮流从一个生产部门转到另一个生产部门”说明教育可以使劳动力得到全面发展，提高劳动转换能力，摆脱现代分工对每个人造成的片面性。恩格斯的话体现了教育再生产劳动力，故本题选D。

18. C 【解析】教育的永恒性是指教育与人类社会共始终，“只要有人类社会，就有教育”说明教育具有永恒性。

19. C 【解析】杜威提出“儿童中心”“活动中心”“经验中心”的“新三中心论”，区别于传统教育学流派主张的“课堂中心”“教材中心”“教师中心”的“旧三中心论”。

20. C 【解析】教育形态是指教育的客观存在形式和表现形态。根据教育系统所赖以运行的场所或空间标准，可以将教育形态划分为家庭教育、学校教育和社会教育。在教育中，要充分整合和利用学校、家庭、社会的教育资源，在发挥学校教育优势的同时，协调家庭、社区的力量，提高对学生道德发展、成长成人的重视程度和参与度，形成学校、家庭、社会协调一致的育人合力。

21. C 【解析】题干的意思是：吴国、越国、东夷、北貉之人，刚生下来啼哭的声音都是一样的，长大后风俗习惯却各不相同，这是教育使他们如此的。故题干内容强调的是教育对人的身心发展的影响。

22. C 【解析】影响人的身心发展的因素是多方面的。其中遗传素质是人的身心发展的物质前提，环境为个体的发展提供了多种可能，而教育作为特殊的环境对人的身心发展起主导作用和促进作用，个体主观能动性是人的身心发展的内因和动力。故该题选C。

23. A 【解析】马克思阐述了关于人的全面发展理论，该理论提出“教育与生产劳动相结合是造就全面发展的人的唯一方法”。

24. C 【解析】陶行知的一生为改革和发展中国的教育事业鞠躬尽瘁，做出了不可磨灭的贡献。毛泽东称颂他为“伟大的人民教育家”。

25. C 【解析】教育目的的确立，除了取决于社会政治经济制度和生产力发展水平以外，还受文化的影响。例如，我国古代社会的主流文化是以儒学为核心的伦理型文化，这种文化反映在人才培养上，就强调教育目的是“在明明德，在亲民，在止于至善”。

26. B 【解析】捷克教育家夸美纽斯在其著作《大教学论》(1632年)中最早对班级授课制做了理论上的阐述和论证。他推进学年制度、分科教学和班级授课，在学校中建立了严密而稳定的教学秩序，使中世纪以前的无序的个别教学向有序的、制度化的班级授课制转变。他总结了新的教学经验，创建了较为系统的教学理论。题干描述的是夸美纽斯对教学过程理论发展的贡献。

27. A 【解析】“不愤不启，不悱不发”出自《论语》，意思是：不到他努力想弄明白而得不到的程度不要去开导他；不到他心里明白却不能完善表达出来的程度不要去启发他。这句话体现了孔子倡导的启发诱导的教学思想。苏格拉底以其雄辩和与青年智者的问答法著名,苏格拉底问答法亦称“产婆术”,其实质是一种启发式教学。故题干语句和产婆术均体现了启发诱导的教学思想,本题选A。

28. C 【解析】教育民主化概括来说就是指全体社会成员享有越来越多的教育机会,受到越来越充分的民主教育。教育民主化是对教育的等级化、特权化和专制性的否定。

29. A 【解析】“家事、国事、天下事,事事关心”这句话很明显体现的是教育与政治的关系,反映了教育的政治功能。

30. A 【解析】生产力的发展促进了科学技术的发展与更新,从而也要求教育内容不断调整与更新。从14世纪到17世纪,随着生产力的发展水平不断提高,教育的内容也不断增加,这体现了生产力的发展水平对教育内容的影响。

31. A 【解析】“近朱者赤,近墨者黑”“孟母三迁”都体现的是环境对人的发展的影响。

32. B 【解析】孟禄是心理起源论的代表人物之一,心理起源论认为教育起源于日常生活中儿童对成人的无意识模仿。“使用的方法从头到尾都是简单的、无意识的模仿”就体现了心理起源论的观点。

33. A 【解析】个人本位论主张教育的目的是培养“自然人”,发展人的个性,增进人的价值,促使个人自我实现。题干中说教育的主要目的是“塑造人”,是帮助儿童成为充分成型和完善发展的人,这体现的是个人本位论的观点。

34. D 【解析】外铄论(环境决定论)的主要代表人物包括荀子、洛克、华生等。

35. D 【解析】赫尔巴特依据其对心理学和伦理学的广泛研究,认为知识与道德具有直接的和内在的联系,人只有认识了道德规范,才能产生服从道德规范的意志,从而形成符合道德规范的行为。在此基础上,他明确提出了教育性教学原则并将其当作教育的基本原则。赫尔巴特指出:“不存在‘无教学的教育’这个概念,正如反过来,我不承认有任何‘无教育的教学’一样。”他指明,教育(道德教育)是通过而且只有通过教学才能真正产生实际作用,教学是道德教育的基本途径。

36. B 【解析】晏阳初被称为“国际平民教育之父”。在乡村教育实践中,他提出了“四大教育”“三大方式”。“四大教育”即文艺教育、生计教育、卫生教育和公民教育;“三大方式”即学校式、家庭式和社会式。

37. D 【解析】壬戌学制又称新学制或六三三学制,它以美国学制为蓝本,第一次明确以学龄儿童和青少年身心发展规律作为划分学校教育阶段的依据,规定小学六年、初中三年、高中三年。这种学制一直沿用到全国解放初期。

38. D 【解析】片面追求升学率对教育造成的影响属于教育的社会功能,这种影响是负向的,所以,题干所述为教育的负向社会功能。

39. B 【解析】题干引文出自《论语》,意思是:我十五岁就立志学习,三十岁能够自立,四十岁遇到事情不再感到困惑,五十岁就知道哪些是不能为人力支配的事情而乐知天命,六十岁时能听得进各种不同的意见,七十岁可以随心所欲(收放自如)却又不超出规矩。这句话是孔子自述的其学习和修养的过程,这个过程贯穿了其一生,体现的是终身教育思想。

40. C 【解析】斯巴达教育以军事体育训练和政治道德灌输为主,教育内容单一,教育方法比较严厉。

41. A 【解析】一个人的成就同智力的高低并无极大的相关,说明遗传素质为人的发展提供了可能性,但不能决定人的发展。

42. C 【解析】"藏息相辅"的意思是:教学中要坚持课内学习与课外练习相结合,以达到更好的教学效果。

43. A 【解析】社会政治经济制度决定教育的性质。在同一政治经济制度下,各国的教育虽然也有差异,但其本质属性是相同的。社会政治经济制度还决定着教育的领导权、受教育权、教育目的、教育内容的取舍、教育体制,制约着教育的改革与发展。故制约教育的性质、领导权和受教育权的根本因素是政治经济制度。

44. C 【解析】教育的劳动起源说提供了理解教育起源和教育性质的一把"金钥匙"。

45. C 【解析】礼乐教育是"六艺"(礼、乐、射、御、书、数)教育的中心。

46. D 【解析】同样的种子由于土壤、气候等环境因素的改变,结果就产生了橘与枳的差别,这说明环境影响和制约着事物的发展。

47. A 【解析】教育目的有导向、激励、评价的作用。教育目的的导向作用是指教育目的一经确立,就成为人们行动的指南,不仅为受教育者指明了发展方向,预定了发展结果,也为教育工作者指明了工作方向和奋斗目标。题干中所描述的马克思主义关于人的全面发展学说为培养社会主义人才指明了方向,这体现的就是教育目的的导向作用。

48. B 【解析】教育能够传播、交流和融合文化。教育通过传播文化,使不同国家和民族的文化相互交流、交融,促进文化的优化和发展。国际性的文化交流更是民族文化融入全球文明的过程。题干所述体现了教育具有传播和交流文化的作用。

49. D 【解析】卢梭的小说《爱弥儿》宣扬了他的自然主义教育思想。他认为教育的任务应该使儿童"归于自然",这是其自然主义教育的核心。

50. C 【解析】题干中学校对非物质文化遗产的传承、保护与发展,说明教育可以传递和保存文化,这是教育的文化功能的表现之一。

51. A 【解析】《论演说家的教育》即《雄辩术原理》,是昆体良的代表作,也是西方最早的教育著作。

52. C 【解析】在西方教育史上,裴斯泰洛齐是第一个明确提出"教育心理学化"主张的教育家。

53. B 【解析】题干这句话强调了环境对事物的影响,如果用在人的身心发展上,则夸大了环境的作用，因为人还具有主观能动性，人的身心发展还受到其他多种因素的影响。

54. B 【解析】柏拉图的教育思想集中体现在其代表作《理想国》中。

55. C 【解析】壬子癸丑学制规定实行“男女教育平等，允许初等小学男女同校”，这在我国近代教育发展史以及我国公民受教育权的发展史上具有极其重要的意义。

56. D 【解析】许慎在《说文解字》中对“教育”做过这样的解释：“教，上所施，下所效也”，“育，养子使作善也”。

57. A 【解析】题干描述的是霍尔的观点，他过分夸大了遗传的影响，认为人的发展是由遗传基因决定的，后天的教育只能影响其发展的速度（如加速或延缓），这属于“遗传决定论”的观点。

58. B 【解析】“壬寅学制”以日本的学制为蓝本，由当时的管学大臣张百熙起草，是中国近代教育史上最早由国家正式颁布的学制系统，虽然正式公布，但并未实行；“癸卯学制”主要承袭了日本的学制，是中国近代由中央政府颁布并首次得到施行的全国性法定学制系统，较“壬寅学制”更为系统详备。

59. D 【解析】苏格拉底以其雄辩和与青年智者的问答法著名。苏格拉底问答法亦称“产婆术”，这是一种学生和教师共同讨论、共同寻求正确答案的方法，有助于激发和推动学生思考问题的积极性和主动性，将内部已有的知识引出来。这一教育理论是西方最早的启发式教育。故本题选D项。

60. B 【解析】社会政治经济制度、生产力、科学技术、文化等都对教育的发展有一定的影响和制约。其中生产力发展水平决定着教育事业的发展速度、规模和学校结构；社会政治经济制度决定教育的性质；科技进步是现代教育发展的根本动因；文化则影响着教育的观念、价值定向等方面。结合题干，故选B。

61. B 【解析】狭义的教育制度指学校教育制度，简称学制，是一个国家各级各类学校的总体系，具体规定各级各类学校的性质、任务、要求、入学条件、修业年限及它们之间的相互关系。B选项课程标准不属于学制的内容。

62. B 【解析】教育的生物起源说认为教育是一种生物现象，教育起源于动物界中各类动物的生存本能活动。从题干中的“教育是天性的”“教育是扎根于本能的不可避免的行为”等可知，题干体现的是生物起源说。

63. B 【解析】朱熹强调读书穷理，他的弟子汇集他的训导归纳为“朱子读书法”，主要体现在六个方面：循序渐进；熟读精思；虚心涵泳；切己体察；着紧用力；居敬持志。

64. C 【解析】在我国，“教育”一词最早见于《孟子·尽心上》中的“得天下英才而教育之，三乐也”。故孟子是我国最早提出“教育”一词的教育家。

65. A 【解析】马克思主义教育学认为教育起源于劳动，起源于劳动过程中社会生产需要和人的发展需要的辩证统一。

66. B 【解析】实用主义教育学的代表人物是美国教育家杜威和克伯屈，其代表著作分别是《民主主义与教育》和《设计教学法》。

67. D 【解析】题干的描述说明教育对人的发展具有不同的作用，实现教育对人的发展的主导作用是有一定条件的。

68. C 【解析】英国学者培根在《论科学的价值和发展》一文中，首次把教育学作为一门独立的学科提出来。

69. A 【解析】美国的学制主要是单轨制，这种学制有利于教育的普及。

70. C 【解析】学制的设置要受青少年儿童身心发展规律的影响，青少年儿童身心发展的各个阶段，都有明显的年龄特征。正是由于学制受青少年儿童身心发展规律的制约，所以不同国家在学制的很多方面是一致的，如入学年龄，大学、中学、小学阶段的划分等。

71. C 【解析】亚里士多德在教育史上首次提出了“教育遵循自然”的观点，主张按照儿童心理发展的规律对儿童进行分阶段教育，提倡对儿童进行和谐的教育，这一观点成为后来全面发展教育的思想源泉。

72. A 【解析】《学记》(收入《礼记》)是中国也是世界教育史上的第一部教育专著，成文大约在战国末期。

73. D 【解析】1965年，法国教育家保罗·朗格朗首次阐述了“终身教育”原则，并在1970年出版的《终身教育引论》中提出了终身教育概念及理论。《终身教育引论》出版后被译成多种文字，被公认为是终身教育理论的代表作，在国际上产生了广泛的影响。

A项，赫尔巴特出版了《普通教育学》一书。

B项，舒尔茨，美国经济学家，曾获诺贝尔经济学奖，是西方教育经济学的人力资本理论的奠基人和主要代表，著作有《教育的经济价值》等。

C项，埃德加·富尔曾任法国教育部长、法国总理以及联合国教科文组织国际教育发展委员会主席。1972年国际教育发展委员会向联合国教科文组织提交《学会生存——教育世界的今天与明天》调查报告书(即富尔委员会报告)。《学会生存》报告发出了“培养完人”的呼吁，提出教育的基本目的应该是把一个人在体力、智力、情绪、伦理各方面的因素综合起来，使他成为一个完善的人，并提出“唯有全面的终身教育才能够培养完善的人”。

74. B 【解析】我国教育家杨贤江的《新教育大纲》(1930年)是我国第一部马克思主义的教育学著作。

75. A 【解析】构成教育活动的基本要素包括教育者、受教育者(学习者)和教育媒介(教育影响)。其中，教育者是主导性因素。

76. B 【解析】生物起源说认为学习是动物的生存本能，“印刻”现象恰恰体现了动物的这一本能。

77. A 【解析】康德认为教育的根本就是要对人的本性进行适当的控制，“人是唯一需要教育的动物”。教育的根本任务在于充分发展人的自然禀赋，使人人都成为自身，成为本来的自我，都得到自我完善。此外，康德是最早在大学开设教育学讲座的有影响力的学者之一。所以，题干所述的教育家为康德。

78. A　【解析】教育可以传递和保存文化。教育是文化传递和保存最为基本和最为有效的手段。现在我们还能学习唐宋时期的优秀文化，这都得益于教育的传递和保存功能。

79. B　【解析】作为墨家的代表人物，墨翟以“兼爱”“非攻”为教，同时注重文史知识的掌握和逻辑思维能力的培养，还注重实用技术的传习。对于获得知识的理解，墨翟认为，人的知识来源可分为三个方面，即亲知、闻知、说知。所以，题干所述是墨家的教育思想。

80. D　【解析】题干中所描述的“影响孩子创造性和批判反思能力的发展”属于计划外的消极作用，因此答案选D。

81. D　【解析】洛克反对天赋观念，提出了“白板说”。他认为，人出生时心灵如同白纸或白板一样，人的一切知识和观念都来自外界事物在白纸或白板上留下的痕迹，最终都源于经验，并同时得出结论：“天赋的智力人人平等，人类之所以千差万别，便是由于教育之故。”

82. A　【解析】杜威著有《民主主义与教育》一书，他在师生关系上，认为应以儿童为中心，形成相应的教学方法——做中学，即在经验中学习，在处理问题中学习。所以A项符合题意。

83. C　【解析】社会本位论主张教育的目的是培养合格公民和社会成员。凯兴斯泰纳认为国家国民学校的教育目标就是培养有用的国家公民，这体现的是社会本位论的思想。

84. D　【解析】个体的主观能动性是人的身心发展的内在动力，也是促进个体发展从潜在的可能状态转向现实状态的决定性因素。逆境可以成才，“同流而不合污”“出淤泥而不染”“威武不能屈”等反映的是人的主观能动性在个体发展中的作用。

85. D　【解析】教学相长的主张出自《学记》，不是孔子的教学主张。

86. B　【解析】“南人善泳，北人善骑”，不同地区有不同的地理环境，这就会导致生活习性的不同。题干所述体现了自然环境对人的发展的影响。

87. D　【解析】D项属于道家的思想。道家主张“道法自然”、“绝学无忧”、绝圣弃智，提倡怀疑的学习方法等，故本题选D项。

88. C　【解析】教育受一定社会的政治、经济等因素的制约，但作为一种培养人的社会活动，教育有其自身的规律，具有相对独立性。所以题干这一观念违背了教育的相对独立性。

89. B　【解析】控辍保学是“普及九年义务教育”工作提出来的一个概念，控是控制，辍是停止、中止，保是保护、保障，学是学习、接受教育。意思为控制学生失学、辍学，保证所有适龄儿童、少年入学就读，接受义务教育。义务教育的强制性是义务教育的最本质特征，义务教育的强制性主要体现在两方面：一是适龄儿童必须接受教育，二是国家必须予以保障。义务教育是法律保证实施的教育活动，让适龄儿童、少年接受义务教育是学校、家长和社会的义务。对不履行义务教育的行为，国家以立法的形式，强制执行。因此，控辍保学工作的落实体现了义务教育的强制性。

90. A　【解析】马克思阐述了关于人的全面发展学说，这一学说是我国确立教育目的的理论依据和基础。

91. A　【解析】涂尔干是社会本位论的代表人物，社会本位论从社会发展需要出发，注重教育的社会价值，主张教育的目的是培养合格公民和社会成员。由题干中的“以适应整个政治社会在总体上对儿童的要求”可知，涂尔干的这段话指出了教育的目的是促进个体的社会化。

92. A　【解析】教育再生产科学知识是教育的经济功能的表现之一。科学知识是第一生产力，但是科学知识在未用于生产前只是一种意识形态的或潜在的生产力。教育是实现科学知识再生产的重要手段。教育再生产科学知识具体表现在：(1)教育可以高效能地扩大科学知识的再生产，使原来为少数人所掌握的科学知识在较短的时间内为更多的人所掌握，从而提高劳动生产效率，促进生产力的发展；(2)教育也担负着发展科学、再生产科学的任务，这在高校表现得尤为明显。题干所述说明教育具有再生产科学知识的功能。

93. A　【解析】从性质上看，教育功能可以分为保守功能和超越功能。保守功能是指教育具有自身的结构，具有内在的稳定性和自身的逻辑性，不随社会的变化而变化，形成了教育自我保存的功能性和继承性，表现出教育重复、封闭、保守的一面。超越功能是指通过教育的自我更新和变革，促进和引领人类社会的发展。因此，A项符合题意。

94. D　【解析】从活动水平角度看，个体主观能动性由三个层次构成：第一层次是人作为生命体进行的生理活动；第二层次是个体的心理活动；最高层次是社会实践活动。

95. C　【解析】根据题干所述，搬运工与哲学家之间的原始差别是很小的，随着分工的不同差别也越来越大，这说明遗传素质具有一定的可塑性，它会随着环境、教育的改变和人类实践活动的深入等作用而逐渐发生变化。遗传素质仅仅为人的发展提供了最初的可能性，不能决定人的发展。所以C项正确。

96. B　【解析】现代教育的生产性日益突出。现代教育越来越与人类的物质生产结合起来，越来越与生产领域发生密切的、多样化的关系；生产的发展也越来越对教育系统提出新的要求。今天的教育就是明天的经济。教育的消费是明显的消费，潜在的生产；是有限的消费，扩大的生产；是今日的消费，明日的生产。教育已经成为经济发展的杠杆。

97. A　【解析】终身教育是学习化社会的基石，联合国教科文组织在《学会生存》中主张建设学习化社会的关键在于实施终身教育。

98. C　【解析】广义的教育制度指国民教育制度，是一个国家为实现其国民教育目的，从组织系统上建立起来的一切教育设施和有关规章制度的总和。狭义的教育制度指学校教育制度，简称学制，是一个国家各级各类学校的总体系。学校教育制度处于国民教育制度的核心和主体地位,体现了一个国家国民教育制度的实质。

99. A 【解析】"仕而优则学,学而优则仕"从理论上概括了孔子教育目的的一个重要方面。其意思是:为官者已尽职尚有余力的,应致力于学问;为学者有了丰富的知识还有余力的,应去做官。这句话主张把从政与学习联系起来,可见孔子的教育目的是培养治国安民的贤能之士。

100. B 【解析】朱子读书法主要体现在六个方面:循序渐进、熟读精思、虚心涵泳、切己体察、着紧用力、居敬持志。朱熹认为,读书既要读得熟,又要思之精。在这方面,他有一句十分精辟的论述。他说:"大抵观书,先须熟读,使其言皆若出于吾之口;继以精思,使其意皆若出于吾之心,然后可以有得尔。"所以,题干所述体现了"朱子读书法"中的熟读精思。

101. D 【解析】"一般发展"与"特殊发展"是赞可夫在其著作《教学与发展》一书中提出的两个概念,"一般发展"是指整个个性的发展,"特殊发展"是指知识和技能的发展。故A、B两项正确。赞可夫把学生的"一般发展"作为教学的出发点,主张教学过程应当是让学生得到"一般发展"的过程。故C项正确。赞可夫认为,我们所理解的"一般发展",是指儿童个性的发展,它是所有方面的发展。就是说,"一般发展"是指包括心理发展在内的智力和能力的发展。故D项错误。

102. C 【解析】教育适应自然亦称自然适应性原则,是夸美纽斯整个教育思想体系的根本性原则。它主要有两方面的内容:(1)教育要遵循自然界存在着的普遍秩序,即自然规律;(2)教育要适应人的自然本性和儿童的年龄特征。

103. B 【解析】个人本位论认为,教育要从个体本能需要出发,培养"自然人",发展人的个性,增进人的价值,促使个人自我实现。社会本位论认为,确立教育目的的根据是社会的要求,个人的发展必须服从社会需要,因为个人生活在社会中,受制于社会环境。教育的目的是为社会培养合格的成员和公民,使受教育者社会化。社会价值高于个人价值,教育质量和效果可以用社会发展的各种指标来评价。A、C、D项都符合社会本位论的观点,B项属于个人本位论的观点。

方法技巧:做此类试题时,重点是抓住关键词,个人本位论追求的是个人的发展,所以这类试题的题干中常带有"本性""潜能""个人需要""自由""个人价值"等关键词;社会本位论追求的是社会的发展,所以题干描述中常带有"社会需要""适应社会""社会化""公民""社会价值"等关键词。

104. B 【解析】生物起源说的代表人物是法国的利托尔诺、英国的沛西·能,该学说认为教育是一种生物现象,教育起源于动物界中各类动物的生存本能活动,其缺点是没有把握人类教育的目的性和社会性,把教育的起源问题生物学化。心理起源说的代表人物是美国的孟禄,该学说认为教育起源于日常生活中儿童对成人无意识的模仿。心理起源说把人类有意识的教育行为混同于无意识模仿,否定了教育活动的目的性和意识性,同样导致了教育的生物学化,否

认了教育的社会属性。因此，生物起源论和心理起源论都忽视或否认了教育的社会属性，故本题选B项。

105. B 【解析】凯洛夫主编的《教育学》被公认为是世界上第一部马克思主义的教育学著作，并对新中国成立后乃至现在的教育都产生了很大的影响。所以，以马克思主义的观点来阐述教育教学问题的是凯洛夫及其《教育学》。

106. C 【解析】荀子提出了“性恶论”，认为教育的作用是“化性起伪”，就是通过教育和学习来改变自己的本性，使人具有适应社会生活的道德智能。故A项对应正确。

夸美纽斯从他的民主主义的“泛智”思想出发，提出了普及教育的思想，提出“把一切事物(知识)教给一切人”“一切男女青年都应该进学校”。故B项对应正确。

“美德即知识”的思想是苏格拉底教育思想的一个重要内容。故C项对应错误。

墨子认为，人的知识来源可分为三个方面，即“亲知”“闻知”和“说知”。故D项对应正确。

107. B 【解析】基础教育应是为人的终身发展、未来发展奠定基础的教育(相对于专业教育而言)。基础教育的价值主要表现在两个方面：(1)基础教育的基本目标在于提高整个中华民族的素质，它的对象和着眼点是全体人民，而不是一部分人，更不是少数人；(2)基础教育的功能是为提高全民族的素质奠定基础，它强调的是基本素质的培养，而不是专业或某些专门人才的培养。

108. C 【解析】赫尔巴特认为，道德教育与知识教育是分不开的。需要注意的是，赫尔巴特的实践哲学的出发点是意志，道德教育要通过意志训练来达到目的。他还认为，人的价值不在于知识而在于意志。也就是说，知识本身并不是教育的目的，只有当其成为意志陶冶即道德教育的手段时才是有价值的。这也正如他在《普通教育学》的开篇所说的：“我得立刻承认，不存在‘无教学的教育’这个概念，正如反过来，我不承认有任何‘无教育的教学’一样。”赫尔巴特是传统教育学派的代表人物。杜威是现代教育学派的代表人物。C项正确。

109. D 【解析】墨子希望能够改善劳动者和小生产者的社会地位和经济地位，提倡“必使饥者得食，寒者得衣，劳者得息，乱者得治”，并且提出“尚贤”和“尚同”的观点，认为“官无常贵，民无终贱”。其教育思想是“艰苦实践、服从纪律”，教育目的是“兴天下之利，除天下之害”。

110. C 【解析】人的发展首先是社会性的发展，因此教育的个体发展功能首先表现为促进个体社会化的功能。它主要表现在：(1)教育促进个体思想意识的社会化；(2)教育促进个体行为的社会化；(3)教育促进角色和职业的社会化。题干所述是教育个体发展功能(个体功能)的体现。

111. D 【解析】劳动技术教育包括劳动教育和技术教育两个方面，前者主要是培养学生的劳动观点和劳动习惯，后者则是使学生掌握基本劳动技术知识和技能。A项表述错误。

智力包括观察力、记忆力、注意力、想象力和思维力等成分，并以思维力为核心。发展学生智力最核心的是培养学生的思维能力。B项表述错误。

德育体现社会主义学校教育的方向，影响学生的精神面貌和健康成长，对学生整体素质的发展和优化起着重要的导向作用和动力作用。智育是学生全面发展的基础，是其他各育的前提，并且智育过程中也渗透其他各育。C项表述错误。

国民体质的好坏优劣关乎民族生存质量，体育是人的全面发展的物质前提，在人的全面发展中占据重要的地位。D项表述正确。

112. D 【解析】十月革命后，苏联制定了单轨的社会主义统一劳动学校系统。后来在发展过程中，形成了既有单轨制特点又有双轨制某些因素的苏联型学制。苏联型学制不属于欧洲双轨制，因为它一开始并不分轨，而且职业学校的毕业生也有权进入对口的高等学校学习。但它和美国的单轨制也有区别，因为它进入中学阶段时又开始分叉。也就是说，苏联型学制前段（小学、初中阶段）是单轨，后段分叉，是介于双轨学制和单轨学制之间的分支型学制。“上通（高等学校）下达（初等学校），左（中等专业学校）右（中等职业技术学校）畅通”是分支型学制的特点和优点。

113. D 【解析】环境对个体发展的影响表现在：(1)环境为个体的发展提供了多种可能，使遗传提供的发展可能变成现实；(2)环境是推动人身心发展的动力；(3)人对环境的反应是能动的。C项表述正确，D项表述错误。环境不决定人的发展，B项表述正确。环境对个体发展的影响有积极和消极之分，A项表述正确。

114. A 【解析】文化教育学又称精神科学教育学，是19世纪末以来出现在德国的一种教育学说，其代表人物主要有狄尔泰、斯普兰格、利特等人。克鲁普斯卡娅是社会主义教育学的代表人物，金蒂斯是批判教育学的代表人物，拉伊是实验教育学的代表人物。

115. C 【解析】《中华人民共和国教育法》(2021年修正)第五条规定，教育必须为社会主义现代化建设服务、为人民服务，必须与生产劳动和社会实践相结合，培养德智体美劳全面发展的社会主义建设者和接班人。

116. C 【解析】在洛克的绅士教育理论体系中，德育居于首要地位。因为在他看来，德行是一个绅士必须具备的最重要的品质。他说：“我认为在一个人或者一个绅士的各种品性之中，德行是第一位的，是最不可缺少的。他要被人看重，被人喜爱，要使自己也感到喜悦，或者也还过得去，德行是绝对不可缺少的。”

117. D 【解析】赫尔巴特被誉为“现代教育学之父”或“科学教育学的奠基人”。他的《普通教育学》的出版(1806年)标志着规范教育学的建立，同时，这本书也被认为是第一本现代教育学著作。

118. B 【解析】《学记》开篇阐述了教育的目的：“建国君民，教学为先”“君子如欲化民成俗，其必由学乎”，论述了教育与政治的关系。其总结的教学原则主要包括：(1)尊师重道（教师观）。“师严然后道尊,道尊然后民知敬学"。(2)豫时孙摩。预防+及时施教+循序渐进+观摩学习:"禁于未发之谓豫""当其可之谓时""不陵节而施之谓孙""相观而善之谓摩"。所以①③正确。②表述错误,④是墨子的教育思想。

119. C 【解析】卢梭在其著作《爱弥儿》中,通过对假想的教育对象爱弥儿进行系统教育的过程,批判封建教育制度,提倡服从自然法则、听任人的身心自由发展的"自然教育"。"出自造物主之手的东西都是好的,而一到了人的手里,就全变坏了。"这是《爱弥儿》的开篇第一句。所以,C项属于卢梭的教育思想。A项是杜威的教育思想。B项是夸美纽斯的教育思想。D项是赫尔巴特的教育思想。

120. A 【解析】在我国,最早采用班级授课制的是清政府于1862年设于北京的京师同文馆,并在癸卯学制中以法令形式确定下来,随之在全国范围内推广。班级授课制是与现代化大生产相适应的集体教学形式。A项正确。

壬戌学制(新学制或六三三学制)以美国学制为蓝本,在学校系统上以儿童身心发展时期为根据,规定小学六年,初中三年,高中三年。此外,新学制还有两条"附则":一是注重天才教育,得变通修业年限及课程,使优异之智能尽量发展;二是注意特种教育。故B项排除。

壬子癸丑学制第一次规定了男女同校,废除读经,充实了自然科学的内容,将学堂改为学校。故C项排除。

1922年新学制实施后,虽然各地实行未久,利弊得失并不显著,但南京国民政府成立后,出于推行"三民主义"教育的需要,又动议修订学制系统。1928年5月,在中华民国大学院第一次全国教育会议上,以1922年新学制为基础并略加修改,提出《整理中华民国学校系统案》,即"戊辰学制"。此后,国民政府的学制系统于1937年和抗日战争期间分别作过修订,但1922年新学制的基本框架未变,只是根据时局需要作适当变通而已。D项属于戊辰学制的内容,故排除。

121. C 【解析】教育具有长期性,无论从一项教育活动完成的角度,还是从一个个体的教育生长的角度,其时间周期都比较长。父母打着"不让孩子输在起跑线上"的旗号,想方设法让孩子上各种培训班,培养孩子的各种才能,并且想立竿见影,立刻看到成果,这种想法违背了教育的长期性。

122. C 【解析】亚里士多德在教育史上首次提出了"教育遵循自然"的观点,主张按照儿童心理发展的规律进行分阶段教育,提倡对儿童进行和谐的教育,成为后来全面发展教育的思想源泉。

123. A 【解析】题干引文的意思是:会唱歌的人,不仅声音悦耳,动人心弦,还要使人情不自禁地跟着唱。会教人的人,不仅给人以知识,还要诱导学生自觉地跟着他学。教师讲课,要简单明确,精练而完善,举例不多,但能说明问题。这样,才可以达到使学生自觉地跟着他学的目的。这是对教师素质的要求。

二、简答题(参考答案)

1. 学校教育为什么在人的发展中起主导作用?

(1)学校教育是有目的、有计划、有组织地培养人的活动;

(2)学校有专门负责教育工作的教师,相对而言效果较好;

(3)学校教育能有效地控制和协调影响学生发展的各种因素。

2. 蔡元培提出的"五育并举"方针具体包含哪五种教育?

(1)军国民教育;(2)实利主义教育;(3)公民道德教育;(4)世界观教育;(5)美感教育。

3. 简述原始社会的教育特征。

原始社会的教育主要有以下三个特征:

(1)教育具有非独立性,教育和社会生活、生产劳动紧密相连。

(2)教育具有自发性、全民性(普及性)、广泛性、无等级性(平等性)和无阶级性,是原始状态下的教育机会均等,只因年龄、性别和劳动分工不同而有差别。

(3)教育具有原始性。教育内容简单,教育方法单一。

4. 简述教育的科技功能。

(1)教育能完成科学知识的再生产;(2)教育推进科学的体制化;(3)教育具有科学研究的功能;(4)教育促进科研技术成果的开发利用。

5. 简述影响个体身心发展的主要因素。

(1)遗传;(2)环境;(3)学校教育;(4)个体主观能动性等。

6. 简述教育目的确立的依据。

(1)特定的社会政治、经济、文化背景;(2)人的身心发展特点和需要;(3)人们的教育理想。

7. 简述文化对教育的影响。

(1)文化观念影响教育观念;(2)文化对教育具有价值定向作用;(3)文化发展促进学校课程的发展;(4)文化影响教育目的的确立;(5)文化影响教育内容的选择;(6)文化影响教育教学方法的使用。

8. 简述中世纪西欧教会教育和骑士教育的内容。

教会教育的内容是"七艺",包括"三科"(文法、修辞、辩证法)和"四学"(算术、几何、天文、音乐),而且各科都贯穿神学。

骑士教育的内容是"骑士七技",即骑马、游泳、击剑、打猎、投枪、下棋、吟诗。

9. 简述学制的影响因素。

(1)生产力发展水平和科学技术发展状况;(2)社会政治经济制度;(3)青少年儿童身心发展规律;(4)本国学制的历史发展和外国学制的影响。

10. 简述马克思的全面发展学说的主要内容。

(1)人的全面发展;(2)旧式的社会分工造成了人的片面发展;(3)机器大工业生产为人的全面发展提供了基础和可能;(4)社会主义制度是实现人的全面发展的社会条件;(5)教育与生产劳动相结合是“造就全面发展的人的唯一方法”。

专题二 我国的小学教育

一、单项选择题

答案速查

1~5	CBCDA

1. C 【解析】小学教育的教育对象一般为6~12岁的儿童。

2. B 【解析】小学实行校长负责制的学校管理体制。校长负责制也称“一长制”,是我国公办中小学的内部领导体制。

3. C 【解析】普通小学教育的性质是基础教育,其培养目标主要是为人的成长奠定德智体美劳各方面的基础。

4. D 【解析】学校管理的基本内容包括思想品德教育管理、教务行政管理、教学工作管理和总务工作管理。

5. A 【解析】小学教育的全民性,从广义上说,是指小学教育必须面向全体人民;从狭义上讲,是指小学教育必须面向全体适龄儿童。题干所述体现了小学教育的全民性特征。

二、简答题(参考答案)

1. 简述我国小学教育的特点。

(1)启蒙性;(2)基础性;(3)义务性;(4)全民性;(5)全面性;(6)活动性;(7)趣味性;(8)特殊性。

2. 简述学校管理的原则。

(1)方向性原则;(2)有效性原则;(3)民主性原则;(4)科学、规范性原则;(5)系统、整体性原则;(6)责任制原则。

专题三 课 程

一、单项选择题

答案速查

1~5	ACBCC	6~10	ACCBC	11~15	DDAAB	16~20	BDACD
21~25	DABDB	26~30	ADCCC	31~35	CDAAC	36~40	DBBAB
41~45	DABBD	46~50	BABBD	51~56	CBBDBB		

1. A 【解析】目标评价模式是以泰勒为代表提出的一种课程评价模式,它是以目标为中心展开,是

针对20世纪初形成并流行的常模参照测验的不足而提出的，是在泰勒的“评价原理”和“课程原理”的基础上形成的。

2. C 【解析】课程资源是课程建设的基础，它包括教材以及学生家庭、学校和社会生活中一切有助于学生发展的各种资源。其中，教材是课程资源的核心和主要组成部分。

3. B 【解析】隐性课程亦称潜在课程、隐蔽课程，是学生在学校情景中无意识地获得经验、价值观、理想等意识形态内容和文化影响。如师生关系、校风、学风等。“校园文化”属于隐性课程。

4. C 【解析】“课程”一词在西方最早出现在英国教育家斯宾塞的《什么知识最有价值》一文中，他是最早把“课程”用作一个专门的教育术语的教育家。

5. C 【解析】按照课程资源空间分布的不同，大致可以把课程资源分为校内课程资源和校外课程资源。凡是学校范围之内的课程资源就是校内课程资源，超出学校范围的课程资源就是校外课程资源。题干中小学与企业合作开发的课程资源超出了学校范围，属于校外课程资源。

6. A 【解析】课程标准是国家根据课程计划以纲要的形式编定的有关某门学科内容及其实施、评价的指导性文件。课程标准规定了学科的教学目标、任务，知识的范围、深度和结构，教学进度以及有关教学方法的基本要求，是编写教科书和教师进行教学的直接依据，也是衡量各科教学质量的重要标准。

7. C 【解析】按课程资源的功能特点，可将课程资源分为素材性课程资源和条件性课程资源。

8. C 【解析】心理性隐性课程主要包括学校人际关系状况，师生特有的心态、行为方式等。题干所述属于隐性课程。

9. B 【解析】综合实践活动是一门以学生的经验与生活为核心的实践性课程。其实施过程主要包括确定活动主题、制订活动方案、活动具体实施、总结交流、活动反思等步骤。

10. C 【解析】从课程设计、开发、管理主体或管理层次角度可将课程分为国家课程、地方课程、校本课程。其中一级课程、二级课程、三级课程分别是国家课程、地方课程和校本课程。

11. D 【解析】目前在我国，中小学课程主要由课程计划、课程标准、教材三部分组成。

12. D 【解析】根据课程内容的组织方式，课程可分为分科课程和综合课程。分科课程是一种单学科的课程组织模式，它强调不同学科门类之间的相对独立性，强调一门学科的逻辑体系的完整性。综合课程是指打破传统的分科课程的知识领域，组合两门以上学科领域而构成的一门学科。“小学数学课程”属于分科课程。

13. A 【解析】美国学者古德莱德归纳出五种不同的课程：(1)理想的课程，即由一些研究机构、学术团体和课程专家提出的应该开设的课程；(2)正式的课程，即由教育行政部门规定的课程计划、课程标准和教材，也就是列入学校课程表中的课程；(3)领悟的课程，即任课教师所领会的课程；(4)运作的课程，即在课堂上实际实施的课程；(5)经验的课程，即学生在课堂学习中实实在在体验到的东西。

14. A 【解析】学科课程是指以文化知识(科学、道德、艺术)为基础,按照一定的价值标准,从不同的知识领域或学术领域选择一定的内容,根据知识的逻辑体系,将所选出的知识组织为学科的课程类型。而我国的“六艺”和古希腊的“七艺”都是按照学科内在的逻辑结构形成的,属于学科课程。

15. B 【解析】合作学习是学生以小组为单位进行学习的方式。它是一种由能力各异的多名学生组成小组,一起互相帮助共同完成一定的学习任务的教学方法。小组合作学习可以使成员间优势互补,而非让其获得同样的分数。B项错误。

16. B 【解析】从对学生学习要求的角度或学生选课的自主性来看,可将课程分为必修课程与选修课程。

17. D 【解析】目的游离评价模式是由美国学者斯克里文针对目标评价模式的弊病提出来的。他主张把评价的重点从“课程计划预期的结果”转向“课程计划实际的结果”上来。他强调评价除了要关注预期的结果之外,还应关注非预期的结果。

18. A 【解析】从对学生学习要求的角度,课程可分为必修课程与选修课程。其中,必修课程是指国家、地方或学校规定学生必须学习的课程。

19. C 【解析】学科课程是最古老、使用范围最广泛的课程类型。其主导价值在于传承人类文明,强调使学生掌握、传递和发展人类积累下来的文化遗产。

20. D 【解析】目标模式是以目标为课程开发的基础和核心,围绕课程目标的确定及其实现、评价而进行课程开发的模式。课程开发目标模式的代表人物是美国课程论专家,也是有着“课程评价之父”美誉的拉尔夫·泰勒。

21. D 【解析】根据课程的表现形式或者说影响学生的方式来划分,可将课程分为显性课程和隐性课程。

22. A 【解析】泰勒原理可概括为:确定教育目标、选择教育经验、组织教育经验、评价教育计划。泰勒原理的实质是以目标为中心的模式,因此又被称为“目标模式”。泰勒认为,确定教育目标是课程研制的出发点,课程研制的整个过程都取决于预定的教育目标,目标是课程的灵魂。故泰勒原理中最关键的阶段是确定教育目标。

23. B 【解析】根据功能特点的不同,课程资源可以分为素材性课程资源和条件性课程资源。其中条件性课程资源包括直接决定课程实施范围和水平的人力、物力、财力、时间、场地、媒体、设备、设施和环境,以及对于课程的认识状况等因素。题干中的体育训练馆是学生锻炼的场地,属于条件性课程资源。

24. D 【解析】泰勒是美国著名的课程理论家,他于1949年出版了《课程与教学的基本原理》一书。

25. B 【解析】按课程设计、开发和管理主体或管理层次或制定者不同来划分,课程可分为国家课程、地方课程和校本课程。

26. A 【解析】直线式课程指的是将课程内容组织成一条在逻辑上前后联系的“直线”,前后内容基本不重复,即课程内容直线前进,前面安排过的内容在后面不再呈现。课程内容的排列遵循由浅入深、由易到难的原则。

27. D 【解析】我国第八次课程改革提出的课堂教学的“三维目标”是知识与技能目标、过程与方法目标以及情感态度与价值观目标。

28. C 【解析】综合课程是指打破传统的分科课程的知识领域,组合两门以上学科领域而构成的一门学科。题干所述体现了综合课程的内涵。

29. C 【解析】校本课程是指由学生所在学校的教师编制、实施和评价的课程,其主导价值在于通过课程展示学校的办学宗旨和特色,同时要满足每一位受教育者的特殊需要和兴趣。题干中的小学开设的太极拳课程是学校自主开发的课程,因而属于校本课程。

30. C 【解析】根据性质,课程资源可分为自然课程资源和社会课程资源。自然课程资源强调“天然性”,社会课程资源强调“人工性”。我国幅员辽阔,山川秀美,物产多样,可以开发与利用的自然课程资源极为丰富。

31. C 【解析】基础教育课程改革后经审定通过的“新教材”,具有以下几方面特点:(1)新教材注重引导学习方式的变革。(2)新教材强调与现实生活的联系。(3)新教材体现学生的身心特点。(4)新教材为创造性教学留有余地。(5)新教材把知识与技能、过程与方法、情感态度与价值观反映在主题和内容的编排中。其中,新教材强调与现实生活的联系是指新教材一方面关注并充分利用学生的生活经验,另一方面也注意及时恰当地反映科学技术新成果,增强书本知识与现实生活的联系,努力克服学科中心主义的倾向。题干中“关注并充分利用学生的生活经验”“注意及时恰当地反映科学技术新成果”,既体现了新教材强调与现实生活的联系,也体现了国家基础教育课程改革的基本思想,故本题选C项。

32. D 【解析】古德莱德认为,存在着五种不同的课程:(1)理想的课程,即由一些研究机构、学术团体和课程专家提出的应该开设的课程;(2)正式的课程,即由教育行政部门规定的课程计划、课程标准和教材,也就是列入学校课程表中的课程;(3)领悟的课程,即任课教师所领会的课程;(4)运作的课程,即在课堂上实际实施的课程;(5)经验的课程,即学生在课堂学习中实实在在体验到的东西。故题干所述属于经验的课程。

33. A 【解析】活动课程强调使学生获得关于现实世界的直接经验和真切体验,学科课程是让学生接受、掌握已经总结好的间接经验。因而活动课程与学科课程的关系,实际上反映的是人的直接经验与间接经验、个人知识与公共知识、学生当下的心理经验与凝结在学科中的逻辑经验之间的关系。

34. A 【解析】显性课程的主要特征是计划性,这是区分显性课程和隐性课程的主要标志。

35. C 【解析】新课程结构的主要内容有:(1)整体设置九年一贯的义务教育课程,小学阶段以综合课程为主,初中阶段设置分科与综合相结合的课程;(2)高中以分科课程为主;(3)从小学至高中设置综合实践活动课程并作为必修课程;(4)农村中学课程要为当地社会经济发展服务。

36. D 【解析】新课程结构的综合性是针对过分强调学科本位、科目过多和缺乏整合的现状而提出的。它体现在三个方面:(1)加强学科的综合性。就一门学科而言,注重联系儿童经验和生活实际;就不同学科而言,提倡和追求彼此之间相互关联,相互补充。(2)设置综合课程。(3)增设综合实践活动。

37. B 【解析】综合实践活动是新的基础教育课程体系中设置的必修课程。2017年教育部印发的《中小学综合实践活动课程指导纲要》中规定自小学一年级至高中三年级全面实施综合实践活动课程。

38. B 【解析】选修课程是指依据不同学生的特点与发展方向,允许个人选择的课程。其主导价值在于满足学生的兴趣、爱好,培养和发展学生的良好个性。

39. A 【解析】"隐性课程"一词是由杰克逊在1968年出版的《班级生活》一书中首先提出的。

40. B 【解析】宋朝朱熹在《朱子全书·论学》中多次提及课程,如"宽着期限,紧着课程",这里的课程已含有学习范围、进程、计划的程序之义,与我们现在许多人对课程的理解有相似之处。

41. D 【解析】活动课程又称经验课程,是指围绕着学生的需要和兴趣、以活动为组织方式的课程形态,即以学生的主体性活动的经验为中心组织的课程。其主导价值在于使学生获得关于现实世界的直接经验和真切体验。学生的兴趣、动机、经验是经验课程的基本内容。

42. A 【解析】课程计划具体规定了教学科目的设置(课程设置)、学科顺序(课程开设顺序)、课时分配(教学时数)、学年编制和学周安排。其中,开设哪些科目(课程设置)是课程计划的中心和首要问题。

43. B 【解析】横向组织,又称水平组织,是指打破学科的知识界限和传统的知识体系,按照学生发展阶段,以学生发展阶段需要探索的、社会和个人最关心的问题为依据,组织课程内容,构成一个一个相对独立的专题。与纵向组织不同,横向组织强调课程内容的综合性和知识的广度。题干的描述体现的是横向组织的内涵。

44. B 【解析】校本课程是指由学生所在学校的教师编制、实施和评价的课程,其主导价值在于通过课程展示学校的办学宗旨和特色,同时要满足每一位受教育者的特殊需要和兴趣。题干中的粮食画、树叶画、草编、根雕等课程由学校开设,并且学生可依据个人兴趣爱好自由选择课程,故这些课程均属于校本课程。

45. D 【解析】隐性课程也叫潜在课程、隐蔽课程,指学生在学校情景中无意识地获得的经验、价值观、理想等意识形态内容和文化影响。隐性课程的主要表现形式有:(1)观念性隐性课程。包括隐藏于显性课程之中的意识形态,学校的校风、学风,有关领导与教师的教育理念、价值观、知识观、教学风格、教学指导思想等。(2)物质性隐性课程。包括学校建筑、教室的设置、校园环境等。(3)制度性隐性课程。包括学校管理体制、学校组织机构、班级管理方式、班级运行方式。(4)心理性隐性课程。包括学校人际关系状况、师生特有的心态、行为方式等。D项属于显性课程。

46. B 【解析】《中共中央 国务院关于全面加强新时代大中小学劳动教育的意见》中提出,根据各学段特点,在大中小学设立劳动教育必修课程,系统加强劳动教育。所以,劳动教育课程的性质为必修课程。

47. A 【解析】综合实践活动是基于学生的直接经验,密切联系学生自身生活和社会生活,体现对知识的综合运用的课程形态。这是一门以学生的经验与生活为核心的实践性课程。探究性活动则以问题为依托,强调使学生由被动、消极学习转变为积极探索、主动学习。本题答案选A项。

48. B 【解析】广域课程是合并几门内容相近学科形成新的课程,比融合课程的范围更广。如社会研究课综合了历史、地理、经济学、社会学、政治学、法学和人类学等有关学科内容。故本题选B。相关课程强调加强各学科之间的横向联系,各门学科仍维持原来的独立状态。融合课程指把有内在联系的学科内容融合在一起而形成一门新的学科,原来的科目不再单独存在。例如将植物学、动物学、微生物学等内容融合为生物学。核心课程是以个人或社会生活的现实问题为核心,将其他学科的内容围绕核心组织起来,由一位教师或教师小组连续教学的课程。

49. B 【解析】尽管合作学习是以学生组成的学习小组为中心的,但是小组划分、任务确定、任务执行和任务完成评价都需要教师的参与和指导,因此,合作学习中教师的角色对于合作学习的效果具有重要的影响,从某种角度来看,正是教师的专业修养和组织活动的能力决定了合作学习的效果。所以,合作学习需要教师的参与和指导,而不是完全放权,不管不顾。B项错误。

50. D 【解析】忠实取向认为,设计好的课程是不能改变的,课程实施的过程应该是忠实地执行课程计划的过程。李老师在课前写好教案,并在课堂上严格按照自己的教案来上课,这是忠实取向的表现。

51. C 【解析】《义务教育课程方案(2022年版)》指出,国家课程标准规定课程性质、课程理念、课程目标、课程内容、学业质量和课程实施等,是教材编写、教学、考试评价以及课程实施管理的直接依据。

52. B 【解析】校本课程是指由学生所在学校的教师编制、实施和评价的课程。校本课程既可以是活动课程,也可以是选修课程,各校可根据实际情况开设。通过开展校本课程,能够构建学校特色,促进学生成为真正有特色的个性化人才。

53. B 【解析】课程实施是将编定好的课程付诸实践的过程,它是达到预期目标的基本途径。一般来说,课程设计得越好,实施起来就越容易,效果也就越好。

54. D 【解析】表现性目标即明确安排学生各种各样的个性化的发展机会和发展程度。它强调学生的个性发展和创造性表现，强调学生的主体性和个性化发展，尊重学生的个性差异。题干中教师让各小组用自己的方式展示对“诚信”的理解，就是关注学生的创造性表现，这一教学行为旨在达成表现性目标。

55. B 【解析】三维课程目标中，“知识与技能”目标强调基础知识和基本技能的获得。题干中“理解课文中有业、敬业、乐业三者之间的关系”属于知识获得方面的目标，B项正确。

56. B 【解析】以杜威为代表的活动中心课程论强调教学要顺应学生的心理因素，发挥学生学习的主动性，发展学生的个性，并且强调学校与社会联系，以社会生活的实际来组织课程教材。这种思想有其重大的理论价值，但是忽视了科学知识本身的逻辑体系，否定了学习系统知识的必要性，不利于学生掌握人类科学文化知识的精华。

二、简答题(参考答案)

1. 简述新课程倡导的教学观。

(1)教学是课程创生与开发的过程；(2)教学是师生交往、积极互动、共同发展的过程；(3)教学重过程甚于重结论；(4)教学更为关注人而不只是学科。

2. 确立课程目标的依据是什么？

(1)学习者的需要(对学生的研究)；

(2)当代社会生活的需求(对社会的研究)；

(3)学科知识及其发展(对学科的研究)。

3. 简述基础教育课程改革的目标。

(1)实现课程功能的转变；(2)体现课程结构的均衡性、综合性和选择性；(3)密切课程内容与生活和时代的联系；(4)改善学生的学习方式；(5)建立与素质教育理念相一致的评价与考试制度；(6)实行三级课程管理制度。

4. 简述新课改提倡的教师角色。

(1)从教师与学生的关系看，教师是学生学习的促进者；(2)从教学与研究的关系看，教师是教育教学的研究者；(3)从教学与课程的关系看，教师是课程的开发者和建设者；(4)从学校与社区的关系看，教师是社区型开放的教师。

5. 简述基础教育课程改革的基本理念。

(1)促进课程的适应性和管理的民主化，创建富有个性的学校文化；(2)重建课程结构和倡导和谐发展的教育；(3)提升学生的主体性和注重学生经验。

6. 简述新课程倡导的学生观。

(1)学生是发展中的人：学生的身心发展是有规律的；学生具有巨大的发展潜能；学生是处于发展过程中的人。(2)学生是独特的人：学生是完整的人；每个学生都有自身的独特性；学生与成人之间存在着巨大的差异。(3)学生是具有独立意义的人：每个学生都是独立于教师的头脑之外，不以教师的意志为转移的客观存在;学生是学习的主体;学生是责权的主体。

7. 简述基础教育课程改革的发展趋势。

(1)以学生发展为本、促进学生全面发展与培养个性相结合;(2)稳定并加强基础教育;(3)加强道德教育和人文教育,加强课程科学性与人文性融合;(4)加强课程综合化;(5)课程与现代信息技术相结合,加强课程个性化和多样化;(6)课程法制化。

8. 简述教材编写的原则和要求。

(1)按照不同学科的特点,在内容上体现科学性和思想性。(2)强调内容的基础性。(3)注意基本教材对大多数学生和大多数学校的适用性。(4)在教材的编排上,要做到知识的内在逻辑与教学方法要求的统一。(5)教科书的编排形式要有利于学生的学习。(6)教科书的编排要兼顾同一年级各门学科内容之间的关系和同一学科各年级教材之间的衔接。

三、材料分析题(参考答案)

(1)新课改强调以人为本,关注人是新课改的核心理念。教学应当更为关注人而不只是学科。材料中的张老师在考虑学生的建议之后调整了原本的教学计划,转而关注学生的学习状态,符合新课改的教学观。

(2)新课改强调教学是教与学的交往、互动,师生双方相互交流、相互沟通。在这个过程中,教师与学生分享彼此的思考过程、经验和知识,交流彼此的情感、体验与观念,丰富教学内容,求得新的发现,从而达成共识、共享、共进,实现教学相长和共同发展,彼此形成一个真正的“学习共同体”。材料中的张老师通过与学生之间的交流,引导学生说出了自己内心的想法,体现了交往与互动的教学观。

(3)新课改强调教学不只是课程传递和执行的过程,更是课程创生与开发的过程。因此老师在教学中要能够根据课堂情况进行灵活的安排,实现新课的创生与开发。材料中的张老师在听完学生的理由之后能够调整原本的安排,引导学生完成了表演,体现了开放与生成的教学观。

专题四　学生与教师

一、单项选择题

答案速查

1～5	CADCA	6～10	AABBA	11～15	DBBBA	16～20	CABBC
21～25	ABDCA	26～30	DBBBC	31～35	ADDCC	36～40	DDADA
41～45	BABCC						

1. C　【解析】教育机智是指教师能根据学生新的特别是意外的情况,迅速而正确地做出判断,随机应变地采取及时、恰当而有效的教育措施解决问题的能力。李老师没有因为小刚和小明弄坏扩音器而直接批评他们,而是因势利导地给他们讲解扩音器的原理,满足了他们的好奇心,之后才

对他们弄坏扩音器这件事进行处理。这在一定程度上体现了李老师的教育机智。反映了教师劳动的创造性特点。

2. A 【解析】教师职业的最大特点在于职业角色的多样化。其中一个角色就是父母或朋友，教师要在学习、生活、人生等多方面给予学生指导，与学生一起分担痛苦与忧伤、分享欢乐与幸福。

3. D 【解析】教师劳动的示范性指教师的言行举止，如人品、才能、治学态度等都会成为学生学习的对象。教师必须以身作则、为人师表。根据题干所述，教师本身行为就是一种标准和示范，是学生学习的榜样，这体现了教师劳动的示范性。

4. C 【解析】"教学有法"是指教学时有法可依，有法可循。"教无定法"是指在实际教学时，没有固定不变的教学模式。这体现了教学方法的不断更新，属于教师劳动创造性特点的内容。

5. A 【解析】题干表明在信息时代下教师要有广博的文化知识和宽阔的视野，才能发现新问题，解决新问题。教师必须要与时俱进、刻苦钻研、长期积累。只有这样，才能跟得上时代和社会的发展，才能在课堂上游刃有余，达到良好的教学效果。故选A项。

6. A 【解析】关注生存阶段的教师非常关注自己的生存适应性，有些新教师可能会把大量的时间都花在如何与学生搞好个人关系上；在关注情境阶段，教师关心的是如何教好每一堂课的内容，把关注的焦点投向提高学生的成绩；在关注学生阶段，教师将考虑学生的个别差异。题干描述的情况符合关注情境阶段的特征。

7. A 【解析】学生的"向师性"是指学生都有模仿、接近、趋向于教师的自然倾向。"模仿性"和"向师性"同时说明学生很容易受到教师的言谈举止的影响。因此教师应当以身作则，给学生做出应有的表率。这是教师劳动具有示范性的表现。

8. B 【解析】条件性知识，即认识教育对象、开展教育活动和研究所需的教育科学知识和技能，如教育原理、心理学、教学论、学习论、班级管理、现代教育技术等。题干中的教师虽然实践性知识丰富，但却难以形成对教育教学工作的理论认识，就是因为缺乏条件性知识的储备。

9. B 【解析】教学预设与教学实际难免会有不同，这就需要教师具备"教育机智"。教育机智是指教师能根据学生新的特别是意外的情况，迅速而正确地作出判断，随机应变地采取及时、恰当而有效的教育措施解决问题的能力。面对材料中这种突发情况，教师应尊重学生的观点，鼓励学生对学习内容合理质疑，引导学生思考，把学生的积极思考转变为教学资源。故选B。

10. A 【解析】专制型教师在教室内采取专制的作风，并担负全部的责任，计划班级的学习活动，安排学习的情境，指导学习的方法，控制学生的行为；学生没有自由，只能听从教师的命令，对教师往往是敬而远之。题干所述体现了专制型教师的特点。

11. D 【解析】示范性是指教师的言行举止，如人品、才能、治学态度等都会成为学生学习的对象。"师者，人之模范也。"在学生眼里，老师"吐辞为经、举足为法"，一言一行都给学生以极大影响。可见，教师是对学生影响最直接的"典型"。故题干的描述体现了教师劳动的示范性。

12. B 【解析】B项的做法最恰当。“肯定琳琳勇于指出老师错误的行为”有利于维护学生发现问题、指出问题的积极性;“跟琳琳解释为什么没有错”一方面解决了学生的问题,另一方面还促进了学生们知识的巩固。

13. B 【解析】放任型师生关系中教师缺乏责任心,既不控制学生的行为,也不指示学习的方式,一切活动由学生自己进行。题干所述正符合这一特点。故何老师与学生之间的关系最有可能属于放任型的师生关系。

14. B 【解析】处于关注生存阶段的老师一般都是新教师,他们非常关注自己的生存适应性,最担心的问题是“学生喜欢我吗”“同事们如何看我”“领导是否觉得我干得不错”等。因而,可能会把大量的时间花在如何与学生搞好个人关系上,而不是更多地考虑如何让学生取得学习上的进步。因此,这位教师处于关注生存阶段。

15. A 【解析】教师的专业知识主要包括本体性知识、条件性知识、实践性知识和一般文化知识。其中,本体性知识,即特定学科及相关知识,是教学活动的基础。“学高为师”“良师必须是学者”是指教师首先要有高深的专业知识,即本体性知识。

16. C 【解析】根据教师所关注的焦点问题,可以把教师的发展分为三个阶段:关注生存阶段、关注情境阶段和关注学生阶段。能否自觉关注学生是衡量一个教师是否成熟的重要标志之一。题干中吴老师“了解每个学生的性格特点和兴趣爱好”是关注学生的体现。

17. A 【解析】微格教学指以少数的学生为对象,在较短的时间内(5~20分钟),尝试做小型的课堂教学,并把这种教学过程摄制成录像,课后再进行分析。这是训练新教师、提高其教学水平的一条重要途径。题干中赵老师提高专业水平的方法是微格教学。

18. B 【解析】放任型师生关系以无序、随意、放纵为其心态和行为特征。在教学中,教师采取放任的作风,不负任何实际责任,给予学生充分的自由,要他们学习自己所喜好的东西。教师不控制学生的行为,也不指导学习的方式,一切活动由学生自己进行。题干中刘老师对学生不管不问,学生也不与老师沟通交流,这属于放任型的师生关系。

19. B 【解析】教师不仅要传授学生科学文化知识,还要培养学生的思想品德,并且要促进其心理健康,这体现了教师劳动任务的复杂性,这是教师劳动复杂性的表现之一。

20. C 【解析】在民主型师生关系中,教师与学生的心态和行为特征是开放、平等、互助的。教师以民主的方式教学,重视集体的作用,与学生共同计划,共同讨论,帮助学生设立目标,指引学生对照着目标进行学习。这种师生关系下的教学氛围好,师生相处融洽,学生学习积极性高。题干内容正好体现了这一类型的师生关系。故本题选C项。

21. A 【解析】题干引文的意思是:“道”(为人处世之道,主要指儒家的道)掌握在谁的手里,谁就是老师。教师负有传递社会道德传统、价值观念的使命,“道之所存,师之所存也”体现了教师职业角色中的“传道者”角色。

22. B 【解析】民主平等是教学生活人文性的直接要求和现代人格的具体体现。它要求教师理解学生,发挥非权力性影响,并一视同仁地与所有学生交往,善于倾听不同意见,同时也要求学生正确表达自己的思想和行为,学会合作和共同学习。题干中的"微笑着""蹲下来"体现了师生关系的民主平等特点。

23. D 【解析】教师劳动的长期性指人才培养的周期比较长,教育的影响具有迟效性。"十年树木,百年树人"是对教师劳动的长期性的最佳阐释。

24. C 【解析】针对学生写不出作文这一问题,老师抓住下大雪这一时机,让学生近距离感受雪花、了解雪花,最终问题得以解决,学生成功地写出了一篇篇佳作。这一过程体现了教师的教育机智,体现了教师劳动的创造性。

25. A 【解析】《小学教师专业标准(试行)》提出的基本理念是:师德为先、学生为本、能力为重、终身学习。

26. D 【解析】教师劳动的主体性指教师自身可以成为活生生的教育因素和具有影响力的榜样。教师劳动的示范性指教师的言行举止,如人品、才能、治学态度等都会成为学生学习的对象。题干中"学为人师,行为世范"的意思是:所学要为世人之师,所行应为世人之范。其中,"学"是指每位师生应具有的学问、知识和技能,学为人师,就是要使"学"能成为后学的师表;"行"是指每位师生应具有的品行,行为世范,就是要方方面面,时时刻刻,都光明正大,能够成为社会中的模范。因此,"学为人师,行为世范"体现了教师劳动的主体性和示范性。

27. B 【解析】智者千虑,必有一失,即使经验丰富的教师,也很难保证在讲课时不出一点差错。关键在于出现失误之后如何处理,能否适时应变。对待课堂上出现的错误,应该是善待错误,并通过教育机智把错误的事实转变为探究问题的情境。B项,教师引导学生亲自探寻问题、解决问题,从而获得认识并学会使用天平的方法最为恰当。

28. B 【解析】教师的职业道德素养要求教师忠于人民的教育事业、热爱学生、团结协作、为人师表(良好的道德修养)。陶行知的教育信条体现的就是教师崇高的职业道德。

29. B 【解析】题干中孙老师的说法表明他只注重学生智育方面的发展,忽视了学生的全面发展。

30. C 【解析】学生具有独立性,也称自主性,它表现为学生不仅具有自觉性,而且能自行确定或选择符合自身需要、特点和条件的目标和行动方式,并能在实现目标的行动中自我监督和调控。教师将自己的意愿强加于学生,扼杀学生的学习兴趣等等,这些都是剥夺自主性的表现,违背了学生自主性的本质属性。

31. A 【解析】专制型师生关系以命令、权威、疏远为其心态和行为特征。"表扬可能宠坏儿童,所以很少给予儿童表扬"这样的做法很容易造成老师与学生之间的疏远,学生没有自由,只能听从教师的命令。

32. D 【解析】题干中曾老师坚持让学生使用反思记录表、学习日志和成长记录袋等多种方法来记录学习过程，并不断指导学生优化记录的方法，这充分尊重了学生的自主性。

33. D 【解析】教师的实践性知识是基于教师个人的经验积累，在对待和处理教育问题时体现出的个人特质和教育智慧。题干所述属于实践性知识。

34. C 【解析】本体性知识，即特定学科及相关知识，是教学活动的基础。题干所述语文老师关于语言、文学方面的知识属于特定学科的专业知识，故该题选C项。

35. C 【解析】教师劳动的间接性指教师的劳动不直接创造物质财富，而是以学生为中介实现教师劳动的价值。教师劳动的结晶是学生，是学生的品德、学识和才能，待学生走上社会，由他们来为社会创造财富。

36. D 【解析】教师必备的知识素养包括政治理论修养、精深的学科专业知识（本体性知识）、广博的科学文化知识、必备的教育科学知识（条件性知识）和丰富的实践知识。其中，教育学、心理学及各科教材教法是教师首先需要掌握的最为基本的教育科学知识，也即条件性知识。此外，教师还要掌握教育管理方面的知识。

37. D 【解析】学生具有向师性。学生入学后，会自然地亲近、信赖、尊敬甚至崇拜教师，把教师作为获取知识的智囊、解决问题的顾问、行为举止的楷模。

38. A 【解析】良好的人际关系是教师完善人格的一个重要标志，也是教师心理健康的重要内容。

39. D 【解析】教师必须具备一定的组织管理能力。面对家长对特长生的误解，班主任可以通过主题班会等形式，引导学生发现和解决问题。AB项处理得当。

C项有助于培养学生的自我管理能力。

D项容易使矛盾冲突升级，且不利于家校关系、学生家庭关系的和谐，这种处理方式不当。

40. A 【解析】教师的职业角色之一是示范者的角色（榜样角色）。教师的言行是学生学习和模仿的榜样；优秀教师还是其他教师学习的模范，是社会各界学习的模范。题干所述体现了教师职业的示范者角色。

41. B 【解析】教师劳动对象的复杂性要求教师根据每个学生的实际情况施教。丁老师从其他老师那里学到的经验和方法，不一定适用本班学生，还要结合本班学生的实际情况施教。题干这种现象主要是因为丁老师忽略教学工作的复杂性。

42. A 【解析】随着信息社会的飞速发展，学生获取知识的途径多元化，教师不再是学生的唯一知识源。教师不能简单地把知识传授作为自己的主要任务和目的，而应成为学生学习的激发者、辅导者，各种能力和积极个性的培养者，把教学的重心放在如何育人和促进学生“学习”上，帮助学生构建自己的知识体系。因此，教师应该是学生学习的促进者，而不仅是知识的传授者。

43. B 【解析】布鲁巴奇等人提出四种教师反思的方法：

（1）反思日记。在一天教学工作结束后，要求教师写下自己的经验，并与指导教师共同分析。

（2）详细描述。指教师相互观摩彼此的教学，详细描述看到的情景，并对此进行讨论分析。

(3)交流讨论。指来自不同学校的教师聚集在一起,首先提出课堂上发生的问题,然后共同讨论解决办法,最后得到的方案为所有教师共享。

(4)行动研究。为弄清课堂上遇到的问题的实质,探索用以改进教学的行动方案,教师以及研究者可以进行调查和实验研究。

题干所述符合详细描述的内涵,本题选B。

44. C 【解析】处于关注学生阶段的教师将考虑学生的个别差异,认识到不同发展水平的学生有不同的需要,根据学生的差异采取适当的教学,促进学生发展。

45. C 【解析】学习者和研究者是教师的基本角色之一。教师首先必须是一个学习者,要学习教材、了解与教材有关的信息,向学生讨教,要以严肃的态度来研究教材、处理教材,把知识客体内化为自身的主体结构。其次,现代教师还是课程开发者和教育教学研究者。这都需要教师终身学习,更新自己的知识结构,以便使教育教学建立在更宽广的知识背景之上,从而适应学生的个性发展、自己的专业发展和教育教学改革的需要。

二、简答题(参考答案)

1. 简述《小学教师专业标准(试行)》中关于教师个人修养与行为的规定。

(1)富有爱心、责任心、耐心和细心;(2)乐观向上、热情开朗、有亲和力;(3)善于自我调节情绪,保持平和心态;(4)勤于学习,不断进取;(5)衣着整洁得体,语言规范健康,举止文明礼貌。

2. 简述教师专业发展的内容。

(1)专业理想的建立;(2)专业态度和动机的完善;(3)专业知识的拓展与深化;(4)专业能力的提高;(5)教师的专业人格;(6)专业自我的形成。

3. 简述教师职业道德素养的主要内容。

(1)对待事业:忠于人民的教育事业;(2)对待学生:热爱学生;(3)对待集体:团结协作;(4)对待自己:为人师表(良好的道德修养)。

4. 简述教师的职业角色的内容。

(1)传道者的角色;(2)授业、解惑者的角色;(3)示范者的角色;(4)教育教学活动的设计者、组织者和管理者的角色;(5)朋友的角色;(6)研究者的角色;(7)学生学习的促进者。

三、材料分析题(参考答案)

(1)这位教师产生困惑的原因如下:

①该教师不够了解小学生发展的特点。小学阶段是学生生长发育最旺盛、变化最快、可塑性最强、接受教育的最佳时期,好奇心和求知欲比较强,因此会提出各种奇怪的问题。

②该教师缺乏相应的科学文化知识和不断提高知识素养的习惯和意识。在当今信息化时代,学生的知识领域日益丰富,对教师各方面的素质提出更高的要求。

(2)如果我面临这样的情况,我会采取以下途径提高自己:

①观摩和分析优秀教师的教学活动。优秀教师在授课方式和对学生问题的处理方法上都有值得学习和借鉴之处,有利于其他教师不断提高自身素养,改进教学方法,提高应对问题的能力。

②反思教学经验。教学反思有助于教师逐步培养和发展自己对教学实践的判断、思考和分析能力,从而进一步深化自己的实践性知识,为形成比较系统的教育教学理论提供有效的途径。教师只有通过反思才能不断剖析自己在课堂教学中的优缺点,细致冷静地总结,才能对后续教学产生积极的影响。

③积累广博的科学文化知识。教师需要在平时多积累不同方面的知识,拓展自己的文化知识,更新自己的知识内容,并注重与时代生活相联系,跟上时代的步伐,不断充实自己,这样才能满足学生各方面的知识需要和追求。

④赞赏学生勇于提出问题和善于思考的精神,注重培养学生的问题意识并提升学生解决问题的能力。

专题五　小学教育科学研究

一、单项选择题

答案速查

1～5	BBDDA	6～10	DCDDB	11～15	ACBDD	16～20	ABABC
21～23	CDA						

1. B 【解析】教育科学研究的基本过程包括以下几个环节:(1)选择研究课题;(2)教育文献的检索;(3)提出研究假设;(4)制订研究计划;(5)收集、整理和分析资料;(6)教育研究成果的表述。其中,选择和确定研究课题是进行教育研究的起始环节。故选B项。

2. B 【解析】教育实验法是指研究者根据研究目的,运用一定的人为手段,主动干预或控制研究对象的发生、发展过程,通过观察、测量、比较等方式探索、验证所研究现象因果关系的研究方法。实验研究的目的是发现事物间的因果关系,是各类研究中唯一能确定因果关系的研究。题干所述符合教育实验法的内涵。

3. D 【解析】根据调查的方法和手段,调查法可分为问卷调查、访谈调查、测量调查和调查表法。故本题选D。A项,根据调查内容,调查可以分为现状调查、相关调查、发展调查和预测调查。B项为干扰项,排除。C项,根据调查对象的选择范围,调查可以分为普遍调查(全面调查)、抽样调查和个案调查。

4. D 【解析】经验性文献是指专门为教育科学研究提供感性认识的文献,包括调查报告、工作总结、经验、教育参考书、各级各类学校教科书、教学大纲等。事实性文献是指专门为教育科学研究提供事实证据的文献,理论性文献是指专门为教育科学研究提供理性认识的文献,工具性文献是指专门为教育科学研究提供检索咨询的文献。所以本题选D项。

5. A 【解析】一次文献包括专著、论文、调查报告、档案材料等以作者本人的实践为依据而创作的原始文献。《民主主义与教育》是杜威教育理论和实践经验的总结，是原创的，属于一次文献。故选A项。

6. D 【解析】教育观察法是指研究者有目的、有计划地通过感官或科学仪器，对处于自然状态下的研究对象进行系统考察，从而获取经验事实的研究方法。题干中陈老师在课外活动或学生交往中观察学生的行为，并以此来研究性别与攻击关系的方法属于教育观察法。

7. C 【解析】行动研究法是指实际工作者（如教师）基于解决实际问题的需要，与专家、学者及本单位的成员共同合作，将实际问题作为研究的主题，进行系统的研究，以解决实际问题的一种研究方法。题干描述的是行动研究法的内涵。

8. D 【解析】实验法是指研究者根据研究目的，运用一定的人为手段，主动干预或控制研究对象的发生、发展过程，通过观察、测量、比较等方式探索、验证所研究现象因果关系的研究方法。题干中的老师通过使用不同的教材进行教学来验证教材版本的有效性，体现了对实验法的运用。

9. D 【解析】非参与性观察指观察者不直接参与被观察者所从事的活动。这种观察类型不要求研究人员站到与观察对象同一地位上，而是以“旁观者”的身份，采取公开或秘密的方式进行观察。结构式观察指观察者在观察前有详细的观察计划、明确的观察指标体系，观察时严格按计划进行。题干中的教研室教研员通过跟堂观察来研究学生参与课堂讨论对其成绩的影响，这是一种非参与式观察；他依据含有具体观测维度的观察表来记录学生的情况，这是一种结构式观察。

10. B 【解析】教育行动研究是指实际工作者（如教师）基于解决实际问题的需要，与专家、学者及本单位的成员共同合作，将实际问题作为研究的主题，进行系统的研究，以解决实际问题的一种研究方法。题干中杨老师基于部分学生在写生字时有丢笔少画的问题，进行调查研究，在教学过程中收集资料提出假设，根据反馈信息来调整教学行动方案，这体现了对教育行动研究方法的运用。

11. A 【解析】教育调查法是指研究者通过问卷、访谈等方式，有目的、有计划地搜集研究对象的有关资料，对取得的第一手资料进行整理和分析，从而揭示事物本质和规律，寻求解决实际问题的方案的研究方法。从题干中“采用问卷、谈话、座谈等多种形式收集资料”可判断出该教师运用的研究方法是调查法。

12. C 【解析】行动研究法是指实际工作者（如教师）基于解决实际问题的需要，与专家、学者及本单位的成员共同合作，将实际问题作为研究的主题，进行系统的研究，以解决实际问题的一种研究方法。

13. B 【解析】邓老师的研究课题来源于他自己在工作中发现的教学问题以及进行的教学方法改革，即教育实践。

14. D 【解析】个案研究法是指研究者在自然状态下，对特殊或典型的案例进行全面、深入的调查和分析，来认识该案例的现状或发展变化的研究方法。通过题干中“搜集特定个体的有关资料，研究其发展变化过程”可知，这种研究方法是个案研究法。

15. D 【解析】行动研究法是指实际工作者（如教师）基于解决实际问题的需要，与专家、学者及本单位的成员共同合作，将实际问题作为研究的主题，进行系统的研究，以解决实际问题的一种研究方法。题干中的郑老师对教学过程中小组讨论法出现的问题进行了反思，发现了存在的问题并设计实施了问题解决方案，最终解决了这一问题，郑老师采用的教育研究方法主要是行动研究法。

16. A 【解析】叙事研究法是抓住人类经验的故事性特征进行研究并用故事的形式呈现研究结果的一种研究方式。根据教育叙事研究结果的呈现形式，可分为教育传记、教育自传、教育故事、教育小说、教育电影和教育寓言。题干所述属于叙事研究中的教育自传。

17. B 【解析】按文献的加工程度来划分，文献可分为一次文献、二次文献和三次文献。一次文献又称原始文献，是以作者本人的实践为依据而创作的专著、论文、调查报告、实验报告、档案资料等原始资料。二次文献又称检索性文献，是将分散的一次文献进行加工整理，使之系统化、条理化的检索性文献，一般包括题录、书目、索引、提要和文摘等。三次文献又称参考性文献，指在利用二次文献的基础上，将某一范围内的一次文献进行广泛深入的分析研究之后综合浓缩而成的参考性文献，包括动态综述、专题述评、进展报告、数据手册、年度百科全书以及专题研究报告等。故题干中“书目、索引、提要和文摘”属于二次文献，本题选B项。

18. A 【解析】顺查法，即以课题研究发生的时间为起点，按事件发展的时序，由远及近地查找有关资料。题干描述的是顺查法的概念。逆查法是由近及远地查找资料，引文查找法是以引文和附录为线索查找资料，综合查找法是综合运用各种方法来查找资料。

19. B 【解析】行动研究的优点包括：(1)灵活，能适时做出反馈与调整；(2)能将理论研究与实践问题结合起来；(3)对解决实际问题有效。行动研究的缺点包括：(1)研究过程松散、随意，缺乏系统性，影响研究的可靠性；(2)研究样本受具体情境的限制，缺少控制，影响研究的代表性。个案研究常常会遇到伦理道德问题，对研究人员的语言技能、洞察力有较高要求。故本题选B项。

20. C 【解析】结构式观察指观察者在观察前有详细的观察计划、明确的观察指标体系，观察时严格按计划进行。题干中张老师按照听课记录表进行观察记录属于结构观察。

21. C 【解析】根据是否控制观察的环境条件，可以将观察分为自然情境中的观察和实验室中的观察。自然情境观察是自然状态下的观察，不控制和改变环境；实验室中的观察可人工控制和改变观察环境。

22. D 【解析】在问卷调查中敏感性问题有三层含义：一是侵犯性，这类问题被视为侵犯个人隐私；

二是告知相关的威胁，指正确作答可能带来的后果；三是社会赞许性，这类问题所引出的回答是社会无法接受的或者社会不赞许的。题干中抄作业是不被社会所赞许的，这一题目涉及敏感性问题。

23. A　【解析】实验研究中的自变量是指由研究者安排的、人为操纵控制的、作有计划变化的因素，即研究者有计划加以改变的。在教育实验中，自变量常常是教材、教法、教学手段或教学组织形式等，教育者可以通过操纵这些自变量来探究教育效果。

二、简答题（参考答案）

1. 简述一个好的教育研究课题应具有的特点。

(1)选题必须有价值；(2)选题必须有科学的现实性；(3)选题必须明确具体；(4)选题必须新颖，有独创性；(5)选题必须有可行性。

2. 简述行动研究法的一般步骤。

(1)计划。这一阶段要完成的任务是明确问题、分析问题、制订计划。

(2)行动。行动指计划的实施，它是行动研究的核心步骤。

(3)观察。观察指对行动的过程和结果、行动的背景、影响因素以及行动者特点进行全面考察。

(4)反思。在反思过程中，要对行动的过程和结果做出判断，对有关现象和原因做出分析解释，以提高思考的质量。

3. 简述教育科学研究的基本过程。

(1)选择研究课题；(2)教育文献的检索；(3)提出研究假设；(4)制订研究计划；(5)收集、整理和分析资料；(6)教育研究成果的表述。

4. 简述实验法的优点。

(1)能确立因果关系，认识事物的本质和规律；(2)研究结果客观、准确、可靠；(3)能对变量进行控制，提高研究的信度；(4)能为理论的构建提供佐证和说明；(5)能将实验变量和其他变量的影响分离开来；(6)严密的逻辑性是其他研究方法难以比拟的。

第二章　学生指导

①联觉

②选择性

③有意注意/随意注意

④广度

⑤先快后慢

⑥具体形象思维

⑦定势

⑧道德感

⑨趋避冲突

⑩社会自我

⑪勤奋感对自卑感

⑫关键期

⑬因材施教

⑭具体运算阶段

⑮泛化

⑯替代强化

⑰奥苏伯尔/奥苏贝尔

⑱复述策略、精加工策略、组织策略

⑲道德意志

⑳皮亚杰

㉑思想品德课与其他学科教学

㉒全体学生

㉓艾利斯

···刷真题···

一、单项选择题

答案速查

1～5	CDADA	6～10	CABCA	11～15	ABBAC	16～20	BBCAC
21～25	ACBCC	26～30	ABBBC	31～35	BACBB	36～40	CCADC
41～45	ACBAB			46～51	BAACDA		

1. C 【解析】本题考查麻疹病毒的传播途径。麻疹是一种常见的儿童急性呼吸道传染病，麻疹病毒是麻疹的病原体。麻疹的主要传播途径是带麻疹病毒的飞沫通过喷嚏、咳嗽、说话等直接传入呼吸道，被污染的物品也会造成间接传播。

易错提示：按照传播途径的不同，传染病可分为呼吸道传染病、消化道传染病、血液传染病和体表传染病。

类型	典例
呼吸道传染病	麻疹、流行性感冒、流行性腮腺炎、风疹、百日咳等
消化道传染病	细菌性痢疾、甲型肝炎、伤寒、蛔虫病、蛲虫病等
血液传染病	艾滋病、乙型肝炎、丙型肝炎、疟疾、黑热病、丝虫病等
体表传染病	狂犬病、炭疽、破伤风、血吸虫病、沙眼、疥疮、癣等

2. D　【解析】本题考查心理辅导技术。个别辅导过程中常用的心理辅导技术有行为矫正技术、认知改变技术、情绪调控技术和积极暗示技术。

A项，暗示是指用含蓄或间接的方法，使某种信息在人的心理、生理、行为方面产生影响，从而使被暗示者按照一定的方式行动或接受某种信念与意见。班主任通过有针对性的、积极的语言作用，对学生的心理活动施加影响，从而调节其认知、情绪、意志、信心等以消除或减轻其问题症状，称为积极暗示技术。A项不符，排除。

B项，行为矫正是指通过适当的强化手段，增进学生积极行为的发生，减少并逐渐克服不良行为的一种技术。行为矫正技术旨在帮助学生塑造良好行为和改变偏差行为。B项不符，排除。

C项，认知改变技术是指根据人的认知过程影响其情绪和行为的理论假设，通过改变学生的不良认知，从而调整其情绪和行为的一种心理辅导技术。C项不符，排除。

D项，情绪调控是指有效地调节和控制自己或他人的情绪，使之对个人的行为产生积极影响的过程。个别辅导中的情绪调控技术包含以下内容：(1)帮助学生认识、接纳和面对自己的情绪；(2)引导学生宣泄和恰当地表达情绪；(3)增加积极情绪体验；(4)帮助学生学会控制、疏导情绪。题干中老师告诉学生不高兴时可以跑步、打球、散步、听音乐、大声喊叫等，这属于情绪调控技术中的“引导学生宣泄和恰当地表达情绪”，故答案为D项。

3. A　【解析】本题考查榜样示范法。榜样示范法是用榜样人物的优秀品德来影响学生的思想、情感和行为的德育方法。它符合小学生仰慕先进、易受英雄行为感染、喜好模仿的心理特点，通过示范榜样人物的成长经历和言行，把抽象的道德规范具体化、形象化、人格化，生动、直观、有效，因而对小学生具有强烈的感染力和说服力，不仅影响他们的思想意识，而且感染熏陶他们的情感，激励他们从内心产生巨大的动力，以形成优良品质。故本题答案选A项。

4. D　【解析】本题考查雷雨天气安全知识。雷雨天气发生时，容易遭受雷击，致人受伤甚至死亡。遇到雷雨天气时，如在室外要及时躲避，应立即进入建筑物内并关闭门窗，以免遭受雷击。在室外且无建筑物遮蔽时，不要在空旷的地方停留，尽量寻找低凹地藏身，或者立即下蹲、双脚并拢、双臂抱膝、头部下俯，尽量降低身体的高度。如果手中有导电的物体，要迅速地抛到远处，千万不能拿着这些物品在室外奔跑，否则会成为雷击的目标。遇到雷电时，一定不能在高耸的物体下站立。故ABC三项做法错误，本题答案选D项。

5. A　【解析】本题考查遗忘规律。艾宾浩斯的遗忘规律表明：遗忘在学习之后立即开始，最初遗忘速度很快，随着时间的推移，遗忘的速度逐渐缓慢下来，过了相当长的时间后，几乎不再发生遗忘。由此看出，遗忘的进程是不均衡的，其趋势是先快后慢、先多后少，呈负加速，且到一定的程度就几乎不再遗忘了。故本题答案选A项。

6. C　【解析】本题考查小学生思维的发展。小学生的思维在从具体形象思维为主逐渐向抽象逻辑思维为主的过渡中会出现“飞跃”或“质变”。一般认为,这个关键年龄出现在小学四年级(约10~11岁)。如果教育条件适当,这个关键年龄可以提前到三年级。故本题答案选C项。

7. A 【解析】本题考查异物进入眼睛后不宜采取的措施。当灰尘、飞虫等异物进入眼睛时,不能用手揉眼睛,搓揉眼睛可能会使异物擦伤眼球或嵌入眼部组织内,导致视网膜擦伤、眼部感染等严重后果。正确的处理方式是:用手指轻轻向前提起上眼皮,使眼皮和眼球之间空间大一点,随着泪水的冲洗,异物可自行排出;如无泪水,可用清水或生理盐水冲洗;再不能排出,可翻转眼皮,找到异物,用干净的棉签、纱布轻轻擦掉异物。若异物在角膜上,需要去医院请医生取出。异物取出后,可使用氯霉素眼药水滴眼或晚上用红霉素眼膏涂眼,以防感染。

8. B 【解析】本题考查个体身心发展的规律。个体身心发展的不平衡性主要表现在两个方面:(1)同一方面的发展速度,在不同年龄阶段是不平衡的;(2)发展的不同方面,发展速度也不同。根据身心发展的不平衡性,教育教学工作要抓住关键期,以求在最短的时间内取得最佳的效果。

易错提示:考生可结合以下内容识记个体身心发展的每条规律对应的教育要求:

(1)顺序性———循序渐进,不能“揠苗助长”“陵节而施”。

(2)阶段性———针对不同年龄阶段的学生,不能搞“一刀切”。

(3)不平衡性———把握关键期,适时而教。

(4)互补性———长善救失,扬长避短。

(5)个别差异性———因材施教。

(6)整体性———把学生看作复杂的整体。

9. C 【解析】本题考查心理防御方式。A项,升华强调把社会所不能接受的性欲或攻击性冲动所伴有的力比多能量转向更高级的、社会所能接受的目标或渠道,进行各种创造性的活动。升华是一种最积极的、富有建设性的防御机制。

B项,转移强调将对某一对象的情绪、意图或幻想转移到另一个对象或替代的象征物上。

C项,补偿是指个人所追求的目标、理想受到挫折,或由于本身的某种缺陷而达不到既定目标时,用另一个目标来代替或通过另一种活动来弥补,从而减轻心理上的不适感。

D项,退行是指一个人遇到困难的时候放弃已学到的比较成熟的应对技巧和方式,而使用原先比较幼稚的方式去应付困难和满足自己的欲望。

小文通过向同学炫耀自己所拥有的高档物品来获得满足感,从而弥补学习成绩不好带来的心理上的缺憾,这种心理防御方式属于补偿。

10. A 【解析】本题考查注意的品质。注意的范围,也称注意的广度,是指在同一时间内,人们能够清楚地知觉出的对象的数目。“一目十行”指看书可以同时看到十行,强调注意范围广;“一心二用”体现的是注意的分配;“目不转睛”体现了注意的稳定性;“心猿意马”体现了注意的分散。故本题选A。

11. A 【解析】本题考查知觉的特性。知觉的选择性是指当面对众多的客体时,知觉系统会自动地将刺激分为对象和背景,并把知觉对象优先地从背景中区分出来。被清晰反映的刺激物叫知觉的对象,被模糊反映的刺激物叫知觉的背景。题干中教师的做法会使形近字中用红色突出显示的部件成为学生优先知觉的对象,有助于学生更好地认识、辨别形近字,这一做法符合知觉的选择性规律。

12. B 【解析】本题考查定势的概念。定势又称心向,是指重复先前的操作所引起的一种心理准备状态。定势会影响人们以习惯的方式解决问题。定势对解决问题有积极和消极之分。在解决相似或相同的问题时,定势有助于人对问题的适应,从而能提高反应与解题速度;对于变化的情境或问题,定势起消极作用,会降低解决问题的速度。题干所述符合定势的内涵。

13. B 【解析】本题考查皮亚杰的认知发展阶段理论。皮亚杰将人的认知发展分为感知运动阶段、前运算阶段、具体运算阶段和形式运算阶段。认知发展水平达到具体运算阶段的儿童的思维特征主要有:(1)去自我中心性;(2)可逆性;(3)守恒;(4)分类;(5)序列化。“自我中心性”是感知运动阶段和前运算阶段儿童的思维特征,“客体永久性”在感知运动阶段已经形成,不属于具体运算阶段的典型特征,故本题选B。

14. A 【解析】本题考查认知风格。冲动型认知风格的学生在解决认知任务时,总是急于给出问题的答案,而不习惯对解决问题的各种可能性进行全面思考,有时问题还未弄清楚就开始解答。沉思型认知风格的学生在解决认知任务时,总是谨慎、全面地检查各种假设,在确认没有问题的情况下才会给出答案。题干中,有的学生未弄清题意便急于回答,这类学生的认知风格属于冲动型。

15. C 【解析】本题考查学习策略。组织策略是为了整合所学新知识之间,新旧知识之间的内在联系,形成良好的知识结构的策略。组织策略主要有两种:一种是归类策略,用于概念、语词、规则等知识的归类整理;一种是纲要策略,主要用于对学习材料结构的把握。题干中的列提纲、画思维导图就属于组织策略的运用。

16. B 【解析】本题考查意志品质的培养。意志是指人自觉地确定目的,有意识地根据目的、动机调节支配行动,努力克服困难,实现目标的心理过程。题干中的学生作业稍微难一点就望而却步,经常叫苦叫累等行为体现其意志薄弱。因此,班主任在班级中需要加强学生意志品质的培养。

17. B 【解析】本题考查眼保健操的基本内容。常用的预防近视的保健方法有眼保健操和眼部肌肉锻炼操。眼保健操的基本内容包括：挤按睛明穴、揉按四白穴、揉按太阳穴和闭目轮刮眼眶、揉按风池穴、闭目干洗脸。故本题选B。

18. C　**【解析】**本题考查注意的品质。注意的分配是指人在进行两种或多种活动时能把注意指向不同对象的现象，表现为"一心二用"。题干中，教师在讲课板书的同时留意学生的反应，这一行为体现的是注意的分配。

19. A　**【解析】**本题考查巴甫洛夫的经典性条件作用理论。泛化是指机体对与条件刺激相似的刺激做出条件反应。题干中，小军因为喜欢王老师，所以对王老师的课和她组织的活动都喜欢，这表明小军对与王老师相关的情境产生了情感泛化。因此题干所述现象属于泛化。

20. C　**【解析】**本题考查从众的概念。从众是指人们对于某种行为要求的必要性缺乏认识与体验，跟随他人行动的现象。而服从是指迫于权威命令、社会舆论、群体气氛等的压力，放弃自己的观点而采取与大多数人一致的现象。题干中，因为看到其他人都在起哄，所以平时文静的学生也会与他们保持一致，参与其中，这种行为是从众行为。

易混辨析：考生容易混淆从众和服从的概念。考生可以这样记忆："众"代表的是群体；"服"一般是对权威、舆论等的服从。

21. A　**【解析】**本题考查学校心理健康教育的对象。学校心理健康教育的总目标是：提高全体学生的心理素质，培养他们积极乐观、健康向上的心理品质，充分开发他们的心理潜能，促进学生身心和谐可持续发展，为他们健康成长和幸福生活奠定基础。心理健康教育要面向全体学生，因此，小学心理健康教育的对象是全体学生。

22. C　**【解析】**本题考查小学生安全教育的相关内容。重力性休克，指疾跑后立即站立不动而引起的晕厥症状。疾跑后突然停止运动，下肢毛细血管和静脉失去肌肉收缩时的节律性挤压作用，加上血液本身的重力，会使血液大量积聚在下肢血管中而导致暂时性脑贫血。小学生疾跑后不能立刻站立不动或坐下，正是避免重力性休克出现的有效措施。

23. B　**【解析】**本题考查遗忘原因的相关理论。前摄抑制是先学习的材料对识记和回忆后学习的材料的干扰作用；倒摄抑制是后学习的材料对保持和回忆先学习的材料的干扰作用。小学生背诵一篇较长的课文时，中间部分遗忘较多，这是因为中间部分受到前摄抑制和倒摄抑制的影响，因而最容易遗忘。

24. C　**【解析】**本题考查奥苏伯尔的理论。奥苏伯尔从学习内容与学习者认知结构的关系上，将学习分为有意义学习和机械学习。具体来说，有意义学习的本质是学习者认知结构中原有观念对新观念加以同化的过程，也就是学习者对学习材料加以理解的过程；在机械学习中，学习者并没有理解学习材料的真实含义。故奥苏伯尔划分机械学习和有意义学习的主要依据是学生是否理解学习材料。

易错提示：本题属于易错题，考生需要理解记忆奥苏伯尔划分学习类型的依据，以及奥苏伯尔的学习类型的内涵。

划分依据	学习类型	内涵描述
学习内容与学习者认知结构(是否理解学习材料)	有意义学习	学习材料本身具有逻辑意义，并且学习者理解了学习材料的意义
	机械学习	学习材料无意义，如无意义音节；学习方式机械、死板，如死记硬背而不求甚解
学生学习的方式(是否主动学习)	接受学习	他人传授、告知学习材料的意义
	发现学习	学习者自己主动研究、探索从而发现学习材料的意义

25. C 【解析】本题考查发散思维的特征。思维的独创性是指产生不同寻常的反应和不落常规的能力，以及重新定义或按新的方式对所见所闻加以组织的能力。

思维的灵活性是指摒弃以往的习惯思维方法而开创不同方向的能力。

思维的流畅性是指在限定时间内产生观念数量的多少。

题干中强调在规定时间内尽可能多地举出“杯子”的用途，因此这侧重培养的是学生思维的流畅性。

26. A 【解析】本题考查德育方法。品德评价法(奖惩法)是通过对学生品德进行肯定或否定的评价而予以激励或抑制，促使其品德健康形成和发展的德育方法。包括奖励、惩罚、评比和操行评定等。“贴小红花、插小红旗”是对学生行为的奖励，故A项正确。

27. B 【解析】本题考查自我意识的发展阶段。个体自我意识的发展经历了从生理自我到社会自我、再到心理自我的过程。生理自我是自我意识最原始的形态，儿童在3岁以后进入社会自我阶段，心理自我是在青春期开始发展和形成的。小学高年级大约是10～12岁，还未进入青春期，处于社会自我的发展时期。

28. B 【解析】本题考查过度学习的内容。实验证明，要使学生的记忆效果最佳，学习程度应达到150%。

29. B 【解析】本题考查班杜拉的强化分类。班杜拉指出，人的行为受行为的结果因素与先行因素的影响。行为的结果因素就是通常所说的强化。强化分为三种：直接强化、替代强化、自我强化。替代强化是观察者因看到榜样的行为被强化而受到强化。题干中老师表扬小明后，班上的同学表现出了和小明一样好的行为，这属于替代强化。

30. C 【解析】本题考查品德的心理结构。道德意志是个体自觉地调节道德行为，克服困难，以实现预定道德目标的心理过程。题干中小龙明知乱扔纸屑是不文明的行为，但又总是管不住自己，属于道德意志薄弱，教师应注重培养其道德意志。

31. B 【解析】本题考查小学生卫生保健的内容。儿童缺乏维生素B_2容易出现口角炎、唇炎、舌炎、脂溢性皮炎、眼部炎症等。

32. A 【解析】本题考查感觉现象。一种感觉兼有另一种感觉的心理现象叫联觉,如红色给人以热烈、紫色给人以高贵、黑色给人以沉重的感觉等。看到橙色、蓝色属于视觉,视觉上感知到的颜色又与肤觉上的温暖、清凉感联系起来,这种同时兼有两种感觉的心理现象就属于联觉。

33. C 【解析】本题考查学习策略的种类。精加工策略是指把新信息与头脑中的旧信息联系起来从而增加新信息意义的深层加工策略。精加工越深入细致,回忆就越容易。为方便学生理解和记忆,教师将某个英语单词编成小故事,正是运用了精加工策略。

34. B 【解析】本题考查小学生心理辅导的方法。移情是来访者将自己过去对生活中某些重要人物的情感投射到咨询师身上的过程。小学生把辅导老师当成自己的父母,以获得情感的满足,这种心理现象属于移情。

35. B 【解析】本题考查个体身心发展的一般规律。身心发展的顺序性是指人的身心发展是一个由低级到高级、由简单到复杂、由量变到质变的连续不断的发展过程。题干中描述的"三翻六坐八爬叉,十二个月喊爸爸"表明儿童的发展是按照一定顺序进行的,体现了个体身心发展的顺序性。

36. C 【解析】本题考查科尔伯格品德发展阶段理论。科尔伯格系统扩展了皮亚杰的理论和方法,提出了人类道德发展的顺序原则。他采用"道德两难故事法"进行研究,最典型的就是用"海因茨偷药"的故事,让儿童对道德两难问题做出判断。

易错提示:皮亚杰和科尔伯格采用不同的研究方法研究儿童的道德发展。

人物	研究方法	描述
皮亚杰	对偶故事法	向儿童讲述成对的两个故事,测定儿童是依据对物品的损坏结果还是依据故事主人公的行为动机作出道德判断
科尔伯格	道德两难故事法	创设一种道德两难情境,要求儿童作出选择

37. C 【解析】本题考查小学生安全教育中火灾的相关内容。使用干粉灭火器的步骤:

(1)发生火灾时,首先将灭火器提至着火现场。在距离着火点适当距离时停下,在室外的话,要站在上风方向。

(2)由于干粉灭火器是一种混合性的粉末,装在灭火器瓶中静置久了就会沉淀在瓶子下方,所以在使用前,我们要先将灭火器上下颠倒几次,使瓶内的干粉松动。

(3)使用时,先去除铅封、拔出保险销。一只手握住喷射软管前的喷嘴,并将喷嘴对准燃烧物根部;另一只手提起提把,并用力压下压把,这时灭火器中的干粉喷出,即可实行灭火。

(4)要注意,在灭火器的使用(喷射)过程中不能将灭火器颠倒或者横卧,否则可能会导致压力不稳中断喷射。

38. A 【解析】本题考查情感的分类。道德感是根据一定的道德标准评价人的思想、意图和言行时所产生的主观体验。它表现在对待国家、集体、工作、事业、学习以及人与人之间的关系等各个方面，如爱国主义情感、集体主义情感、责任感、事业心、荣誉感、自尊心等。题干中小英帮助生病的小勇辅导功课后，感到很快乐，这种因帮助他人而产生的愉悦感属于道德感。

39. D 【解析】本题考查学习策略。资源管理策略中的学业求助策略是指当学生在学习上遇到困难时，向他人请求帮助的行为。题干中芳芳在学习中遇到不懂的问题向老师请教所采用的学习策略是学业求助策略。

40. C 【解析】本题考查小学德育的途径。我国学校德育途径是广泛多样的，其中基本途径是：思想品德课与其他学科教学。

41. A 【解析】本题考查小学生安全教育中被昆虫蜇伤的内容。蜜蜂的毒液是酸性的，被蜜蜂蜇伤后应用碱性的液体中和，选项中肥皂水呈碱性，故答案选A项。

易错提示：考生注意区分蜂的种类及毒液性质，采取正确的应对措施。

种类	毒素性质	处理措施
蜜蜂	酸性	用肥皂水、3%氨水、5%碳酸氢钠溶液(苏打水)、淡石灰水等碱性液体冲洗、涂抹或湿敷
黄蜂	碱性	用食用醋、0.1%稀盐酸溶液等弱酸性液体冲洗、涂抹或湿敷

42. C 【解析】本题考查意志过程中的动机冲突。趋避冲突是指对同一目的兼具好恶的矛盾心理。题干中小英既想当班干部为同学服务，又害怕当不好被同学嘲笑，这体现的动机冲突是趋避冲突。

易混辨析：考生易混淆不同种类的动机冲突，可借助关键词进行识记：

双趋冲突，表示两种趋近，既想……又想……。双避冲突，表示两种逃避，既不想……又不想……。趋避冲突，对于一种矛盾，既想……又怕……。多重趋避冲突，表示对含有吸引与排斥的多种活动进行选择的矛盾。

43. B 【解析】本题考查共情。共情就是咨询师设身处地去理解来访者的感情、态度和价值观，并通过语言交流以及一些非言语性的行为向来访者传达这种理解，启发、帮助来访者理解自己的情感的更深一层的含义，从而获得来访者对咨询师更深的信任。“换位思考”是共情的体现。

44. A 【解析】本题考查德育的方法。说服教育法又叫说理教育法，是通过语言说理，使学生明晓道理，分清是非，提高品德认识的德育方法。说服教育法是德育工作的基本方法。题干中小芳认为“只要学习好，守不守纪律都无所谓”，这种认识是不正确的。因此，作为小芳的老师，首先应该对她进行说服教育，使她提高认识，帮助她形成正确的观点。

45. B 【解析】本题考查学习理论。建构主义学习观强调学习的主动建构性、社会互动性和情境性。其中，学习的主动建构性表现在：学习不是知识由教师向学生的传递，而是学生建构自己的知识的过程。学生不是被动的信息吸收者，相反，他们要主动地建构信息的意义，这种建构不可能由其他人代替。

46. B 【解析】本题考查斯金纳的操作性条件作用理论中的强化。负强化也称消极强化，是通过消除或中止厌恶、不愉快刺激来增强反应频率。小强完成作业后，妈妈取消了不准他看动画片这一厌恶刺激，随后小强按时完成作业的次数增加了，这是对负强化的运用。

47. A 【解析】本题考查皮亚杰的道德发展阶段理论。道德发展处于权威阶段（他律道德阶段或道德实在论阶段）的儿童服从外部规则，接受权威指定的规范，把人们规定的准则看作固定的、不可变更的，而且只根据行为后果来判断对错。小学低年级儿童把父母和老师的话当作行为准则，服从权威指定的规范，其道德发展处于权威阶段。

48. A 【解析】本题考查埃里克森的人格发展阶段理论。根据埃里克森的人格发展阶段理论，6～12岁儿童的发展任务是培养勤奋感。在这个时期，多数儿童已进入学校，第一次接受社会赋予自己并期望自己完成的任务。

49. C 【解析】本题考查皮亚杰的认知发展阶段理论。幼儿园时期的小军，认知发展处于前运算阶段，思维具有自我中心性，还不能设想他人所处的情境，常以自己的经验为中心，从自己的角度出发来观察和理解世界。因此，送给妈妈的生日礼物是自己最喜欢的玩具汽车，而不是妈妈喜欢的漂亮发夹。小学三年级时，其认知发展处于具体运算阶段，能够多角度地看待和理解事物，即去自我中心，知道送给妈妈的生日礼物应该是她喜欢的漂亮发夹。

易错提示：考生在做皮亚杰的认知发展阶段理论这一考点的题时，可以从年龄、各阶段主要特点两方面进行理解与记忆。

阶段	年龄	主要特点
感知运动阶段	0～2岁	客体永久性、延迟模仿
前运算阶段	2～7岁	能使用符号、自我中心性、不可逆思维、泛灵论
具体运算阶段	7～11岁	去自我中心性、可逆性思维、守恒、分类、排序，已具备逻辑思维和简单的抽象思维
形式运算阶段	11岁～成人	抽象逻辑思维发展水平高

50. D 【解析】本题考查心理辅导的方法。理性—情绪疗法（RET），又称合理情绪疗法，20世纪50年代由艾利斯在美国创立，它是认知疗法的一种。

51. A 【解析】本题考查认知方式差异。场独立型的学生对客观事物的判断常以自己的内部线索（经验、价值观）为依据，不易受到周围环境因素的影响和干扰，倾向于对事物的独立判断。

方法技巧：考生在做此类题目时，要注意把握每种认知方式的关键词，结合题干答题。“独立、内部”对应场独立型；“外部、人云亦云”对应场依存型。

二、简答题(参考答案)

1. 简述美育的主要任务。

(1)培养学生正确的审美观点,使他们具有感受美、理解美和鉴赏美的知识与技能。

(2)培养学生参加艺术活动的技能,发展他们体现美和创造美的能力。

(3)培养学生心灵美和行为美,使他们在生活中体现内在美和外在美的统一。

2. 简述儿童心理发展“关键期”的教育意义。

所谓关键期,就是指人的某种身心潜能在某一年龄段有一个最好的发展时期。在这一时期内,对个体某一方面进行训练可以获得最佳成效,并能充分发挥个体在这一方面的潜力。错过了关键期,训练的效果就会降低,甚至永远无法补偿。

根据这一现象,教育教学工作要抓住人的发展的关键期,不失时机地采取有效措施促进学生成长,以求在最短的时间内取得最佳的效果。所以,抓住关键期并进行及时、适当的教育,能使教学事半功倍。

3. 简述学校德育陶冶法及其要求。

陶冶教育法也称情感陶冶法,是教师利用环境和自身的教育因素,对学生进行潜移默化的熏陶和感染,使其在耳濡目染中受到感化的德育方法。

运用陶冶教育法的要求:(1)创设良好的环境;(2)与启发、说服相结合;(3)引导学生参与情境的创设。

4. 简述小学劳动教育的基本目标。

(1)树立正确的劳动观念;(2)具有必备的劳动能力;(3)培育积极的劳动精神;(4)养成良好的劳动习惯和品质。

5. 简述皮亚杰认知发展理论的教育启示。

根据皮亚杰的认知发展理论,在教育教学中应该注意以下几点:

(1)提供活动。该原则有两方面的含义:①教师既应为学生创设大量的物理活动,也应为他们提供相应的心理活动机会;②在形式运算阶段前,教师应为学生提供从现实物体和事件中学习的机会。

(2)创设最佳的难度。教师的主要任务是通过提问来引起学生认知的不平衡,并提供有关的学习材料或活动材料,促使学生的认知发展。

(3)关注儿童的思维过程。在教学中,教师必须认识到儿童思考问题的方式与成人不同,并根据儿童当前的认知机能水平提供适宜的学习活动,只有这样,才能真正促进儿童的认知发展。

(4)认识儿童认知发展水平的有限性。教师需要认识各年龄阶段儿童认知发展所达到的水平,遵循儿童认知发展顺序来设计课程。

(5)让儿童多参与社会活动。皮亚杰特别强调社会活动对儿童认知发展的作用,他认为环境教育重于知识教育,因此,在教学中应让儿童多参与社会活动。

6. 简述维果斯基"最近发展区"理论及其教育启示。

(1)维果斯基认为,儿童有两种发展水平:一是儿童现有的水平,即由一定的已经完成的发展系统所形成的儿童心理机能的发展水平;二是可能达到的发展水平。这两种水平的差异,就是最近发展区。所谓最近发展区是指儿童在有指导的情况下,借助成人的帮助所能达到的解决问题的水平与独自解决问题所达到的水平之间的差异,即两个邻近发展阶段间的过渡状态。

(2)根据上述思想,维果斯基提出教学应当走在发展的前面。这包括两层含义:教学在发展中起主导作用;教学创造着最近发展区。

7. 简述人格形成与发展的影响因素。

(1)生物遗传因素。①遗传是人格不可缺少的影响因素;②遗传因素对人格的作用程度因人格特征的不同而异;③人格发展过程是遗传与环境交互作用的结果,遗传因素影响人格的发展方向及改变。

(2)社会因素。①家庭教养方式;②学校教育;③同伴群体。

(3)个人主观因素。社会上各种影响因素,首先要为个人接受和理解,才能转化为个体的需要、动机和兴趣,才能推动他去思考与行动。另外,个体已有的心理发展水平对人格特征形成的作用会随着年龄的增加而日益增强。

8. 简述影响学生有意注意的因素。

(1)对活动目的、任务的理解;(2)对事物的间接兴趣;(3)活动的合理组织;(4)个人已有的经验;(5)个人的意志品质。

9. 简述学习迁移的影响因素。

(1)学习材料的特点;(2)原有的认知结构;(3)对学习情境的理解;(4)学习的心理准备状态;(5)学习策略的水平;(6)智力与能力;(7)教师的指导。

10. 简述思维过程中问题解决的影响因素。

(1)问题情境;(2)定势与功能固着;(3)原型启发;(4)已有的知识经验;(5)情绪和动机。此外,个体的认知结构、个性特征以及问题的特点等也会影响问题解决。

三、材料分析题(参考答案)

(1)沈老师的做法既维护了小叶的自尊,同时也使小叶认识到了自身的错误,起到了教育作用,巧妙地解决了此次事件,值得肯定。

①德育过程是具有多种开端的对学生知、情、意、行的培养与提高过程。学生的思想品德由

知、情、意、行四个心理因素构成。德育具有多种开端，教育者可根据学生品德发展的具体情况，或从导之以行开始，或从动之以情开始，或从锤炼品德意志开始，最后达到使学生品德在知、情、意、行等方面的和谐发展的目的。材料中，沈老师自己买了一本新字典当众交给了小玉，引发了小叶的羞愧心理，从道德情感入手对小叶进行了教育，遵循了这一规律。

②德育过程是一个促进学生思想内部矛盾斗争的发展过程，是教育与自我教育相结合的过程。学生思想品德的任何变化，都必须依赖学生个体的心理活动。教育者在重视对学生进行思想品德教育的同时，也要高度重视培养学生的自我教育能力，发挥学生在德育过程中的主观能动性。材料中，沈老师在检查学生字典时发现小叶满面通红，没有当众批评斥责小叶，之后通过当众交还小玉的字典间接教育小叶，引起小叶的思想斗争，促使其提高自我认识，进行自我教育，遵循了这一规律。

③因材施教原则(从学生实际出发)。因材施教原则是指，教育者在德育过程中，应根据学生的年龄特征、个性差异以及品德发展现状，采取不同的方法和措施，加强德育的针对性和实效性。材料中，沈老师从小叶的家庭情况以及个人思想认识情况入手，巧妙、合理地对小叶进行教育，体现了因材施教原则。

④沈老师采用了情感陶冶法。陶冶教育法，有时也称情感陶冶法，是教师利用环境和自身的教育因素，对学生进行潜移默化的熏陶和感染，使其在耳濡目染中受到感化的德育方法。材料中的沈老师当众交还小玉的字典，解释字典不见的原因，启发小叶深刻认识自己的错误，用真诚的爱去感化学生，这一行为体现了情感陶冶法的内涵。

⑤沈老师通过班主任工作这一德育途径充分发挥了学校教育在学生品德发展中的主导作用。此次事件发生在学校，沈老师利用班主任这一身份的权责和影响力，采取合理措施巧妙解决了此次事件，对小叶进行了思想教育，有助于培养学生良好品德，减少不良品德行为。

(2)小学教师在处理类似事件时，应遵循以下原则：

①教育性原则。教师在处理事件时要以让学生受教育、促进每个学生的成长为目的。

②有效性原则。教师处理事件时一定要考虑所用方法和措施的效果。

③可接受性原则。教师对事件的处理要能使当事人心悦诚服地接受处理意见或结果，要让学生从内心深处接受，认识到自己的错误，进而积极改正。

④冷处理原则。对于有些事件，教师不应急于表态、下结论，而应冷静地观察，待把问题的来龙去脉弄清楚后再去处理。

⑤因材施教原则。教师处理类似事件时，应注意到学生的个别差异，选择不同的内容和方法进行教育，努力做到“一把钥匙开一把锁”。

专题一　心理学基础知识

一、单项选择题

答案速查

1～5	BBAAB	6～10	BDBBC	11～15	DBBCA	16～20	CCAAA
21～25	DCDDA	26～30	CDCCC	31～35	CCABC	36～40	BCBAB
41～45	CACDA	46～50	ABBDC	51～55	DCABD	56～60	DCBCA
61～65	BBACB	66～70	BBCCC	71～75	BCBBC	76～80	CDDAD
81～85	ACBCA	86～90	BABDA	91～95	ADBDA	96～100	DDABC
101～105	DCCCA	106～110	DDBAC	111～115	BABAB	116～120	BBBAC
121～124	DABA						

1. B　**【解析】**1879年，德国著名心理学家冯特在德国莱比锡大学创建了世界上第一个心理学实验室，开始对心理现象进行系统的实验研究，这被公认为是心理学独立的标志。冯特也因此被称为“心理学之父”，其著作有《生理心理学原理》《民族心理学》等。

2. B　**【解析】**感觉对比是指同一感受器接受不同的刺激，而使感受性发生变化的现象。题干中学生看教学地图时，不同颜色之间形成了鲜明对比，从而使学生能够清晰分辨该颜色所代表的事物。故该教学体现了感觉的对比现象。

3. A　**【解析】**一种感觉兼有另一种感觉的心理现象叫联觉。人在听音乐时脑海中能看到相应的色彩或场景，即同时兼有视觉、听觉两种感觉，故题干所说的“有色听觉”属于联觉现象，本题选A。

4. A　**【解析】**知觉的整体性是指人根据自己的知识经验把直接作用于感官的客观事物的多种属性整合为统一整体的过程。知觉的整体性既有助于人的知觉能力与速度的提高，也可能妨碍和干扰对部分与细节特征的反映。因此，由于知觉的整体性的存在，人们容易忽略部分或细节的特征，把与朋友具有相似特征的人误认成朋友。

5. B　**【解析】**知觉的恒常性是指客观事物本身不变，但知觉条件在一定范围内发生变化时，人的知觉映像仍相对不变。知觉的恒常性包括颜色恒常性、亮度恒常性、形状恒常性、大小恒常性和声音恒常性。其中，大小恒常性是指在一定范围内不论观看距离如何，人们仍倾向于把物体看成特定的大小。故题干所述体现了知觉具有大小恒常性。

6. B　**【解析】**注意不稳定表现为注意的分散，也叫分心。注意的分散是指注意离开了当前应当完成的任务而被无关的事物所吸引。学生被监考教师的走动分散了注意，注意离开了当前应当完成的任务，导致其无法集中精力回答问题，故该学生此时处于注意分散状态。

7. D　**【解析】**前摄抑制是先学习的材料对识记和回忆后学习材料的干扰作用。后学习的材料对保

持和回忆先学习的材料的干扰作用,称为倒摄抑制。小说的开头只受倒摄抑制的影响,结尾只受前摄抑制的影响,中间部分受到前摄抑制和倒摄抑制双重因素的干扰,因此中间部分情节遗忘较多。

8. B 【解析】发散思维,也叫求异思维、分散思维、辐射思维,是指人们解决问题时,思路朝各种可能的方向扩散,从而求得多种答案。A、C、D三项均属于发散思维,B项属于聚合思维。

9. B 【解析】表象是事物不在面前时,人们在头脑中出现的关于事物的形象。题干中的学生在老师读到“傣家竹楼”时,即事物不在面前但在头脑中呈现出了“傣家竹楼”的形象,这体现了表象的内涵。

10. C 【解析】应激是出乎意料的紧迫情况所引起的急速而高度紧张的情绪状态。当人们遇到突然出现的事件或意外发生危险时,为了应付瞬息万变的紧急情况,就得果断地采取决定,迅速地做出反应。应激正是在这种情境中产生的内心体验。题干中的学生由于遭遇抢劫而感到紧张与恐慌,此时该学生处于应激的情绪状态。

11. D 【解析】知觉的整体性是指人根据自己的知识经验把直接作用于感官的客观事物的多种属性整合为统一整体的过程。例如,一首乐曲由不同人演唱,用不同乐器演奏,仍被人们知觉为同一首乐曲。

12. B 【解析】知觉的恒常性是指客观事物本身不变,但知觉条件在一定范围内发生变化时,人的知觉映像仍相对不变。题干中强调对煤炭、粉笔和国旗颜色的知觉映像不会因光照的不同而改变,这体现了知觉的恒常性。故答案选B项。

13. B 【解析】根据有无目的和意志努力,注意可以分为无意注意、有意注意和有意后注意三种。其中有意注意也称随意注意,是有预定目的、必要时需要意志努力、主动地对一定事物所发生的注意。小夏克服困难,坚持努力学习英语的注意属于有意注意。

14. C 【解析】注意的集中性是指心理活动在选择对象的同时,对别的事物的影响加以抑制而不予理会,以保证对所选对象做出鲜明和清晰的反映。人在注意力高度集中时,除了对目标物之外,对自己周围的其他事物就会“视而不见、听而不闻”了。

15. A 【解析】直观动作思维是以实际动作为支柱的思维过程。思维活动往往是在实际操作中,借助触摸、摆弄物体而产生和进行的。成人也有动作思维。题干中,技术工人在对一台机器进行维修时,一边检查一边思考故障的原因,直至发现问题排除故障为止,这一过程中直观动作思维占据主要地位。

16. C 【解析】意义识记是在理解的基础上,依据材料的内在联系,并运用已有的知识经验而进行的识记。在学新知识前先复习旧知识,找到新旧知识之间的内在联系,从而用已获得的知识去帮助理解、记忆新知识,这一过程属于意义识记的运用。

17. C 【解析】近因效应指在总体印象形成上,新近获得的信息比原来获得的信息影响更大的现象,如多年不见的朋友,在自己脑海中最深的印象就是临别时的情景。首因效应指在总体印象形成上,最初获得的信息比后来获得的信息影响更大的现象,如人们交往时很注重第一印象。投射效应指由于个体具有某种特性,因而推断他人也有与自己相同特性的心理现象。晕轮效应指当我们认为某人具有某种特征时,就会对他的其他特征做相似判定,如学生认为外表有魅力的老师教学能力强。题干所述现象为投射效应。

18. A 【解析】感觉对比是同一感受器接受不同的刺激,而使感受性发生变化的现象。感觉对比分为两种:同时对比和继时对比。几个刺激物同时作用于同一感受器会产生同时对比现象。题干所述体现的是同时对比。

19. A 【解析】意志的自制性是一个人善于根据预期目的或既定要求,控制自己的心理活动和行为的意志品质。题干中的“节之”“纵之”说的是一个人是否善于控制自己、约束自己。

20. A 【解析】人格是构成一个人思想、情感及行为的特有模式,是一个人区别于他人的稳定而统一的心理品质。

21. D 【解析】知觉的选择性是指当面对众多的客体时,知觉系统会自动地将刺激分为对象和背景,并把知觉对象优先地从背景中区分出来。题干所述体现了自己的名字以及所需书籍能够成为知觉对象并优先地被知觉出来。这体现了知觉的选择性。

22. C 【解析】性格的态度特征是指个体对自己、他人、集体、社会以及对工作、劳动、学习的态度特征。“笨鸟先飞”“勤能补拙”都强调勤奋的重要性,而勤奋是性格的态度特征,因此体现了性格对能力的影响。

23. D 【解析】系列位置效应是指接近开头和末尾的记忆材料的记忆效果好于中间部分的记忆效果的趋势。

24. D 【解析】过度学习是指学习达到恰能背诵之后再继续学习。实验证明:过度学习达到50%,即学习的熟练程度达到150%时,学习的效果最好;超过150%时,效果并不递增,很可能引起厌倦、疲劳而成为无效劳动。故题干中运用的方法属于过度学习。

25. A 【解析】性格的态度特征包括对社会、集体、他人的态度,对劳动、工作和学习的态度,对自己的态度等。具体来说,属于对社会、集体、他人态度这方面的性格特征主要有公而忘私或假公济私,忠心耿耿或三心二意,善于交际或行为孤僻,热爱集体或自私自利,礼貌待人或粗鲁,正直或虚伪,富有同情心或冷酷无情等;属于对工作和学习态度这方面的性格特征主要有勤劳或懒惰,认真或马虎,细致或粗心,创新或墨守成规,节俭或浪费等;属于对自己态度这方面的性格特征主要有谦虚或骄傲,自尊或自卑,严于律己或放任等。故节俭属于性格的态度特征。

26. C 【解析】晕轮效应(又称光环效应)是指当我们认为某人具有某种特征时,就会对他的其他特征做相似判断。题干中的班主任仅根据小李和小张的成绩便对他们作出了评价，认为成绩好的学生品质也好，成绩差的学生其他方面的表现也差，这种以点概面、以偏概全的主观印象就是晕轮效应。

27. D　【解析】一种感觉兼有另一种感觉的心理现象叫联觉。题干中学生由《冰上圆舞曲》的听觉反应产生了视觉反应，这种心理活动属于联觉。

28. C　【解析】C项，陈述性记忆是指对有关事实和事件的记忆，如课本知识和生活常识。因此选C项。A项，动作记忆是以做过的运动或动作为内容的记忆，又称运动记忆。B项，语义记忆又称语词逻辑记忆，是个体以各种有组织的知识为内容的记忆。D项，程序性记忆是指对如何做事情的记忆，包括对知觉技能、认知技能和运动技能的记忆。

29. C　【解析】一种感觉兼有另一种感觉的心理现象叫联觉。题干中，人们看到不同颜色后会产生暖或冷的感觉，这种一种感觉兼有另一种感觉的心理现象属于联觉。

30. C　【解析】手段—目的分析法就是把一个问题分解为若干子问题，设立各种子目标，通过实现一系列的子目标最终达到总目标，即解决问题。

31. C　【解析】压抑说(动机说)认为，遗忘是由于情绪或动机的压抑作用引起的，如果压抑被解除，记忆就能恢复。由于情绪紧张而引起的遗忘(考试时经常发生)就属于这种类型。

32. C　【解析】短时间内注意周期性地不随意跳跃现象称为注意的起伏(或注意的动摇)，它是由于人的感受性不能长时间地保持固定的状态，而是间歇性地加强和减弱造成的。题干中运动员的成绩因起跑信号与预备信号的间隔时间太长而受到影响，这是因为注意的起伏。

33. A　【解析】知觉的理解性是指人以知识经验为基础对感知的事物加工处理，并用语词加以概括、赋予说明的加工过程。丽丽和爸爸不同的回答体现了知觉的理解性。

34. B　【解析】意志的自制性是指一个人善于根据预期目的或既定要求，控制自己的心理活动和行为的意志品质。自制性较强的人善于控制和支配自己的情绪，约束自己的言行。题干中的教师能够控制自己的不愉快情绪，体现了其意志的自制性较好。

35. C　【解析】美感是人们根据一定的审美标准对自然或社会现象及其在艺术上的表现予以评价时所产生的情感体验。

36. B　【解析】心境是一种微弱的、持续时间较长的、带有弥漫性的情绪状态。心境一经产生就不只表现在某一特定对象上，而是在相当长的一段时间内，使人的整个心理活动都染上某种情绪色彩，影响人的整个行为表现，成为情绪生活的背景。“忧者见之则忧，喜者见之则喜”说的就是心境。

37. C　【解析】“外行看热闹，内行看门道”说的是有相关知识经验的人在知觉当前事物时会以以往的知识经验来理解，体现了知觉的理解性。

38. B 【解析】刻板效应(刻板印象)是指对一类事物或人物的一种比较固定、概括而笼统的看法。当个体对一群人的特征或动机加以概括,把概括得出的群体的特征归属于团体中的每一个人,认为他们每个人都具有这种特征,而无视团体成员中的个体差异,就会产生刻板印象。题干中,人们对护士、空姐等职业的固有看法即是一种刻板印象。

39. A 【解析】无意注意也称不随意注意,是没有预定目的、无需意志努力、不由自主地对一定事物所发生的注意。题干中的老师突然停止讲课,学生会不自觉地看向他,这是一种没有预定目的、不由自主的注意。故答案选A项。

40. B 【解析】知觉的选择性是指当面对众多的客体时,知觉系统会自动地将刺激分为对象和背景,并把知觉对象优先地从背景中区分出来。知觉对象和背景的差别性会影响知觉的选择性,题干中变色龙根据周围环境改变自身颜色,使对象和背景的差别变小,从而达到不易被人发现的目的,这主要是利用了知觉的选择性。

41. C 【解析】激情是一种爆发式的、猛烈而持续时间短暂的情绪状态。例如,狂喜、暴怒、恐惧、绝望、剧烈的悲痛等,都是激情的表现。它往往带有特定的指向性和较明显的外部行为表现,如暴跳如雷、浑身战栗、手舞足蹈等。题干中的情绪状态符合激情的表现。

42. A 【解析】定势又称心向,是指重复先前的操作所引起的一种心理准备状态。定势会影响人们以习惯的方式解决问题。题干中,小东学会数量的比较方法后,就用这种方法去判断百分数之间的对比情况,这种思维方式体现了定势的消极影响。

43. C 【解析】功能固着是指人们看到某物品的惯常用途后,就很难看出它的其他新用途。功能固着也是思维活动刻板化现象。张博只能联想到事物的常见用途而无法想到其他可能的功能,不能摆脱对事物的固有观念去灵活地思考,他的这种固化、刻板的想法体现的心理现象是功能固着。

44. D 【解析】原型启发是指从其他事物上发现解决问题的途径和方法。题干中鲁班由“茅草划破手”发明了“锯”是原型启发的表现。

45. A 【解析】再造想象是依据词语或符号的描述、示意在头脑中形成与之相应的新形象的过程。人在阅读文艺作品、历史文献时,头脑中出现的有关事物的形象,就属于再造想象。题干中小王在阅读《水浒传》时,脑海中浮现出鲁智深的形象,这是典型的再造想象。

46. A 【解析】注意的广度也称注意的范围,是指在同一时间内,人们能够清楚地知觉出的对象的数目。“一目十行”指的就是注意的范围。题干中人们同一时间很难知觉六颗以上的石子,说明其注意的范围有限。

47. B 【解析】多血质类型的人反应迅速、有朝气、活泼好动、动作敏捷、情绪不稳定。题干所述学生的气质类型属于多血质。

48. B 【解析】意志品质主要包括自觉性、果断性、自制性和坚韧性等几个方面。题干中有些学生因为题目稍难或计算量稍大就经常缺交数学作业，在各项活动中也有一些学生叫苦叫累，这些都是缺乏良好意志品质的表现。因此需要加强对学生意志品质的培养。

49. D 【解析】气质是表现在心理活动的强度、速度、灵活性与指向性等方面的一种稳定的心理特征，即我们平时所说的脾气、秉性。气质是人的天性，很难改变，且无好坏之分。题干所述“情绪爆发快”“多愁善感”“思维灵活”“稳重”等都属于个体气质方面的体现。

50. C 【解析】思维的间接性是指思维活动不直接反映作用于感觉器官的事物，而是借助一定的媒介和一定的知识经验对客观事物进行间接的认识。例如，医生通过号脉诊断疾病。

51. D 【解析】在总体印象形成上，最初获得的信息比后来获得的信息影响更大的现象称为首因效应，例如人们交往时很注重第一印象。题干所述体现了首因效应。

52. C 【解析】根据思维的内容凭借物、任务的性质、发展水平以及解决问题的方式可把思维分为直观动作思维、具体形象思维和抽象逻辑思维。直观动作思维是以实际动作为支柱的思维过程；具体形象思维是以直观形象和表象为支柱的思维过程；抽象逻辑思维是以词为中介来反映现实的思维过程，也叫词的思维或逻辑思维。学生利用头脑中的概念、理论知识来解决问题的思维属于抽象逻辑思维。

53. A 【解析】感觉适应是指由于刺激对感受器的持续作用而使感受性发生变化的现象。“入芝兰之室，久而不闻其香”，在心理学中把这种现象称为嗅觉的适应。

54. B 【解析】艾宾浩斯的遗忘曲线表明，遗忘在学习之后立即开始，而且在最初的时间里遗忘速度很快，随着时间的推移，遗忘的速度逐渐缓慢下来，过了相当长的时间后，几乎不再发生遗忘。

55. D 【解析】影响遗忘进程的因素包括：(1)学习材料的性质；(2)系列位置效应；(3)识记材料的数量和学习程度；(4)记忆任务的长久性与重要性；(5)识记的方法；(6)时间因素；(7)情绪和动机。

56. D 【解析】解释遗忘的理论比较著名的有四种，分别是消退说、干扰说、压抑说(动机说)和提取失败说。提取失败说认为遗忘之所以发生，是因为编码不准确，失去了检索线索或线索错误。明明知道某位明星的名字，但就是想不起来，说明这个人的名字并没有被我们遗忘，他的信息仍然在我们的记忆系统中，之所以想不起来，是由于缺少提取这个人名字的线索。

57. C 【解析】趋避冲突是指对同一目的兼具好恶的矛盾心理。题干中人们既想去旅游又怕耗费时间、精力和钱财属于趋避冲突。

58. B 【解析】无意注意也称不随意注意，是没有预定目的、无需意志努力、不由自主地对一定事物所发生的注意。题干中这位母亲用电动玩具人引起了孩子的无意注意，从而使孩子停止了哭闹。

59. C 【解析】动机冲突的种类主要有以下几种：双趋冲突、双避冲突、趋避冲突、多重趋避冲突。A项，双避冲突是指从希望回避的两种事物中必取其一的心理状态。B项，趋避冲突是指对同一目的兼具好恶的矛盾心理。C项，双趋冲突是指从自己同时都很喜爱的两个事物中仅择其一的心理状态。依据题干所述，鱼与熊掌都是“我”想要的，但只能从中选择一个，此时所面临的矛盾心态属于双趋冲突。

60. A 【解析】前摄抑制是先学习的材料对识记和回忆后学习材料的干扰作用。题干中小学生学习的汉语拼音影响了他学习英语字母的发音，这是前摄抑制的干扰作用。

61. B 【解析】从以机械记忆为主向以意义记忆为主过渡，是小学生记忆发展的特点。机械识记是根据材料的外在联系，采取多次重复的方式所进行的识记，即平时所说的死记硬背。意义识记是在理解的基础上，依据材料的内在联系，并运用已有的知识经验而进行的识记，有人也称之为理解记忆或逻辑记忆。佳佳以前反复诵读诗句进行记忆，这体现的是机械记忆；后来佳佳可以根据老师解释的诗句含义进行记忆，这体现的是意义记忆。所以，答案选B项。

62. B 【解析】注意的转移是根据新的任务，主动地把注意从一个对象转移到另一个对象或由一种活动转移到另一种活动的现象。所以注意的转移是有意识的行为，故A项说法错误。有意后注意是在有意注意的基础上，经过学习、训练或培养个人对事物的直接兴趣达到的。有意后注意是一种更高级的注意，在活动进行中不容易感到疲倦，这对完成长期性和连续性的工作有重要意义。因此，有意后注意应该在课堂上出现，以帮助学生更好的学习，故C项说法错误。有意注意也称随意注意，是有预定目的、必要时需要意志努力、主动地对一定事物所发生的注意。因此，有意注意一定是有目的的，故D项说法错误。注意具有选择、保持、调节与监督三大功能，但注意最重要的功能是调节与监督功能。因此，本题答案选B项。

63. A 【解析】思维的概括性包含两层意思：(1)把同一类事物的共同特征和本质特征抽取出来加以概括；(2)将多次感知到的事物之间的联系和关系加以概括，得出有关事物之间的内在联系的结论。题干中，古人通过观察月亮与石头的变化，找到了二者与天气之间的内在联系，并总结出一条气象谚语，这种思维方式体现了思维的概括性。

64. C 【解析】流畅性是指在限定时间内产生观念数量的多少。该特征能反映个体的心智灵活、思路通达的程度。题干要求学生在3分钟内尽可能多地说出“砖”的用途，说得越多，表明学生思维的流畅性越好。

易混辨析：流畅性强调数量多；灵活性强调范围广；独创性强调观念新。

65. B 【解析】直觉思维是未经逐步分析就迅速对问题答案做出合理的猜测、设想或突然领悟的思维。题干描述的是直觉思维的表现。

66. B 【解析】意志的果断性是指一个人在面对复杂多变的情境时，能够分辨是非，迅速而合理地采取决定和执行决定的意志品质。项羽在鸿门宴中没有当机立断，抓住时机杀掉刘邦，表明其需要加强意志的果断性的培养。

67. B 【解析】绝对感受性是指人对最小的客观刺激强度的感受能力，而那种刚刚能感觉到的最小刺激强度就叫绝对感觉阈限。差别感受性是指对两个刺激物强度差别的感觉能力，而刚刚引起差别感觉的两个同类刺激物之间的最小差别量就叫差别感觉阈限，又叫最小可觉差。题干阐述的是测量绝对感觉阈限的实验。

68. C 【解析】黏液质的人稳重，但灵活性不足；踏实，但有些死板；沉着冷静，但缺乏生气。题干中安安的气质符合黏液质气质类型的特点。

69. C 【解析】趋避冲突是指对同一目的兼具好恶的矛盾心理。题干中这位学生既想参加演讲比赛锻炼自己，又害怕讲不好，这属于趋避冲突。

70. C 【解析】抑郁质的人以敏锐、稳重、体验深刻、外表温柔、怯懦、孤独、行动缓慢为特征。小佳生性柔弱，做事磨蹭，敏感易哭，这表明小佳的气质类型属于抑郁质。

71. B 【解析】依据情绪发生的强度、持续性和紧张度的不同，可以把情绪状态划分为激情、心境、应激三种。其中，心境是一种微弱的、持续时间较长的、带有弥漫性的情绪状态。因此，题干中的小莉持续几天闷闷不乐的情绪状态属于心境，故答案选B项。

72. C 【解析】儿童在3岁以后，自我意识的发展进入社会自我阶段。社会自我至少年期基本成熟。心理自我是在青春期开始发展和形成的。因此，十岁左右的学生自我意识发展较为成熟的方面是社会自我。

方法技巧：考生可结合身心发展规律记忆自我意识发展的顺序。个体在出生之后，主要是对自己身体的生理属性的认识，如性别、年龄、外貌等，因此生理自我在第一位。3岁左右生理自我基本成熟。随着年龄的增长，个体的活动范围从家庭扩大到学校、社会，人际交往范围广，社会化程度不断加深，因此社会自我在第二位。个体进入青春期后，生理和心理急剧变化，开始关注自己的内心世界，因此心理自我在第三位。

73. B 【解析】理智感是人认识事物和探求真理的需要是否得到满足而产生的主观体验。人在认识事物或研究问题时，对于新的还未认识的东西，表现出求知欲、好奇心；对于不能理解或不能解决的问题，表现出惊奇和疑虑；对于正在论证、评价的问题，表现出维护自己观点的热情或浓厚的兴趣；对于经过努力钻研与思考得到了解决的问题，又会表现出无比的喜悦。所有这些都属于理智感。

74. B 【解析】直觉思维是未经逐步分析就迅速对问题的答案做出合理的猜测、设想或突然领悟的思维。警察能迅速辨别出罪犯利用的就是直觉思维。

75. C 【解析】意志是指人自觉地确定目的，有意识地根据目的、动机调节支配行动，努力克服困难，实现目标的心理过程。

76. C 【解析】美国精神分析学家埃里克森认为，人格发展是一个逐渐形成的过程，必须经历八个顺序不变的阶段。小学阶段的儿童处于勤奋感对自卑感阶段，此时正规教育开始，儿童最关心的是教师与社会所要求掌握的知识和技能，学习各种必要的谋生手段以及能使他们成为社会生产者所具备的专业技巧。这就需要儿童以稳定的注意和孜孜不倦的勤奋来完成工作。否则的话，他们就会形成一种对其能力缺乏信心的自卑感。

77. D 【解析】自我同一性是指个体组织自己的动机、能力、信仰及活动经验而形成的有关自我的一致性形象。“我是一个怎样的人”是对自我及其角色提出的疑问，与此相关的是自我同一性与角色混乱阶段。

78. D 【解析】视觉后像有正后像和负后像。注视发光的灯泡几秒钟，再闭上眼睛，就会感到眼前有一个同灯泡差不多的光源出现在黑暗的背景里，这时出现的就是正后像。

79. A 【解析】无意注意也称不随意注意，是没有预定目的、无需意志努力、不由自主地对一定事物所发生的注意。题干所述是教师利用声音的变化来引起学生的无意注意。

80. D 【解析】个体的气质、性格、能力等统称为个性心理特征。能力与性格上的不同表现说明人有个性心理特征上的差异。

81. A 【解析】暗适应是指照明停止或由亮处转入暗处时视觉感受性提高的过程。

82. C 【解析】在手段—目的分析中，首先要发现当前所处状态与想要达到状态的差异，然后把一个问题分解为若干子问题，设立各种子目标，通过实现一系列的子目标最终达到总目标，即解决问题。手段—目的分析法是一种不断减少当前状态与目标状态之间的差别而逐步前进的策略，是一种常用的解题策略，对解决复杂问题有重要的应用价值。

83. B 【解析】知觉的理解性是指人以知识经验为基础对感知的事物加工处理，并用语词加以概括、赋予说明的加工过程。由于个体知识经验的不同，对同一事物会有不同的理解。同一个报告，懂行的人和不懂行的人由于自身知识经验对其有不同的理解，这体现了知觉的理解性。

84. C 【解析】在有意注意阶段，主体从事一项活动需要意志努力，但随着活动的深入，个体由于兴趣的提高或操作的熟练，不用意志努力就能够在这项活动上保持注意。此时，个体的注意状态达到了有意后注意。

85. A 【解析】思维的间接性是指思维活动不直接反映作用于感觉器官的事物，而是借助一定的媒介和一定的知识经验对客观事物进行间接的认识。题干中，李清照这首词翻译成白话文意思是：昨夜雨虽然下得稀疏，但是风却劲吹不停，酣睡一夜仍有余醉未消。问那正在卷帘的侍女，外面的情况如何，她却说海棠花依然和昨天一样。知道吗？知道吗？(经受一夜风吹雨打后海棠)应该是绿叶繁茂,红花凋零了。通过“昨夜雨疏风骤”来推知海棠“绿肥红瘦”,这体现了思维的间接性。

86. B 【解析】创造想象是按照一定目的、任务,使用自己以往积累的表象,在头脑中独立地创造出新形象的过程。聊斋志异中神鬼狐妖的故事是作者运用自己积累的表象创造出来的,故属于创造想象。

87. A 【解析】知觉的选择性是指当面对众多的客体时,知觉系统会自动地将刺激分为对象和背景,并把知觉对象优先地从背景中区分出来。题干中用红笔画重点就是为了把知觉对象优先从背景中区分出来,这利用了知觉的选择性。

88. B 【解析】表象是事物不在面前时,人们在头脑中出现的关于事物的形象。想象是人脑对已储存的表象进行加工改造,形成新形象的心理过程。题干描述的是想象的概念。

89. D 【解析】注意的转移是指根据新的任务,主动地把注意从一个对象转移到另一个对象或由一种活动转移到另一种活动的现象。小刘能根据领导的安排很快地把注意力转移到新任务上,这说明小刘注意的转移快。

90. A 【解析】否定,也称否认,是指对已发生的令人痛苦的事实加以“否定”,认为它根本没有发生过,以减轻或逃避心理上的痛苦。这一过程可使一个人逐渐地接受现实而不致猛然承受不了坏消息或痛苦,是一种保护性质的、正常的防御。题干中“掩耳盗铃”“自欺欺人”“讳疾忌医”等都是否认机制的表现。故A项正确。

转移也称移置,是无意识地将指向某一对象的情绪、意图或幻想转移到另一个对象或替代的象征物上,以减轻精神负担取得心理安宁。

投射是指自我将不能接受的冲动、欲望或观念归因(投射)于客观或别人。

补偿指个人所追求的目标、理想受到挫折,或由于本身的某种缺陷而达不到既定目标时,用另一个目标来代替或通过另一种活动来弥补,从而减轻心理上的不适感。

91. A 【解析】动机的激活功能是指动机具有发动行为的作用,能推动个体产生某种活动,使个体由静止状态转向活动状态。题干中“为了获得优秀的成绩而努力,为了取得他人的赞扬而勤奋工作,为了摆脱孤独而结交朋友”都体现了动机对个体行为的发动作用,即动机的激活功能。

易混辨析:动机的激活功能和指向功能两者存在不同。(1)激活:行为从无到有;(2)指向:行为指向具体对象。

92. D 【解析】问题解决的过程一般可分为发现问题、理解问题、提出假设和检验假设四个阶段。

发现问题是问题解决过程的首要环节。

理解问题即明确问题,就是把握问题的性质和关键信息,摒弃无关因素,并在头脑中形成有关问题的初步印象,即形成问题的表征。

提出假设就是提出解决问题的可能途径与方案，选择恰当的解决问题的操作步骤。

检验假设就是通过一定的方法来确定假设是否合乎实际、是否符合科学原理。

题干中，丽娜根据推测检查空气断路器，这属于检验假设。

93. B 【解析】表象分记忆表象和想象表象两类。记忆表象又简称为表象，是事物不在面前时人们在头脑中出现的关于事物的形象。在想象过程中，对已有的表象进行加工改造所形成的新形象称为想象表象。A项不选。

再造想象是依据词语或符号的描述、示意在头脑中形成与之相应的新形象的过程。人在阅读文艺作品、历史文献，工人看建筑或机械图纸，学生听教师对课文生动形象的描述时，头脑中出现的有关事物的形象，都属于再造想象。故B项符合题意。

创造想象是按照一定目的、任务，使用自己以往积累的表象，在头脑中独立地创造出新形象的过程。C项不合题意排除。

幻想是一种与生活愿望相结合并指向于未来的想象，是创造想象的特殊形式。D项不合题意排除。

94. D 【解析】应激是出乎意料的紧迫情况所引起的急速而高度紧张的情绪状态。当人们遇到突然出现的事件或意外发生危险时，为了应付瞬息万变的紧急情况，就得果断地采取决定，迅速地做出反应。应激正是在这种情境中产生的内心体验。题干中小明驾车行驶中突然遇到路面塌陷的危急情况，连忙急刹车并惊出一身冷汗，这是受应激的影响所致。

95. A 【解析】定势(即心向)是指重复先前的操作所引起的一种心理准备状态。在定势的影响下，人们会以某种习惯的方式对刺激情境做出反应。题干中，学生根据“圆”和“驱”两个字的特点，推测“栉”字的读音与其“节”的部分一致，这是受到了定势思维的影响。

96. D 【解析】小学生思维在从具体形象思维为主逐渐向抽象逻辑思维为主的过渡中出现“飞跃”或“质变”。一般认为，这个关键年龄出现在小学四年级(约10~11岁)。

97. D 【解析】记忆消退说认为，遗忘是记忆痕迹得不到强化而逐渐衰弱，以致最后消退的结果。记忆痕迹如果得以持续强化巩固，就能够很好地保存下来。故选D项。

A项属于压抑说(动机说)的观点；B项属于干扰说的观点；C项属于提取失败说的观点。

98. A 【解析】安全需要是指希求受到保护与免遭威胁从而获得安全感的需要。李彤在疫情期间感到未来不可预测，社会秩序会受到威胁，这说明其产生的主要需要是安全需要。

99. B 【解析】人们把某种功能赋予某物体的倾向称为功能固着。功能固着的产生原因包括心理因素和行为习惯两个方面。在功能固着的影响下，人们不易摆脱事物用途的固有观念，从而直接影响问题解决的灵活性。题干中，小李只想到吹风机是吹头发用的，却想不到它的其他功能，这是受到了功能固着的影响。

100. C　【解析】理智感是人认识事物和探求真理的需要是否得到满足而产生的主观体验。例如，人们在探求未知的事物时所表现的求知欲、认识兴趣和好奇心、发现问题的惊奇感、问题解决的喜悦感、为真理献身的自豪感、问题不解的苦闷感等。题干所述属于理智感。

101. D　【解析】有意注意也称随意注意，是有预定目的、必要时需要意志努力、主动地对一定事物所发生的注意。有意注意是一种积极主动、服从于当前活动任务需要的注意，属于注意的高级形式。题干中学生对重难点知识的注意，是有预定目的且需要意志努力的注意，因此属于有意注意。

102. C　【解析】知觉的理解性是指人以知识经验为基础对感知的事物加工处理，并用语词加以概括、赋予说明的加工过程。人在知觉的过程中，不是被动地把知觉对象的特点登记下来，而是以过去的知识经验为依据，力求对知觉对象做出某种解释，使它具有一定的意义。因此，C项符合题意。

103. C　【解析】意志的自觉性指一个人清楚地意识到自己行动的目的和意义，并据此主动调节、支配自己的行动的意志品质。题干中学生能够领会教师的意图说明学生能够认识到行动的目的和意义，选择、确定合适的素材设计填充黑板报的内容，说明学生能够主动支配自己的行动。

104. C　【解析】气质是人的天性，受生理影响大，无好坏之分，BD两项正确。

气质不能决定人的社会价值与成就的高低，也不直接具有社会道德评价含义，但气质对人在不同性质的活动中的适应性，甚至活动的效率却有一定的影响。也就是说，气质特征是职业选择的依据之一。A项正确。

气质类型不影响智力水平的高低，C项错误。

105. A　【解析】注意是心理活动或意识对一定对象的指向和集中，是心理过程的动力特征之一。注意有指向性与集中性两个特点。

注意的指向性是指心理活动有选择地反映一定的对象，而离开其余的对象。

注意的集中性是指心理活动在选择对象的同时，对别的事物的影响加以抑制而不予理会，以保证对所选对象做出鲜明和清晰的反映。

106. D　【解析】胆汁质的特征为：精力旺盛、粗枝大叶、表里如一、刚强、易感情用事。根据题干中的关键词“直率、热情、精力旺盛、冲动”等可知，小玲的气质类型属于胆汁质。

107. D　【解析】记忆过程包括识记、保持、再现（再认或回忆）三个环节。

识记是记忆过程的第一个基本环节，是个体获得知识经验的过程。晨读时阅读课文或单词是识记的过程。本题选D。

保持是记忆过程的第二个环节，是指已获得的知识经验在人脑中巩固的过程。C项排除。

再认或回忆是记忆过程的第三个环节，是指在不同的条件下重现过去经验的过程。再认是指人们对感知过、思考过或体验过的事物，当它再度呈现时，仍能认识的心理过程。回忆是过去经历的事物不在面前，人们在头脑中把它重新呈现出来的过程。AB项排除。

108. B 【解析】动机的功能有：激活功能、指向功能、维持和调节功能（强化功能）。其中，指向功能指动机不仅能激发行为，而且能将行为指向一定的对象或目标。题干中，不同的学生学习的目标指向不同，这体现了动机的指向功能。

109. A 【解析】归属与爱的需要，也称社交需要，是指每个人都有被他人或群体接纳、爱护、关注、鼓励及支持的需要。根据题干描述可知，学生怕老师、不愿上学，说明其被关心和爱护的需要没有得到满足，对学校没有归属感，即缺少归属与爱的需要。

110. C 【解析】过度学习是指学习达到恰能背诵之后再继续学习。实验证明：过度学习达到50%，即学习的熟练程度达到150%时，学习的效果最好。题干中小明在20分钟后刚好能背诵，要想取得最好的记忆效果，他应该过度学习50%，即再读10分钟。

111. B 【解析】根据信息加工和存储的内容不同，可将记忆分为陈述性记忆和程序性记忆。陈述性记忆是对有关事实和事件的记忆。程序性记忆是指如何做事情的记忆，包括对知觉技能、认知技能和运动技能的记忆。因此，掌握骑自行车的车技属于程序性记忆。

112. A 【解析】语词逻辑记忆是个体以各种有组织的知识为内容的记忆，如对数学定理、公式、哲学命题等内容的记忆。这类记忆是以抽象逻辑思维为基础的，具有概括性、理解性和逻辑性等特点。

113. B 【解析】思维具有概括性和间接性两个特点。思维的间接性是指思维活动不直接反映作用于感觉器官的事物，而是借助一定的媒介和一定的知识经验对客观事物进行间接的认识。例如：内科医生不能直接看到病人内脏的病变，却能以听诊、化验等手段为中介，经过思维加工间接判断出病人的病情。题干中“人们可以根据宇宙中存在的种种现象以及相关的知识经验来推测它的形成”体现了思维的间接性。

114. A 【解析】依据情绪发生的强度、持续性和紧张度的不同，可以把情绪状态划分为激情、心境、应激三种。

B项，应激是出乎意料的紧迫情况所引起的急速而高度紧张的情绪状态。当人们遇到突然出现的事件或意外发生危险时，为了应付瞬息万变的紧急情况，就得果断地采取决定，迅速地做出反应。小军躲闪飞过来的篮球属于应激。

C项，激情是一种爆发式的、猛烈而持续时间短暂的情绪状态。例如，狂喜、暴怒、恐惧、绝望、剧烈的悲痛等，都是激情的表现。学生对于获奖兴奋的表现属于激情。

D项，心境是一种微弱的、持续时间较长的，带有弥漫性的情绪状态。小亮收到录取通知书后愉悦的心情属于心境。

B、C、D 三项对应正确,不选。故本题选 A 项。

115. B 【解析】马斯洛将需要分成了生理需要、安全需要、归属与爱的需要、尊重需要、求知需要、审美需要、自我实现的需要七个层次。其中,自我实现的需要是最高层次的需要。所谓"自我实现",即追求自我理想的实现,是充分发挥个人潜能、才能的心理需要,也是一种创造和自我价值得到体现的需要。在自我实现需要的驱使下,个体希望自己越来越成为所期望的人物,完成与自己的能力相称的一切。班主任考虑到小露的综合能力,让其担任班干部,说明小露具有这方面的潜能,由于小露希望为班级管理贡献力量,班主任的决定可以让小露越来越成为所期望的人物,满足了小露自我实现的需要。

116. B 【解析】幻想是有意想象的一种特殊形式,是一种与生活愿望相结合并指向于未来的想象。幻想分为科学幻想、理想和空想。科学幻想是科学预见的一种形式,是创造想象的准备阶段和发展的推动力,是具有进步意义和有实现可能的积极幻想。C 项属于科学幻想。理想是符合事物发展规律、有实现可能的积极幻想。A 项属于理想。空想是与客观现实相违背的消极幻想,根本不可能实现。D 项属于空想。梦是无意想象的极端表现,B 项属于无意想象。本题为选非题,故选择 B 项。

117. B 【解析】引起个体无意注意的客观条件是刺激物本身的特点,主要包括:(1)刺激物的强度,强烈的刺激容易引起人的无意注意;(2)刺激物之间显著的对比关系,对比强烈的刺激物容易引起人的无意注意;(3)刺激物的活动和变化,刺激物的活动或变化容易引起人的无意注意;(4)刺激物的新异性,新异的刺激容易成为注意的对象。教师突然放低声音或停止说话是通过声音的变化来引起学生的注意,故选 B 项。

118. B 【解析】斯腾伯格提出了智力的三元理论。该理论包括智力成分亚理论、智力情境亚理论和智力经验亚理论。

智力成分亚理论认为,智力包括三种成分及相应的三种过程,即元成分、操作成分和知识获得成分。元成分是用于计划、控制和决策的高级执行过程,如确定问题的性质,选择解题步骤等;操作成分表现在任务的执行过程中,是指接受刺激,将信息保持在短时记忆中,并进行比较,它负责执行元成分的决策;知识获得成分是指获取和保存新信息的过程,负责接收新刺激,做出判断与反应,以及对新信息的编码与存储。

智力情境亚理论中的智力是指获得与情境拟合的心理活动。在日常生活中,表现为有目的地适应环境、塑造环境和选择环境的能力,这些能力统称为情境智力。如:个体到达一个环境中,努力地适应环境,并对环境进行塑造以提高自己与环境的和谐程度。当个体感到自己无法适应某个环境时,会选择另外一种环境。本题选 B。

智力经验亚理论认为,智力包括两种能力:一种是处理新任务和新环境时所要求的能力;另一种是信息加工过程中自动化的能力。

119. A　【解析】对问题解决起启发作用的事物叫原型。原型启发是指从其他事物上发现解决问题的途径和方法。任何一个人对某一项目的发明创造或革新,都不是凭空想象出来的,在开始时总要受到某种类似的事物或模型的启发。例如,鲁班从丝茅草割破手得到启发,发明了锯。题干中小学生从芭蕾舞裙和游泳圈的形状和功能得到启发,发明了充气雨衣,这体现了原型启发。

120. C　【解析】A项,移置是无意识地将指向某一对象的情绪、意图或幻想转移到另一个对象或替代的象征物上,以减轻精神负担取得心理安宁。

B项,合理化又称文饰作用,指通过无意识地用一种似乎有理的解释或实际上站不住脚的理由来为其难以接受的情感、行为或动机辩护以使其可以接受。

C项,退行是指一个人遇到困难的时候放弃已学到的比较成熟的应对技巧和方式,而使用原先比较幼稚的方式去应付困难和满足自己的欲望。

D项,升华是把社会不能接受的性欲或攻击性冲动伴有的力比多能量转向更高级的、社会能接受的目标或渠道,进行各种创造性的活动。

题干中元元与同桌发生矛盾便像幼儿一样坐在地上号啕大哭的表现属于心理防御机制中的退行。

121. D　【解析】道德感是根据一定的道德标准评价人的思想、意图和言行时所产生的主观体验。它表现在对待国家、集体、工作、事业、学习以及人与人之间的关系等各个方面,如爱国主义情感、集体主义情感、责任感、事业心、荣誉感、自尊心等。观看感动中国年度人物事迹及颁奖词时所产生的情感体验是道德感。

122. A　【解析】埃里克森认为,人格发展是一个逐渐形成的过程,必须经历八个顺序不变的阶段,其中前五个阶段属于个体成长和接受教育的时期。每一阶段都有一个由生物学的成熟与社会文化环境、社会期望之间的冲突和矛盾所决定的发展危机。成功而合理地解决每个阶段的危机或冲突将使个体形成积极的人格特征,发展健全的人格。学龄期(6~12岁)的发展危机是勤奋感对自卑感。故本题选A。

123. B　【解析】胆汁质和抑郁质的学生由于兴奋性太强或太弱而容易影响其心理健康。因此,在教育中,对这两种极端类型的学生应该给予特别的照顾,采取一些特殊的措施,尽量避免强烈的刺激和大起大落的情绪变化。

124. A　【解析】马斯洛根据需要出现的先后及强弱顺序,把需要分成了七个层次,即生理需要、安全需要、归属与爱的需要、尊重需要、求知的需要、审美的需要和自我实现的需要。前四种需要被称为缺失需要，它们是个体生存所必需的，必须得到一定程度的满足。后三种需要是成长需要，较低级的需要至少必须部分满足之后才会出现对较高级需要的追求。最占优势的需要将支配一个人的意识和行为，高级需要出现之后，低级需要仍然存在，但对行为的影响减弱了。A项属于缺失需要，BCD三项属于成长需要，故本题选A。

二、简答题（参考答案）

1. 简述动机冲突的种类。

(1)双趋冲突，从自己同时都很喜爱的两个事物中仅择其一的心理状态，例如鱼与熊掌不可兼得。

(2)双避冲突，从希望回避的两种事物中必取其一的心理状态，例如进退维谷。

(3)趋避冲突，对同一目的兼具好恶的矛盾心理，例如既想当班干部又怕耽误时间影响学习。

(4)多重趋避冲突，对含有吸引与排斥两种力量的多种目标予以选择时所发生的冲突，例如大学毕业生就业中的选择困难。

2. 简述影响注意转移的因素。

(1)原有注意的紧张度；

(2)新的注意对象的特点；

(3)大脑皮层神经兴奋过程和抑制过程相互转换的灵活性；

(4)各项活动的目的性或第二信号系统的调节作用。

3. 简述在教学中如何提高学生解决问题的能力。

(1)培养学生主动质疑和解决问题的内在动机；(2)问题的难度要适当；(3)帮助学生正确表征问题；(4)帮助学生养成分析问题和对问题归类的习惯；(5)提高学生知识储备的数量和质量，指导学生善于从记忆中提取信息；(6)训练学生陈述自己的假设及其步骤，鼓励自我评价和反思；(7)教授与训练解决问题的方法和策略；(8)提供多种练习机会；(9)训练逻辑思维能力，提高思维水平。

4. 简述影响遗忘进程的因素。

(1)学习材料的性质；(2)系列位置效应；(3)识记材料的数量和学习程度；(4)记忆任务的长久性与重要性；(5)识记的方法；(6)时间因素；(7)情绪和动机。

5. 简述知识、技能与能力之间的关系。

(1)联系

①能力是掌握知识与技能的前提。能力的高低会影响到知识掌握的深浅、难易和技能水平的高低。

②能力是在掌握知识和技能的过程中形成和发展起来的，掌握系统的知识和技能有利于能力的增长和发挥。

③从一个人掌握知识、技能的速度与质量上，可以看出其能力的大小。

(2)区别

①能力与知识、技能具有不同的概括水平。知识是人类社会历史经验的概括和总结，技能是对一系列活动方式的概括，能力是人在从事某种活动时表现出来的多种心理品质的概括。

②在一个人身上，知识和技能的发展是无止境的，它随着学习进程的不断深入而不断丰富；而能力的发展则有一定的限度。

③知识、技能的掌握和能力的发展是不同步的。知识多了，能力并不一定就高。

6. 如何在教学中培养小学生的再造想象能力？

(1)要扩大学生头脑中的表象储备。(2)教师要帮助学生真正弄懂描述中关键性词句和实物标志的含义。(3)教师要唤起学生对教材的想象，以加深学生对知识的理解和巩固。

7. 影响智力发展的因素有哪些？

(1)遗传与营养；(2)早期经验；(3)教育与教学；(4)社会实践；(5)主观努力。

8. 简述埃里克森的人格发展阶段理论中的八个阶段。

(1)基本的信任感对基本的不信任感(0~1.5岁)；(2)自主感对羞耻感(1.5~3岁)；(3)主动感对内疚感(3~6岁)；(4)勤奋感对自卑感(6~12岁)；(5)自我同一性对角色混乱(12~18岁)；(6)亲密感对孤独感(19~25岁)；(7)繁殖感对停滞感(26~60岁)；(8)自我整合对绝望感(60岁以上)。

三、材料分析题(参考答案)

1. (1)美国心理学家马斯洛是需要层次理论的提出者和代表人物。他根据需要出现的先后及强弱顺序，把需要分成了七个层次，即生理需要、安全需要、归属与爱的需要、尊重需要、求知需要、审美需要和自我实现的需要。其中归属与爱的需要，也称社交需要，是指每个人都有被他人或群体接纳、爱护、关注、鼓励及支持的需要。例如，和谐人际关系、被团体接纳、有归属感等。从马斯洛需要层次理论来看，小明的归属与爱的需要没有得到满足。

(2)马斯洛对以上七种需要进行了进一步的区分：位于需要层次底部的四种需要被称为缺失性需要，后三种需要是成长性需要。较低级的需要至少必须部分满足之后才会出现对较高级需要的追求。学习属于求知需要，属于一种更高层次的需要。小明因为归属与爱的需要没有得到满足，进而影响他对求知需要的追求，这也是他成绩下滑的主要原因。

(3)从家长方面，小明的父母应给予小明更多的关爱，平时多与小明沟通，及时了解他内心想法，使小明感受到爱的温暖；从学校方面，老师应关心爱护小明，加强与其家长的沟通，并集合全班同学的力量加强对小明的关心与爱护，使其感受到集体的温暖，满足他对归属与爱的需要，进而激发小明的学习动机，提高学习成绩。

2. (1)"早晨起床后和晚上临睡前的记忆效果好"的现象体现了系列位置效应以及前摄抑制、倒摄抑制的影响。系列位置效应就是指接近开头和末尾的记忆材料的记忆效果好于中间部分的记忆效果的趋势。前摄抑制是先学习的材料对识记和回忆后学习材料的干扰作用；倒摄抑制是后学习的材料对保持和回忆先学习的材料的干扰作用。"早晨起床后和晚上临睡前的记忆效果好"是因为只受"单一抑制"的影响，即早晨起床后只受倒摄抑制的影响，不受前摄抑制的影响；晚上临睡前只受前摄抑制的影响，不受倒摄抑制的影响。

(2)存在的问题：

①存在不良情绪和学习动机不足。甲同学有偏科现象，对语文学科存在畏难心理，平时学习也缺乏主动性，他的不良情绪和动机影响记忆效果。

②识记方法不合理。以理解为基础的意义识记比机械识记的效果好得多。甲同学在复习时总以为"语文就靠背"，可以不求甚解。他采用机械识记的方法，从而导致记忆效果不好。同时，对于形象的知识和抽象的知识采用相同的学习方法，因此难以取得相应的记忆效果。

③复习方法较单一。甲同学在复习时，采用单一的反复识记的方法，这不利于提高记忆效果。

④学习程度不够。甲同学没有进行过度学习，总是刚能背诵就停止学习，因此记忆效果不好。

⑤复习时间不足且复习的内容数量过多。甲同学总是考前"临时抱佛脚"，造成复习时间紧、任务重，因此学习效果欠佳。

改善措施：

①在学习时保持积极的情绪状态和适当的动机水平。在学习时，要端正学习态度，培养学习兴趣，积极寻求帮助，克服畏难心理。

②加强对学习内容的理解并将其系统化。在学习时，不死记硬背知识，对于没有明显意义的学习材料，要尽力找出它们之间的联系，甚至人为地加以联系，以帮助识记。

③采用合理的复习方法。在复习时，采用分散复习与集中复习相结合、运用多种感官参与复习、尝试回忆与反复识记相结合等方法，使复习方法多样化，避免复习方法单一，提高记忆效果。

④把握好复习的时间。在学习后要及时复习，即在遗忘开始前就进行复习。同时合理安排复习内容和时间，提高复习效率，不"临时抱佛脚"。

⑤把握好复习的数量，并进行适当的过度学习。每次复习时，学习材料的数量不宜过多，同时使学习的熟练程度达到150%，提高记忆效果。

专题二　小学生身心发展

一、单项选择题

答案速查

1~5	CCDDC	6~10	ACCDD	11~15	BBADB	16~20	ACABC
21~25	CCCBB	26~30	BDACD	31~34	BADC		

1. C 【解析】个体身心发展的阶段性规律要求教育工作必须从学生的实际出发，针对不同年龄阶段的学生，提出不同的具体任务，采取不同的教育内容和方法，既不能把小学生当中学生看待，也不能把初中生和高中生混为一谈。同时应注意前后相邻阶段的衔接，做好幼儿园与小学的衔接、小学与初中的衔接工作。

2. C 【解析】在皮亚杰和英海尔德的“三山实验”任务中，7~9岁的儿童能够注意到一种情境的多个方面，从他人的角度理解问题。根据题干中的描述可知，这些儿童能够从亮亮的角度去看问题，即思维去自我中心化，这是具体运算阶段的思维特征。

3. D 【解析】进入形式运算阶段是儿童思维发展趋于成熟的标志。A项为感知运动阶段的特征，BC两项为具体运算阶段的特征。

4. D 【解析】个体身心发展的互补性有两层意思：(1)互补性是指机体某一方面的机能受损甚至缺失后，可通过其他方面的超常发展得到部分补偿。(2)互补性存在于心理机能与生理机能之间。人的精神力量、意志、情绪状态对整个机体能起到调节作用，能帮助人战胜疾病和残缺，使身心依然得到发展。互补性要求教育者要树立信心，相信每一个学生，特别是暂时落后或某些方面有缺陷的学生，通过其他方面的补偿性发展，都会达到与一般正常学生一样的发展水平。题干所述体现了个体身心发展的互补性的教育要求。

5. C 【解析】关键期又称敏感期，是由奥地利生态学家劳伦兹提出的，是指人的某种身心潜能在人的某一年龄段有一个最好的发展时期。在这一时期内，对个体某一方面进行训练可以获得最佳成效，并能充分发挥个体在这一方面的潜力。错过了关键期，训练的效果就会降低，甚至永远无法补偿。个体身心发展的不平衡性要求教师在教育过程中要把握施教的关键期或最佳期，适时而教、及时施教。

6. A 【解析】个体身心发展的顺序性是指个体的身心发展是一个由低级到高级、由简单到复杂、由量变到质变的连续不断的发展过程。儿童的身体发展、个体动作发展、认知和思维能力的发展遵循由低级到高级、由简单到复杂的规律，这体现了个体身心发展的顺序性。

7. C 【解析】序列化是指能够根据大小、体积、重量或其他的一些特性对一系列要素进行心理上的排序。具体运算阶段的儿童能够顺利完成排列大小的任务。题干中的女孩能够按照高矮顺序来摆放动物玩具，说明这个女孩的认知发展水平处于具体运算阶段。

8. C 【解析】根据皮亚杰的认知发展阶段理论，具体运算阶段儿童的思维具有可逆性的特征。思维的可逆性是守恒观念出现的关键。例如，将一个大杯中的水倒入小杯中时，这一阶段的儿童不仅能够考虑水从大杯倒入小杯，而且还能设想水从小杯倒回大杯，并恢复原状。

9. D 【解析】维果斯基认为，儿童有两种发展水平：一是儿童的现有水平，即由一定的已经完成的发展系统所形成的儿童心理机能的发展水平；二是可能(即将)达到的发展水平。这两种水平之间的差异，就是最近发展区。

10. D 【解析】冲动型的学生在解决认知任务时，总是急于给出问题的答案，而不习惯对问题解决的各种可能性进行全面思考，有时问题还未弄清楚就开始解答。这种类型的学生解决问题的速度虽然很快，但错误率高。所以说，冲动型认知风格往往强调的是速度而不是精度。

11. B 【解析】个体身心发展具有阶段性，不同年龄阶段学生的身心发展具有不同的总体特征及主要矛盾，面临着不同的发展任务。个体身心发展的阶段性规律决定了教育工作必须从教育对象的实际出发，针对不同年龄的学生，提出不同的具体任务，采用不同的教育内容和方法。根据课程标准的规定，不同学段的教学目标不同，语文教师不按课程标准所要求的学段目标开展教学，其行为主要违背了儿童发展的阶段性。

12. B 【解析】场独立型的学生偏爱理科和自然科学，关心抽象的概念和理论，喜欢独处，社会敏感性差，不善于社交。

13. A 【解析】认知发展处于前运算阶段的儿童思维具有泛灵论的特点，即将人类的特征赋予无生命的物体。前运算阶段的儿童会认为任何物体都是有生命的。题干中儿童将“太阳”“白云”“小草”称为“太阳公公”“白云姐姐”“小草妹妹”，这是将物体拟人化的表现，故体现了泛灵论的特点。

14. D 【解析】场依存型的学生对客观事物的判断常以外部线索为依据，其态度和自我认知易受周围环境或背景(尤其是权威人士)的影响，往往不易独立地对事物做出判断，而是人云亦云，从他人处获得标准。根据题干所述可知多多的认知方式倾向于场依存型。

15. B 【解析】维果斯基提出了最近发展区理论，强调“教学应走在发展前面”。在课程实施过程中，教学应当有一定的难度，超出学生现有的知识范畴，发挥教学对学生的主导作用，引导学生掌握新的知识技能。同时，教学也要量力而行，要根据学生的现有水平适当控制学习难度，避免因难度过大而使学生丧失对学习的自信心和热情。题干所述教学理念主要基于最近发展区理论。

16. A 【解析】个体身心发展的互补性规律要求教育工作者：(1)要树立信心，相信每一个学生，特别是暂时落后或某些方面有缺陷的学生，通过其他方面的补偿性发展，都会达到与一般正常学生一样的发展水平；(2)要掌握科学的教育方法，发现学生的优势，扬长避短、长善救失，激发学生自我发展的信心和自觉。

17. C 【解析】题干中“从两个或两个以上角度思考问题”，表明儿童能够从多个角度看待和思考问题。在具体运算阶段，儿童的一个重要特点就是思维出现“去自我中心性”，逐渐学会从他人的角度去看问题，因此本题选C。

18. A 【解析】所谓守恒性是指儿童认识到客体在外形上发生了变化，但特有的属性保持不变。小红认为橘子被剥成一瓣一瓣后比原来少了，这说明小红的思维还没有具备守恒性。

19. B 【解析】个体在不同的年龄阶段表现出不同的总体特征及主要矛盾，面临着不同的发展任务，这就是身心发展的阶段性。在此阶段切忌“一刀切”。所以，身心发展的阶段性启示我们，在教育中要有针对性。

20. C 【解析】冲动型认知风格的学生在解决问题时反应时间很快，在解决认知任务时，总是急于给出问题的答案。题干中的小丽在老师提出问题后就立马回答，但答案有错误，这说明其认知风格属于冲动型。

21. C 【解析】个体身心发展的不平衡性(不均衡性)的表现之一是身心发展的同一方面的发展速度，在不同的年龄阶段是不平衡的。例如，青少年的身高体重在其全部发展过程中经历两个高峰，在这两个高峰期内，身高体重的发展较之其他阶段快得多。题干所述即体现了个体身心发展的不均衡性。

22. C 【解析】个体身心发展的个别差异性的表现有：(1)不同个体同一方面的发展速度和水平不同，如有些人“少年得志”，有些人则“大器晚成”；(2)不同个体不同方面的发展存在差异，如有的儿童数学能力较强，但绘画却很差，而有的儿童正好相反；(3)不同个体所具有的个性心理不同，如同年龄的儿童具有不同的兴趣、爱好和性格等；(4)个别差异也表现在群体间，如男女性别的差异。题干中不同的人在爱好、能力等方面存在着差异，即体现了个体身心发展具有个别差异性。

23. C 【解析】顺应是主体改变其已有图式或形成新的图式以适应外界的变化。个体调节内部结构以适应特定刺激情境的过程就是顺应过程。

24. B 【解析】最近发展区是儿童在有指导的情况下，借助成人的帮助所能达到的解决问题的水平与独自解决问题所达到的水平(现有水平)之间的差异，实际上是两个邻近发展阶段间的过渡状态。故题干所述符合最近发展区的内涵。

25. B 【解析】前运算阶段(2~7岁)的儿童思维活动表现的关系单一，不能进行可逆运算。题干所述儿童的思维发展处于前运算阶段。

26. B 【解析】个体身心发展的个别差异性的表现之一为：不同个体所具有的个性心理不同，如同年龄的儿童具有不同的兴趣、爱好和性格等。小强妈妈明知道小强不喜欢弹钢琴，还给他报了钢琴兴趣班，这违背了个体身心发展的差异性，没有做到因材施教，是不正确的。

27. D 【解析】所谓关键期，就是指人的某种身心潜能在人的某一年龄段有一个最好的发展时期。在这一时期内，对个体某一方面进行训练可以获得最佳成效，并能充分发挥个体在这一方面的潜力。错过了关键期，训练的效果就会降低，甚至永远无法补偿。

28. A 【解析】个体身心发展的差异性要求贯彻因材施教的原则，全面深入地了解每个学生，系统掌握其成长发展的资料，注意对个别学生进行特殊培养，采取弹性教学制度等教学组织形式。在思想道德方面，针对学生不同的个性特点，有的放矢地进行引导。本题选A。

29. C 【解析】具体运算阶段的儿童思维具有以下特征：(1)去自我中心性；(2)可逆性；(3)守恒；(4)分类；(5)序列化。故C项符合题意。

30. D 【解析】个体身心发展的不平衡性的表现之一是个体身心发展的不同方面，发展速度不同。研究表明，青少年身心的不同方面所达到的某种发展水平或成熟的时期是不平衡的，有的方面可能在较早年龄就达到较高水平，而有的方面则晚些。故题干所述内容反映了个体身心发展的不同方面不同步。

31. B 【解析】辐合型认知风格是指在解决问题的过程中常表现出辐合思维的特征，表现为搜集或综合信息与知识，运用逻辑规律缩小解答范围，直到找到最合适的唯一正确解答。发散型认知风格则是指在解决问题的过程中常表现出发散思维的特征，表现为个人的思维沿着许多不同的方向发展，使观念发散到各个有关的方面，最终产生多种可能的答案而不是唯一正确的答案，因而容易产生有创见的新颖观念。题干中小伟的认知风格属于辐合型。

32. A 【解析】个体身心发展的顺序性是指个体的身心发展是一个由低级到高级、由简单到复杂、由量变到质变的连续不断的发展过程。从童年期、少年期到青年期，学生的思维发展由形象思维到抽象思维，情感发展由不稳定且形于外到较丰富细腻、深刻稳定。这体现了学生身心发展的顺序性。

个体身心发展的阶段性是指个体在不同的年龄阶段表现出不同的总体特征及主要矛盾，面临着不同的发展任务。在一定的年龄阶段，人的生理与心理两方面就会出现某些典型的、本质的特征，即年龄特征。不同年龄阶段学生的思维和情感特征不同，体现了学生身心发展的阶段性。

A项正确。

33. D 【解析】皮亚杰将个体的认知发展分为感知运动阶段(0～2岁)、前运算阶段(2～7岁)、具体运算阶段(7～11岁)、形式运算阶段(11岁～成人)。其中，在具体运算阶段，儿童的“自我中心”的程度下降，他们开始克服“片面性”而注意到事物的各个方面，发展了了解他人观点的能力，从而提升了自己与他人沟通的能力。处于此阶段的儿童发展出了诸如补偿和可逆性之类的心理过程,因此,他们能够成功地完成守恒测验。

34. C 【解析】维果斯基认为,儿童有两种发展水平:一是儿童的现有水平,即由一定的已经完成的发展系统所形成的儿童心理机能的发展水平;二是可能达到(即将达到)的发展水平。这两种水平之间的差异,就是最近发展区。所谓最近发展区是指儿童在有指导的情况下,借助成人的帮助所能达到的解决问题的水平与独自解决问题所达到的水平之间的差异,即两个邻近发展阶段间的过渡状态。"跳一跳,摘桃子"有助于在学生的现有水平上,挖掘学生的潜力。因此其理论依据是最近发展区理论。

二、简答题(参考答案)

1. 形式运算阶段儿童的思维特征主要表现在哪些方面?

(1)能推论命题之间的关系。这一阶段儿童的思维以命题形式进行,能推论两个或多个命题之间的逻辑关系。

(2)能运用假设—演绎推理的方式解决问题。

(3)能够很好地进行类比推理,能够理解类比关系。

(4)抽象逻辑思维发展水平已接近成人的水平。

(5)具备逆向性的可逆思维和补偿性的可逆思维。

(6)具备反思能力,即系统地检验假设的能力。

(7)思维具有灵活性,不再刻板地恪守规则。

(8)形式运算思维逐渐发展。

2. 简述皮亚杰"发生认识论"的主要内容。

皮亚杰的理论核心是"发生认识论"。皮亚杰认为,人的知识来源于动作,动作是感知的源泉和思维的基础。儿童的认知是在已有图式的基础上,通过同化、顺应和平衡,不断从低级向高级发展。

(1)图式是指人在认识周围世界的过程中,形成自己独特的认知结构。图式是认知结构的起点和核心,是人类认识事物的基础。

(2)适应分为两种不同的类型:同化和顺应。同化是指把客体纳入主体已有的图式的过程。顺应是主体改变其已有图式或形成新的图式以适应外界的变化。

(3)平衡是指个体通过自我调节机制,使认知发展从一个平衡阶段向另一个平衡阶段过渡的过程,平衡是同化和顺应之间的"均衡"。

三、材料分析题(参考答案)

1. (1)夏夏的认知发展处于前运算阶段。

前运算阶段(2~7岁)儿童的思维具有自我中心性、不可逆运算等特点。根据材料中的描述可知,夏夏的思维具有自我中心性:她认为自己喜欢的就是妈妈喜欢的。夏夏的思维也具有不可逆性:会计算2+3=5,却不会计算5-2=3;改变一排糖果的间距就认为两排糖果的数量不一样。

(2)处于前运算阶段儿童的思维特征主要表现在以下八个方面:

①早期的信号功能。儿童能将各种感知信息以心理符号的形式储存下来,积累了表象素材,促进了表象性思维的发展。

②自我中心性。所谓自我中心就是指儿童往往只注意主观的观点,不能从客观事物的角度出发,只能考虑自己的观点,无法接受别人的观点,也不能将自己的观点与别人的观点协调。

③不可逆运算。前运算阶段的儿童还没有"守恒"能力或没有形成"守恒"的概念,思维缺乏观念的传递性。儿童观察事物时往往只能注意表面的、显著的特征,倾向于注意事物的静止状态。思维活动表现的关系单一,不能进行可逆运算。

④不能够推断事实。前运算阶段的儿童往往是根据知觉到的表面现象做出反应的,不能够推断事实。

⑤泛灵论。前运算阶段儿童的思维具有泛灵论的特点,即将人类的特征赋予无生命的物体。

⑥不合逻辑的推理。

⑦不能理顺整体和部分的关系。

⑧认知活动具有具体性,还不能进行抽象的思维运算。

2. (1)从场独立型和场依存型的角度分析,陈明属于场独立型,罗亮属于场依存型。场独立型的学生对客观事物的判断常以自己的内部线索(经验、价值观)为依据,不易受到周围环境因素的影响和干扰,倾向于对事物的独立判断;场依存型的学生对客观事物的判断常以外部线索为依据,其态度和自我认知易受周围环境或背景(尤其是权威人士)的影响,往往不易独立地对事物做出判断,而是人云亦云,从他人处获得标准,行为常以社会为定向,社会敏感性强,爱好社交活动。材料中,陈明在学习上遇到问题时,常常利用个人经验独立对其进行判断,并且很少受到同学与老师建议的影响,故属于场独立型的认知风格;罗亮更愿意听老师和同学的建议,并以他们的建议作为分析问题的依据,另外还喜欢察言观色,关注社会问题,故属于场依存型的认知风格。

(2)教师要充分认识到每个学生在认知风格上的差异性,了解每种认知方式的优点与不足之处,并根据对学生认知风格的了解,在教学中有针对性地选择不同的教学方式。

①对于场独立型认知风格的陈明,教师可以运用结构不严密、相对自由宽松的方式进行教学,让他独自学习,给予其新颖、有难度的任务,充分发挥他的独立性和主动性;

②对于场依存型认知风格的罗亮,教师可以运用结构严密的方式进行教学,让他多多参与小组讨论,与他人协作共同完成学习任务,在学习中及时给予指导,对其表现给予肯定。场依存型的人比场独立型的人更需要反馈信息,更容易受负强化影响,教师应根据罗亮的认知风格特点给予其更多的反馈与强化。

专题三　小学生学习指导

一、单项选择题

答案速查

1～5	CDBDB	6～10	BACDB	11～15	ABBAA	16～20	CDACB
21～25	CAABB	26～30	CBDBB	31～35	AAADA	36～40	CDBBB
41～45	CDBBC	46～50	CCDBD	51～55	BDDCD	56～62	CDDCACC

1. C 【解析】自我强化是指对自己表现出的符合或超出标准的行为进行自我奖励。题干中的学生对自己完成家庭作业的奖励就属于一种自我强化。

2. D 【解析】逃避条件作用是指当厌恶刺激出现时，有机体做出某种反应，从而逃避了厌恶刺激，则该反应在以后的类似情境中发生的概率便增加的条件作用。在日常生活中，逃避条件作用不乏其例，如看见路上的垃圾后绕道走开、感觉屋内人声嘈杂时暂时离屋等。

3. B 【解析】顺应性迁移指将原有认知经验应用于新情境中时，需调整原有的经验或对新旧经验加以概括，形成一种能包容新旧经验的更高一级的认知结构，以适应外界的变化。小石原先认为空气没有重量，经过科学演示后，他改变了自己原有的认知，形成了新的认知结构，这属于顺应性迁移。

4. D 【解析】人本主义学习理论强调人的潜能、个性与创造性的发展，把自我实现、自我选择和健康人格作为追求的目标。20世纪60年代初，以马斯洛为首的一些心理学家组建了美国人本主义心理学会，该学会的几项工作原则是：(1)心理学首要的研究对象是具有经验的人；(2)人本主义心理学家研究关心的是个人的创造性和自我实现；(3)研究对个人和社会有意义的问题；(4)人的尊严和价值的提高应成为心理学主要工作范围。

5. B 【解析】消退是指条件刺激形成以后，如果得不到强化，条件反应会逐渐减弱，直至消失的现象。消退是一种无强化的过程，其作用在于降低某种反应在将来发生的概率，以达到消除某种行为的目的。题干老师采用消退法，对那些性子急、不举手就回答问题的学生不予理睬，目的是使性子急的学生回答问题不举手的行为习惯减退，举手回答问题的行为频率增加。

6. B 【解析】效果律是指刺激和反应之间的联结可因导致满意的结果而加强，也可因导致烦恼的结果而减弱。即如果一个动作跟随情境中一个满意的变化，在类似的情境中这个动作重复的可能性将增加；但是，如果跟随的是一个不满意的变化，这个行为重复的可能性将减少。故题干所述符合桑代克提出的效果律。

7. A 【解析】题中描述的是先前学习对以后的学习产生促进作用。负向迁移强调阻碍作用，逆向迁移强调后一种学习对先前学习的影响，C、D两项排除。横向迁移是指先行学习内容与后继学习内容在难度、复杂程度和概括层次上属于同一水平的学习活动之间产生的影响。纵向迁移是指先行学习内容与后续学习内容是不同水平的学习活动之间产生的影响。因为乘除法是比加减法更高级的学习活动,所以题中描述的这种迁移是纵向迁移。

8. C 【解析】元认知策略分为:计划策略、监控策略和调节策略。调节策略是指在学习过程中根据对认知活动监视的结果,找出认知偏差,及时调整策略或修正目标;在学习活动结束时,评价认知结果,采 取相应的补救措施,修正错误,总结经验教训等。例如:当学习者意识到他不理解课文的某一部分时,他就会退回去读困难的段落;在阅读困难或不熟的材料时放慢速度。根据题干所述,本题选C项。

9. D 【解析】学习是个体在特定情境下由于练习或反复经验而产生的行为或行为潜能的相对持久的变化。学习有广义和狭义之分。广义的学习包括人和动物的学习,狭义的学习指的是人类的学习。选项中A、B、C三项都是先天具有的本能,D项属于学习。

10. B 【解析】水平迁移也叫横向迁移,是指先行学习内容与后继学习内容在难度、复杂程度和概括层次上属于同一水平的学习活动之间产生的影响。

垂直迁移也称纵向迁移,是指先行学习内容与后续学习内容是不同水平的学习活动之间产生的影响。垂直迁移表现在两个方面:一是自下而上的迁移,即下位的较低层次的经验影响上位的较高层次的经验的学习;二是自上而下的迁移,即上位的较高层次的经验影响下位的较低层次的经验的学习。

顺向迁移是指先前学习对后继学习产生的影响。

逆向迁移是指后继学习对先前学习产生的影响。

题干所述为不同层次、水平学习间的相互影响,并未体现知识学习的先后关系,故答案选择B项。

11. A 【解析】普雷马克原理,又称“祖母法则”,它最早是由普雷马克提出的,指利用高频活动作为低频活动的有效强化物。简单来说,如果有一件愉快的事等着孩子去做,那么孩子会很快完成另一件不喜欢的行为。运用普雷马克原理时,行为和强化的关系不能颠倒,必须先有行为,再有强化。题干中,告诉孩子吃完青菜后可以吃鸡腿,孩子就会为了吃到鸡腿而去吃青菜,这一做法运用了普雷马克原理。扇贝效应是指固定时间的奖励不能维持新的行为的现象。教师期望效应也叫罗森塔尔效应或皮格马利翁效应,即教师的期望或明或暗地传送给学生,会使学生按照教师所期望的方向来塑造自己的行为。习得性无力感简称无力感,又称习得性无助,指由于连续的失败体验而导致个体产生的对行为结果感到无力控制、无能为力的心理状态。

12. B 【解析】前摄抑制是指先学习的材料对识记和回忆后学习材料的干扰作用;倒摄抑制指后学习的材料对保持和回忆先学习材料的干扰作用。负迁移也叫“抑制性迁移”,是指一种学习对另一种学习的阻碍作用。故B项正确。

13. B 【解析】奥苏伯尔从学习内容与学习者认知结构的关系上,将学习分为有意义学习和机械学习。有意义学习的本质就是以符号为代表的新观念与学习者认知结构中原有的适当观念建立起非人为的和实质性的联系的过程,是原有观念对新观念加以同化的过程。与此相反,机械学习就是学生没有建立实质性的联系,没有将教材的内容真正地理解,也就是传统教学中的"死记硬背"。题干中学生对地球结构的知识并没有真正理解,即为机械学习。

14. A 【解析】水平迁移也叫横向迁移,是指先行学习内容与后继学习内容在难度、复杂程度和概括层次上属于同一水平的学习活动之间产生的影响。

15. A 【解析】元认知策略,是指学生对自己整个学习过程的有效监视及控制的策略,大致分为三种:计划策略、监控策略和调节策略。计划策略是根据认知活动的特定目标,在认知活动开始之前计划完成任务所涉及的各种活动、预计结果、选择策略,想出各种解决方法,并预估其有效性的策略。在四个选项中,设置目标属于元认知策略中的计划策略,而列提纲是认知策略中的组织策略,做笔记属于认知策略中的精细加工策略,寻求同学帮助属于资源管理策略。

16. C 【解析】回避条件作用是指当预示厌恶刺激即将出现的刺激信号呈现时,有机体可以自发地做出某种反应,从而避免厌恶刺激的出现,则该反应在以后的类似情境中发生的概率便增加的一类条件作用。题干中小明用撒谎来逃脱惩罚,属于回避条件作用。

17. D 【解析】强化有正强化和负强化之分。正强化也称积极强化,是通过呈现想要的愉快刺激来增强反应频率;负强化也称消极强化,是通过消除或中止厌恶、不愉快刺激来增强反应频率。题干中对违反校规校纪的学生的好的表现及时进行表扬(呈现愉快刺激),从而帮助他们改掉坏习惯的做法符合正强化的概念,所以答案为D项。

18. A 【解析】机体对与条件刺激相似的刺激做出条件反应,属于刺激的泛化。题干中,同学们将隔壁班班主任穿高跟鞋走路的声音误认为是自己班班主任的,从而做出了相同的反应,这体现了刺激的泛化。

19. C 【解析】建构主义的学习观认为,学生本身具有一定的知识经验,教学不能无视学生已有的经验而另起炉灶,因此必须把学生现有的知识经验作为新知识的生长点,引导学生从原有知识经验中"生长"出新的知识经验。学生不是空着脑袋走进教室的,学习必须要考虑在学生已有经验基础上建构。

20. B 【解析】负强化也称消极强化,是通过消除或中止厌恶、不愉快刺激来增强反应频率。处分对学生来说是一种厌恶刺激,老师通过撤销厌恶刺激鼓励学生努力学习,这是负强化的典型运用。

21. C 【解析】惩罚是指当有机体做出某种反应以后,呈现一个厌恶刺激,以消除或抑制此反应的过程。惩罚是通过厌恶刺激的呈现来降低反应在将来发生的概率。以不准孩子吃肯德基来消除孩子打人的行为,属于惩罚。

22. A 【解析】刺激的分化是指只对条件刺激做出条件反应,而对其他相似刺激不做反应。学生学会分辨勇敢和鲁莽、谦让和退缩、重力和压力、质量和重量后,就能正确辨认不同的刺激并做出不同的反应,故题干要求体现了刺激的分化。

23. A 【解析】苛勒的完形—顿悟学习理论提出学习的实质是形成新的完形。从学习的结果来看,学习并不是形成刺激—反应的联结,而是形成了新的完形。

24. B 【解析】一般迁移也称非特殊迁移、普遍迁移,是指一种学习中所习得的一般原理、原则和态度对另一种具体内容学习的影响,即原理、原则和态度的具体应用。例如,获得基本的运算技能、阅读技能后运用到各种具体的学科学习中。将语文中总结的阅读技能运用到英语学习中,属于一般迁移。

25. B 【解析】题干语句的意思是:当管理者自身言行端正,做出表率时,不用发号施令,被管理者也会跟着行动起来;相反,如果管理者自身言行不端正,而要求被管理者端正,那么,纵然三令五申,被管理者也不会服从的。这强调了榜样的作用。对榜样的观察学习,可以用班杜拉提出的社会学习理论来解释。

26. C 【解析】消退是一种无强化过程,其作用在于降低某种反应在将来发生的概率,以达到消除某种行为的目的。消退是减少不良行为、消除坏习惯的有效方法。父母对小贺的哭闹行为不理睬,即不予强化,之后小贺哭闹的行为就会逐渐减少,这属于消退。

27. B 【解析】机体对与条件刺激相似的刺激做出条件反应,属于刺激的泛化。如果只对条件刺激做出条件反应,而对其他相似刺激不做反应,则出现了刺激的分化。“一朝被蛇咬,十年怕井绳”就是一种典型的泛化现象。

28. D 【解析】认知派学习理论主要有:(1)格式塔学派的完形—顿悟学习理论,代表人物为苛勒;(2)布鲁纳的认知—发现学习理论;(3)奥苏伯尔的有意义接受学习理论;(4)加涅的信息加工学习理论。桑代克对应的学习理论是联结—试误学习理论,这是行为主义学派的观点,因此,D项错误。

29. B 【解析】发现学习是指给学生提供有关的学习材料,让学生通过探索、操作和思考,自行发现知识、理解概念和原理的教学方法。

30. B 【解析】具体迁移也称特殊迁移,是指学习迁移发生时,学习者原有的经验组成要素及其结构没有变化,只是将一种学习中习得的经验要素重新组合并移用到另一种学习之中。例如,学习了“日”“月”对学习“明”的影响;掌握了加减法对做四则运算题的影响等。

31. A 【解析】奥苏伯尔提出“先行组织者”概念,即先于某个学习任务本身呈现的引导性学习材料。

32. A 【解析】准备律是指联结的加强或削弱取决于学习者的心理准备和心理调节状态。题干强调不搞突然袭击，让学生在有准备的状态下进行学习，这符合准备律的内涵。

33. A 【解析】桑代克是行为主义学习理论的代表人物。他认为，学习的过程是一种渐进的、盲目的、尝试错误的过程。故题干中的观点属于行为主义学习理论的观点。

34. D 【解析】凡是能增强行为频率的刺激和事件都叫强化物。在选择强化物时，可以遵循普雷马克原理，又称为“祖母法则”，即用高频活动作为低频活动的有效强化物。简言之，如果有一件愉快的事等着学生去做，他们会很快完成另一件不喜欢的行为。在题干中，看电视是高频活动，做作业是低频活动，规定儿童“按时完成家庭作业后才能看电视”能取得最佳效果。

35. A 【解析】托尔曼认为，期望是个体依据已有经验建立的一种内部准备状态，是通过学习而形成的关于目标的认识和期待。期望是托尔曼学习理论的核心概念。

36. C 【解析】学习迁移也称训练迁移，是指一种学习对另一种学习的影响，或习得的经验对完成其他活动的影响。学习迁移作为一种普遍的学习现象，广泛存在于各种知识、技能、行为规范与态度的学习中。平时所说的“举一反三”“触类旁通”等就是典型的迁移形式。

37. D 【解析】学业求助策略指当学生在学习上遇到困难时，向他人请求帮助的行为。学业求助包括两个方面：(1)学习工具的利用，如善于利用参考资料、工具书、图书馆、电脑等。(2)社会性人力资源的利用，如善于利用老师的帮助以及同学间的合作与讨论来加深对学习内容的理解。小学生遇到不认识的字向老师请教，运用的是学业求助策略。

38. B 【解析】组织策略是为了整合所学新知识之间，新旧知识之间的内在联系，形成良好的知识结构的策略。组织策略主要有两种：一种是归类策略，用于概念、语词、规则等知识的归类整理；一种是纲要策略，主要用于对学习材料结构的把握。题干中的列提纲属于纲要策略。

39. B 【解析】所谓发现学习，是指给学生提供有关的学习材料，让学生通过探索、操作和思考，自行发现知识、理解概念和原理的教学方法。题干中，小明通过阅读文献，在求知过程中，自行组织属于自己的知识，符合发现学习的内涵。

40. B 【解析】元认知策略是指学生对自己整个学习过程的有效监视及控制的策略。学生分析考试成败的原因，并做出下一步的计划和安排，这属于典型的元认知策略。

41. C 【解析】记忆术即通过把那些枯燥无味但又必须记住的信息“牵强附会”地赋予意义，使记忆过程变得生动有趣，从而提高学习记忆效果。题干中的潇潇将英语单词“dog”赋予有趣的意义来帮助自己记忆，这正是运用记忆术的表现，而记忆术属于常见的精加工策略，故答案选C项。

42. D 【解析】组织策略中有一种是纲要策略，也称提纲挈领，是掌握学习材料纲目的方法。纲要可以是用语词或句子表达的主题纲要，如以写小标题的形式概括重点，也可以是用符号、图式等形象表达的符号纲要。题干中学生用简洁的词语概括材料的主要观点、次要观点等，符合纲要策略的内涵。

43. B 【解析】布鲁纳在教学观中提出四条掌握学科基本结构的教学原则，分别是动机原则、结构原则、程序原则和强化原则。A项为班杜拉提出的观察学习的四个过程，C项错误，D项为桑代克认为的学习要遵循的三条重要原则。

44. B 【解析】负强化也称消极强化，是通过消除或中止厌恶、不愉快刺激来增强反应频率。当小刚发现坐在后排并趴在课桌上，就不大可能被提问(消除厌恶刺激)，后来类似行为的出现变多(反应频率增加)，属于负强化的过程。

易错提示：考生易错误理解负强化的概念。考生对该知识点的错误理解，主要在于思维定势，即看到“负”就认为是减少、降低。因此，考生需要注意：正强化和负强化都是增强反应频率，二者的区别在于是呈现积极刺激还是撤销消极刺激，而不在于强化的结果。

45. C 【解析】形象联想法是指通过人为联想，使无意义的、难记的材料和头脑中的鲜明奇特的形象相结合，从而提高记忆效果。形象联想法是记忆术的一种，记忆术属于精加工策略。

46. C 【解析】正迁移也叫“助长性迁移”，是指一种学习对另一种学习的促进作用。题干所述是正迁移的典型事例。

47. C 【解析】桑代克认为，学习要遵循三条重要的原则：准备律、练习律、效果律。其中，效果律是指刺激和反应之间的联结可因导致满意的结果而加强，也可因导致烦恼的结果而减弱。它是最重要的学习规律。生活中，越是成绩好的学生越愿意学习，越是成绩差的学生越不愿意学习，体现了桑代克的效果律。

48. D 【解析】首字连词法是指通过提取首字作为记忆的支撑点，或者用一系列词描述某个过程的每个步骤，然后将这一系列词提取首字作为记忆的支撑点。首字连词法属于精加工策略中记忆术的一种。

49. B 【解析】水平迁移也叫横向迁移，是指先行学习内容与后继学习内容在难度、复杂程度和概括层次上属于同一水平的学习活动之间产生的影响。锐角三角形和钝角三角形属于同一水平之间的学习活动，故该现象属于横向迁移。

50. D 【解析】桑代克提出了三条主要的学习规律：效果律、练习律、准备律。

51. B 【解析】替代强化是指观察者因看到榜样的行为被强化而受到强化。在本题中，亮亮因看到张强上课乱说话被老师批评，从而知道了上课不能乱说话，因此，亮亮受到了替代强化。

52. D 【解析】消退是指条件刺激形成以后，如果得不到强化，条件反应会逐渐减弱，直至消失的现象。题干中妈妈第二天、第三天没有对童童已经建立的“哭闹—哄睡”条件反射进行强化，说明其运用的是消退。正强化是通过呈现愉快刺激来增加反应频率。负强化是通过取消厌恶刺激来增加反应频率。惩罚是指当有机体做出某种反应以后，呈现一个厌恶刺激，以消除或抑制此反应的过程。A、B、C三项不符合题意。

53. D 【解析】正强化也称积极强化，是指通过呈现想要的愉快刺激来增强反应频率。A项，用出去玩这个愉快刺激强化背诵课文的行为，这属于正强化。

负强化也称消极强化，是指通过消除或中止厌恶、不愉快刺激来增强反应频率。B项，用撤销收拾屋子这个厌恶刺激去强化背诵课文的行为，这属于负强化。

呈现性惩罚，又叫正惩罚，是指当有机体做出某种反应以后，呈现一个厌恶刺激，以消除或抑制此反应的过程。C项，给予收拾屋子这个厌恶刺激以抑制不背诵课文行为的发生，这属于正惩罚。

移除性惩罚，又叫负惩罚，是指取消一个愉快刺激以降低反应频率的过程。D项，取消出去玩这个愉快刺激以抑制不背诵课文行为的发生，这属于负惩罚，D项符合题意。

54. C 【解析】元认知策略是指学生对自己整个学习过程的有效监视及控制的策略。元认知策略包括计划策略、监控策略和调节策略三种。其中，计划策略是指根据认知活动的特定目标，在认知活动开始之前计划完成任务所涉及的各种活动、预计结果、选择策略，设想解决问题的方法，并预估其有效性的策略等。题干中小李制订学习计划属于元认知策略中的计划策略。

55. D 【解析】资源管理策略是辅助学生管理可用环境和资源的策略，有助于学生适应环境并调节环境以适应自己的需要，对学生的动机有重要的作用。它包括：时间管理策略、环境管理策略、努力管理策略、学业求助策略。时间管理策略包括：统筹安排学习时间、高效利用最佳时间、灵活利用零碎时间。题干中小菲每天早起半小时属于运用资源管理策略中的时间管理策略。

56. C 【解析】负强化也称消极强化，是通过消除或中止厌恶、不愉快刺激来增强反应频率。未系安全带时的提示音对于司机和乘客来说是厌恶刺激，要想摆脱此厌恶刺激，司机和乘客会自觉系上安全带，因此这属于对负强化的应用。

57. D 【解析】效果律是指刺激和反应之间的联结可因导致满意的结果而加强，也可因导致烦恼的结果而减弱。即如果一个动作跟随情境中一个满意的变化，在类似的情境中这个动作重复的可能性将增加；但是，如果跟随的是一个不满意的变化，这个行为重复的可能性将减少。题干中阳阳因满意的结果（数学成绩好）而增强了对数学学习的积极性，这符合效果律的内涵。

58. D 【解析】根据建构主义学习观可知，学习的情境性指人的学习应该与情境化的社会实践活动相联系，通过对某种社会实践的参与而逐渐掌握有关的社会规则、工具、活动程序等，形成相应的知识。题干中，张老师主张学生的学习应与情境化的社会实践活动联系在一起，即强调学习的情境性。因此，张老师可能更支持建构主义学习理论。

59. C 【解析】罗杰斯提出了学生中心的教学观。他认为，促进学生学习的关键不在于教师的教学技巧、专业知识、课程计划、视听辅导材料、演示和讲解、丰富的书籍等（虽然这中间的每一个因素有时候均可作为重要的教学资料),而在于特定的心理氛围。这种特定的心理氛围包括真实或真诚,尊重、关注和接纳以及移情性理解,它们存在于“促进者”与“学习者”的人际关系之中。

60. A　【解析】奥苏伯尔提出“先行组织者”概念,即先于学习任务本身呈现的一种引导性学习材料。先行组织者的抽象、概括和综合水平高于学习任务,并与认知结构中的原有观念及新的学习任务相关联。先行组织者的主要功能是在学生能够有意义地接受学习新内容之前,在新旧知识之间架设起桥梁,使新旧知识清晰地联系起来,为学习新知识提供认知框架或固着点。题干中的老师提出一种对新旧知识起连接作用的陈述,这属于先行组织者。

61. C　【解析】消退是一种无强化的过程,其作用在于降低某种反应在将来发生的概率,以达到消除某种行为的目的。正强化和负强化均属于强化,是采用适当的强化物而使机体的反应频率、强度和速度增加的过程。惩罚是指当有机体做出某种反应以后,呈现一个厌恶刺激,以消除或抑制此反应的过程。ABD三项不符合题意。

62. C　【解析】监控策略是指在认知过程中,根据认知目标及时检测认知过程,寻找两者之间的差异,并对学习过程及时进行调整,以期顺利实现有效学习的策略。它具体包括领会监控、策略监控和注意监控。

领会监控主要是指调控学习过程的元认知策略,包括警觉自己在理解方面的问题、监视自己的速度与时间、审视目标是否达到、对材料自我提问等。题干中晓晓在阅读课文时的自我提问是在警觉自己在理解方面的问题以及对材料进行自我提问,故属于监控策略中的领会监控。

策略监控主要是指调控自己对策略的使用的元认知策略,包括有意识地根据学习任务策略、审视所使用的策略的有效性等。

注意监控主要是指调控自己的注意过程的元认知策略,包括对学习过程注意力的自我管理、有选择地对主要信息加以注意、有意识地抑制分心等。

二、简答题(参考答案)

1. 简述桑代克的学习定律。

桑代克在实验的基础上,提出了促进联结形成的三条原则,也就是著名的桑代克学习定律,即准备律、练习律、效果律。

(1)准备律是指联结的加强或削弱取决于学习者的心理准备和心理调节状态。(2)练习律是指刺激与反应之间的联结会由于重复或练习而加强,不重复或练习,联结的力量就会减弱。(3)效果律是指刺激和反应之间的联结可因导致满意的结果而加强,也可因导致烦恼的结果而减弱。

2. 简述奥苏伯尔有意义学习的条件。

(1)客观条件:有意义学习的材料必须具有逻辑意义,在学习者的心理上是可以被理解的,是在其学习能力范围之内的。

(2)主观条件：学习者必须具有有意义学习的心向；学习者认知结构中必须具有适当的知识，以便与新知识进行联系；学习者必须积极主动地使这种具有潜在意义的新知识与认知结构中有关的旧知识发生相互作用。

3. 罗杰斯认为有意义学习的主要特征是什么？

对于有意义学习，罗杰斯认为主要具有四个特征：

(1)全神贯注：整个人的认知和情感均投入到学习活动之中。

(2)自动自发：学习者由于内在的愿望主动去探索、发现和了解事件的意义。

(3)全面发展：学习者的行为、态度、人格等获得全面发展。

(4)自我评估：学习者自己评估自己的学习需求、学习目标是否完成等。

4. 简述影响学习兴趣的因素。

(1)事物本身的特性。凡是相对强烈、对比明显、不断变化、带有强烈的新异性与刺激性的事物，都会引起人们的兴趣。

(2)人们已有的知识经验。对于一些不具有新异性的事物，由于其与人的知识经验之间产生了紧密的联系，并能满足人们获得新的知识经验的需求，也将会引起人们的兴趣。

(3)人们对事物产生的愉快情感体验。一个人在学习过程中获得别人的承认或内在的满足等积极情感体验，对于其学习的稳定性而言，也会起到很好的强化作用。

5. 简述常用的复述策略。

(1)在复述的时间上，采用及时复习、分散复习；(2)在复述的次数上，强调过度学习；(3)在复述的方法上，包括运用有意识记和无意识记、排除相互干扰、运用多种感官协同记忆、整体识记与部分识记相结合、复习形式多样化、画线等。

6. 如何理解学习的内涵？

学习是个体在特定情境下由于练习或反复经验而产生的行为或行为潜能的相对持久的变化。学习的内涵可以从以下几方面去理解：

(1)学习实质上是一种适应活动；

(2)学习是人和动物共有的普遍现象；

(3)学习是由反复经验引起的；

(4)学习是有机体后天习得经验的过程；

(5)学习的过程可以是有意的，也可以是无意的；

(6)学习引起的是相对持久的行为或行为潜能的变化。

7. 简述激发小学生学习兴趣的方法。

(1)建立积极的心理准备状态；(2)充分利用本学科的特点优势，激发学生学习兴趣；(3)创设问题情境,激发学生学习兴趣;(4)通过第一课堂及第二课堂中共同培养学生学习兴趣;(5)改进教学方法,增强学生学习兴趣。

三、材料分析题(参考答案)

1. (1)根据马斯洛的需要层次理论可知,归属与爱的需要,也称社交需要,是指每个人都有被他人或群体接纳、爱护、关注、鼓励及支持的需要。王明作为班集体的一员,希望被整个班集体接纳、爱护、关注和鼓励。而作为一个成绩一般的学生,他的归属与爱的需要得不到满足,所以他采用上课叠纸飞机的方式来吸引大家的注意。

(2)根据行为主义学习理论,材料中英语老师的批评不仅不会改变王明的不良行为,反而迎合了他渴望被老师和同学注意的需要。在本材料中,英语老师可以采用消退的方法来消除王明的不良行为。消退是一种无强化的过程,其作用在于降低某种反应在将来发生的概率,以达到消除某种行为的目的。不去强化而去淡化,既可消除不正确的行为,又不会带来诸如惩罚等导致的感情受挫的副作用。因此,消退是减少不良行为、消除坏习惯的有效方法。材料中王明在课堂上叠纸飞机并把飞机投向空中,是为了得到老师和同学的关注(强化),老师与同学可以不予理睬,不给予其希望得到的强化,那么此类行为就会逐渐减少。

(3)根据班杜拉的社会学习理论,个体可以通过替代强化,即观察者因看到榜样的行为被强化而受到强化。也就是说,老师最好的方法是在班级中树立榜样,让同学们都学习榜样的积极行为,从而抑制个别消极行为的出现。

2. (1)学习策略是指学习者为了提高学习的效果和效率,有目的、有意识地制定有关学习过程的复杂的方案。

学生A做笔记采用了精加工策略,把教师讲授的知识用关系图或框架图进行总结采用的是组织策略。

学生B在学习新知识前设立一个学习目标,采用了元认知策略中的计划策略,对有疑问的知识点做标注采用了元认知监控策略,课下找老师解答采用了资源管理策略中的学业求助策略。

学生C学习时监控自己哪些懂了哪些没懂,并思考老师讲的重要内容自己是否都关注到,采用了监控策略,调整自己的学习进度采用了调节策略。

学生D学习天文学常阅读科普杂志采用了资源管理策略中的学业求助策略。

(2)作为教师要运用好学习策略的训练原则引导学生形成适合自己的学习策略。

①主体性原则。主体性原则是指在学习策略教学中应该发挥和促进学生的主体作用。它既是学习策略训练的目的,又是必要的方法和途径,任何学习策略的使用都依赖于学生主动性和能动性的充分发挥。

②内化性原则。内化性原则是指在学习策略的学习过程中,学生能够不断实践各种学习策略,

逐步将其内化成自己的学习能力,熟练掌握并达到自动化的水平,从而能够在新的情境中灵活应用。

③特定性原则。特定性原则是指学习策略一定要适合于学习目标和学生的类型。同样的策略,不同的学生使用起来的效果是不一样的。教师要针对学生的年龄、已有的知识水平以及学习动机类型,帮助学生选择学习策略或改善对其学习不利的学习策略。

④生成性原则。生成性原则是指在学习过程中要利用学习策略对学习的材料进行重新加工,产生某种新的东西。也就是说,学习者应该利用学习的策略对学习材料进行生成性加工,而不是简单地利用别人已有的知识和经验。

⑤有效监控原则。有效监控原则是指学生应该把注意力集中在学习结果和学习过程之间的关系上,监控自己使用每种学习策略所导致的学习结果,以便确定所选策略是否有效。经过这样的监控实践,学生就能够灵活把握何时、何地以及如何使用某种策略,甚至在这些策略运作时能将它描述出来。

⑥个人效能感原则。个人效能感原则是指学生在执行某一任务时对自己胜任能力的判断和自信程度,它是影响学习策略选择的一个重要动机因素。教师应给学生创造机会,让学生在完成任务时体会到较高的个人效能感。

专题四 小学德育、美育与劳动教育

一、单项选择题

答案速查

1~5	DBDBB	6~10	CCADC	11~15	BDDBC	16~20	DAADB
21~25	DBBDC	26~30	BDBBC	31~35	CABAC	36~41	DBDABC

1. D 【解析】道德水平达到社会契约定向阶段的个体认为法律和规范是大家商定的,是一种社会契约。他们看重法律的效力,认为法律可以帮助人维持公正,但同时认为契约和法律的规定并不是绝对的,可以应大多数人的要求而改变。

2. B 【解析】陶冶教育法,有时也称情感陶冶法,是教师利用环境和自身的教育因素,对学生进行潜移默化的熏陶和感染,使其在耳濡目染中受到感化的德育方法。运用陶冶教育法的要求之一是创设良好的环境。题干中校长的话语强调了良好的学校环境潜移默化地影响着学生,具有深刻的教育意义,这主要体现了陶冶教育法。

3. D 【解析】尊重信任学生与严格要求学生相结合原则是指,在德育过程中,教育者既要尊重信任学生,又要对学生提出严格的要求,把严和爱有机地结合起来,使教育者的合理要求转化为学生的自觉行动。尊重信任与严格要求是辩证统一的,是制约德育效果的两个相辅相成的必要条件，尊重和信任是严格要求的前提和基础，严格要求是尊重学生的真诚体现，正如苏联教育家马卡连柯所说：“要尽量多地要求一个人，也要尽可能地尊重一个人。”所以，马卡连柯的话体现了严格要求与尊重信任相结合的原则。

4. B 【解析】道德信念是推动个人产生道德行动的强大动力，可以使人的道德行动表现出坚定性，因此形成道德品质的关键在于培养道德信念。

5. B 【解析】知、情、意、行是构成思想品德的四个基本要素。知即道德认识，是人们对是非善恶的认识和评价，以及在此基础上形成的品德观念。B项小张不能辨别是非善恶表明小张缺乏对是非善恶的认识，也即需要加强品德认识方面的教育。A项表明小亮已经具备了品德认识，但需要加强品德意志方面的教育；C项体现了小赵的品德情感；D项表明小罗需要加强品德意志方面的教育。因此，本题选择B项。

6. C 【解析】个体把自己独特的美感用各种不同的形式表达出来，这就是对美的创造。创造美的能力包括艺术美的创造，也包括现实美的创造。对于大多数人来说，创造美的能力首先是创造现实生活中美的能力。例如，按照美的规律对自己的劳动条件和劳动产品进行设计和加工；对居室、日用品、服饰等方面按美的标准做出选择与合理的配置；以自己的行为、表情、语言、仪态等方面的优美表现创造交际方式的美等。因此，题干所述属于美育中的创造美的能力。

7. C 【解析】普遍原则的道德定向阶段是进行道德判断的最高阶段。道德发展达到这一阶段的个体能以正义、公平、平等、尊严等这些高级原则为标准进行思考。在根据自己选择的原则进行某些活动时，认为只要动机是好的，行为就是正确的。在这个阶段，他们认为人类普遍的道义高于一切。

8. A 【解析】学校德育实施的途径主要有思想品德课与其他学科教学，课外、校外活动，劳动，少先队活动，班主任工作，班会、校会、周会、晨会等。其中，思想品德课与其他学科教学是学校有目的、有计划、有系统地对学生进行德育的最经常、最基本的途径。

9. D 【解析】教育影响的一致性与连贯性原则是指在德育工作中，教育者应主动协调多方面教育力量，统一认识和步调，有计划、有系统、前后连贯地教育学生，发挥教育的整体功能，培养学生正确的思想品德。题干所述是贯彻这一原则的要求之一。

10. C 【解析】疏导原则是指进行德育要循循善诱，以理服人，从提高学生认识入手，调动学生的主动性，使他们积极向上。题干中提到的大禹治水的方法，即堵不如疏，体现了德育的疏导原则。

11. B 【解析】科尔伯格的道德发展阶段理论把道德判断分为前习俗水平、习俗水平和后习俗水平三种水平，其中习俗水平包括两个阶段：(1)好孩子的道德定向阶段；(2)维护权威或秩序的道德定向阶段。因此本题选B选项。

12. D 【解析】道德意志是个体自觉地调节道德行为，克服困难，以实现预定道德目标的心理过程，

是个体通过自己理智的权衡作用去解决道德生活中内心矛盾与支配行为的力量。这种力量表现为能够排除内部障碍和外部困难,坚决执行道德动机所引起的行为决定。题干中,孩子认识到拿人家东西不对,说明道德认知是正确的;抵不住诱惑,说明他们的意志不坚定,不能够克服种种困难达到目标。所以,应该加强他们的道德意志的培养。

13. D 【解析】疏导原则是指进行德育时要循循善诱、以理服人,从提高学生认识入手,调动学生的主动性,使他们积极向上。疏导原则也就是循循善诱原则,贯彻这一原则的要求之一是因势利导,循循善诱。题干中,孔子以经过加工的竹子能够射得更深来比喻经过教育的人能取得更高的成就,由此改变了子路的观点,让他认识到教育的作用。这符合疏导原则的内涵。

14. B 【解析】课外、校外活动是对学生进行德育的重要途径,通过这个途径进行的德育符合小学生的特点和需要,能够充分调动他们的积极性。学校组织学生开展参观历史博物馆、走访抗日老战士的活动属于课外与校外活动。

15. C 【解析】内化,即在思想观点上与社会规范及其价值一致,将自己所认同的思想和自己原有的观点、信念融为一体,构成一个完整的价值体系。在内化阶段,个体的行为具有高度的自觉性和主动性,并具有坚定性,表现为"富贵不能淫,贫贱不能移,威武不能屈"。

16. D 【解析】道德行为是道德形成的最终环节,是指个体在一定的道德意识支配下表现出来的对他人和社会的有道德意义的活动。道德行为是衡量道德品质的重要标志,持续不断的、稳定的道德行为才是一个人的道德品质。

17. A 【解析】他律道德阶段的儿童服从外部规则,接受权威指定的规范,把人们规定的准则看作固定的、不可变更的,而且只根据行为后果来判断对错。甲打碎了一盘玻璃杯,乙只打碎了一个玻璃杯,甲造成的后果更严重,道德发展处于他律阶段的儿童会认为甲的错误更大。因此,答案为A项。

18. A 【解析】态度与品德的形成经历依从、认同与内化三个阶段。其中,依从即表面上接受规范,按照规范的要求来行动,实质上对规范缺乏认识,甚至有抵触情绪。依从阶段的行为具有盲目性、被动性、不稳定性,随着情境的变化而变化。它是规范内化的初级阶段,是态度与品德建立的开端。

19. D 【解析】美育,又称审美教育,是运用艺术美、自然美和社会生活美培养受教育者正确的审美观点和感受美、鉴赏美、创造美的能力的教育。小学美育的主要任务是:(1)培养学生正确的审美观点,使他们具有感受美、理解美和鉴赏美的知识与技能;(2)培养学生参加艺术活动的技能,发展他们体现美和创造美的能力;(3)培养学生心灵美和行为美,使他们在生活中体现内在美和外在美的统一。培养和提高学生的美术课成绩不是美育的主要任务,本题选D。

20. B 【解析】科尔伯格把道德判断分为前习俗水平、习俗水平和后习俗水平三种水平。在习俗水平的好孩子道德定向阶段，儿童的价值是以人际关系的和谐为导向，顺从传统的要求，符合大众的意见，谋求大家的称赞。题干中描述个体根据家庭、社会的期望和要求行事，体现了习俗水平的好孩子道德定向阶段的特点。

21. D 【解析】"视其所以，观其所由，察其所安"的意思是(要了解一个人)，从他的行为上看，从他的动机上分析，再考察他安心于何处。而德育原则中的因材施教原则是指，教育者在德育过程中，应根据学生的年龄特征、个性差异以及品德发展现状，采取不同的方法和措施，加强德育的针对性和实效性。贯彻这一原则的要求之一是以发展的眼光客观、全面、深入地了解学生，正确认识和评价当代青少年学生的思想特点。因此本题选D项。

22. B 【解析】实际锻炼法是有目的地组织学生参加各种实践活动，使其在活动中锻炼思想，增长才干，培养优良思想和行为习惯的德育方法。锻炼的方式主要是学习活动、社会活动、生产劳动和课外文体科技活动。题干中的义工活动属于社会活动，因此学校的做法属于实际锻炼法。

23. B 【解析】榜样示范法是用榜样人物的优秀品德来影响学生的思想、情感和行为的德育方法。"言传不如身教"的意思是用言语来教导，不如用行动来示范，强调要以身作则，这体现的是榜样示范法。

24. D 【解析】品德修养指导法是指教师指导学生自觉主动地进行学习、自我品德反省，以实现思想转化及行为控制的方法。这种方法可以增强学生的主体意识，促进其自我意识及自我修养能力的提高，调动他们自觉主动地接受教育的积极性，增强他们抵制不良思想道德影响的免疫能力，推动学校德育工作的开展以及学校德育目标、内容的实现。

25. C 【解析】A项，孔子是我国古代伟大的教育家，他的教育思想主要体现在《论语》一书中。B项，蔡元培是我国近代著名的民主革命家和教育家，毛泽东评价他为"学界泰斗，人世楷模"。C项，王国维是第一个把美育概念引入中国并对美育的独特性质和独特地位做进一步阐述的思想家。D项，陶行知被毛泽东称颂为"伟大的人民教育家"，被宋庆龄赞誉为"万世师表"。

26. B 【解析】我国劳动教育主要包括日常生活劳动、生产劳动和服务性劳动中的知识、技能与价值观。其中，生产劳动教育要让学生在工农业生产过程中直接经历物质财富的创造过程，体验从简单劳动、原始劳动向复杂劳动、创造性劳动的发展过程，学会使用工具，掌握相关技术，感受劳动创造价值，增强产品质量意识，体会平凡劳动中的伟大。题干所述符合生产劳动教育的要求，故属于劳动教育。

27. D 【解析】德育过程是一个长期、反复、不断前进的过程。学生正处于成长时期，世界观尚未形成，思想很不稳定。学生品德过程中的反复是不断深化的过程。这也就要求教师要正确认识和对待这种现象，耐心细致地教育学生，引导学生在反复中逐步前进。

28. B 【解析】科尔伯格采用"道德两难故事法"进行道德研究，最典型的就是用"海因茨偷药"的故事,让儿童对道德两难问题做出判断。

29. B 【解析】小学是学生行为习惯养成的关键期,小学生具有很强的可塑性。因此小学德育的重点是培养学生良好的道德行为习惯。

30. C 【解析】道德意志是个体自觉地调节道德行为,克服困难,以实现预定道德目标的心理过程。道德意志实际上是道德观念的能动作用,是个体通过自己理智的权衡作用去解决道德生活中内心矛盾与支配行为的力量,这种力量表现为能够排除内部障碍和外部困难,坚决执行道德动机所引起的行为决定。王军因为天冷不肯起床而再次迟到,说明他不能克服困难、自觉地调节自己的行为,缺乏克服赖床毛病的意志力,所以对王军进行品德教育要重点提高其道德意志水平。

31. C 【解析】生活美学是美学的分支学科之一。广义以广袤社会物质生活、精神生活中的美和审美为研究对象。狭义从物质生活产品美的生产者、消费者的角度,研究人们日常生活中的审美需求、审美经验和审美创造美规律。

生活美学的研究内容包括:(1)直接的日常物质生活领域的美。如服饰、器用、仪容等外在形体美的创造、欣赏,体现、折射内在心灵美;餐饮的色、香、味以及与餐具、包装的配合;居室的装潢、陈设布置及其与自然美的协调;商品的设计、包装和广告的美等。(2)生活方式的美。如个人和家庭的生活方式、生活环境的卫生、整洁和礼仪的美,摆脱旧的观念、习惯的束缚,适应时代需要的变革。(3)业余文化生活中的审美创造美活动。如旅游、体育、休闲中的审美和美的创造。

研究生活美学可以使人的日常生活提高层次,使衣、食、住、行等方面,除具有实用价值外还具有审美价值,可以推动日常生活审美化,陶冶人的情操、审美情趣,提高生活质量,促进身心健康、社会和谐。

题干中,美术老师在讲设计与线条的相关知识时,从日常生活中的酱油瓶、可乐瓶的曲线腰身为角度引发学生思考,这是通过生活美学实施美育。本题选C。

32. A 【解析】道德认知是指对于道德行为规范及其意义的认识,它是人的认识过程在道德上的表现。题干中,小赵把冒险当作勇敢,说明其缺乏正确的道德认识,因此做出违反纪律的事情。

33. B 【解析】美育,又称审美教育,是运用艺术美、自然美和社会生活美培养受教育者正确的审美观点和感受美、鉴赏美、创造美的能力的教育。美育的任务有很多,其中,形成创造美的能力是美育最高层次的任务。

34. A 【解析】说服教育法又叫说理教育法,是通过语言说理,使学生明晓道理,分清是非,提高品德认识的德育方法。说服教育法的方式有语言文字说服和事实说服。语言文字说服,即通过语言文字进行说服,如讲解、报告、谈话、讨论、辩论、读书指导等;事实说服就是运用事实进行说服,如参观、访问和调查。题干中,该校通过组织学生参观革命纪念馆对学生进行德育,运用的是说服教育法中的事实说服教育方式。

35. C 【解析】陶冶教育法也称情感陶冶法,是教师利用环境和自身的教育因素,对学生进行潜移默化的熏陶和感染,使其在耳濡目染中受到感化的德育方法。陶冶的方式主要包括人格感化、环境陶冶和艺术陶冶等。

人格感化是指教育者以自身的品德和情感为情境对学生进行的陶冶。

环境陶冶即通过创设良好的学习和生活环境,使学生的身心长期受到熏陶,逐渐养成良好品德。

艺术陶冶即借助音乐、美术、诗歌、小说和影视等艺术手段创造的生动形象感染学生,使学生在欣赏、评论、创作及演出过程中受到陶冶。艺术包括音乐、美术、舞蹈、雕塑、诗歌、文学、影视,是人类智慧的结晶。根据题干中的"戏曲、剪纸、刺绣"可知,该小学是通过情感陶冶法中的艺术陶冶进行德育。

36. D 【解析】疏导原则也称循循善诱原则,是指进行德育要循循善诱,以理服人,从提高学生认识入手,调动学生的主动性,使他们积极向上。题干这句话说明堵不如疏,暗含的德育原则是疏导原则。

37. B 【解析】态度与品德的形成是一个从外到内的转化过程,是社会规范的接受和内化过程,大致经历依从、认同与内化三个阶段。其中,依从,即表面上接受规范,按照规范的要求来行动,实质上对规范缺乏认识,甚至有抵触情绪。依从阶段的行为具有盲目性、被动性、不稳定性,随着情境的变化而变化。

38. D 【解析】科尔伯格将道德判断分为前习俗、习俗、后习俗三个水平,每一水平包含两个阶段,六个阶段依照由低到高的层次发展。其中,后习俗水平包括社会契约的道德定向阶段和普遍原则的道德定向阶段。

39. A 【解析】尊重信任学生与严格要求学生相结合的原则要求教育者要有强烈的事业心、责任感以及尊重热爱学生的态度。苏霍姆林斯基的这句话说明教师要热爱、尊重和信任学生,站在孩子的角度来对待他们。

40. B 【解析】皮亚杰把儿童的品德发展划分为以下四个阶段:(1)自我中心阶段(2~5岁);(2)权威阶段(他律道德阶段或道德实在论阶段)(6~8岁);(3)可逆性阶段(自律或合作道德阶段)(9~10岁);(4)公正阶段(11~12岁)。故B项符合题意。

41. C 【解析】品德评价法是通过对学生品德进行肯定或否定的评价而予以激励或抑制,促使其品德健康形成和发展的德育方法。包括奖励、惩罚、评比和操行评定等。班主任通过对学生进行批评或处分来进行德育,这种德育方法属于品德评价法。

二、简答题(参考答案)

1. 简述贯彻教育影响的一致性与连贯性原则的要求。

(1)充分发挥教师集体的作用,统一学校内部的多种教育力量,使之成为一个分工合作的优化群体;(2)争取家长和社会的配合,主动协调好与家庭、社会教育的关系,逐步形成以学校为中心的"三位一体"的德育网络;(3)保持德育工作的经常性和制度化,处理好衔接工作,保证对学生影响的连续性、系统性,使学生的思想品德得以循序渐进地持续发展。

2. 简述小学德育的目标。

(1)培养学生正确的政治方向,初步形成科学的世界观和共产主义道德意识;(2)培养学生良好的道德认识和行为习惯;(3)培养学生的道德思维和道德评价能力;(4)培养学生的自我教育能力。

3. 简述德育过程的基本规律。

(1)德育过程是对学生知、情、意、行的培养与提高过程;(2)德育过程是一个促进学生思想内部矛盾斗争的发展过程,是教育与自我教育相结合的过程;(3)德育过程是组织学生的活动和交往,统一多方面教育影响的过程;(4)德育过程是一个长期的、反复的、逐步提高的过程。

4. 简述运用品德评价法的要求。

(1)公平、正确、合情合理;(2)发扬民主,获得群众支持;(3)注重宣传与教育;(4)奖励为主,抑中带扬。

5. 简述我国劳动教育的内容。

我国劳动教育主要包括日常生活劳动、生产劳动和服务性劳动中的知识、技能与价值观。

(1)日常生活劳动教育立足个人生活事务处理,结合开展新时代校园爱国卫生运动,注重生活能力和良好卫生习惯培养,树立自立自强意识。

(2)生产劳动教育要让学生在工农业生产过程中直接经历物质财富的创造过程,体验从简单劳动、原始劳动向复杂劳动、创造性劳动的发展过程,学会使用工具,掌握相关技术,感受劳动创造价值,增强产品质量意识,体会平凡劳动中的伟大。

(3)服务性劳动教育让学生利用知识、技能等为他人和社会提供服务,在服务性岗位上见习实习,树立服务意识,实践服务技能;在公益劳动、志愿服务中强化社会责任感。

三、材料分析题(参考答案)

1. (1)李老师的做法体现了榜样示范法。

榜样示范法是用榜样人物的优秀品德来影响学生的思想、情感和行为的德育方法。榜样包括伟人的典范、教育者的示范、学生中的好榜样等。材料中,李老师以自身为榜样,带动学生认真打扫卫生,最终取得了很好的效果。这一过程中李老师发挥了教育者的示范作用,其做法体现了榜样示范法。

(2)①选好学习的榜样。材料中,李老师面对新班级卫生状况非常差的情况,自己主动打扫教室,以自身为榜样,为学生树立了优秀典范。

②激起学生对榜样的敬慕之情。材料中,李老师坚持做了一周值日,并请学生监督自己打扫得是否整洁,李老师的行为能有效提升自己在学生心中的地位和形象,激发学生的敬慕之情。

③狠抓落实,引导学生用榜样来调节行为,提高修养。材料中,李老师在一周后安排了值日表,将班级卫生工作落实到学生身上,每天值日的学生都非常认真负责地将班级打扫得干干净净,最终使得该班级获得了卫生流动红旗并受到了学校表扬。

2. (1)根据皮亚杰的道德发展阶段理论可知,处于权威阶段儿童的道德认知特点为:认为规则是不变的,不理解规则是由人创造的;评定是非时,总是抱极端的态度,非好即坏,非善即恶。

①案例1中的学生的告状行为是服从权威的道德观念的具体表现。教师制订一个规则后,学生会机械地维护规则,因此出现了一个个"告状小能手",这体现其认知发展的刻板性。

②案例2中的学生的告状行为不再是对规则的机械遵守,而是为了满足自己的一己私欲。案例2中的学生因吃不到巧克力而告状,其行为性质属于不良行为,因此王老师对其告状行为进行惩罚。

(2)①改变学生不良认知,帮助学生形成正确的是非观;肯定学生的积极表现,强化他们的积极行为;同时启发学生自省改错,培养学生正直的性格。

②表扬表现优秀的学生的行为,树立良好榜样,引导积极向上的班风。

③建立良好的师生关系和生生关系,树立良好的班风,构建和谐的班级氛围;除建立与维护规则外,帮助学生积极学习文化知识,让其在知识学习上获得成就感。

④通过"班会"或者"主题活动"等多样化的集体活动,在活动中教育引导学生。就"告状"行为,明确教师观点,点明教师期望,帮助学生树立正确的道德观念、行为规范。

⑤教师从自身做起,树立正确的道德观念,不断提升自身的教学水平与管理能力,必要时可以向其他优秀教师寻求帮助,预防与改正以上问题。

3. 刘老师的做法遵循了以下德育规律:

(1)德育过程是具有多种开端的对学生知、情、意、行的培养与提高的过程。学生的思想品德由知、情、意、行四个心理因素构成。学生思想品德的形成与发展,即这四个心理因素的形成与发展的过程。材料中,刘老师通过组织学生们观看纪录片、进行分组讨论和集体交流等方式提高了学生们对"献爱心"的认识,激发了他们的道德情感,有利于引导学生做出正确的道德行为。

(2)德育过程是一个促进学生思想内部矛盾斗争的发展过程,是教育与自我教育相结合的过程。学生思想品德的任何变化,都依赖于学生个体的心理活动。任何外界的教育和影响,都必须通过学生思想状态的变化，经过学生思想内部的矛盾斗争，才能发生作用，促进学生品德的真正形成。刘老师在听到学生的“嘀咕”后，因势利导，通过有计划的活动提高了学生的自我意识，发展了他们的自我教育能力，同时也促进了他们品德的发展。

(3)德育过程是组织学生的活动和交往，统一多方面教育影响的过程。学生的思想品德是在活动和交往的过程中，接受外界教育影响，逐渐形成和发展，并通过活动和交往的过程表现出来的。材料中，刘老师精心设计并实施班队活动，最终促进了学生品德的发展。

专题五　小学生心理健康教育

一、单项选择题

答案速查

1～5	CBCCC	6～10	DCDAB	11～15	BBCCA	16～20	DADDD
21～25	CAACB	26～30	BDBDC	31～37	DCBBADC		

1. C　**【解析】**抑郁症的表现有：(1)情绪消极、悲伤、颓废、淡漠，失去满足感和生活的乐趣；(2)消极的认知倾向，低自尊、无能感，对未来没有期望；(3)动机缺失，被动，缺少热情；(4)肢体疲劳、失眠、食欲不振等。由此可判断，小东的表现说明他具有抑郁倾向。

2. B　**【解析】**心理健康是指个体心理活动在自身及环境条件许可范围内所达到的最佳功能状态。心理健康至少包括两层含义：一是无心理疾病；二是有积极发展的心理状态。

3. C　**【解析】**艾利斯的情绪 ABC 理论中：A 表示个体遇到的主要事实、行为、事件，属于诱发性事件；B 表示个体对 A 的信念、观点；C 表示事件造成的情绪结果。

4. C　**【解析】**系统脱敏是指当某些人对某事物、某环境产生敏感反应(害怕、焦虑、不安)时，我们可以在当事人身上发展起一种不相容的反应，使其对本来可引起敏感反应的事物不再发生敏感反应。例如，一个学生过分害怕猫，我们可以让他先看猫的照片，谈论猫；再让他远远观看关在笼中的猫，让他逐渐靠近笼中的猫；最后让他摸猫、抱起猫，消除对猫的惧怕反应。这就是“脱敏”。

5. C　**【解析】**题干中“没有查出病就是健康”其实是对健康狭义的理解，在新时期，我们的健康不仅仅包括生理上的健康，即没有躯体上的不适，还包括心理健康，即在心理上保持一种良好的、持续的心理状态和过程。

6. D　**【解析】**焦虑症是以与客观威胁不相适应的焦虑反应为特征的神经症。学生中常见的焦虑反应是考试焦虑。考试焦虑是指人由于面临考试而产生的一种特殊的心理反应，是在一定的应试情境下，受个体认知评价能力、人格倾向与其他身心因素制约，以担忧为基本特征，以防御或逃避为行为方式，通过一定程度的情绪反应所表现出来的心理状态。

7. C　**【解析】**学生有较大的差异性，因此，心理辅导要根据学生的心理特点，采取因材施教的方法，个别化地对待每个学生。这是学生心理辅导所要遵循的个别化对待原则。教师贯彻个别化对待原则时应考虑到以下四点:(1)注意对学生个别差异的了解;(2)对不同学生实行区别对待;(3)认真做好个案研究;(4)制定个别化对待的特殊目标。题干强调了解学生的个别差异,并对不同学生实行区别对待,这体现了个别化对待原则的内涵。

8. D 【解析】强化法用来培养新的适应行为。根据学习原理,一个行为发生后,如果紧跟着一个强化刺激,这个行为就会再一次发生。例如,一个学生不敢同老师说话,学习上遇到了疑难问题也没有勇气向老师求教,当他一旦敢于主动向老师请教,老师就给予表扬,并耐心解答问题时,这个学生就能学会主动向老师请教的行为方式。故题干中王老师运用的方法属于强化法。

9. A 【解析】抑郁症是以持久的心境低落为特征的神经症。个体有过度的抑郁反应,通常伴随有严重的焦虑感。其表现为:(1)情绪消极、悲观、颓废、淡漠、失去满足感和对生活的乐趣;(2)消极的认知倾向,低自尊、无能感,对未来没有期望;(3)缺乏动机、被动、缺乏热情;(4)肢体疲劳、失眠、食欲不振。

10. B 【解析】强迫行为指当事人反复去做他不希望执行的动作,如果不这样想、不这样做,他就会感到极端焦虑。强迫洗手、强迫计数、反复检查、刻板的仪式动作是生活中常见的强迫症状。题干中小雷控制不住地反复擦写的行为就属于强迫行为,因此他可能出现了强迫症。

11. B 【解析】行为塑造是指通过不断强化逐渐趋近目标的反应,来形成某种较复杂的行为。有时候教师所期望的行为在某学生身上很少出现或很少完整地出现,此时,教师可以依次强化那些渐趋目标的行为,直到合意行为的出现。题干中的张老师通过不断强化小莉表现出的趋近目标的行为,促使她形成良好的学习习惯,这说明张老师采用了行为塑造法。

12. B 【解析】艾利斯认为,人们持有的不合理信念总结起来有三个特征:绝对化要求、过分概括化和糟糕至极。(1)绝对化要求,是指个体以自己的意愿为出发点,以极端的要求衡量一切事物。例如,学生要求“我必须每次都考第一名”“他们都应该对我好”等。(2)概括化要求,这是一种以偏概全的不合理的思维方式,它包括对自己和对他人的不合理评价。例如:一次考试成绩不理想便认为自己不行,从而自卑、情绪消沉;别人一次约会迟到,就认为这人不守时,不值得信任,导致责备他人甚至产生愤怒等情绪。(3)糟糕至极,表现为一旦遇到什么挫折,就产生一种非常糟糕甚至是灾难性的预期的非理性信念,从而陷入悲观、抑郁的情绪中而不能自拔。B项属于“绝对化要求”,答案选B项。

13. C 【解析】儿童多动综合征(简称多动症)是小学生中最为常见的一种以注意力缺陷和活动过度为主要特征的行为障碍综合征。高峰发病年龄为8～10岁。

14. C 【解析】强迫症包括强迫观念和强迫行为。其中,强迫行为是指个体反复去做他不希望执行的动作。题干中,小林经常连续不断洗手的行为属于强迫症中的强迫行为。

15. A 【解析】强化法认为,一个行为发生后,如果紧跟着一个强化刺激,这个行为就会再一次发生。例如，一个学生不敢同老师说话，学习上遇到了疑难问题也没有勇气向老师求教，当他一旦敢于主动向老师请教，老师就给予表扬，并耐心解答问题时，这个学生就能学会主动向老师请教的行为方式。

16. D 【解析】自我控制法是让当事人自己运用学习原理，进行自我分析、自我监督、自我强化、自我惩罚，以改善自身行为。它强调学生的个人责任感，增加了改善行为的练习时间。

17. A 【解析】学校恐怖症表现为儿童害怕上学，严重者还会害怕与学校有关的东西，如怕老师、怕去教室等，有些儿童还会出现上学前身体不舒服等保护行为。结合题干，可知亮亮的心理问题属于学校恐怖症。

18. D 【解析】儿童厌学症的主要表现是：(1)对学习不感兴趣，讨厌学习，一提到学习就心烦意乱，焦躁不安；(2)对教师或家长有抵触情绪，学习成绩不好，有的还兼有品德问题；(3)儿童厌学情绪严重或受到一定的诱因影响时，往往会发生旷课、逃学或辍学现象。

19. D 【解析】理性—情绪疗法，又称合理情绪疗法，这一疗法由艾利斯提出，他认为情绪不是由某一诱发性事件本身所引起，而是由个体对这一事件的解释和评价引起的。人们持有的不合理信念总结起来有三个特征：绝对化的要求、过分概括化和糟糕至极。通过改变不合理信念可以调整自己的认知，维护心理健康。理性—情绪疗法是认知疗法的一种，结合题干，故答案选D。

20. D 【解析】理性—情绪疗法，又称合理情绪疗法，这一疗法由艾利斯提出，他认为人的情绪是由他的思想决定的，合理的观念导致健康的情绪，不合理的观念导致负向的、不稳定的情绪。人们持有的不合理信念总结起来有三个特征：绝对化的要求、过分概括化和糟糕至极。题干中小青认为做事应该尽善尽美，决不允许出现任何差错，说明其过于追求完美，属于绝对化要求，老师通过改变不合理的认知来帮助小青，这种心理疏导方法是理性—情绪疗法。

21. C 【解析】行为塑造是指通过不断强化逐渐趋近目标的反应，来形成某种较复杂的行为。有时候教师所期望的行为在某学生身上很少出现或很少完整地出现，此时就可以依次强化那些渐趋目标的行为，直到合意行为的出现。老师依次强化张亮渐趋目标的行为，直到他能完成期待的作业量也就是合意行为的出现。老师的这种行为矫正的方法是行为塑造法。

22. A 【解析】肯定性训练也叫自信训练，目的是促进个人在人际关系中公开表达自己真实的情感和观点，维护自己的权益也尊重别人的权益，发展人的自我肯定行为。肯定性训练是通过角色扮演以增强个体的自信心，然后再将学得的应对方式应用到实际生活情境中。

23. A 【解析】肯定性训练，也叫自信训练、果敢训练，其目的是促进个人在人际关系中公开表达自己真实的情感和观点，维护自己的权益也尊重别人的权益，发展人的自我肯定行为。自我肯定行为主要表现在：(1)请求他人为自己做某事，以满足自己合理的需要；(2)拒绝他人的无理要求而又不伤害对方;(3)真实地表达自己的意见和情感。因此,有效的行为改变方法是肯定性训练。

24. C 【解析】世界卫生组织认为,心理健康是一种良好的、持续的心理状态与过程,表现为个体具有生命的活力,积极的内心体验,良好的社会适应能力,能够有效地发挥个人的身心潜力以及作为社会一员的积极的社会功能。

25. B 【解析】考试焦虑的表现是:随着考试临近,心情极度紧张;考试时注意力不集中,知觉范围变窄,思维刻板,表现慌乱,无法发挥正常水平。小飞因为担心考试,吃不下睡不着,注意力集中不起来这正是考试焦虑的表现。

26. B 【解析】代币是一种象征性强化物,筹码、小红星、盖章的卡片、特制的塑料币等都可作为代币。当学生做出教师所期待的良好行为后,就发给他们数量相当的代币作为强化物。学生用代币可以兑换有实际价值的奖励物或活动。故该班主任采用的行为疗法是代币奖励法。

27. D 【解析】社交恐怖症表现为害怕在社交场合讲话,担心自己因双手发抖、脸红、声音颤抖、口吃而暴露自己的焦虑,觉得自己说话不自然,因而不敢抬头,不敢正视对方的眼睛。结合题干,故选D。

28. B 【解析】艾利斯提出了情绪“ABC”理论,又称合理情绪疗法或理性情绪疗法。他认为情绪不是由某一诱发性事件本身所引起,而是由个体对这一事件的解释和评价引起的,通过改变不合理信念可以调整自己的认知,维护心理健康,这属于认知疗法的一种。

29. D 【解析】考试焦虑治疗时可以采用认知矫正程序,学生在考试中使用正向的自我对话,如“我能应付这个考试”来缓解焦虑情绪属于认知矫正法。

30. C 【解析】焦虑症是以与客观威胁不相适应的焦虑反应为特征的神经症。患者表现主要有:(1)情绪方面:紧张不安,忧心忡忡;(2)注意和行为方面:注意力集中困难,极端敏感,对轻微刺激做过度反应,难以做出决定;(3)躯体症状方面:心跳加快,过度出汗等。

31. D 【解析】观察、模仿教师呈现的范例(榜样)是学生学习社会行为的重要方式。模仿学习的机制是替代强化。题干所述体现的心理辅导方法是示范法。

32. C 【解析】肯定性训练也叫自信训练,目的是促进个人在人际关系中公开表达自己真实的情感和观点,维护自己权益也尊重别人权益,发展人的自我肯定行为。自我肯定行为主要表现在:(1)请求他人为自己做某事,以满足自己合理的需要;(2)拒绝他人的无理要求而又不伤害对方;(3)真实地表达自己的意见和情感。小雨平常不敢表达自己的意见或情感,可以用肯定性训练增强她的自信心。

33. B 【解析】强迫症包括强迫观念和强迫行为。其中,强迫行为是指个体反复去做他不希望执行的动作,如不这样做,就会感到极端焦虑。题干中,小刘出门前总是反复检查门锁,这种现象可能属于强迫症中的强迫行为。

34. B 【解析】学生中常见的焦虑反应是考试焦虑。考试焦虑是一种复杂的情绪现象,其表现是:随着考试临近,心情极度紧张;考试时注意力不集中,知觉范围变窄,思维刻板,出现慌乱,无法发挥正常水平。结合题干,故答案选B。

35. A 【解析】多动症是小学生中最为常见的一种以注意力缺陷和活动过度为主要特征的行为障碍综合征。多动症的特征包括:(1)活动过多,儿童的活动是杂乱无章的、缺乏组织性和目的性;(2)注意力不集中,注意力集中困难是该类儿童突出的、持久的临床特征;(3)冲动行为,即多动症儿童经常未经考虑就行动。刘亮注意力难以集中,经常有四处走动、随意说话等行为,故刘亮可能患有多动症。

36. D 【解析】当个体产生不良情绪时,可以通过合理的宣泄调节情绪,缓解心理压力。宣泄的途径有倾诉、哭泣、运动等。故题干中的"跑步、大声喊叫、痛哭"等方式属于合理宣泄的途径,这有助于缓解心理压力。

37. C 【解析】题干中老师通过诱导小玲以放松的心态缓慢接触导致她害怕考试的环境,逐步达到消除考试焦虑或恐惧的目的,这体现了对系统脱敏疗法的使用。

二、简答题(参考答案)

1. 人的自我肯定行为表现在哪几方面?

自我肯定行为主要表现在三方面:(1)请求他人为自己做某事,以满足自己合理的需要;(2)拒绝他人无理要求而又不伤害对方;(3)真实地表达自己的意见和情感。

2. 简述学校心理辅导的原则。

学校心理辅导的原则有:(1)面向全体学生原则;(2)预防与发展相结合原则;(3)尊重与理解学生原则;(4)学生主体性原则;(5)个别化对待原则;(6)整体性发展原则。此外,心理辅导的原则还包括教育性原则、活动性原则、参与性原则、保密性原则和多样性原则。

3. 简述考试焦虑症的治疗方法。

(1)采用肌肉放松、系统脱敏等方法;(2)采用认知矫正程序,指导学生在考试中使用正向的自我对话;(3)锻炼学生的性格,提高挫折应对能力;(4)往最好处做,不要计较最后结果;(5)考前要注意调节情绪。

4. 简述学校开展心理健康教育的途径。

在学校开展心理健康教育有以下几种途径:(1)将心理健康教育始终贯穿于教育教学全过程;(2)开展心理健康专题教育;(3)建立心理辅导室;(4)密切联系家长共同实施心理健康教育;(5)充分利用校外教育资源开展心理健康教育。

专题六　小学生安全教育

单项选择题

答案速查

1～5	CCADC	6～10	CCDAD	11～15	DBADD	16～20	DBBAC
21～25	CBBBC						

1. C　【解析】钙是人体需要量最多的矿物质。它是构成人体骨骼和牙齿的重要成分,儿童钙缺乏会影响骨骼和牙齿发育,容易发生佝偻病,导致骨骼变形。维生素D能调节钙、磷代谢,维持血钙浓度稳定,在促进骨骼和牙齿的正常生长和钙化过程中起着重要作用。维生素D有助于预防佝偻病,又称抗佝偻病维生素。因此,对维生素D和钙摄入不足或吸收代谢障碍会导致佝偻病的发生。

2. C　【解析】在发生火灾冲出火海后,若身上衣服仍在燃烧,应立即就地打滚或跳入附近的水潭、泥池或河水中。ABD项都不属于身上衣物着火时的急救方法。

3. A　【解析】对于学生轻微烫伤的处理,可先在烫伤处用冷水冲洗,物理降温,然后涂抹烫伤药物,送医院处理。烫伤后不可直接包扎烫伤处,也不能用热水冲洗,BCD三项做法均不正确。

4. D　【解析】家用电器着火时要立即关闭开关,拔下电源插头或拉下总闸,如果是电器外壳着火,可用湿棉被等覆盖物封闭窒息灭火。注意不能用水扑救,以防引起爆炸,而且电器未经专业人员修理,不得接通电源,以免触电、发生火灾事故。结合题干,本题选D。

5. C　【解析】蜜蜂的毒液为酸性,肥皂水为碱性,二者可以中和。因此,被蜜蜂蜇伤后症状较轻的,可用肥皂水冲洗叮咬处。

6. C　【解析】正确的刷牙方法是:(1)顺着牙缝竖刷,刷上牙自上而下,刷下牙自下而上;(2)磨牙的里外要竖刷,咬合面横刷;(3)刷牙时间不要太短,要使牙齿里外及牙缝都刷到。为有效祛除牙菌斑,每次刷牙的时间不宜少于3分钟。

7. C　【解析】使用香水、化妆品、香皂等带花香味的物品后,被蚊子叮咬的概率反而会上升,A项错误。蚊子对湿度、温度、汗液都很敏感,所以它们爱叮咬易出汗又不洗澡的人。B项错误,C项正确。蚊子喜爱弱光,所以在户外穿黑色的衣服容易吸引蚊子,D项错误。故本题选C。

8. D　【解析】急性扭伤后,会引起毛细血管的破裂和周围软组织挫伤,如果立即按摩,只能加重毛细血管出血和挫伤,出血量多了,会形成血肿并加重疼痛。故本题选D。

9. A　【解析】维生素C是水溶性维生素,又名抗坏血酸。维生素C可以促进胶原蛋白合成,参与胆固醇代谢,增强机体免疫力,还能促进铁的吸收和利用。维生素C缺乏会造成毛细血管通透性增加,导致坏血病。

10. D　【解析】地震发生时,大地剧烈晃动,人往往无法稳定行走,而且家具、门窗玻璃、天花板、吊灯、吊柜等可能掉落砸伤人，此时若盲目行动，受伤概率很大。地震来临时，应先就近避险，保护好头部，如把靠垫举在头顶，蹲到坚固的桌子下面，待晃动停止、确认安全后再撤离到安全地带。地震发生时不要使用电梯；如果地震时刚好在电梯里，需赶紧按下所有楼层按钮使电梯停下，尽快离开。

11. D　【解析】户外急救时应沉着大胆，细心负责，分清轻重缓急，果断实施急救方法。在做急救处理时，以患者感觉最舒适的方式移动身体。若患者意识昏迷，需注意确保呼吸道的畅通，谨防呕吐物引起的窒息死亡，让患者平躺；若撞击到头部，要水平躺下；若脸色发青说明缺氧，需抬高脚部；而脸色发红者需稍抬高头部；有呕吐感者，需让其侧卧或俯卧为宜。故答案为D。

12. B　【解析】脚崴后，局部的小血管会破裂出血，与渗出的组织液混合形成血肿，具体处理方法是先冷敷后热敷。因为血得热而活，得寒则凝，B项正确。流鼻血时抬高下巴会造成血液倒流进喉咙，加剧危险性，A项错误；嚼口香糖只能清新口气，不能使牙齿更加健康，C项错误；头被磕了个包后应立即冷敷，D项错误。综上，本题正确答案为B。

13. A　【解析】在帮助低温症患者时，可以使用热水袋装些温水，升高患者的体温。但只能用热水袋对头颈、胸部、腹部加热，不能对四肢加热。对四肢加热会使低温的血液回流到心脏、大脑，使身体核心温度下降，甚至致命。A错误，当选。

14. D　【解析】海姆里克腹部冲击法也称为海氏手技，是美国医生海姆立克先生发明的为气道阻塞（食物嵌顿或窒息）的人员进行现场急救的有效方法。操作方法为：急救者环抱患者，突然向其上腹部施压，迫使其上腹部下陷，造成膈肌突然上升，这样就会使患者的胸腔压力骤然增加，由于胸腔是密闭的，只有气管一个开口，故胸腔（气管和肺）内的气体就会在压力的作用下自然地涌向气管，每次冲击将产生450～500毫升的气体，从而就有可能将异物排出，恢复气道的通畅。

15. D　【解析】炒菜时油锅中的油不慎着火，用锅盖盖住可以隔绝氧气（空气），从而达到灭火的目的。A项正确。

苯酚有毒，其浓溶液对皮肤有强烈的腐蚀性，使用时要小心，如果不慎沾到皮肤上，应立即用酒精洗涤，再用水冲洗。B项正确。

火灾会引发有毒烟雾产生，所以在逃生时，应当用潮湿的毛巾或者衣襟捂住口鼻。C项正确。

煤气有可燃性，开灯可能会产生电火花，煤气泄漏后与空气混合，遇火可能引燃，发生爆炸，所以正确做法是先开窗开门，通风透气，关掉阀门，气味散掉后再查看，D项做法错误。

16. D　【解析】维生素B_1缺乏常引起“脚气病”，表现为乏力、肢体麻木、水肿、感觉迟钝等。儿童膳食应注意粗细搭配，每天吃豆类及其制品，以获取维生素B_1。

17. B　【解析】被狗咬伤后，第一时间应快速彻底冲洗伤口。清洁流水冲洗15分钟，肥皂水冲洗15

分钟，冲洗的水量要大，水流要急，最好对着自来水龙头急水冲洗，以最快速度把沾染在伤口上的狂犬病毒冲洗掉。

18. B 【解析】对于学生轻微烫伤的处理，可脱去烫伤处的衣物，在烫伤处用冷水冲洗，物理降温，之后涂抹烫伤药物。送医院处理并通知家长来是对重大烫伤事故的处理措施。烫伤切记不可直接包扎烫伤处，选项⑤错，故选B项。

19. A 【解析】眼睛被酸、碱烧伤，急救的关键是立即用大量的生理盐水冲洗，如果没有生理盐水，可以用冷开水、自来水冲洗眼睛。冲洗后，马上送医院做进一步的治疗。

20. C 【解析】如果儿童缺乏维生素B_2，会导致口角炎、日光性皮炎等症状。平时可多补充蛋黄、牛乳、酵母、动物肝脏等食物。

21. C 【解析】当遇到别人触电时，首先应迅速切断电源。在找不到闸门的情况下，可用干燥的木棍、竹竿等绝缘物挑开电线。直接拖拽的做法不可取，因为可能引起抢救人员自身触电，A项错误。BD两项的做法可能会耽误急救时间，不是最合适的做法，排除。故选C。

22. B 【解析】过强的光线，如在阳光下看书写字，或者在靠得太近的台灯下看书写字，极易造成眼睛疲劳，导致近视。

23. B 【解析】用湿毛巾捂住口鼻可以防止有害气体和粉尘进入呼吸道，所以逃生时应该用湿毛巾捂住口鼻，蹲下靠近地面或沿墙壁跑离着火区域。

24. B 【解析】雷电交加时，如果插头还插在插座上，仍能形成物理通路，还是存在被雷电袭击的风险，正确的做法是把电器插头拔掉，切断电源。故A项错误，B项正确。

雷雨天气应注意关闭门窗，以防侧击雷和球雷侵入，C项错误。

雷雨天气打手机给亲友，如果亲友是在野外的环境中，接打手机就会增加被雷击的概率，D项错误。

25. C 【解析】发生雷电时，不能在高大的建筑物下或树下躲避，容易遭到雷击，A项错误。

坐在行驶的汽车前排的人要系上安全带，是为了避免刹车时由于人的惯性而继续向前运动从而被甩出车外或遇到强烈撞击带来的伤害，惯性不能减小，B项错误。

发生带电火灾时要先切断电源，再打开消火栓用水灭火，如果先用水灭火会发生触电事故，D项错误。

第三章　班级管理

①培养正确的舆论和良好的班风
②教育性原则
③沉着冷静面对
④公平民主处理
⑤了解和研究学生
⑥进行个别教育工作
⑦操行评定
⑧群众性活动

一、单项选择题

答案速查

1～5	ADBCC	6～11	DBBDDA

1. A 【解析】本题考查课外活动的特点。课外活动具有选择性和自愿性、伸缩性和广泛性、灵活性和多样性、独立性和自主性。其中,从活动的性质上看,课外活动具有选择性和自愿性,这是与课堂教学的根本区别。学生可以根据自己的兴趣、爱好、特长和能力,自由选择、自愿参加课外活动,学校和教师对学生的活动选择可以提出要求和指导,但不宜做强制规定。故本题选A项。与其他教学形式相比较,课堂教学有较强的组织性、计划性,教学进度上具有同步性。B、C、D项与题意不符,排除。

2. D 【解析】本题考查少先队队礼。中国少年先锋队的队礼是:右手五指并拢,高举头上。它表示人民的利益高于一切。人民的利益高于一切就是指人民的利益是最高的利益,其他一切都要服从于这个最高利益。这是因为人民最伟大,人民创造财富,人民创造文明,人民创造历史。

3. B 【解析】本题考查班集体形成的主要标志。在集体中占优势的并被多数人赞同的言论和意见就是集体舆论。正确的班级舆论是班集体形成和发展的力量,是中小学生进行自我教育的重要手段。一个班级有了正确的集体舆论,正气和勃勃的生气就会占上风,歪风邪气就会销声匿迹。它对班级学生的言行有极大的约束力和无形的导向力,能有力地促进学生思想道德健康发展,对培养良好的班风起着举足轻重的作用,是优秀班集体形成的主要标志之一。

4. C 【解析】本题考查班主任的影响力。班主任在班级管理中的影响力主要表现在两个方面:职权影响力和个性(人格)影响力。

5. C 【解析】本题考查课外活动的内容。主题活动是就某一特定专题而展开的短期或长期的专门活动。法治教育报告会是以“法治教育”为主题的专门活动,属于主题活动。

6. D 【解析】本题考查课外活动的组织形式。群众性活动是一种面向多数或全体学生的带有普及性质的活动。安全教育报告会是面向学校全体学生的活动,属于群众性活动。

7. B 【解析】本题考查班主任的领导方式。班主任的领导方式一般可以分为三类:权威型、民主型和放任型。采用民主型领导方式的班主任比较善于倾听学生的意见,不是以直接的方式管理班级,而是以间接的方式引导学生。题干中李老师与学生协商处理班级事务,鼓励学生参与讨论,敢于质疑,运用的就是民主型的管理方式。

8. B 【解析】本题考查少先队队员的入队年龄。《中国少年先锋队章程》(2005年)提出,凡是6周岁到14周岁的少年儿童,愿意参加少先队,愿意遵守队章,向所在学校少先队组织提出申请,经批准,就成为队员。

9. D 【解析】本题考查班队劳动的类型。班队劳动的形式有生产劳动、社会公益劳动和自我服务劳动等。自我服务劳动是指照料自己的生活、保持环境整洁的劳动。日常生活中自我服务劳动是儿童最早参加的劳动。学生在学校里的自我服务劳动包括:值日,保持教室、校园的卫生,布置教室,绿化校园和为集体服务等。小学生轮流值日负责班级卫生扫除,属于自我服务劳动。

10. D 【解析】本题考查课外活动的内容。文学艺术活动主要是培养学生对文艺的爱好和发展学生文艺方面的才能。题干中摄影小组举办的摄影作品大赛有利于培养学生的摄影爱好及才能,属于文学艺术活动。

11. A 【解析】本题考查主题班会的类型。叙事型是通过一个事件、故事的讲述调动大家对这个故事的体验,唤起大家的共鸣。题干中白老师通过讲述钱学森的故事,激起了学生们的强烈爱国热情,这种通过事件或故事的讲述来调动学生情感体验的活动属于叙事型的班会活动。

二、简答题(参考答案)

1. 简述小学班主任对学优生的教育策略。

(1)严格要求,防止自满;(2)不断激励,提高抗挫折能力;(3)消除嫉妒,公平竞争;(4)发挥优势,带动全班。

2. 简述班主任培养良好班风的主要措施。

(1)发挥班主任的表率作用;(2)发挥舆论阵地的宣传作用;(3)发挥身边榜样的作用;(4)发挥任课教师和家长的作用。

3. 简述班主任了解、研究学生的主要内容。

(1)了解和研究班级群体的主要内容。

①班级成员的基本构成,如生源状况、年龄层次、性别比例等;

②班级群体的学业状况,包括不同学业程度的具体情况和不同学科学业程度的具体情况;

③班级群体的发展状况,如班级组织、班级规范、人际关系、班级舆论、班风、班级传统等;

④班级日常行为表现,如学习习惯、课堂内外的纪律等。

对于一个新组建的班级,主要是侧重于对第一项内容的把握。

(2)了解和研究班级个体的主要内容。

①学生的基本情况,如性别、年龄、身体状况、兴趣爱好、个性倾向等;

②学生的社会关系,如家长职业、家庭经济状况、家庭结构、家庭关系、家庭所在的社区环境等;

③学生的学业和品德状况,如学习态度、学习习惯、学习性向、智能发展水平等;

④学生的品德形成与社会性发展状况,如行为习惯、人际关系、人际交往方式、思想道德面貌等。

三、材料分析题(参考答案)

(1)①材料中的班主任顾老师和小明的家长在交流的过程中没有做到互相尊重,只是简单地把孩子出现的问题归责于对方,没有形成教育合力,两者最终没有就小明的教育问题达成共识。

②材料中的班主任顾老师在跟小明家长沟通的过程中缺乏沟通技巧,偏重指责、命令,很少运用引导、激励的方法,以致让家长对老师的要求产生抵触情绪,使沟通无实效。

③材料中小明的父亲片面地认为,教育孩子是学校和教师的事情,家长只把孩子照顾好就可以了。对于老师提出的一些建议也不予理睬,不能很好地与学校配合。

(2)为了使家访收到实效,要注意以下几点:

①明确家访目的,即每次家访不可例行公事,更不可盲目进行。

②分析家访对象、选择家访时机,并选择与家长沟通访谈的恰当方式。家访时老师的态度要诚恳,要尊重学生和家长,注意谈话艺术,保护家长和学生的自尊心。更多情况下,班主任是带着学生的“不足”去家访的,而家访的目的则是想在家长的配合下,让学生改掉这些不足。“望子成龙”“望女成凤”是绝大多数家长共同的心理,但家长都不想听到别人对自己孩子的否定性评价,这就需要班主任的信息传递具有艺术性,要多鼓励,忌多批评。

③注重家访后期追踪,有针对性地调整后续的教育方式。

专题一 班级与班级管理

一、单项选择题

答案速查

1~5	BABAC	6~10	CCABA	11~15	DAACB	16~20	BDADB
21~25		ADBBB					

1. B 【解析】班集体是按照班级授课制的培养目标和教育规范组织起来的,以共同学习活动和直接性人际交往为特征的社会心理共同体。明确的共同目标是班集体形成的基础。

2. A 【解析】“班级”一词最早由文艺复兴时期的著名教育家埃拉斯莫斯提出。

3. B 【解析】核心初步形成阶段的特点是:师生之间、同学之间有了一定的了解,产生了一定的友谊与信赖,学生积极分子不断涌现并团结在班主任周围,班的组织与功能较健全,班的核心初步形成,班主任与集体机构一道履行集体的领导与教育职能。这时,班集体能够在班主任的指导下积极组织和开展班的工作与活动,班主任开始从直接领导、指挥班的活动,逐步过渡到向他们提出建议,由班干部来组织开展集体的工作与活动。

4. A 【解析】班级管理是班主任按照一定的原则和具体要求,对班级中的各种资源进行计划、组织、协调、控制,以实现各种共同目标而进行的管理活动。班级管理的根本目的是实现教育目标,使学生得到充分的、全面的发展。因此,满足学生的发展是班级管理的核心。

5. C 【解析】规范制约法是用规范、制度等约束学生行为,促使学生逐步形成良好行为习惯的方法。题干中的张老师运用“班级规则”对班级进行管理的方法即规范制约法。

6. C 【解析】班级民主管理是指班级成员在服从班集体的正确决定和承担责任的前提下参与班级全程管理的一种管理方式。故C项正确。

A项,班级常规管理是指通过制定和执行规章制度来管理班级的经常性活动。

B项,班级平行管理是指班主任通过对集体的管理去间接影响个人,又通过对个人的直接管理去影响集体,从而把对集体和个人的管理结合起来的管理方式。

D项,班级目标管理是指班主任与学生共同确定班级总体目标,然后转化为小组目标和个人目标,使其与班级总体目标融为一体,形成目标体系,以此推动班级管理活动,实现班级目标的管理方法。

7. C 【解析】教师在处理班级突发事件时,应遵循客观性原则,要充分调查、了解事实的真相,公平公正地分析和处理问题。故班主任要先查清缘由,再做处理,C项正确。A项教师态度严厉,没有做到关爱学生,是不对的。B项的处理方式不能妥善解决两个学生之间的问题,并且违背了班级突发事件处理的可接受性原则。D项叫家长的做法明显欠妥。

8. A 【解析】班级平行管理的理论源于马卡连柯的“平行影响”的教育思想。马卡连柯认为,教师要影响个别学生,首先要影响学生所在的班级,然后通过学生集体与教师一起去影响这个学生,这样就会产生巨大的教育力量。

9. B 【解析】舆论影响法是班级教育管理者通过健康向上的集体舆论,形成积极的、浓厚的班级学习、生活的环境氛围,从而对身处其中的每个学生产生潜移默化的影响的方法。题干中的杨老师对学生进行积极正向的引导,创设和谐的班级氛围即运用了舆论影响法。

10. A 【解析】班集体处在组建阶段时,班组织从形式上建立起来了,但同学间互不了解,缺乏凝聚力和活动能力,对班主任有很大的依赖性,不能离开班主任的监督独立开展活动。如果班主任稍有放松,就可能使班级变得松弛、涣散。故题干中二年级(1)班处于组建期。

11. D 【解析】冷处理原则即对于有些突发事件，教师不应急于表态、下结论，而应冷静地观察，待把问题的来龙去脉弄清楚再去处理。

12. A 【解析】目标是集体发展的方向和动力，一个班集体只有具有共同的目标，才能使班级成员在认识上和行动上保持统一，才能推动班集体的发展。题干中班主任的话说明班主任与学生有共同的目标，故答案选A。

13. A 【解析】目标是集体发展的方向和动力，一个班集体只有具有共同的目标，才能使班级成员在认识上和行动上保持统一，才能推动班集体的发展。所以，衡量一个班级是不是一个良好的班集体，关键是看有没有共同的奋斗目标。

14. C 【解析】班级常规管理是指通过制定和执行规章制度来管理班级的经常性活动。班级民主管理是指班级成员在服从班集体的正确决定和承担责任的前提下参与班级全程管理的一种管理方式。班级民主管理的实质是在班级管理的全过程中，调动学生自我教育的力量，使人人都积极主动地参与班级事务。题干中，班主任通过制定一日常规来稳定班级秩序，运用的是班级常规管理模式；班主任发动学生参与管理，且每项打分都由学生负责，运用的是班级民主管理模式。

15. B 【解析】班级平行管理是指班主任通过对集体的管理去间接影响个人，又通过对个人的直接管理去影响集体，从而把对集体和个人的管理结合起来的管理方式。题干描述的是班级平行管理的内涵。

16. B 【解析】情境感染法是班级教育管理者利用或创设各种教育情境，以境育情，使学生在情感上受到感染的方法。

17. D 【解析】班级目标管理是指班主任与学生共同确定班级总体目标，然后转化为小组目标和个人目标，使其与班级总体目标融为一体，形成目标体系，以此推动班级管理活动，实现班级目标的管理方法。

18. A 【解析】班级管理的模式有常规管理模式、平行管理模式、民主管理模式、目标管理模式，每一种模式都有不同的功能和作用，要根据实际情况采用。

19. D 【解析】班级管理有助于锻炼学生能力，使学生学会自治自理，这是班级管理的重要功能。故本题选择D项。

20. B 【解析】班集体的正常秩序是维持和控制学生在校生活的基本条件，是教师开展工作的重要保证。教师在班集体的组建阶段，就应着手正常秩序的建立工作，特别是当接到一个教育基础较差的班级时，首先就要做好这项工作。

21. A 【解析】班级常规管理是指通过制定和执行规章制度去管理班级的经常性活动。班级常规管理是建立良好班集体的基本要素。遵守班级规章制度是对每个学生的基本要求，也是每个学生必须履行的基本义务和职责。

22. D 【解析】教学是学校的中心工作，教学质量管理是班级教学管理的核心。

23. B 【解析】班级是学校行政体系中最基层的行政组织，是学校开展教学活动的基本单位。

24. B 【解析】班集体的正常秩序是维持和控制学生在校生活的基本条件，是教师开展工作的重要保证。

25. B 【解析】调查研究法是班级管理者了解班级学生和班级集体情况，把握班级特点，解决班级管理问题的一种方法。

目标管理法是班级教育管理者和班级学生根据社会发展要求、学校任务和班级实际情况，共同规划班级或个体在一定时间内要达到的目标，并将目标分解成一定的层次，逐级落实，通过采取一定的措施，努力使目标实现的一种管理方法。本题选B。

行为训练法是指在学生的日常学习、生活、劳动等实践活动中，班级教育管理者运用心理学的行为改变技术对学生的错误行为进行矫正，使其知行统一，以形成良好行为习惯的方法。

规范制约法是用规范、制度等约束学生行为，促使学生逐步形成良好行为习惯的方法。

二、简答题(参考答案)

1. 如何提高学生自我管理班级的效果？

(1)提高学生对管理活动的认识；(2)引导学生自我教育和管理；(3)引导学生参与决策；(4)建立以学生自我管理为主的新机制。

2. 简述班级教学管理的内容。

(1)明确教学管理的目标和任务；(2)建立行之有效的班级教学秩序；(3)建立班级管理指挥系统；(4)指导学生学会学习。

3. 简述班级管理的功能。

(1)班级管理有助于实现教学目标，提高学习效率。这是班级管理的主要功能。(2)班级管理有助于维持班级秩序，形成良好的班风。这是班级管理的基本功能。(3)班级管理有助于锻炼学生能力，学会自治自理。这是班级管理的重要功能。

4. 简述班级突发事件的处理原则。

(1)教育性原则；(2)客观性原则；(3)有效性原则；(4)可接受性原则；(5)冷处理原则。

5. 简述班集体的特征。

(1)明确的共同目标；(2)一定的组织结构，有力的领导集体；(3)共同生活的准则，健全的规章制度；(4)具有正确的集体舆论以及团结、和谐、向上的人际关系。

三、材料分析题(参考答案)

(1)在学校教育中，良好的班集体对学生健康成长是非常重要的，具体表现在：①有利于培养学生的集体意识。②有利于培养学生的社会交往能力与适应能力。③有利于训练学生的自我教育能力。材料中的王老师为了把班级带好，代替学生完成部分学校布置的班级活动任务，忽略了

学生在班集体中的自觉主动性，没能通过班集体来培养学生的自我教育能力。而材料中的张老师尊重每个孩子的个性，注重班集体的建设并创造条件让每个孩子在集体中成长成才。几年下来，张老师不仅带好了班级，也使学生在班集体中展示了自己的才华，培养了他们的自我教育能力，从而促进了学生的健康成长。

(2)培养良好班集体要注意：①确定班集体的发展目标；②建立得力的班集体核心；③建立班集体的正常秩序；④组织形式多样的教育活动；⑤培养正确的舆论和良好的班风。

材料中两位老师在班级管理中的成败经验，明确体现了其中两点：

第一，建立得力的班集体核心。张老师在班集体的建设中尊重每个孩子的个性，注重班集体建设，相信班集体的力量，创造条件让每个孩子在集体中成长成才。她的这些做法有利于培养班集体的核心，带动全班学生的积极性，促进班集体的良好发展。

第二，组织形式多样的教育活动。材料中的王老师在班级的各项活动中投入过多的精力，甚至亲力亲为，代替学生完成部分学校布置的班级活动任务，这些做法都不利于学生个人在班级建设中展示自己的才华和能力。而张老师尊重每个孩子，创造条件让每个孩子在集体中成长。在她的带领下，班级的教室环境卫生、体育运动和文艺演出等都走在全校前列，从而实现了各种教育活动对班集体的培养和发展的作用。

专题二 班主任工作

一、单项选择题

答案速查

1～5	CCACB	6～10	CBBBB	11～15	BDBCD	16～18	DAD

1. C 【解析】班主任要对班级实施有效的教育与管理，必须要争取校内外各种教育力量的配合，调动各种积极因素。具体内容如下：(1)协调学校内部各种教育因素之间的关系，如任课教师。A项体现。(2)协调学校教育与家庭教育之间的关系。B项体现。(3)协调学校教育与社会教育之间的关系。D项体现。结合题干，故选C。

2. C 【解析】班主任了解学生的方法包括：(1)观察法；(2)谈话法；(3)调查法；(4)书面材料分析法。其中，观察法即在自然条件下，有目的、有计划地对学生的各种行为表现进行观察。这是班主任了解、研究学生的最基本方法。故本题选C项。

3. A 【解析】组织班会活动是班主任工作的重要内容。班会活动是班主任进行教育活动的重要方式，是培养优良班集体的重要方法，也是提高学生活动能力的基本途径。

易错提示：此题错误的原因一般是对班主任各项工作内容的作用或地位记忆不清导致的，考生注意加强记忆。

班主任工作的前提和基础——了解和研究学生。

班主任工作的中心环节——组织和培养班集体。

班主任工作的重要内容——组织班会活动。

班主任对学生进行思想品德教育的重要方法——操行评定。

4. C　**【解析】**建立学生档案一般分为四个环节:收集—整理—鉴定—保管。

方法技巧:考生可通过以下口诀记忆建立学生档案的基本步骤:

收礼鉴宝。收:收集。礼:整理。鉴:鉴定。宝:保管。

5. B　**【解析】**操行评定的步骤:(1)学生自评;(2)小组评议;(3)班主任评价;(4)信息反馈。

方法技巧:考生可通过以下口诀记忆操行评定的步骤:

自组班规。自:学生自评。组:小组评议。班:班主任评议。规:信息反馈。

6. C　**【解析】**首先,操行评语要实事求是,抓主要问题,有针对性,能反映学生思想品德的全面表现和发展趋向;其次,评语要充分肯定学生的进步,适当指出其主要缺点,指明努力的方向,不可罗列现象、主次不分;最后,文字要简明、具体、贴切,使人能接受,切忌空洞、抽象、一般化,严防用词不当,伤害学生的情感,造成家长的误解。

7. B　**【解析】**班主任工作的中心环节是组织和培养班集体。班集体是班主任培养教育的对象,是工作的依靠力量,又是教育的主体。它不是自发形成的,而是班主任精心组织和培养的结果。班集体一旦形成,就成为班主任开展工作的有力助手和教育学生的巨大力量。因此,组织和培养班集体,既是班主任工作的目的,也是借以教育每个学生的手段。

8. B　**【解析】**教育部印发的《中小学班主任工作规定》指出:“班主任是中小学日常思想道德教育和学生管理工作的主要实施者,是中小学生健康成长的引领者,班主任要努力成为中小学生的人生导师。”

9. B　**【解析】**协调各方面教育影响包括加强学校与家庭之间的相互联系。学校可以通过与家庭相互访问、建立通信联系、定时举行家长会、组织家长委员会、举办家长学校等途径加强与家庭之间的联系。依据题干描述可选B项。

10. B　**【解析】**了解和研究学生是班主任工作的前提和基础。因此,班主任在与小芳谈心时,首先要了解小芳不参加集体活动的原因,只有了解原因之后,才能有的放矢,找出合适的谈心角度,更好地处理此问题。

11. B　**【解析】**班主任工作总结是对整个班主任工作过程、状况和结局做出全面的、恰如其分的评估,进行质的评议和量的估计。一般分为两类,即全面总结和专题总结,一般在学期、学年末进行。

12. D　**【解析】**班主任做好个别教育工作,包括做好先进生的教育工作、中等生的教育工作和后进生的教育工作,即做好全体学生的教育工作。

13. B　**【解析】**了解和研究学生包括对班级群体和班级个体的了解和研究。

14. C 【解析】了解和研究学生是班主任工作的前提和基础，是做好班级工作的先决条件，也是班级教育过程中有效开展各项工作必不可少的基本环节。李老师为了有效开展工作，首先应该了解和研究学生。

15. D 【解析】班主任指导学生的交往活动时，需要细心研究班级的人际关系，把学生作为交往的主体，指导学生避免和解决冲突，因此班主任是协调班级人际关系的主导者。

16. D 【解析】书面材料分析法即借助学生的成绩表、作业、日记等书面材料对学生进行了解的方法。“登记表、学籍卡、体格检查表、学习手册”都属于书面材料，故班主任张老师使用的方法是书面材料分析法。

17. A 【解析】操行评定是以教育目的为指导思想，以“学生守则”为基本依据，对学生一个学期内在学习、劳动、生活、品行等方面的小结与评价。题干描述的是操行评定的概念。

18. D 【解析】优秀生既有优点和长处，也有缺点和不足，甚至也会犯错误。班主任不能偏爱优秀生，对他们的缺点不能袒护和掩饰，而是要从严要求，及时指导优秀生改正错误。题干所述体现了对优秀生的教育工作要遵循严格要求、防止自满的教育要求。

二、简答题(参考答案)

1. 简述班主任的基本素养。

(1)责任意识和移情能力；(2)学习意识与探究能力；(3)团队意识与领导能力。

2. 班主任如何教育后进生？

(1)关心热爱与严格要求相结合；(2)培养和激发学习动机；(3)善于发掘后进生身上的“闪光点”，增强其自信心和集体荣誉感；(4)针对后进生的个别差异，因材施教，对症下药；(5)对后进生的教育要持之以恒。

3. 简述教师撰写操行评语的原则。

(1)体现素质教育思想；(2)公平客观；(3)促进学生发展。

4. 简述班主任的职责和任务。

(1)全面了解班级内每一个学生，深入分析学生的思想、心理、学习、生活状况。关心爱护全体学生，平等对待每一个学生，尊重学生人格。采取多种方式与学生沟通，有针对性地进行思想道德教育，促进学生全面发展。

(2)认真做好班级的日常管理工作，维护班级良好秩序，培养学生的规则意识、责任意识和集体荣誉感，营造民主和谐、团结互助、健康向上的集体氛围。

(3)组织、指导开展班会、团队会(日)、文体娱乐、社会实践、春(秋)游等形式多样的班级活动，注重调动学生的积极性和主动性，并做好安全防护工作。

(4)组织做好学生的综合素质评价工作，指导学生认真记载成长记录，实事求是地评定学生的操行，向学校提出奖惩建议。

(5)经常与任课教师和其他教职员工沟通,主动与学生家长、学生所在社区联系,努力形成教育合力。

5. 简述班主任工作的内容。

(1)了解和研究学生;(2)组织和培养班集体;(3)建立学生档案;(4)进行个别教育工作;(5)组织班会活动;(6)协调各种教育影响;(7)操行评定;(8)班主任工作计划与总结。

6. 简述班主任在班级管理中的地位和作用。

(1)班主任是班级建设的设计者;(2)班主任是班级组织的领导者;(3)班主任是协调班级人际关系的主导者(艺术家)。

三、材料分析题(参考答案)

(1)唐老师与家长的沟通秉承了正确的家校沟通理念,值得肯定。

①体现了教师与家长的平等地位。家长和教师都是能够对学生施加教育影响的教育主体,在对学生的教育中具有平等的教育地位。材料中的唐老师在面对家长的质疑时,能够摆正心态,以平和的心态去对待家长,说明唐老师把学生家长放在同等的地位。

②具有很强的教育指导作用。教师具有专业的教育理念、知识和能力,可以对学生的家庭教育作出指导。材料中的唐老师给小强的爸爸解释给学生布置玩泥巴作业的原因,这样不仅能使家长理解老师的做法,还能够转变学生家长的教育观念和认识,起到了良好的教育效果。

(2)家校合作中应遵循以下基本要求:

①教育要求的一致性。无论是家庭还是学校,在对学生提出教育要求时,方向上要保持一致,共同的教育方向能使学生的努力方向更加明确。家庭教育要配合学校,家长要和教师沟通配合,不能各行其是。

②教育作用的互补性。要使学校和家庭教育形成合力,除了要充分发挥好各自的作用外,家庭教育要侧重为学生提供良好的家庭教育环境,创造和谐的家庭成员关系,培养良好的道德品质和生活习惯;学校教育则应按照教育目标,从德智体美劳等方面培养学生,为学生的全面发展打下良好的基础。

③发挥学校教育的优势作用。在学校和家庭的教育中,学校教育更自觉,目的性更强一些,并且是有计划、有组织、有系统地进行的。因此要充分发挥学校教育的优势。学校要经常同家长联系,这样才可以扬长避短,使校内外相结合,发挥学校教育的主导作用。

专题三　班队活动和课外活动

一、单项选择题

答案速查

1～5	BBDBA	6～10	DCDAA	11～15	ACCCB

1. B 【解析】课外、校外教育活动具有自主性,它是学生自己的活动,学生是课外活动的主体。教

师只是活动的指导者、辅导者,对学生活动的组织起辅助作用。故选B项。

2. B 【解析】科技活动是以让学生学习和了解科技知识为目的的课外活动。题干中的学习计算机和良种培育,均包含具体的科学技术知识,因此属于科学技术活动。

3. D 【解析】小组活动的特点有自愿组合、小型分散、灵活机动。因此,本题选D项。

4. B 【解析】少先队活动的自主性要求少先队员自己出主意、想办法、定计划、做事情,自己管理自己,自己教育自己,做少先队组织的主人。结合题干分析,可知本题选B。

5. A 【解析】群众性活动是一种面向多数或全体学生的带有普及性质的活动。选项B、C、D均为群众性活动。A项小制作、小发明属于个人活动。

6. D 【解析】少先队活动的趣味性特点要求在开展少先队教育活动过程中,要遵循少年儿童的年龄特点,用知识性、活动性、群体性、新异性、竞赛性、游戏性、趣味性等具有激励性的工作方法,满足少年儿童的兴趣和爱好,激发他们对活动的主动性、积极性和创新精神。

7. C 【解析】学校可以协同校外有关单位组织一些参观、考察、社会调查访问、宣传等社会实践活动,让学生走出校门,与社会接触,以帮助学生增长知识,提高能力。河南省博物院在暑期期间组织的"国宝讲解小明星"活动就属于社会实践活动。

8. D 【解析】教育性原则是少先队活动的第一原则,一切活动都是为达到教育和自我教育的目的。题干所述体现了少先队活动的教育性原则。

9. A 【解析】群众性活动是一种面向多数或全体学生的带有普及性质的活动。参加这种活动的人数较多,它的具体活动方式有以下几种:集会活动;竞赛活动;参观、访问、游览和调查活动;文体活动;墙报和黑板报活动;社会公益劳动;主题系列活动等。

10. A 【解析】学科活动是以学习和研讨某一学科的知识或培养某一方面的能力为主要目的的活动。可以分学科组成不同的小组,如数学活动小组、语文活动小组等;也可以依据某一专题成立小组,如以科学实验为专题的小组、以会话为专题的外语小组。城南小学语文小组定期举办的"汉字听写大赛"属于学科活动。

11. A 【解析】主题班会是班主任依据教育目标,指导学生围绕一定主题,由学生自己主持、组织进行的班会活动。它是班级活动的主要形式。

12. C 【解析】科技活动是以让学生学习和了解科技知识为目的的课外活动。例如:举办科技讲座,参观游览,成立无线电小组、航模小组、园艺小组等,开展小发明、小创造、小制作、小实验、小论文等"五小活动"。题干中的以"小发明、小创造"为主题的活动就属于科技活动,故本题答案选择C项。

13. C 【解析】小组活动是学校课外活动的基本组织形式。

14. C 【解析】群众性活动是一种面向多数或全体学生的带有普及性质的活动。从题干中的"全校性"可知此活动是学校全体学生都参加的活动,属于群众性活动。

15. B 【解析】主题班会是班主任依据教育目标，指导学生围绕一定主题，由学生自己主持、组织进行的班会活动。主题班会是学校德育的重要途径之一，是班主任组织、管理、教育学生的有效形式，是引导学生进行自我管理、自我教育的良好途径。

二、简答题(参考答案)

1. 简述教师组织课外活动的基本要求。

(1)要有明确的目的性、计划性；(2)活动内容要丰富多彩，形式要多样化，要富有吸引力；(3)发挥学生集体和个人的主动性、独立性和创造性，并与教师的指导相结合；(4)要考虑学生的兴趣爱好和特长，符合学生的年龄特征；(5)课堂教学与课外活动互相配合、互相促进；(6)因地、因校制宜。

2. 简述少先队活动的原则。

(1)全面性原则；(2)教育性原则；(3)实践性原则；(4)趣味性原则；(5)自主性原则。

3. 班主任如何管理班级例会？

(1)根据班级建设的需要安排班级例会的内容；(2)根据班级例会内容确定活动主持人和其他工作人员；(3)做好班会活动的相关工作；(4)民主、高效地组织活动。

第四章　学科知识与教学设计

①学生　②教师　③目标性原则　④新课讲授　⑤教学目标

教学设计题(参考答案)

1.

《长城》

(1)小学语文课程所要培养的核心素养包括:文化自信、语言运用、思维能力、审美创造四个方面。

通过本文的学习,学生能够理解、掌握本篇课文字词,感受到祖国长城的壮观和气势,增强对中国建筑美的感知,同时发现隐藏在祖国各地壮丽山河的美,培养热爱祖国的情感。

(2)教学目标

①认识"祟、峻、嘉"等8个生字,会写"祟、旋、嘉、砖"等13个生字,正确读写"堡垒、智慧"等词语;正确、流利、有感情地朗读课文,感受长城的雄伟气势。

②了解长城气势雄伟、高大坚固等特点,感受作者对祖国的热爱之情,以及对古代劳动人民智慧的赞叹之情。

③了解长城的结构并学习作者观察和表达的方法。

④激发民族自豪感,产生了解"世界遗产"的兴趣。

(3)第一课时教学活动过程:

①开门见山,直观导入

课件展示长城相关的纪录片和图片,引导学生谈谈自己对长城的认识。

过渡:长城是中华民族的象征,是中华儿女的骄傲,它以自身的魅力吸引着成千上万的国内外游客前来游览。今天,我们就来学习《长城》。

补充资料:长城的简介。

【设计理由】四年级的学生对长城并不陌生,但多数学生的认识只局限于名字。以纪录片和图片的形式导入,能够吸引学生的注意力和激发学生的学习兴趣,并对长城有一个直观的感受。

②初读课文,学习生字新词

学生默读课文,自学生字新词。

教师指名学生朗读课文,帮助学生解决读不准的生字新词。

教师课件出示生字新词,指导学生动笔书写。

【设计理由】《义务教育语文课程标准》(2022年版)要求学生能够"用普通话正确、流利、有感情地朗读课文。初步学会默读"。学生在默读、朗读中,能够掌握生字新词,理解词句的意思。

③再读课文,了解课文大意

A. 学生自读课文,圈画出自己不理解的内容,教师适时指导。

B. 分段朗读,思考:每个段落分别写了哪些内容。

C. 小组交流讨论,厘清文章脉络。

第一自然段:远看长城,简要介绍长城,强调长城的长。

第二自然段:近看长城,具体介绍长城结构,突出长城高大坚固的特点。

第三自然段:由长城展开联想,歌颂古代劳动人民的智慧和创造。

第四自然段:总结全文,赞美长城是世界历史上的"伟大的奇迹"。

D. 师生互动,学生自由表达对长城的印象。

【设计理由】通过圈画的阅读方法,能够引导学生对课文中不理解的地方提出疑问。在小组交流讨论和师生互动中,既能够鼓励学生勇于表达自己的看法,增强学生的自信心,还能够帮助学生进一步理解课文大意。

④作业布置

A. 为长城写一段导游词。

B. 搜集一些关于长城的故事、传说等资料,下节课互相交流。

【设计理由】《长城》这篇课文作为引领学生开始中国的"世界遗产"之旅的第一扇窗口,不但表现了长城的高大坚固和雄伟壮观,还赞美了我国古代劳动人民的勤劳、智慧和力量,抒发了作者的民族自豪感和对祖国的热爱之情。布置相关的作业,能够帮助学生拓宽知识面,进一步了解长城,增强民族自豪感,培养热爱祖国的思想感情。

2. 《小数乘整数》

(1)思想方法:转化与化归思想——将待解决的小数乘整数问题,通过某种转化过程(单位换算),归结到一类已经能解决或者比较容易解决的问题(加法、整数乘整数)中去,借此来解决原问题的一种思想方法。

运算规律:积不变的规律——一个因数扩大几倍,另一个因数不变,那么它们的积也扩大几倍,要想保证最后结果不变,相应地积要缩小为原来的几分之一。

(2)①掌握小数乘整数的计算方法,能正确地进行笔算,并能对其中的算理做出正确合理的解释。

②探索计算方法的过程中,进一步体会数学知识之间的内在联系,通过自主探究、合作交流等学习方式,提高分析问题、解决问题的能力。

③体会小数乘法在实际生活中的应用,渗透转化的数学思想,培养数感、运算能力、应用意识等数学核心素养。

(3)①活动一 探究9.5×3的计算方法

学生根据情境可以很容易列出算式:9.5×3。

教师抛出问题:这样的式子有什么样的特点?我们该如何来进行计算呢?

让学生先自主探究,再合作交流,发现:9.5×3是一个小数乘以一个整数,并引导学生通过以前的知识来解决。预设学生会有以下几种不同方案:

方案一:把乘法转化为加法进行计算。

方案二:把元和角拆分来进行计算,先算9元乘以3再加上5角乘以3。

方案三:通过单位换算,把元化为角来进行计算,计算95角乘以3,再把角化为元。

方案四:……

教师将几种不同算法列举在黑板上,并让学生分别对上述几种计算方法进行评价,引导学生列竖式计算。

【设计意图】小组合作学习既体现了团队精神,也能使学生在集体想象的过程中碰撞出创新的火花,培养学生的创新能力。

②活动二 探究小数乘整数的笔算方法

在集体评价的基础上,老师紧接着提问:如果小数不代表钱,我们又该如何来计算呢?

组织学生自由讨论,并和学生一起归纳出:可以通过积不变定理,把小数乘法转化为整数乘法来进行计算:先把9.5扩大10倍转化为整数来进行整数乘法的计算,再由积不变定理,要想保持积不变,要把相应的积缩小为原来的1/10。

【设计意图】教师作为一名点拨者,在重点处进行启发引导,学生则通过独立思考与讨论,自主获取小数乘整数的笔算方法,理解算理。

③活动三 归纳小数乘整数的特点

教师接着提问,启发学生思考:请仔细观察,积的小数点和因数的小数点有什么关系?

学生进行小组讨论,各小组代表发言汇报讨论结果。

教师总结并归纳小数乘整数的特点。

【设计意图】学生是学习的主人,教师是学习的组织者、合作者、引导者。在本环节中,组织学生进行自主探究,让学生在探究活动中,实现自主体验,获得自主发展。

3. ***The fox and grapes***

(1)英语故事的教学作用:

①激发学习兴趣,活跃课堂气氛。小学生有强烈的认识世界和探索世界的欲望。故事可以快速吸引学生的注意力,激发学生学习兴趣。如在学习颜色时,教师可以使用黑猫警长的故事,

帮助学生认识黑色、白色等等。

②提高学生的语言表达能力。故事教学为英语课堂创设了形象生动的语言环境,吸引学生积极参与教学活动,使学生做到在玩中学、学中玩,提高了学生的语言表达能力。同时,表演故事需要学生手脚并用,符合小学生的心理特征。

③有利于学生成为学习主体。用英语表演学生比较熟悉的童话故事,有利于学生自己揣摩故事内容,把学习英语变成一种表演活动。学习的过程成为学生自主探索的过程,使学生成为学习的主体。

(2)教学目标:

①Students can master the pronunciation, meaning and spelling of the new words: hungry, grape, ripe...

②Students can be able to understand the main content of the passage.

③Students can be more interested and confident in communicating with others in English.

④Students can try their best to do things in real life.

⑤Students can understand the stories by skimming and scanning.

⑥Students can express their opinions by using the target language correctly and fluently.

(3)导入和故事理解环节:

Step 1 Warm-up and lead-in

Play the song "The fox" for the warm-up.

Show a video about fox and grapes. And then ask students what they can see from the video. Students describe the video. The fox tried all kinds of ways to get the grapes, but in the end he failed, so as to introduce the new lesson.

【设计意图】使用歌曲热身可以活跃课堂气氛,提高学生的学习兴趣。选取和本课相关的素材方便引出本课的主题。问答能锻炼学生的听说能力。

Step 2 Pre-reading

①The teacher will use some pictures to present the new words.

Picture one: There are some grapes. They are my favorite fruit.

The other words will be presented in different ways.

All the new words will be put at the end of the sentences to draw students' attention.

②According to the video and the new words, students do a free talk and guess what they will learn today.

【设计意图】教师使用图片呈现词汇,增加单词教学的趣味性,同时加深学生对新词汇的印象。教师让学生根据标题和新单词预测文章内容,可以培养学生的阅读技能,同时积累背景知识。

Step 3 While-reading

There are two tasks for students.

①Skimming: Students read the article as quickly as they can and try to get the general idea by answering the following question.

What is this text about?

②Scanning: Students read the article more carefully,and then discuss with their partners to answer the following questions.

Q1: How is the fox?

Q2: Did he get the grapes in the end?

Then the teacher will invite some students to answer the two questions. For the question one, the answer is that "The fox is very hungry and wants to find something to eat". For the question two, the answer is that "No, he can't reach them, so he has to go away".

【设计意图】略读和寻读能加强学生对阅读技巧的应用,同时加深学生对文章主要内容的理解,提高学生对主要结构的用法的掌握。

4. **《踏雪寻梅》**

(1)《踏雪寻梅》是一首由刘雪庵作词、黄自作曲的我国近现代歌曲。D大调,$\frac{2}{4}$拍。《踏雪寻梅》描写了青少年学生骑着毛驴,踏着冬雪去欣赏梅花绽放的情景。歌曲旋律流畅,歌词纯朴,表达了人们欢快乐观的情绪和热爱大自然、热爱生活的态度。

(2)①通过学唱歌曲,感受人们热爱生活、热爱大自然的积极乐观的态度,提升审美情趣。

②通过与美术学科的结合,认识音乐与美术的联系、艺术与生活的联系,增强形象思维能力;通过改编歌曲,提高艺术实践能力和创造能力,增强团队精神;结合学唱时的感受,对歌曲进行简单的分析。

(3)导入

引出课题:教师展示国画《踏学寻梅图》,提问:画中的花是在一年中的什么时候开放的?(冬季)

请欣赏一首声乐作品《踏雪寻梅》,思考:这首歌曲的演唱形式是什么?歌曲呈现出一幅怎样的画面?

导入课题:我们这节课就一起走进冬天,一起去聆听画中的旋律。

出示课题:《踏雪寻梅》及本课导图。

【设计理由】《义务教育艺术课程标准(2022年版)》在"课程理念"中指出,要突出课程综合,以各艺术学科为主体,加强与其他艺术的融合。在课程导入环节结合美术学科,进行情境创设,使学生发挥想象力，主动进行音乐创造和实践。

5. 《助跑投掷垒球（以右手投掷为例）》

（1）助跑投掷垒球的教学重点、难点

①教学重点：持球后引，交叉上步、蹬地、转体、肩上屈肘，挥臂等动作连贯。

②教学难点：助跑与最后用力做到连贯协调。

（2）教学目标

①了解助跑投掷垒球的动作名称和术语，体会到参与投掷运动的乐趣。

②掌握基本的助跑投掷垒球的动作方法，能全身协调用力完成投掷动作，发展力量、灵敏素质及身体的协调性。

③养成自信、果断、互助等优良品质，增强安全锻炼的意识。

（3）技术教学环节

①讲解示范

教师讲解并分解示范助跑投掷垒球的动作，组织学生模仿，体会助跑投掷垒球的动作要领。

②学生分组，组织练习

A. 原地模仿练习。学生散开，原地无球模仿投掷垒球动作，教师提示动作要领并纠正错误动作。

B. 组织学生徒手分解练习+徒手完整练习投掷垒球技术动作，教师巡回指导。

C. 组织学生持球分解练习+持球完整练习投掷垒球技术动作，教师巡回指导。

D. 组织学生练习原地投掷垒球技术动作，教师纠错并指导。

E. 组织学生进行上 1 ~ 3 步持球投掷垒球技术动作。

F. 组织学生助跑 5 ~ 7 步进行投掷垒球练习。

③小游戏

【游戏名称】投掷垒球比赛。

【游戏方法】全班按练习小组，纵队站立，投掷同学站在投掷线后，其余同学站在预备线后，小组长担任裁判（站在落地区域的一侧），发令后，投掷者将垒球掷向远处的落点区域（标有合格区域、良好区域和优秀区域）。裁判员报告成绩等级，三次投掷后小组登记每人最好的一次成绩，优秀等级多的小组为胜。优秀等级相同时，看良好等级，以此类推。

【游戏规则】A. 听教师口令统一投掷、统一捡球，犯规成绩无效。

B. 垒球压线按较低等级评定，未越过合格线不记录成绩。

【备注】A. 教师先讲解示范游戏的方法，学生试练后再进行游戏。

B. 游戏结束后教师对个人表现与小组成绩结合进行评价。

【设计理由】

①本课学习的主体是水平三的学生，这个阶段的学生思维敏捷、模仿能力强。

②本课以“健康第一”为指导思想,以促进学生身心发展及兴趣爱好为出发点。

③助跑投掷垒球动作技术较复杂,学生不容易掌握,因此,采用先分解再完整、先徒手再持球、先原地再上步等教学步骤进行教学,之后通过游戏环节帮助学生进一步熟练掌握投掷垒球的技术动作。

6. 《泥板塑人物》

(1)①雕塑,指以各种可用来塑造(如黏土)或雕刻的(如木、石、金属等)材料,用雕、琢、刻、塑等手段制作出具有实在形体的各种艺术形象。其产生和发展与人类的生产活动紧密相关,同时又受到各个时代宗教、哲学等社会意识形态的直接影响。

②按形象的展示方式划分,雕塑可分为圆雕、浮雕和透雕;按材质划分,雕塑可分为泥塑、木雕、石雕、铜雕等;按功能划分,雕塑可分为纪念性雕塑、装饰性雕塑、标志性雕塑、商业性雕塑、陈列性雕塑和欣赏性雕塑等;按放置位置和环境划分,雕塑可分为城市雕塑、园林雕塑、室内雕塑、室外雕塑、架上雕塑、案头雕塑等。

(2)教学目标

①审美感知:了解泥板塑人物的造型特点和技法。

②艺术表现、创意实践:通过思考、观察、实际操作等方式掌握泥板塑人物的制作步骤和方法,尝试制作泥板塑人物作品。

③文化理解:感受、理解中国传统民间艺术的魅力,体会泥塑制作背后的文化内涵。

(3)教学活动

①新课讲授

教师展示泥板塑人物作品与生活中的写实人物雕像作品的图片,并提出问题:泥板塑人物作品与写实人物雕塑作品有什么区别呢?

学生共同思考探究后得出结论:泥板雕塑人物造型比较趋于扁平,没有生活中的写实人物雕像的立体感强。

教师进一步提出问题:请同学们思考,泥板塑人物应该怎样刻画呢?

学生回答后,教师展示泥板人物塑造的步骤图片,并实际操作展示泥板塑人物的制作过程,使学生清楚地明白整个制作流程。

【设计意图】不同类型作品的比较可以引导学生思考归纳泥板塑人物的艺术特点,并通过教师示范展示,学生能更直观、清晰地知道整个制作过程。

②实践操作

教师展示自己制作的作品后,请学生根据课堂所学习的泥板塑人物的造型特点以及制作步骤,尝试制作一个泥板塑人物作品。

学生在制作的过程中,教师巡视,对有问题的学生及时给予帮助。

【设计意图】学生自己尝试制作,可以培养其理解和实践能力,体会泥板创作的乐趣。

专题一　小学语文学科知识与教学设计

教学设计题(参考答案)

1.
《望洞庭》

(1)洞庭湖的水光与秋月交相辉映,显得十分和谐,水面波平浪静就好像一面未打磨的铜镜。远远望去,月光照耀下的洞庭湖山水一片翠绿,好似白银盘里托着一枚青螺。

(2)教学目标:

①学会本课生字;能正确、流利、有感情地朗读课文,背诵课文。

②通过多次朗读与教师讲解,能解释诗句的意思,并能用自己的话描述这首诗中所描绘的景色。

③感悟诗的意境,从中受到美的熏陶。

④感受洞庭山水的美,体会诗人的思想感情。

(3)导入环节:

教师:同学们,我们伟大的祖国山河秀丽、风景如画,前不久老师去游了一回九寨沟,感受颇深。今天,老师想带大家去洞庭湖走一走,领略一下洞庭的美景。(多媒体展示图片)这是老师眼中的洞庭湖,那同学们眼中的洞庭湖是什么样子呢?大家在课下都查到了什么资料呢?

学生1:洞庭湖位于湖南省的北部,岳阳市附近。八百里洞庭,烟波浩渺。水天相接,朝晖夕阴,气象万千。湖中有君山,山上有诸多名胜。

学生2:……

学生3:……

教师:同学们介绍得很好,洞庭湖的景象非常迷人,从古至今有无数文人墨客被它吸引,写下了许多描写洞庭湖的美诗佳句。在一千多年前,唐朝有位大诗人刘禹锡来到了洞庭湖,看到了这样一幅美景,不禁诗兴大发,写下了一首千古传诵的佳作,听,他正在吟诵呢!(配乐诗朗诵)

【设计理由】教师与学生分享自己的经历,既引起了学生对洞庭湖的好奇心,也增进了教师与学生之间的关系,营造了和谐的教学氛围。同时,结合学生们的预习情况给出配乐朗诵,为学生创设了良好的学习情境。

2.
《美丽的小兴安岭》

(1)作者按照一年四季的先后顺序描绘了小兴安岭的景色,抓住了不同季节景物独有的特点,春天生机勃勃,夏天葱郁繁盛,秋天硕果累累,冬天安静宁谧,表达了作者对小兴安岭的赞美、喜爱之情。

(2)教学目标和教学重难点:

①教学目标

会认、会写本课生字词;正确、流利、有感情地朗读课文,读出对小兴安岭的喜爱之情;尝试背诵喜欢的段落。

通过朗读、观看录像、交流讨论等方式探究并发现描写春、夏、秋、冬这四个段落的组段规律,学习并积累准确、生动的景物描写语句。

了解小兴安岭美丽的景色和丰富的物产,激发对祖国大好河山的喜爱之情。

学习多种修辞手法的综合运用,并能当堂仿写比喻句和拟人句。

②教学重难点

教学重点:体会小兴安岭一年四季的美,理解重点词句,学习并积累景物描写语句。

教学难点:体会作者表达的思想感情,学习作者描写小兴安岭的写作手法。

(3)教学环节:

①谈话导入

教师:同学们,我们的祖国地大物博,资源丰富。在语文课上,我们曾经观赏过景色宜人的海滨小城,游览过物产丰富的西沙群岛。今天,我们再一起到小兴安岭欣赏那里一年四季的美丽风光。

②初读全文

学生朗读,初步了解课文内容。

教师:先读课文,然后说说你对小兴安岭最突出的印象是什么。

师生讨论明确:小兴安岭很美丽,有许许多多宝物。

③赏读课文,感受美景

步骤:

第一步:看小兴安岭的录像——春天美。

第二步:默读画批——春天的什么景物美? 分析这些景物美在哪里,是通过哪些词语表达的? 思考景物美与树木美有什么联系。

第三步:学生沟通与讨论,教师相机引导。

第四步:小结——什么美(标画景物);美在哪里(分析语句);整体美(联系树木)。

第五步:运用以上学法自学“夏、秋、冬”几段,先看有关录像,再学习、讨论相关季节景色描写。

第六步:全班交流学习体会。

第七步:小结四季美景的特点。

④教师总结并布置作业

教师:齐读最后一节,想一想作者为什么说小兴安岭是一座美丽的大花园,也是一座巨大的

宝库?(从景美、物美、有价值、有贡献几个方面来回答)

布置作业:用学到的词语和描写方法描写家乡的景色。

3. 《乡下人家》

(1)本文是一篇散文,描绘了一幅多姿多彩的乡间画卷。作者按照房前屋后的空间顺序和季节顺序交叉描写,展现了乡下人家朴实、自然、和谐的生活,也表达了作者对乡下人家的欣赏和喜爱之情。文章具有很强的画面感,每个场景,每个季节都是一幅画。这些独立的画面组合在一起,层次丰富且清晰,构成了一幅完整的独特、迷人的田园风景画。

本文在语言表达上多用短句描绘所见所感,节奏明快,适合朗读。对比、衬托等手法的运用,让画面丰富鲜活,同时,作者也善于赋予物以人的情态和动作,使句子形象生动。作者在描绘乡村人家的画面时,对乡村生活中的朴素、生机、自在、和谐的向往之情,贯穿了全文始终,最后凝聚在结尾,用"一道独特、迷人的风景"抒发了作者对乡下人家生活的向往之情。

(2)①会认、会写课后要求的生字词,正确、流利、有感情地朗读课文,理解课文内容,背诵自己喜欢的段落,摘录积累好词佳句。

②讨论、探究,了解课文的叙述顺序,学习作者通过描写和乡下人家最密切相关的景物来抒发情感的表达方法。

③感受乡村生活的美好,体会作者对乡村生活、对大自然由衷的热爱之情。

④借助文字想象画面,充分感受乡下人家景色的美好。

(3)教学过程:

环节一:朗读句子

齐读句子,读准字音。

环节二:理解句子内容

①"不论什么时候""不论什么季节"你怎么理解?这表达了乡下人家的什么特点?

②讨论探究:"独特""迷人"是什么意思?你怎么理解这句话?它在课文中起什么作用?

③如果让你用其他词语替换"独特""迷人",你能想到什么词语?

④小组讨论一下,乡下人家的风景"独特""迷人"在哪里,你为什么觉得它"独特""迷人"。

⑤再次齐读这句话,思考其含义。

⑥读了这句话,你的脑海里一定对乡下人家的风景有了一个画面,谁能站起来描述一下乡下人家"不论什么时候""不论什么季节"都"独特""迷人"的风景?

环节三:仿写句子

这句话的表述有什么特点?请仿照这句话写一写我们的教室。

环节四:理解句子内涵

①想一想,你们在仿照这句话写我们的教室的时候是什么心情。以此推断,作者在写这句话的时候是什么心情。

②小结:这句话表达了作者怎样的思想感情?

4. 《燕子》

(1)本文是一篇散文,以春天为背景,描写了燕子的外形以及飞行、休憩的姿态,字里行间流露出作者对燕子的喜爱之情。课文结构清晰,第一自然段简笔勾勒燕子的外形,凸显了它的活泼可爱;第二自然段描写二三月的春天,燕子的到来为春天增添了许多生趣;第三、四自然段描写燕子飞行的姿态,展现了它的活泼机灵;第五自然段描写了燕子休憩时的有趣画面。本文用优美生动的语言,将活泼可爱的燕子描绘得栩栩如生,具有很强的画面感。

(2)教学难点:体会文章优美生动的语言,感受作者对燕子的喜爱之情。

思路:可通过换词比较、想象画面、反复朗读等多种方式,体会语言的优美生动,进而读出对燕子的喜爱之情,最后积累背诵。

①对于一些用得精彩的词语,可以引导学生用换词比较的方法。如第四自然段,可以将句中的“横掠”换成“横飞”或“横穿”,将“沾”换成“点”或“碰”,引导学生对比着读一读,体会燕子的轻快灵活。也可以引导学生随文理解具有鲜明的画面感的词语的意思,一边读一边想象画面,读一读优美生动的词语和含有这些词语的句子。再到文中找一找这类词语,引导学生体会、感悟,并在具体情境中灵活运用。

②在深入理解课文内容的基础上,引导学生反复朗读,体会优美生动的语句,读出对燕子的喜爱之情。可以采用示范朗读、音乐渲染等方法,引导学生读好课文。如第二自然段的朗读基调是轻松欢快的,可根据内容的变化变换语速,读好错落有致的语句。指导学生用舒缓、轻柔的语调朗读描写轻风、细雨、柔柳的语句,并联系生活经验,理解“赶集”,想象“赶集似的聚拢来”的热闹和欢喜,指导学生加快语速,读好描写花、草、叶的语句;朗读“形成了烂漫无比的春天”,语速要放慢,读出欣喜之情。

(3)教学片段:

①引导学生自由读课文,思考:你觉得这是一只________的燕子。

②引导学生交流,梳理出对燕子的整体印象——活泼可爱。

③再读课文,出示要求:

A. 自由朗读,重点读好本课生字。

B. 思考:课文是从哪些方面来写燕子的活泼可爱的?

C. 思考:哪些词语能让你感受到燕子的活泼可爱?

④交流再读情况,梳理出课文是从燕子的外形、飞行、休息三个方面来写燕子的活泼可爱的。

⑤引导学生抓住关键词语逐段给画面取名字。

教师提问:这篇课文的每个自然段都是一幅生动有趣的图画。读一读,说说你“看到”了哪几幅画面。

引导学生交流，教师适当点拨：燕子外形图、春日燕来图、燕子飞行图、燕子休息图。

⑥小组讨论总结：说一说作者是怎样描写小燕子的活泼可爱的，你从中获得了什么启发。

5.

《荷花》

（1）这是一篇写景抒情的文章，描绘了夏日清晨一池荷花的美丽姿态，以及作者欣赏荷花时的美好感受。课文先后记叙了作者"闻到清香　观察形状　欣赏姿势　展开想象　回到现实"这一过程，思路非常清晰。作者对语言的运用纯熟自然，用看似普通的词语为读者描绘出美丽的画面。首先，作者使用了很多富有动感的词语，比如，"挨挨挤挤"不仅写出了荷叶多而密的特点，还赋予了荷叶人的特征，荷叶仿佛一群顽皮的孩子挤在一起；其次，善于使用描摹事物色彩和形状的词语，比如，"碧绿的大圆盘""嫩黄色的小莲蓬""雪白的衣裳"，这些词语把荷花的样子展现在读者面前，具体而鲜活。作者触景生情，以情观景，情景交融，不仅写出了荷花的风姿，而且写出了荷花的神韵，让读者身临其境，赏心悦目。

（2）①会认、会写课后要求的生字词，理解课文内容。背诵第2～4自然段。

②正确、流利、有感情地朗读课文，边读课文边想象画面，体会文中优美生动的语句，体会这一池荷花是"一大幅活的画"。

③能仿照课文第2自然段描写荷花不同样子的句子，写一种自己喜欢的植物。

④感受文章准确、生动的语言表达，积累语言；读出作者对荷花的喜爱之情，激发对大自然的热爱之情。

（3）环节一：谈话导入，激发兴趣

①哪些同学看过荷花？请用一个词来形容自己看过的荷花。

②从古至今，荷花就是文人描写、喜爱的对象，赞美荷花的诗文数不胜数。人们之所以喜爱荷花，不仅是因为荷花的美丽与清香，还因为它有"出淤泥而不染，濯清涟而不妖"的品质。你们想看看这样的荷花吗？今天这节课就让我们来一睹荷花的风采。（板书课题）

环节二：初读课文，整体感知

①学生自读课文，出示自读提示。

A.读准字音，读通句子。

B.遇到难读的句子多读几遍。

②课件出示词语。（小老师领读，开火车读）

A.指导读音。注意"花骨朵儿、花瓣儿、莲蓬、衣裳"的读音。

B.指导书写生字。（教师范写，学生跟写）

C.理解词语。引导学生指出自己不理解的词语，小组之间讨论，教师引导、总结。

③浏览课文第1～3自然段，分别圈画出描写荷叶和荷花的句子。

④再读课文第1～3自然段，边读边圈画出你认为最美的描写荷花的句子，把自己的感受和体会写在旁边，说一说为什么认为这句话写得美。

⑤小组之间交流讨论，教师以小组为单位提问。

环节三：再读课文，深入理解

①品读"姿态"。

A.感悟荷叶的姿态。

a.出示：荷叶挨挨挤挤的，像一个个碧绿的大圆盘。

b.提问：你觉得荷叶长得怎么样？(根据学生回答相机教学)这句话运用了什么修辞手法呢？

c.理解"冒"。(出示"冒"在字典中的几种意思)你觉得这里应该是哪种意思呢？如果把"冒"字换成别的字可以吗？说说理由。

B.文中描写了荷花的几种姿态？用一个词总括荷花的这几种姿态。

C.小组交流。

a.这几种姿态的荷花你最喜欢哪一种？说出你的理由，并通过朗读来表达喜爱之情。(教师指导朗读)

b.想象：你觉得还有哪些姿态的荷花？用上"有的……有的……有的……"的句式造句。

②感悟荷花的美。

A.学习第3自然段。

a.面对这么美的荷花，看看作者是怎么说的，齐读第3自然段。

b.思考：为什么说这一池荷花是一大幅活的画？"画家"指的是谁？

B.学习第4自然段。

a.任何人站在这一大幅活的画的面前都一定会有许多奇妙的感受，那作者呢？

b.闭上眼睛让我们想象自己静静地站在荷花池边。(教师配乐范读)请同学们睁开眼睛，说说你刚才看到了什么，听到了什么，感受到了什么。

c.想象：如果你也变成了荷花，还有哪些小动物来告诉你什么？

环节四：作业布置

①历代的文人墨客写下了许多赞美荷花的古诗文，你知道有哪些诗人写过哪些赞美荷花的诗句吗？指名交流。(出示《小池》《晓出净慈寺送林子方》)

②大家都用文字表达了对荷花的喜爱之情，再来回顾一下叶圣陶爷爷笔下的荷花，分别是从哪几个方面描写的，尝试用这样的方法写写自己喜欢的花。

专题二　小学数学学科知识与教学设计

教学设计题(参考答案)

1. **《加法运算律》**

(1)数学学科核心素养：数感、符号意识、运算能力、推理意识。其中以学生能用字母表示加法交换律的符号意识以及能够通过简单的类比,发现加法运算规律的推理意识为主。

运算规律:加法交换律——两个数相加,交换两个加数的位置,和不变。

(2)目标①:结合具体的实例,理解与掌握加法交换律,能够运用所学的运算定律进行计算。

目标②:在探究加法运算律的过程中,初步发展符号意识,培养归纳推理能力,逐步提高抽象思维的水平。

目标③:经历与他人合作解决问题的过程,尝试解释自己的思考过程。

目标④:在运用数学知识和方法解决问题的过程中,认识数学的价值,进一步增强数学学习的兴趣和信心。

(3)教学过程:

环节一:创设情境,生成问题

①下面老师想给大家讲一个故事,好吗?但是,老师有一个小小的要求:请大家边听边找一找故事里的数字和算式。

(老师出示课件,讲故事)战国时期的宋国有一个很喜欢饲养猴子的人,人们叫他狙公。他家养了一大群猴子,他能理解猴子的意思,猴子也能懂得他的心意。他宁可减少全家的食用,也要满足猴子的要求。然而过了不久,家里越来越穷困了,他不得不减少猴子的食量。有一天,他对猴子说:"早上,我给你们每只猴子三个桃子。晚上,我给你们每只猴子四个桃子。你们够吃吗?"猴子们一听,十分恼怒,都不同意。于是,他想了想,又说:"这样吧。早上,我给你们每只猴子四个桃子。晚上,给你们每只猴子三个桃子。这下总该够吃了吧?"猴子们一听,一个个趴在地上,非常高兴。

②故事讲完了,你发现了哪些数字?你能用算式表示吗?

(学生列式,老师板书:3+4=7,4+3=7)

③这两道算式的得数都等于7,那么它们之间可以用什么符号连接呢?(等号)

(学生回答,老师板书:3+4=4+3)

④在我们生活中其实有许许多多的例子反映了同样的道理,我们一起来看这些图片。

【设计意图】采用有趣的故事引入新课,激发学生的学习兴趣。

环节二:探索交流,解决问题

①出示课文中的试题图片。

教师提问:A.这幅图告诉我们什么?

B.从图中我们可以知道哪些数学信息?

C.需要我们解决的问题是什么?

②弄清了题意,我们再来思考一下:这道题该怎样列式?你能列出不同的算式吗?

教师要求学生列出两种不同的算式,同桌之间互相交流讨论。

40＋56=96(千米)　56＋40=96(千米)

③教师提问:这两个算式有什么联系?

学生讨论回答。

④你还能再举出几个这样的例子吗?(教师根据学生的回答板书)

37＋45=45＋37　89＋78=78＋89

53＋98=98＋53　873＋127=127＋873

⑤教师提问:这四组算式有什么特点?你发现了什么规律?(学生相互交流,并派代表回答)

⑥小结:两个数相加,交换两个加数的位置,和不变,这叫作加法交换律。(板书:两个加数交换位置,和不变)

⑦你能用自己喜欢的方式表示加法交换律吗?怎样表示既简单又清楚呢?

(教师根据学生的回答板书:甲数＋乙数=乙数＋甲数;$a+b=b+a$;□＋△=△＋□)

⑧大家比较一下所有的表示方式中,哪个表示方式最简单呢?

⑨字母式子告诉我们什么?

(任意两个数相加,交换位置,和不变)

【设计意图】丰富学生的表象,感知加法交换律,并使学生体会符号的简洁性,发展其符号意识。

环节三:巩固应用,内化提高

基本应用:引导学生完成教材课后练习,然后汇报交流。

巩固练习:完成教材中的练习题。

深化练习:根据加法交换律在(　　)内填入合适的数字。

25＋(　　)=75＋(　　)

56＋144=(　　)＋(　　)

36＋(　　)=64＋(　　)

a＋(　　)=12＋(　　)

【设计意图】即学即用,加深学生对加法交换律的理解。

环节四:回顾整理,反思提升

今天我们学习了什么?你懂得了些什么?

【设计意图】培养学生的归纳总结和反思的能力,加深学生的学习印象。

环节五:作业布置

教师针对不同层次的学生分层次布置作业。

【设计意图】通过课后作业促进学生对加法运算律的理解,每个学生能在数学上得到不同的发展。

2.　**《圆》综合与实践:确定起跑线**

(1)“确定起跑线”是一节综合应用数学知识的实践活动,是在学生掌握了圆的概念和周长等知识的基础上设计的。

(2)教学目标：

①了解椭圆式田径场跑道的结构，学会确定起跑线的方法。

②结合具体的实际问题，通过观察、比较、分析、归纳等数学活动，培养独立思考、合作交流以及探究解决问题的能力。

③切实体会到探索的乐趣，感受数学在体育等领域的广泛应用，培养数感、量感、推理意识等数学核心素养。

(3)教学重点：通过对跑道周长的计算，了解椭圆式田径场跑道的结构，能根据所学知识解决确定起跑线的问题。

教学难点：综合运用圆的知识解决生活中遇到的实际问题，探究起跑线的设置与哪些因素有关。

【教学过程】

环节一：情境创设，提出问题

①情境导入。

小动物们的运动会：多媒体播放四只小兔子从同一起跑线起跑，分四个道次沿椭圆跑道跑一圈，再回到同一个终点，谁先回到终点谁就为第一。

师：同学们对这场比赛有什么看法呢？你有什么办法可以使比赛公平呢？

(学生观看多媒体课件，在观察后回答)

②赛事回放。

欣赏运动场上运动员起跑时的图片，教师同步讲解。当进行400 m的比赛时，如果从同一条起跑线起跑，外道比内道长，相邻跑道之间有差距，为了公平，要将起跑线依次向前移。

(学生仔细观察并思考)

③提出问题。

师：体育比赛中，相邻两道起跑线间有一定的距离，这个距离是随便移动的吗？相邻起跑线相差多少米？你能看出来吗？

(学生汇报预测结果)

④揭示课题。

师：今天，我们就带着这个问题走进运动场，用我们的知识找出相邻起跑线差多少米，重新确定一个公平的起跑线。

【设计意图】引导学生观察思考，从而引入需要研究的数学问题。

环节二:观察跑道,探究问题

①了解跑道结构。

出示完整跑道图(共五道,跑道最内圈为400 m)。

师:观察跑道由哪几部分组成?

在跑道上跑一圈的长度可以看成哪几部分的和?

(板书:跑道一圈长度=1个圆周长+2个直道长度)

②简化研究问题。

85.96 m是指哪部分的长度?一条直道吗?

讨论:四个小兔子沿跑道跑一圈,各跑道之间的差距会在跑道的哪一部分产生呢?

小结:既然与直线无关,为了便于我们更好地观察,暂时将直道拿走看看差距在哪里,好吗?(课件:直道消失,屏幕上只剩下左右两个半圆形跑道。)

③寻求解决方法。

左右两个半圆形的跑道合起来是一个什么?

讨论:你怎样找出相邻跑道的差距?相邻跑道差距其实就是谁的长度之差?

交流小结:只要计算出各圈跑道圆的周长,算出相邻两圈跑道圆的周长相差多少米,就是相邻跑道跑一圈的差距,也就是相邻起跑线相差多少米。

④动手解决问题。

计算圆的周长要知道什么?

课件出示:第一道的直径为72.6 m,第二道是多少?第三道呢?

第一道和第二道的直径为72.6 m和(72.6+2.5)m,周长分别为72.6π m和(72.6 + 2.5)π m,故第一道和第二道这两条相邻跑道相差$(72.6 + 2.5)\pi - 72.6\pi = 2.5\pi$ m。

⑤汇报结论。

通过计算发现,相邻起跑线相差都是2.5π m,也就是道宽×2 × π m。这说明起跑线的确定与道宽有关系。

计算相邻起跑线每圈相差的具体长度:

$2.5\pi \approx 2.5 \times 3.14159 = 7.853975$(m)。

师:同学们通过努力找到了起跑线的秘密,小动物们的比赛应该把起跑线依次提前7.85 m才公平。

【设计意图】逐步引导学生探究相邻跑道长度的差距,明确起跑线的确定和道宽有关,培养学生的独立思考和合作交流的能力,感悟数学知识在现实生活中的应用。

环节三:巩固练习,实践应用

师:小动物们很感谢同学们的帮助,可是它们在比赛时调整了道宽,你能帮它们再计算一下吗？400 m的跑步比赛，道宽为1.5 m，起跑线该依次提前多少米？

生：$1.5\times2\times\pi\approx3\times3.14159=9.42477$(m)。

【设计意图】即学即用，形成技能，增强学生对利用数学解决实际问题的深刻体验。

环节四：拓展延伸，自我评价

解决问题：运动场上还有200 m的跑步比赛，道宽为1.25 m，起跑线又该依次提前多少米？

比较方法：同学们想得很巧妙，谁的更实用呢？

全课小结：谈一谈这节课你有什么收获？

【设计意图】拓展练习，巩固知识，通过比较引导学生进行思考与讨论，培养学生归纳总结的能力。

3. 《可能性》

(1)①重视教学情境的创设，教材提供了多个游戏活动，教师可以充分利用，还可以自己设计一些其他的游戏活动，激发学生的学习积极性。

②让学生在活动中获得直观感受。教师要组织全体学生参加游戏活动，在活动的过程中体会等可能性及游戏规则的公平性。教师还可以组织学生自己设计一些对双方都公平的游戏规则，在小组内玩一玩，教师一定要鼓励学生亲手实验，引导学生收集实验结果，以体验两个事件发生的可能性是否相等。

(2)教学目标：

①理解可能性的大小与事件的公平性，对实际生活中的事件与现象，能运用可能性的知识进行合理的解释。

②充分发挥想象力，通过自主探究及合作交流活动理解可能性的含义，设计一些活动方案来体现可能性。

③在游戏的过程中体会学习的乐趣，提高数学学习兴趣，培养推理意识、数据意识和应用意识等数学核心素养。

(3)①游戏规则

师：我们以小组为单位来开展摸球游戏。每个小组4个人，每个人轮流摸4次，每个组都有一个盒子，里面装有10个红球和2个黄球。(球除颜色不同外，其他都相同)

摸球时要注意以下几点：

A. 每组选一名记录员，做好记录。

B. 每个组的同学按顺序轮流摸，摸前要先摇一摇，猜一猜，摸后将球放回盒子，下一位同学再摸。

C. 摸到红球打“√”，摸到黄球画“○”。

②操作体验

红色的打“√”，黄色的画“○”。

合计红球共摸到(　　)次，黄球共摸到(　　)次

③交流验证

A. 小组汇报。

B. 教师把全班7个小组的摸球结果填进汇总表。

球的种类	次数
红球	
黄球	

C. 课件出示：观察各组摸球的次数汇总表，思考一下，你发现了什么，在小组内交流。

D. 汇报思考结果。

E. 课件出示：摸到(　　)球的次数多。摸到(　　)球的次数少。这个游戏告诉大家，虽然事情的发生是不确定的，但是可能性是有大有小的。

【设计意图】通过小组合作摸球的游戏活动，让学生在合作前猜一猜、摸一摸、记一记，在汇报交流中观察、思考，从中获得对可能性大小的直观感受，并懂得虽然事情的发生是不确定的，但是可能性是有大有小的。通过实践活动，使学生的思维在活动中得到发展，使枯燥的数学知识变得可观察、可感受。学生经历了实验、观察、交流等探究过程，深刻感知了可能性大小的实际含义。

4.　《方程的解与解方程》

(1)方程是等式，又含有未知数，两者缺一不可，方程里的未知数可以参加运算，并且只有当未知数为特定的数值时，方程才成立。与方程不同，算术式是一个式子，它由运算符号和已知数组成，它表示已知数。

(2)教学目标：

①根据等式的性质，初步掌握解方程及检验的方法，并理解解方程及方程的解的概念。

②通过自主讨论的方式，学会运用代换思想和分析能力进行解题的方法。

③培养运用分析能力以及所学知识解决实际问题的能力，养成自觉检验的良好习惯。

教学重点：理解并掌握解方程的方法。

(3)环节一：看图写方程

教师：(多媒体出示图片)请同学说出从图中得到的数学信息都有哪些？能根据这幅图片列出方程吗？

学生回答，老师补充给出答案：已知有3个篮球，盒子里面有x个篮球，加起来一共有9个。列出方程式即：$3+x=9$。

环节二：分组讨论，求方程中的未知数

教师提出问题：那么方程中的x等于多少呢？请同桌两人一组进行讨论，说说你是怎么想的？

讨论以后请学生陈述自己的观点。可能有以下的观点：

A. 根据加减法之间的关系，9-3=6，所以$x=6$

B. 根据数的组成，6+3=9，所以$x=6$

C. $3+x=9=3+6$，所以$x=6$

D. 假如在方程左右两边同时减去3，那么也可得出$x=6$

教师给予鼓励并引出方程的解和解方程两个概念。

教师：我们说$x=6$是方程$3+x=9$的解，求未知数x的过程就叫解方程。

环节三：自主探究方程的解与解方程的概念

教师：同学们自学课本，做一做书上的习题，然后结合自己的理解，用自己的话语说一说什么叫方程的解？什么叫解方程？

学生回答，教师给予评价鼓励并补充完整：方程的解是未知数的值，它是一个数。判断一个数是不是方程的解的方法是看这个数能不能使方程左右两边相等。而解方程是求未知数的过程，是一个计算过程，它的目的是求出方程的解。

5. **《长度单位：米和厘米》**

(1)教学目标：

①认识长度单位“米”，知道用“m”表示“米”，记住米与厘米的换算。

②通过实践与探究活动理解1米=100厘米，提升估测及实践能力。

③通过实际测量活动提升合作意识，并增强对数学知识的求知欲与探究兴趣，培养数感、量感等数学核心素养。

(2)教学重点：通过观察与实际测量活动，认识“米”，知道“m”用来表示“米”，感知米的实际表象。

教学难点：通过测量活动，理解1米=100厘米；在测量活动中提升估测能力。

(3)教学过程：

将全班同学以5～6人为1个小组进行划分，开展小组研讨活动学习本课。

环节一：创设情境，导入新课

教师准备厘米尺与米尺。

比赛活动：教师用米尺测量黑板的长度，学生用厘米尺测量黑板的长度。看谁先完成测量活动。师问：这样的比赛公平吗？(生答“不公平”)

教师导出新课：量短的物体用厘米尺就可以了，如果是长的物体就要用米尺。今天我们来学习一个新的长度单位：米。

环节二：测量探究，获得新知

认识米：

①学生观察米尺，感受1米有多长。

②教师为每个小组发一条1米长的绳子，学生亲身感受1米的长度。

③想一想，量一量，身体哪些部位有1米长。(如将手臂伸开是多长？几个脚印是1米等等)

④生活中哪些物体的长度适合用“米”来进行衡量。

总结：较长的物体的长度适合用米，米用“m”表示。

理解米与厘米的关系：

①请学生估测1厘米的长度，再估测1米的长度，思考1厘米与1米之间有什么关系？

②测量活动：两名学生拉直1米长的绳子，其他学生用厘米尺测量，说一说发现了什么？(20厘米+20厘米+20厘米+20厘米+20厘米=100厘米=1米)

教师总结：1米=100厘米

环节三：联系实际，巩固知识

测量活动：量一量2米有多长？3米有多长？

思考：2米=(　　)厘米，(　　)厘米=3米。

环节四：总结本课，布置作业

师：这节课我们有哪些收获？(师生共同总结)

作业：回家量一量家中的家具各有多长。

专题三　小学英语学科知识与教学设计

教学设计题(参考答案)

1. **_My friends_　Let's spell: o-e**

(1)①Students will grasp the right pronunciation of “o-e” and understand the meaning of the new words like nose, note and Coke.

②Students can apply the pronunciation rule of “o-e” into practice.

③Students can improve their speaking ability by actively participating in the class.

(2)Presentation

Write the words “nose, note, Coke, rose” on the blackboard and ask students to draw lines under letters“o-e”。

Students read after the teacher and then practice the pronunciations.

【Justification】This step can cultivate students' self-learning ability and help them articulate “o-e” correctly through the teacher's demonstration and vocal practice.

(3)Consolidation

Divide students in to groups of 4 and ask each group to make up stories with the words they have learnt in this class and then share the stories.

【Justification】This step can help students apply what they have learnt into practice and arouse their interest.

2. *Meet my family* Let's learn & play: Job.

(1) The contents of teaching vocabulary include word meaning, word usages, word information and word memory strategy.

(2) ①Students can listen, say, read, and write the new words: doctor, cook, driver, farmer, nurse.

Students can listen, read and use the sentence pattern "What is your father's job? My father is a doctor."

②Students know something about "job" and set up their own dreams.

③Students use the sentence patterns to inquire about someone's job and to communicate with others smoothly.

④Students actively join in the learning activities and confidently speak in English.

(3) Practice

Activity 1 Dictation

T: Please work in pairs. One student reads a new word and the other student writes it down. Then change your roles when you finish the five words. Let's see which pair will finish it as the first one. OK, begin!

While students take the dictation, the teacher walks around the classroom to correct students' pronunciations and handwriting.

【设计意图】通过学生两两合作听写新单词,教师能训练学生的听力、口语和书写能力。教师巡视课堂,可以纠正学生的语音与书写错误。

Activity 2 Task time

T: You have done a good job! Now there is a task for you boys and girls. Please act as an interviewer to survey what your classmates' family members' jobs are by using the sentences "What is your father's/mother's/uncle's/... job? He/She is...". You should finish the table below.

For example: Li Hua's mother is a doctor.

Student	Family member	Job
Li Hua	Mother	Doctor

【设计意图】学生扮演小记者调查同班同学的家人的职业,可以在语境中训练学生的表达与运用能力,让学生感受到"学以致用"的乐趣。

Production

T: Please find your partners freely and make a dialogue with your partners according to the table you have finished and act it out.

【设计意图】学生在足够的语言输入的基础上自由选择搭档编对话。这个活动可以为学生提供语言输出的机会,培养学生灵活运用语言的能力。

3. ***What's he like*? Read and write:Meet Robin!**

(1)阅读技巧

①略读

略读,即粗略地阅读全篇材料内容。这是为了解全文梗概、掌握全文大意或中心思想,或者是为了侦查一篇材料是否有阅读价值、是否需要进一步阅读所采用的一种快速阅读方式,如翻阅报刊、浏览新书目录等。

②寻读

寻读又称跳读,是为寻求特定细节而放弃大部分无关紧要的材料内容的一种快速阅读方式,如从词典的众多条目中查找某个词,在一篇刻画人物的材料中查找对主人公的心理描写的细节,在一则足球赛消息中查找是谁射门得分等。

③精读

精读,即详细地阅读,指通过分析语言形式和语言特点,逐字逐句地揭示语言材料的内容,必要时还会使用翻译手段,用推理的方式间接理解语言材料的内容,旨在通过对文章的深入分析、理解和记忆,准确掌握英语基本知识和使用规则,以培养学生的英语综合运用能力。精读重在帮助学生准确理解词汇、语法和习惯表达,培养学生的英语思维习惯。

(2)①Students can understand the meanings of "robot, made, speak, finish" in the context.

②Students can read the diary according to the correct sense groups, pronunciations and intonations.

③Students can learn the words that describe Robin's characteristics.

④Students can grasp the main idea of the diary with the help of pictures.

(3)三个while-reading活动

Task 1 Silent reading

Please read the passage quietly. After reading, answer the following questions:

Q1: Who made Robin?

Q2: What can Robin do?

Task 2 Tick or cross

Please do fast reading in one minute and work with your group members to fill in this form of ticking or crossing.

What is Robin like? Read and tick or cross.

tall	×	strong		helpful	
short	√	old		strict	
thin		hard-working		clever	

Task 3 Draw and write

Students design their own robot and describe it.

For example:

I have a robot.

His name is...

He is...

4. *My weekend plan* **Read and write: What do your family do on these holidays?**

(1)教学目标:

①Students can summarize the information of the passage and learn more about Mid-Autumn Festival.

②Students can realize the importance of family and enjoy Chinese traditional festivals.

③Students can cooperate with other group mates actively and complete tasks together.

④Students can use different basic reading strategies like prediction, skimming and scanning correctly in their reading process.

(2)课后作业:

①Students will retell the passage according to the key words.

②Students will search more information about Mid-Autumn Festival and share with others next time.

【设计意图】复述课文有利于学生养成良好的英语学习习惯并加深对所学新知识的印象。将课内学习延伸到课外有助于学生将所学知识应用于实际生活中。

(3)阅读活动:

Activity 1 Prediction and check

Before reading, the teacher will organize students to make a prediction. Some hints will be provided to help them.

Hint 1: Words and sentences just referred to.

Hint 2: Pictures about this material.

Students should read the material and check their prediction.

【设计意图】预测和核对预测内容的活动有利于引起学生学习英语的兴趣,激起学生的求知欲,提高学生学习英语的成就感。

Activity 2 True or False

Students should read the passage again and do the following tasks:

My aunt is going to make some cakes. (T/F)

F is for family. We will all be together tonight. (T/F)

【设计意图】判断正误活动能够锻炼学生寻读的阅读技能,使他们获取一定的细节信息,进一步理解文章内容,有利于提高学生的阅读水平。

读后活动:

Do a survey

Students need to work in groups to do a survey about what their favourite festival is by using the newly learned key phrases and sentences. Seven minutes will be given. When time is up, several students will be invited to share their results.

【设计意图】做调查能够帮助学生加深对新知识的记忆,巩固所学内容。小组活动让学生有机会将所学知识应用于情境中,提高其综合语言运用能力,同时增强学生学习英语的自信心以及团队合作意识。

5. ***At the farm*** **Read and write: Mr. MacDonald's farm.**

(1)文本分析:

①This unit is the fourth unit in Volume 2 of Grade 4. The theme of study is"At the Farm", taking Mike, Sarah, and Chen Jie's visit to the farm as the main line, presenting the vocabulary and sentence patterns to be learned in this unit. In the previous lessons, students have learned vocabulary about vegetables and farm animals and main sentence structures"What are these/those? They are...Are these/those...? Yes, they are./No, they aren't. These/Those are...".Students should learn the content of this lesson on this basis.

②The teaching content of this lesson is divided into two parts: reading and writing.

(2)教学目标:

①Students can use "These are.../Those are..." to refer to things in the farm and use "What are these/those?" to ask the things they don't know.

②Students can love animals and form a good habit of eating more vegetables in their life.

③Students' listening, speaking and reading abilities can be further improved through various activities.

④Students can summarize what they have learned after class.

教学重难点:

①Teaching key point:

Master the application of the sentence pattern "What are these/those? These/Those are...".

②Teaching difficult point:

Apply "These/Those are..." correctly in different situations.

(3)教学活动:

Step 1 Warm-up

Greetings.

Play *Let's Chant* and let all students clap and sing together.

The teacher asks two questions: How many kinds of vegetables are mentioned in the chant? What are they?

【设计意图】让学生跟唱本课时的歌曲能激发学生学习的兴趣。歌曲活跃了课堂气氛,简单的问候拉近了师生间的距离。

Step 2 Pre-reading

The teacher leads the students to observe the pictures and answer the question: What's on Mr. MacDonald's farm?

After that, the teacher points to the pictures and asks students to review the sentences: There are some.../ What are those?

【设计意图】复习有关动物和蔬菜的单词和句型能激发学生相关的知识储备,有利于为本节课的语言综合运用作好铺垫。

Step 3 While-reading

The teacher lets students listen to the first part of "read and tick", and answer the questions. After that the teacher instructs the students to use scanning to quickly complete the exercises on the screen. Then the teacher explains the new word "garden", summarizes the composition of "farm" and invites different students to read the first and second paragraphs respectively.

The teacher lets students listen to the second part of "read and tick" and answer the questions.

Then the teacher explains the differences among goat, sheep and lamb, leads students to use scanning to quickly complete the exercises on the screen and asks students to read the third and fourth paragraphs respectively.

【设计意图】学生听并朗读课文,理解短文大意,关注文段的细节,在文中找到问题的答案,有利于培养学生迅速找出文章相关信息的能力,掌握阅读策略。

Step 4 Post-reading

Lead students to do exercises, including writing, listening and picture matching.

【设计意图】让学生利用自己已有的知识储备进行学习,体现"先学后教"的理念。

Step 5 Conclusion

The teacher asks a student to retell what he/she has learned in this class.

Step 6 Homework

Introduce the farm to parents in English.

Complete pages 33 and 34 of the workbook.

【设计意图】学生通过向父母描述农场,能够展示自己的学习成果,提升学习英语的成就感。练习册里的习题可以帮助学生在课后更好地巩固所学知识。

专题四　小学音乐学科知识与教学设计

教学设计题(参考答案)

1.　《茉莉花》

(1)连音记号(Legato)又称圆滑线、连音线,用⌒标记,一般记写在音符的上方或下方,表示连线内的音要唱(奏)得连贯、流畅。

(2)教学目标:

①通过学唱《茉莉花》,了解茉莉花的精神品质,激发热爱自然、热爱民族音乐的情感,增强民族文化自信。

②紧密联系现实生活,通过视听、欣赏和对比分析作品《茉莉花》,了解民歌的演唱风格、表现形式,增强音乐与生活的联系。

③学会演唱歌曲《茉莉花》,了解不同地区歌曲的韵味。

(3)教学过程:

环节一:导入新课

在节奏鲜明的现代音乐伴奏中,学生走进音乐教室。

师:同学们,又到了愉快的音乐课时间了,你们准备好了吗?

生:准备好了。

师:那我们开始上课。播放音乐《梦江南》MV。

师:同学们,听到这首乐曲,看到这幅小桥流水的画面,你想到了什么?

生:江南水乡。

师:今天,老师就带领大家一起走进江南,去领略江南的好山、好水、好景、好花。

环节二:新课教学

①播放歌曲《茉莉花》,学生听赏,回答歌曲的速度是怎样的?

生:中速稍慢。

师:非常正确,这首歌曲的速度是中速稍慢,曲调幽静舒缓,就如同温婉的江南小城的生活,恬静淡然、抒情优美。

②再次播放乐曲,师生一起朗读歌词:好一朵美丽的茉莉花,好一朵美丽的茉莉花,芬芳美丽满枝丫,又香又白人人夸。让我来将你摘下,送给别人家,茉莉花茉莉花。

③师:歌词朗读完了,有哪位同学能告诉大家,茉莉花是什么样子的?

生:洁白,芬芳。

师:说得非常好,盛开的茉莉花洁白芬芳,非常圣洁美丽。老师现在就给同学们看一下盛开的茉莉花。(教师播放课件,展示茉莉花的图片,同时播放《茉莉花》的伴奏。)

师:茉莉花漂不漂亮?谁能用词语形容一下?

生：圣洁、美丽。

师：茉莉花原产于印度，西汉时期传入我国，叶子四季常绿，青翠欲滴。越冬种植，六七月间，便是它怒放的季节了，其花瓣洁白素雅，芳香沁人心脾。

④师：同学们，了解了茉莉花的一些资料，知道了茉莉花的圣洁美丽之后，让我们再听赏一遍这首歌曲吧。听的时候，让我们细细体会茉莉的芬芳美丽。（教师播放歌曲。）

⑤A. 学习节奏

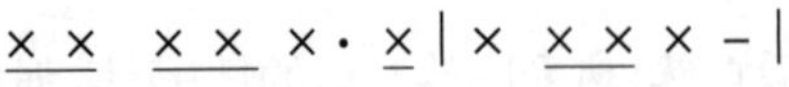

×× ×× ×· × | × ×× × – | 同时按节奏读歌词。

B. 学习试唱

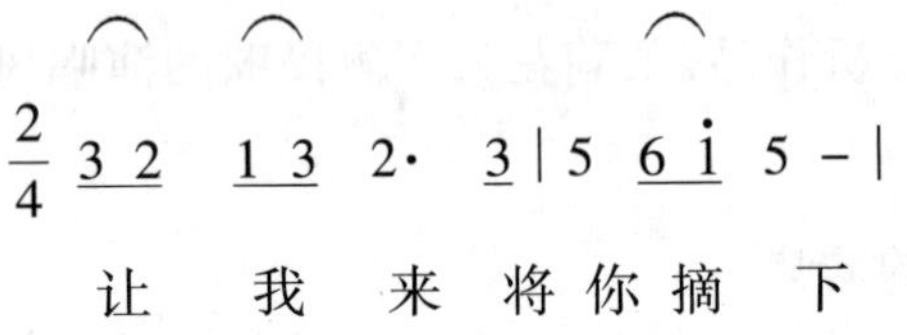

$\frac{2}{4}$ 32 13 2· 3 | 5 6i 5 – |

让 我 来 将 你 摘 下

⑥听赏歌曲，要求学生用手拍击节奏，找出歌曲中附点的处理。

⑦学唱歌曲。教师在课件上出示歌曲的乐谱，教师弹奏，学生模唱。

⑧学生演唱歌词。

⑨学生完整演唱一遍歌曲。

⑩师：同学们，学习了江苏民歌《茉莉花》，现在，我们再来听赏河北《茉莉花》和东北《茉莉花》，听完后，告诉老师这三首《茉莉花》的曲调分别有什么特点？

教师播放歌曲，学生小组讨论。

生：河北《茉莉花》缓慢优美；东北《茉莉花》直接爽快；江苏《茉莉花》委婉抒情。

环节三：拓展延伸

师：我国是一个多民族国家，民歌浩如烟海，这些民歌是我国劳动人民智慧的结晶。一朵小小的茉莉花，洁白芳香，犹如江南的少女，婉约秀丽。就是这样一曲小小的《茉莉花》却走出了中国，走向了世界大舞台。（播放宋祖英在维也纳金色大厅演唱的《茉莉花》。）

环节四：本课小结

师：《茉莉花》是中国民族民间音乐中的一朵奇葩，在我国还有许许多多像《茉莉花》一样优美的民歌，希望同学们课后多欣赏一些这样的歌曲，让我们的民歌焕发出更加灿烂的光辉。

2. 《甘洒热血写春秋》

（1）《甘洒热血写春秋》是现代京剧《智取威虎山》中的选段。该剧由上海京剧院根据曲波小说《林海雪原》中“智取威虎山”的故事并参考同名话剧改编，最初由上海京剧院一团创演于1958年夏。《甘洒热血写春秋》这一段是匪徒们在为杨子荣庆功的时候，杨子荣所唱的一段，表现了杨子荣机智勇敢，深入虎穴当卧底，并要取得最后胜利的决心和信心。

全曲采用京剧西皮快二六板式，铿锵有力，结束句“甘洒热血写春秋”在高音区采用了京剧中的拖腔手法，力度由弱渐强，淋漓尽致地表现了杨子荣英勇豪迈的气概。

(2)教学目标

①通过学唱现代京剧选段《甘洒热血写春秋》，了解戏曲从传统到现代的发展特点，增强对以京剧为代表的戏曲的了解与喜爱。

②运用听赏、演唱等方法，更好地体验现代京剧的艺术特点。

③运用锣鼓经编配伴奏，提升艺术创新和实际应用的能力。

(3)教学设计

①教师带领学生认识京剧伴奏中的常用打击乐器小锣、钹。

②学生用小锣、钹在教师指导下按指定节奏进行练习，要注重对休止符的练习。

③教师带领学生完整演奏锣鼓经伴奏。

④合着京剧《甘洒热血写春秋》的音频，分角色边唱边表演。

【设计意图】通过反复练习，感受锣鼓经伴奏在京剧中的作用，提高艺术实践能力和实际应用的能力，加深对京剧的认识以及增强学习戏曲的兴趣。

3.　《顽皮的小杜鹃》

(1)歌曲的特点：这是一首活泼天真、充满童趣的奥地利民歌。旋律轻快简洁，歌词生动有趣，描绘出小杜鹃顽皮可爱的生动形象。歌曲为一段体结构，$\frac{4}{4}$拍。情绪欢快活泼，略带俏皮，歌曲中贯穿的“咕咕”声，短促轻巧，富有弹性，模拟出小杜鹃动听的歌声，增加了歌曲的童趣。

(2)教学目标：

①通过学唱歌曲，体会与表现快乐的情绪，养成积极乐观的情感；在简单的合唱活动中体会音乐合作的乐趣，增强与他人合作的意识，提高合作的能力。

②积极参与演唱，并将歌词的记忆与情绪的理解融入丰富多彩的演唱活动中，通过听、说、唱等多种方式丰富音乐体验，提高表现能力。

③学会用饱满、圆润的声音演唱歌曲，初步感知合唱的魅力，在合作中养成相互聆听的习惯。

(3)教学环节设计：

①朗诵歌词，初步感受故事情节。

聆听教师范唱，熟悉歌词。

出示歌词，教师带领学生齐读歌词，了解歌曲的故事情节。注意区分旋律声部和固定声部。引导学生强调重拍，使用轻巧、愉快的语气。

加入音乐的伴奏进行节奏诵读，用手势指挥学生突出强拍的表现。

【设计意图】从歌词和故事入手，更能激发学生的学唱积极性，同时培养学生的节拍感，为后边的学唱做准备。

②学唱第一段。

学生聆听教师演唱第一段，边听边用手的高低位置表示旋律的音高，再跟琴默唱。

跟琴完整地演唱歌曲第一段。

师：歌词中，“我”在草地上的时候，听到了小杜鹃在唱歌，心情是怎样的，后来又发生了什么事，“我”的心情有什么变化？

指导学生先用愉快的心情、饱满的声音演唱，再根据故事情节的发展和变化，用细腻的歌声、丰富的情感来表现。

学生随琴声完整演唱歌曲，用歌声表现歌曲的情节与情绪变化。

③学唱第二段歌词。

出示图谱，指导学生模仿小杜鹃的叫声与老师进行接唱。

师：从这个故事中，你感觉到这是一只怎样的小杜鹃？

体会小杜鹃在故事发展中神态、表情的变化，指导学生尝试用强、弱、渐强、渐弱的声音来表现小杜鹃的各种表情（淘气、可爱、胆小等），在练习过程中注意引导学生保持充足的气息来演唱。

出示第二段歌词，引导学生有表情地演唱。

④合作演唱全曲。

部分学生演唱歌词部分，其他同学演唱固定声部“咕咕”。引导学生声情并茂演唱歌曲的同时，留意合作过程中相互间音量的均衡，并有意识地进行调整。

【设计意图】循序渐进地进行教学，学生思路更加清晰，接受能力更强，能主动地投入到教学过程中来，从而更快、更准确地学会这首歌曲。

4. **《两只小象》**

（1）歌曲的特点

《两只小象》是一首五声宫调式歌曲。整首曲目音域较窄，旋律起伏不大；歌曲为一段体结构，$\frac{3}{4}$拍，基本节奏型较统一，只在最后一句结尾处用附点节奏稍加变化，结构简单、规整，整体呈现出小象玩耍时的状态，每句结尾的休止符更好地表现了歌曲的轻快活泼；歌词朗朗上口。

（2）教学目标

①通过学唱歌曲，感受人与动物、动物与自然之间的密切关系；培养良好的爱护动物的行为习惯和互相理解、互相尊重的意识。

②通过听、唱感受表现大象体态的音乐；通过律动，体会三拍子的韵律感。

③学会并能演唱这首歌曲；与小伙伴一起模仿小象的动作，边唱边表演。

（3）导入环节

师：现在老师说一个“谜语”，看哪个小朋友猜得又快又对：“鼻子像钩子，耳朵像扇子，尾巴

像绳子,大腿像柱子。"同学们猜猜是什么?(学生思考并回答)

师:我们把大象的宝宝叫什么?(学生回答)

师小结:同学们都说得非常好,真了不起! 今天老师收到了一张请帖,大森林里要开一场动物演唱会,老师邀请大家一起去听演唱会,顺便看看小象。

【设计理由】谜语导入能激发学生的兴趣,学生很容易就猜出谜底能加强他们的学习信心和动力,使学生的印象更加深刻。

专题五　小学体育与健康学科知识与教学设计

教学设计题(参考答案)

1.

《自然走》

(1)"自然走"的教学重点、难点

教学重点:迈步腿脚尖向前,脚跟先着地迅速滚动至前脚掌蹬地。

教学难点:保持上体姿态或腿臂动作协调。

(2)教学目标

①了解走的相关知识和术语及基本方法,掌握"自然走"的正确姿势。

②经过练习和游戏,增强下肢肌肉、关节、韧带力量和灵敏性,发展走的能力。

③养成自信、活泼乐观与同伴友好合作等优良品质。

(3)易犯错误和纠正的方法

易犯错误	纠正的方法
头部不正或上身晃动	①提示学生目视前方或朝着前方目标走; ②做头顶沙袋走
低头含胸	①提示:抬头、挺胸、目视前方; ②做背后屈肘夹棒走
两臂左右摆动	①踏步,两臂前后加大摆动; ②提示:两臂以肩为轴,前摆时手不超过身体前方中心线,高度不超过胸部
抬腿过高,全脚掌踩地或前脚掌蹉地	①提示:向前迈步时,膝关节放松伸直,脚跟先着地; ②走步时,大同学做排头,前后距离不小于一臂远
内、外八字步	①提示:迈步时脚尖向前; ②踏地上的直线走; ③脚尖朝前,全蹲或负适当重量全蹲练习; ④踢毽练习。内八字用内脚侧踢,外八字用外脚背踢

2.

《前滚翻》

(1)"前滚翻"的教学重点、难点

教学重点:团身紧、滚动圆、方向正。

教学难点:滚动圆滑,动作连贯。

(2)教学目标：

①掌握“前滚翻”的基本动作过程，能说出一蹲、二撑、三滚翻的动作要领并能展示简单动作。

②经过游戏和练习，发展柔韧、灵巧、协调等身体素质，以及空间平衡能力。

③养成勇敢果断的优良品质，以及团队协作的精神和保护自身的意识。

(3)教学过程：

环节一：准备部分

课堂常规：①体育委员整队，报告人数；②师生问好；③教师宣布本节课的内容；④教师检查服装，强调课堂安全；⑤教师安排见习生。

热身活动：①带领学生慢跑热身。②徒手操。③热身小游戏——“比比谁更像”，游戏方法：教师播放音乐，学生跟着音乐模仿动物走、跳和跑，看谁模仿得最像，调动学生学习的积极性。

环节二：基本部分

①教师讲解示范并组织学生练习

教师完整示范前滚翻的动作，让学生思索：抱团时能否像西瓜一样圆？

教师组织学生听取前滚翻的动作要领，一蹲、二撑、三低头、团身滚翻像圆球，依次从头、颈、背着垫，再平稳地站起来。

教师组织学生练习前滚翻动作，练习5次，教师巡回指导，及时纠正学生错误。

②分解练习

学生分步骤练习，每步骤练习时间5分钟。教师巡回指导，及时纠错。

③完整练习

将学生分成两组，一组学生进行练习，另一组学生进行点评。练习之后教师对错误动作进行纠正，要求学生在分组练习中互相帮助，自评互评。

④练习展示

组织学生同组内成员开展展示比赛，看谁团身更圆，然后组织小组之间的展示，教师对于展示成果给予点评。

环节三：结束部分

整理放松：教师带领学生跟随音乐做放松操，舒缓身心。

课堂小结：教师引导学生对本节课的重点内容进行回顾和总结之后，进行点评并补充。

教师宣布下课，学生归还器材。

3. **《双手前掷实心球》**

(1)“双手前掷实心球”动作要点：上体稍后仰，后腿蹬伸，迅速收腹，用力挥臂、协调用力。

(2)教学目标

①了解“双手前掷实心球”的动作要点和学习方法。

②经过学习和练习，掌握正确“双手前掷实心球”的动作要领；发展力量、灵敏、协调等身体素质，提高投掷的准确度和远度。

③养成自信、果断、坚毅等优良品质，与同伴友好相处，互帮互助，增强安全意识。

(3)教学环节

环节一：准备部分

体育课堂常规：①体育委员整队，报告人数；②师生问好；③教师宣布本节课的内容；④教师检查服装，强调课堂安全；⑤教师安排见习生。

热身活动：①徒手拉伸操；②游戏——“小小保龄球”。

【设计理由】徒手拉伸操和游戏——“小小保龄球”可以使学生快速进入运动状态，充分的热身活动可以大大降低课堂中出现运动损伤的可能性。

环节二：基本部分

①教师讲解示范

教法：教师讲解并示范“双手前掷实心球”的动作方法。

学法：学生跟着教师模仿练习。

②教师组织学生练习

教法：教师组织学生分组练习，巡回指导(用语言激励学生，纠正易犯错误)。

学法：分组练习，学生以小组为单位进行“双手前掷实心球”的练习。

③组织学生展示

学生展示，教师或者同学们发现问题，针对发现的问题，教师安排专门练习。

④课堂小游戏——“前掷实心球比远”

游戏方法：将学生分为四组，每组第一排学生站在线后用双手前掷实心球的动作投掷球，第一排投掷结束后到队尾，下一排学生进行投掷，以此轮换，投掷实心球综合距离最远的组获胜。

【设计理由】学生注意力容易分散，这节课运用游戏法，可以增强学生的学习兴趣，调动学生学习的积极性，提高投掷能力和学习兴趣。

环节三：结束部分

①放松操。

②课堂小结：教师总结本节课的上课效果，指出在学习过程中出现的问题，并给予纠正，对表现好的同学提出表扬。

③宣布下课，师生再见，收还器材。

【设计理由】放松操可以适当放松学生状态，用课堂小结结束课堂，同时督促学生课下进行练习。

4. **《足球：脚背内侧传球》**

(1)“脚背内侧传球”的教学重点、难点

教学重点：斜线助跑，支撑脚的位置以及支撑脚脚尖指向出球方向。

教学难点:踢球腿的摆动和脚击球的部位。

(2)教学目标

①了解"脚背内侧传球"的动作方法、动作要领及要求;基本掌握脚背内侧传球、脚背正面射门、停球以及头顶球等动作技能。

②经过个人、小组练习,发展奔跑、跳跃等能力,提高速度、耐力、灵敏、协调等身体素质。

③养成自尊、自信、坚强的意志品质;形成团结合作、尊重对手、遵守规则的意识和能力、树立集体荣誉感。

(3)练习方法1:学生分组进行颠球活动。

【设计意图】通过颠球活动使学生体会触球部位,以便更好地掌握脚内侧踢球的踢球部位。

练习方法2:两人一组,迎面间隔5米进行脚内侧传接球练习。

【设计意图】踢球的过程既有助于掌握动作要领,又能锻炼踢球方向的准确性,同时两人一组还能互相观察、纠正对方的动作是否正确,能锻炼学生的合作能力。

练习方法3:行进间脚内侧传球。九人一组,一人传球,八人面对接球,传过后跑至队尾。

【设计意图】这种方法能够提高学生练习的积极性,让学生在协作、配合的基础上掌握动作技术。

专题六　小学美术学科知识与教学设计

教学设计题(参考答案)

1. 《黑与白》

(1)①不规则图形组成的正负形:图形简洁,线条流畅,主要以面的形式表现。②对称法组成的正负形:黑与白都是一个完整的图形。③重复法组成的正负形:每个基本形大小相同,造型简洁。④二方连续法组成的正负形:由一个基本形向上下或左右反复循环排列,组成正负形。

(2)教学目标:

①审美感知:能够欣赏优秀的黑白图形作品,了解黑白图形的特点和表现方法。

②艺术表现、创意实践:根据黑白图形的特点与表现方法,动手创作一幅黑白图形作品。

③文化理解:感受黑白图形的艺术感染力,体会黑白色彩对比中蕴含的美学思想。

(3)教学过程:

环节一:欣赏导入

引导学生欣赏有关黑与白的图形,感受黑与白图形之间的相互转换,激发他们的创作灵感。(课件展示)①生活中常见的黑与白:足球、太极、连续纹样、水墨画等。②心理学上产生错觉的黑白图片:人与杯子、房间、会亮的灯等。③美学上渐变的黑白图片:埃舍尔的一组鱼鸟渐变图。

引导学生进行小组交流,谈谈各自的看法。

环节二:探究新知

指导学生按照《人像与杯》的制作步骤,尝试制作人像与杯的黑白图形。①展示课件:引导学生观察人像与杯的制作过程。②学生动手练习制作人像与杯图。

引导学生观察思考课本中的插图,小组讨论:这些作品可以分为几类?它们各有什么特点?

归纳总结黑白图形的表现方法(出示课件):①不规则图形组成的正负形:图形简洁,线条流畅,主要以面的形式表现。如变化的脸、一家三口等。②对称法组成的正负形:黑与白都是一个完整的图形。如人像与杯、皇后与卫士、女人与狗等。③重复法组成的正负形:每个基本形大小相同,造型简洁。如象与羊、埃舍尔的《变换》等。④二方连续法组成的正负形:由一个基本形向上下或左右反复循环排列,组成正负形。如中国汉代装饰纹样等。

环节三:欣赏评述

引导学生讨论、交流,准备用什么方式设计一幅由什么组成的黑与白图画?

环节四:创作表现

用绘画或剪纸等形式表现黑与白的正负形。要求:图形简洁,有创意,形式感强;线条流畅,涂色均匀。

学生进行临摹或创作,教师进行个别辅导,及时处理学生出现的问题,发现与众不同的作品。

环节五:评价小结

作品展示与交流:①学生将完成的作品在视频展示台上展示或贴在黑板上。②引导学生欣赏评价,说说你喜欢哪一幅作品和喜欢的理由。③引导学生自我反思,说说自己的作品有何需要改进的地方。④教师对学生作品进行点评,肯定学生的成功之处,并提出合理化建议。

课堂小结:学习了这一课,你有什么收获?还有哪些地方有疑问?

2. **《色彩的纯度》**

(1)色彩的纯度是指色彩的鲜艳程度,又称色彩饱和度。色彩三属性包括色相、纯度、明度。

(2)教学目标

①审美感知:了解并掌握色彩纯度知识,学会运用色彩纯度进行绘画创作的方法。

②艺术表现、创意实践:熟练掌握对色彩纯度的运用和不同纯度色彩的组合,创作一幅用不同色彩组合的绘画作品。

③文化理解:感悟颜色背后的感情色彩和文化内涵。

(3)导入活动

教师汇集学生课下搜集的秋天校园内的落叶,让学生观察同色系叶子的微妙变化,并请学生上前按照黄色落叶的鲜艳程度进行排列,最后教师总结:色彩的鲜艳程度又称色彩饱和度,揭示课题——《色彩的纯度》。

【设计意图】激发学生的学习兴趣,运用自主探究的方式,可以更直观地让学生理解色彩纯度的概念,从而为新课教学做铺垫,同时也有利于提高学生的观察能力。

3. 《家乡的古塔》

(1)应县木塔、保俶塔、虎丘塔、香山琉璃塔、大雁塔等。(任答四个即可)

(2)教学目标

①审美感知:认识和了解各类古塔的名称、造型特征、风格意蕴等。

②艺术表现、创意实践:学习用纸版画的方式制作古塔,提高造型能力。

③文化理解:了解古塔的起源、历史背景和其中蕴含的文化底蕴,增强文化自信。

(3)新课讲授

①创设情境,导入课题

教师拿出一张古塔照片(《雷峰塔》)问:"同学们猜一猜这是什么建筑呢?它的名字是什么呢?"

教师出示雷峰塔图片,学生看图猜建筑并回答,引出"塔"这一主题。

【设计意图】通过游戏调动学生学习兴趣,导入课题。

②了解古塔

A.老师:"上节课老师让大家回去查阅一下关于古塔的知识,请同学们向小组成员分享你所见过或知道的古塔。"

学生分成不同小组,组内每位同学依次介绍自己见过的古塔或者知道的古塔。

B.教师出示不同类型的古塔图片,引导学生认真观察图片,归纳总结塔的建筑材料、组成、形状等。

教师总结:"古塔是我国古代的高层建筑,源于印度。在印度梵语中称为'浮屠',据说是有人出于向佛祖表达敬意而建造的,也有说是为了供奉佛祖的舍利而建造的。古塔是我国古代建筑中最为多样、数量极大的建筑类型,不同的古塔有不同的造型特点。其中比较著名的有山西应县木塔、杭州雷峰塔、西安大雁塔等。"

【设计意图】通过小组讨论、观察等方式增进学生对不同古塔的认识,提高学生的观察和审美能力,深刻感受古塔的美。

③教师演示,学生制作古塔

A.老师:"今天我们一起用纸版画的方法来制作出自己心目中的古塔吧。老师先为大家演示一遍制作步骤,同学们注意观察。"

教师演示制作步骤:

a.用笔在厚纸板上画出塔各部分的形状,用剪刀沿轮廓线剪下。

b.自下而上地粘贴,使之产生凹凸效果。

c.在底版上均匀滚上油墨,盖上印纸,仔细磨拓,将颜料转印到印纸上,直到完成。

B.老师:"同学们开始制作属于自己的古塔吧。"

学生动手制作古塔,教师巡回指导。

【设计意图】教师讲解并进行演示，能使学生了解古塔的制作步骤与注意事项；学生亲自设计与创作古塔，能培养学生的创新意识，提高实践操作能力。

④作品评赏

全班学生互相观赏各自的作品，选出优秀作品，教师为优秀作品颁发小奖状。

【设计意图】互相观赏能提高学生的审美能力，评选优秀作品并颁奖能增强学生的自信心和对艺术创作的兴趣。

4. 《自制小相框》

(1)相框的总体结构：

相框的总体结构分成外框、背板和支架三部分。

(2)教学目标：

①审美感知：了解相框的构造，发现相框中艺术美的特征，掌握相框中的艺术语言。

②艺术表现、创意实践：通过自主探究、合作学习、教师示范等对相框的制作过程进行探究与实验，设计并制作一个小相框，提高动手能力。

③文化理解：通过制作小相框，感悟相框制作背后蕴含的设计内涵，养成对美术学习的持久兴趣。

(3)导入环节：

师：老师这里有一个谜语想让大家猜一猜：长得平平凡凡，常放桌子上面，把童年放进去，把记忆藏里边。大家想一想是什么？

学生讨论并回答。

师：有的同学已经猜出来了，谜底就是相框。

从而揭示课题《自制小相框》。

【设计意图】运用谜语导入激发学生的学习兴趣，为新课的教学做铺垫，顺利地将学生引入学习情境。

(4)教学活动：

①相框展示与欣赏

教师请学生展示课下收集的各种相框，找出自己最喜欢的相框，并说明理由。

教师总结：同学们选取的最喜欢的相框不仅设计新颖、美观，而且实用。

【设计意图】通过直观欣赏，引发学生兴趣，培养学生的分析、概括能力及语言组织能力。

②观察相框造型，了解相框构造与材料

教师引导学生观察这些相框的造型，并让学生说一说相框是由哪几部分构成的？

学生回答。

教师总结：相框由外框、背板、支架三部分组成。

教师展示自己制作的小相框，问：大家想一想，这些小相框是用什么材料制作的呢？在我们的生活中还可以用哪些材料制作小相框呢？

学生回答。

教师总结：生活中的废旧材料如塑料、毛线、硬纸板、纽扣、贝壳、丝带等都可以用来制作小相框。

【设计意图】通过欣赏，培养学生认真观察、善于发现的能力，发散学生思维。

③教师示范制作

师：我看大家都带来了自己最喜欢的照片，下面我们就一起来学习怎样为我们的照片制作一个漂亮的小相框吧！

教师示范制作步骤和方法：

A. 用彩色纸或者布料进行折叠，组成外框的四个边。

B. 分别剪裁四个边框，使之可以自由组合。

C. 将四个边框粘贴起来。

D. 最后对粘好的外框进行装饰。

师：外框做好了，那么大家思考一下怎样将相框的背板固定在相框上？

学生分小组自由讨论，并派代表回答。

教师总结：横向支撑、纵向支撑、斜角支撑。

【设计意图】采用教师示范的方式可以更好地突出本课的教学重点，突破难点，加深学生对于相框制作方法的理解，为接下来的创作打好基础。

④学生实践创作，展览评选

教师要求学生合理运用自己所带材料设计制作一个尺寸适中、色彩搭配和谐的小相框。

学生动手创作，教师巡视予以指导。

以“小小设计展”的形式展示自己设计的相框，通过学生互评、学生自评、师评等方式，评出“最具创意奖”“最佳实用奖”等。

【设计意图】通过自己动手创作，培养学生的动手能力。通过学生自评、互评、师评等方式，进行多角度评价，肯定学生的学习成果，培养学生的学习自信，指出问题的同时鼓励学生。

第五章　教学实施

①生成

②双边性规律

③教育性规律

④模像直观

⑤讲授法

⑥讨论法

⑦演示法

⑧练习法、实验法、实习作业法

⑨班级授课制

⑩备课

⑪上课

⑫作业的布置与批改

⑬罗森塔尔效应

⑭认知内驱力

⑮耶克斯—多德森

⑯力求成功者

⑰能力、努力程度、工作难度、运气、身心状况、外界环境

⑱个人自身行为的成败经验

⑲命题学习

⑳上位学习

㉑物质活动或物质化活动

一、单项选择题

答案速查

1～5	BDBCD	6～10	BCCAB	11～15	CDADA	16～20	DABDD
21～25	BDACA	26～30	ACBBA	31～37	AADDBBD		

1. B 【解析】本题考查结课方式。教师所讲一堂课的最后一个问题的最后一句话落地，下课的铃声正好响起，这便是自然式结课。A项排除。

总结式结课即用准确简练的语言，提纲挈领地把整个课的主要内容加以总结概括归纳，给学生以系统、完整的印象，促使学生加深对所学知识的理解和记忆，培养其综合概括能力。用于总结的语言不应是对所讲述过的内容的简单重复。题干中李老师把数字形状与生活中的常见事物联系起来，将10以内的数字总结成一首生动、通俗易懂的数字儿歌，学生通过诵读儿歌来巩固所学知识，这属于总结式结课。本题选B。

游戏式结课是根据学生的年龄与心理特点，把小结与游戏结合起来，以游戏作小结，寓教于乐。C项排除。

悬念式结课是指在教授知识的同时，教师通过设疑引出下堂课要学的内容。D项排除。

2. D 【解析】本题考查加里培林的心智技能形成阶段理论。加里培林认为心智技能的形成包括五个阶段：活动的定向阶段、物质活动或物质化活动阶段、出声的外部言语活动阶段、无声的外部言语活动阶段、内部言语活动阶段。其中，在物质活动或物质化活动阶段，学生要借助于实物或实物的模型、图表、标本等进行学习。题干中，小学生利用小石子、小木棒、手指等实物来完成计算，表明其智力活动处于物质活动或物质化活动阶段。故本题答案选D项。

3. B 【解析】本题考查奥苏伯尔关于学习动机的分类。根据学校情境中的学业成就动机的不同，奥苏伯尔等人把动机分为认知内驱力、自我提高内驱力和附属内驱力三个方面。其中，认知内驱力是指学生渴望认知、理解和掌握知识，以及陈述和解决问题的需要。这种内驱力大多是从好奇倾向中派生出来的。题干中，小红对数学问题充满好奇心和探究兴趣，这种学习动机属于认知内驱力。故本题答案选B项。

4. C 【解析】本题考查教学方法。实习作业法是指教师根据学科课程标准要求，指导学生运用所学知识在课上或课外进行实际操作，将知识运用于实践的教学方法。这种方法在自然学科的教学中占有重要的地位，如数学课的测量练习、生物课的植物栽培和动物饲养等。题干中，王老师要求学生利用所学的长方形面积计算公式去实际测量自己房间的面积，这是运用了实习作业法。故本题答案选C项。

5. D 【解析】本题考查知识学习的类型。根据知识本身的存在形式和复杂程度，知识学习可分为符号学习、概念学习和命题学习。概念学习是指掌握概念的一般意义，其实质是掌握一类事物的共同的本质属性和关键特征。命题学习是指学习由若干概念组成的句子的复合意义，实质是学习若干概念之间的关系。题干公式描述的是长方形面积与长、宽等概念之间的关系，故题干中小学生的学习是命题学习。

6. B 【解析】本题考查教学方法。实验法是指教师引导学生使用一定的仪器和设备，进行独立操作，以引起某些事物和现象产生变化，从而使学生获得直接经验，培养学生技能和技巧的教学方法。实验法常用于物理、化学、生物等自然学科的教学。题干中，学生亲自饲养蚕宝宝并观察蚕的生长变化过程，李老师则进行指导，这种教学方法是实验法。

易混辨析：演示法中的示范性实验与实验法容易造成混淆，考生可结合以下内容进行理解：
示范性实验——教师做实验，学生看；
实验法——学生做实验，教师指导。

7. C 【解析】本题考查国家倡导的中小学教学组织形式。《国家中长期教育改革和发展规划纲要（2010—2020年）》提出，要提高义务教育质量。建立国家义务教育质量基本标准和监测制度。严格执行义务教育国家课程标准、教师资格标准。深化课程与教学方法改革，推行小班教学。

8. C 【解析】本题考查教学方法。演示法是指教师通过展示实物、直观教具，进行示范性的实验或采取现代化视听手段等，指导学生获得知识或巩固知识的方法。题干中，张老师自己动手做实验让学生观察水的状态变化，这种教学方法是演示法。

9. A 【解析】本题考查成败归因理论。美国心理学家韦纳对成败归因进行了系统的研究，他把人经历过事情的成败归结为六种原因，即能力、努力程度、工作难度、运气、身心状况、外界环境，又把上述六项因素按各自的性质分别归入三个维度：内部归因和外部归因、稳定性归因和不稳定性归因、可控制归因和不可控制归因。其中，能力是内部、稳定、不可控归因。题干中小勇将成绩不好归因于自己不够聪明，即归因于自己的能力，这属于内部、稳定的归因。

10. B 【解析】本题考查直观手段的种类。在实际的教学过程中，主要有三种直观方式，即实物直观、模像直观和言语直观。其中，模像直观指观察与教材相关的模型与图像（如图片、电影等），形成感知表象的直观方式。题干中赵老师让学生观看北方漫天大雪的视频，体现了其对模像直观手段的运用。

易混辨析：对于实物直观、模像直观、言语直观的区别，考生可结合下表进行记忆。

直观类型	呈现形式	教学形式
实物直观	实际物体	实验、现场参观、实地考察、观察标本等
模像直观	实际物体的模拟性形象	观看模型、图片、图形、图表、视频
言语直观	语言	口头讲解、描述

11. C 【解析】本题考查教学原则。循序渐进原则是指教师要严格按照学科知识的内在逻辑和学生的认知发展规律进行教学，使学生掌握系统的科学文化知识，能力得到充分的发展。“不陵节而施”指教育要根据学习者的年龄、学习基础、智力等因素循序渐进，不要超过人的接受能力而进行（教育），体现了循序渐进原则。“温故而知新”体现了巩固性原则。“不愤不启，不悱不发”体现了启发性原则。“博学于文，约之以礼”的意思是广泛地学习文化知识，再用礼来加以约束。

12. D 【解析】本题考查讲授法的局限。讲授法能在短时间内向学生传授系统知识，但不利于因材施教，不利于学生主动性的发挥。

13. A 【解析】本题考查耶克斯—多德森定律。耶克斯—多德森定律表明，动机的最佳水平随着任务性质的不同而不同。在比较容易的任务中，行为效果（工作效率）随着动机的提高而上升。故学生在完成比较容易的学习任务中，教师应使其学习动机强度处于较高水平，这样学生的学习效率会更高。

14. D 【解析】本题考查罗森塔尔效应的内涵。罗森塔尔效应又叫“皮格马利翁效应”，是指教师的期望或明或暗地传送给学生，会使学生按照教师所期望的方向来塑造自己的行为。因此，题干所述体现了罗森塔尔效应的内涵。

15. A 【解析】本题考查教学原则。直观性原则是指在教学活动中，教师应尽量利用学生的多种感官和已有的经验，通过各种形式的感知，使学生获得生动的表象，从而比较全面、深刻地掌握知识。教师展示圆形图片、硬币，让学生看一看、摸一摸，有助于学生获得关于圆的生动表象，进

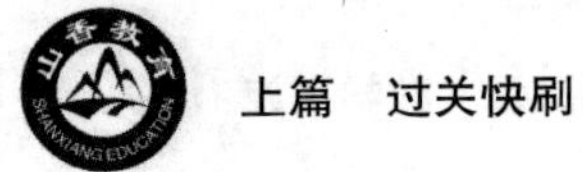

而全面深刻地掌握知识，这遵循了直观性原则。

16. D 【解析】本题考查复式教学。复式教学是指把两个或两个以上年级的学生合编在一个班级，采用直接教学和布置、完成作业轮流交替的方式，在同一节课内由一位教师对不同年级学生进行教学的组织形式。它适用于学生少、教师少、校舍和教学设备较差的农村以及偏远地区。题干所述体现了复式教学的内涵，故本题选D。

17. A 【解析】本题考查课堂教学导入的类型。设疑导入是通过设置悬念、提出问题，进而激发学生兴趣，调动学生思维的一类教学导入形式。题干中王老师通过提出问题导入新课，激发了学生学习的兴趣，正是对设疑导入的运用。

18. B 【解析】本题考查布置作业的要求。作业布置要难度适宜。作业偏难，学生无从下手，会导致积极性下降；作业偏易，降低了教学的要求，会影响学生对知识的掌握。所以教师布置作业时应让学生“跳一跳，够得着”，控制好作业的难度，才能更好地促进学生的学习。

19. D 【解析】本题考查成败归因理论的相关内容。根据韦纳的成败归因理论，只有努力是唯一可控的因素，因此将成败归因于努力就会激发学生强烈的学习动机，对学生的激励作用也最大。

20. D 【解析】本题考查教学原则。因材施教原则是指教师在教学活动中要根据学生的个别差异，有的放矢地进行有差别的教学，使每个学生都能扬长避短，获得最佳发展。题干中李老师针对不同水平的学生设置不同的作业，说明他注意到了学生的差异，遵循了因材施教原则。

21. B 【解析】本题考查教学组织形式。现场教学是指教师把学生带到事物发生、发展的现场进行教学活动的形式。题干中教师组织学生到学校附近的路口观察交通标志，这种教学组织形式属于现场教学。

22. D 【解析】本题考查对内部学习动机的理解。内部学习动机是指诱因来自学习者本身的内在因素，即学生因对活动本身发生兴趣而产生的动机。A、B、C项均属于外部学习动机。

23. A 【解析】本题考查知识学习的类型。上位学习又称总括学习，是在学生掌握一个比认知结构中原有概念的概括和包容程度更高的概念或命题时产生的。整数是一个比自然数范围更广的概念，先学自然数再学整数是上位学习。

易错提示：考生可结合下图来理解上位学习、下位学习、组合学习的概念。

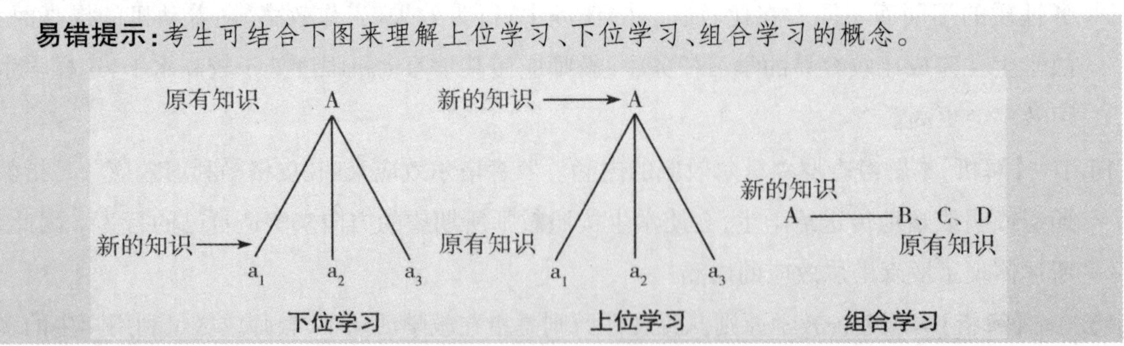

24. C 【解析】本题考查与教学原则有关的古文名言。启发性原则是指在教学活动中，教师要调动学生的主动性和积极性，引导他们通过独立思考、积极探索，生动活泼地学习，自觉地掌握科学

知识,提高分析问题和解决问题的能力。“君子之教,喻也”的意思是高明的老师善于用启发的方法来教育学生,这句话体现了启发性原则。

25. A 【解析】本题考查教学方法。练习法是学生在教师指导下运用知识去反复完成一定的操作,或解决某类作业与习题,以加深理解和形成技能技巧的方法。题干中教师让学生有感情地反复朗读课文是对练习法的运用。

26. A 【解析】本题考查操作技能的形成阶段。操作定向就是了解操作活动的结构与要求,在头脑中建立起操作活动的定向映像的过程。学生先听教师讲解新字,并观察教师书写示范,从而在头脑中建立起来关于新字书写步骤的定向映像,这处于操作定向阶段。操作模仿是指学习者通过观察,实际再现特定的示范动作或行为模式。操作模仿的实质是将头脑中形成的定向映像以外显的实际动作表现出来。操作整合是把构成整体的各动作要素,依据其内在联系联结成整体,形成操作活动的序列,获得有关操作活动的完整的动觉映像的过程。操作熟练是操作技能掌握的高级阶段,通过动作练习形成的活动方式对各种变化的条件具有高度的适应性,动作的执行达到高度的程序化、自动化和完善化。

易混辨析:操作技能形成的四个阶段考生可结合下表进行理解。

阶段	内涵	举例
操作定向	通过观察、了解形成动作映像	学生观察教师范写生字
操作模仿	模仿、再现动作	学生自己尝试写生字
操作整合	把构成整体的各动作要素联结成整体,获得完整的动作映像	综合各笔画,形成完整的生字映像,较为流畅地写出完整生字
操作熟练	动作高度程序化、自动化和完善化	学生不需集中注意力即可自然而然地写出该字

27. C 【解析】本题考查新型教学组织形式。开放课堂又称开放教学,其特点是教师不再分科系统地按照教材传授知识,而是为学生创造学习环境,由学生根据自己的兴趣在教室或其他场所自由活动或学习。题干所述的教学形式属于开放课堂。

28. B 【解析】本题考查课堂教学导入的类型。温故导入是指教师通过帮助学生复习与将要学习的新知识有关的旧知识,从中找到新旧知识联系的联结点,合乎逻辑、顺理成章地引导学生学习新知识的一种导入方法。《金色的鱼钩》和《七律·长征》两篇课文都与红军长征有关,张老师在新课教学开始时将以前学过的知识和新知识联系在一起,从而引入新课,这种导入方式属于温故导入。

29. B 【解析】本题考查启发性教学原则。苏格拉底的“产婆术”引导学生自己进行思索,自己得出结论,注重发挥学生的主动性,体现的是启发性教学原则。

30. A 【解析】本题考查常见的教学组织形式。特朗普制是由美国教育家劳伊德·特朗普于20世纪50年代提出的一种教学组织形式。这种教学形式把大班上课、小组讨论和个人自学三种形式结合了起来。题干所述的教学组织形式是特朗普制。

31. A 【解析】本题考查教学过程的基本规律。教师主导作用与学生主体作用相统一的教学规律要求既要充分发挥教师的主导作用，又要充分发挥学生主体参与教学的能动性。教学中，学生是学习的主人，具有主观能动性，在教学中必须发挥学生的主体作用。题干中老师引导学生做出选择体现了充分发挥教师主导作用，尊重学生主体地位的教育理念，充分尊重和发挥了学生的主体性。

32. A 【解析】本题考查高原现象的表现。通常把学生在学习过程中出现一段时间的学习成绩和学习效率停滞不前，甚至学过的知识感觉模糊的现象，称为“高原现象”。题干中学生们在学习舞蹈动作的过程中，刚开始的时候会进步得很快，到了某一阶段就会进步得很缓慢，甚至停滞不前，是典型的高原现象。

33. D 【解析】本题考查变式。所谓变式，就是变换使用不同形式的直观材料或事例说明事物的属性，使本质属性保持不变而非本质属性或有或无，以便突出本质属性。老师在讲直角三角形的时候，展示了很多直角三角形的变式，是为了突出概念本质。

34. D 【解析】本题考查成就动机理论。阿特金森把个体的成就动机分为两类：力求成功的动机和避免失败的动机。力求成功者的目的是获取成就，即通过各种活动努力提高自尊心和获得心理上的满足，成功概率为50%的任务是他们最有可能选择的。避免失败者则往往通过各种活动防止自尊心受伤害和产生心理烦恼，倾向于选择非常容易或非常困难的任务。

易错提示：在阿特金森的成就动机理论中，追求成功者和害怕失败者倾向于选择不同难度的任务，考生注意理解。

(1)追求成功者——追求成功，以获得心理上的满足。①易选择难度中等的任务，这类任务既有一定挑战性且成功的可能性高。②不易选择难度低和高的任务：难度低的任务，没有挑战性；难度高的任务，容易失败，不能获得成功体验。

(2)害怕失败者——避免失败，维护自尊心。①易选择难度低的任务，这样容易完成，可以避免失败；②易选择难度高的任务，难度高则成功概率低，可以为自己的失败找借口，维护自尊心。

35. B 【解析】本题考查班级授课制的不足。班级授课制是课堂教学的主要形式。它是把学生按年龄和文化程度分成固定人数的班级，教师根据课程计划和规定的时间表进行教学的一种组织形式。班级授课制不利于因材施教，难以满足学生个性化的学习需要。

36. B 【解析】本题考查座位编排适合的教学方法。“秧田型”排列法是最常见的座位摆放方法。这种座位模式是传统教室的排列形式，是封闭性的。学生与学生前额对后脑，左肩邻右肩，一致面向教师和黑板。它的目的在于让众多学生把注意力集中在教师身上，专心听讲，做笔记，适合于集体讲授。

37. D 【解析】本题考查新型教学组织形式。翻转课堂，就是在信息化环境中，课程教师提供以教学视频为主要形式的学习资源，学生在上课前完成对教学视频等学习资源的观看和学习，师生在课堂上一起完成作业答疑、协作探究和互动交流等活动的一种新型的教学模式。题干中学生在课前借助网络平台观看微视频进行自主学习，课上在老师指导下进行分组讨论、合作探究，这一教学组织形式属于翻转课堂。

二、简答题（参考答案）

简述加里培林关于智力技能形成阶段的理论。

（1）活动的定向阶段；（2）物质活动或物质化活动阶段；（3）出声的外部言语活动阶段；（4）无声的外部言语活动阶段；（5）内部言语活动阶段。

三、材料分析题（参考答案）

1.（1）材料中李老师的做法是正确的。

①学生是具有独立意义的人，是学习的主体。材料中，李老师面对几位考满分的学生上课心不在焉的情况，及时调整教学策略，让这些学生也参与课堂教学，使讲评课上得生动、活泼，调动了学生的积极性，尊重了学生的主体地位。

②教学是课程创生与开发的过程。教师和学生是课程的有机构成部分，是课程的创造者和主体，他们共同参与课程开发的过程。材料中，李老师面对课堂中出现的问题，没有按原来的教学方案执行，而是及时调整教学策略，让全班学生都参与到讨论中，既巩固了旧知又拓展了新思路，这一做法体现了新课改倡导的教学是课程创生与开发的过程。

③启发性原则是指在教学活动中，教师要调动学生的主动性和积极性，引导他们通过独立思考、积极探索，生动活泼地学习，自觉地掌握科学知识，提高分析问题和解决问题的能力。材料中，李老师请做对题的学生讲解做题思路和方法，让其他同学提问并进行讨论，启发了学生思维，产生了许多新的解题思路和方法。

④教育机智是指教师能根据学生新的特别是意外的情况，迅速而正确地做出判断，随机应变地采取及时、恰当而有效的教育措施解决问题的能力。材料中，李老师能依据课堂教学实际情况，及时调整教学策略，活跃了课堂气氛，取得了良好的教学效果，这表明李老师具有较高的教育机智。

（2）教学过程的预设是指课前进行有目的、有计划的设想与安排。这要求教师深入理解和钻研教材，以课程标准为依据，把握好教材的编写意图和教学内容的教育价值。教学过程的生成是指在师生和生生之间的合作、对话、碰撞中，现时生成的超出教师预设方案的新问题、新情况。这要求教师能够及时把握，因势利导，适时调整预案，使教学活动收到更好的效果。教学过程中的预设与生成是共存、互补的关系，预设是生成的起点，在实践中，生成以预设为基础。材料中，当李老师发现考满分的学生的问题后，及时调整了教学策略，因势利导，组织大家提问和讨论，最终促进了学生的发展，这体现了教学过程中的生成性。

2.（1）材料中林老师的行为是正确的，值得学习。

①材料中林老师布置的作业形式灵活。他让学生把上课所学讲给最喜欢的人听，不再局限于平时所布置的书面作业、巩固性作业等。

②材料中林老师布置的作业很有趣味性，引导学生通过与他人进行沟通来完成作业，这有助于启发学生的思维。

③材料中林老师的作业布置做到了举一反三，并且同社会生活中的实际问题紧密结合。例如通过上课所学的小白兔的故事迁移到下雨前其他动物的表现。

（2）①布置作业要有目的、有重点，作业内容符合课程标准的要求；

②考虑不同学生的能力需求；

③分量适宜，难易适度；

④作业形式与内容要多样化，具有多选性，难度要逐步提高；

⑤要求明确，规定作业完成时间；

⑥作业反馈清晰、及时；

⑦作业要具有典型意义和举一反三的作用；

⑧作业应有助于启发学生的思维，含有鼓励学生独立探索并进行创造性思维的因素；

⑨尽量同现代生产和社会生活中的实际问题结合起来，力求理论联系实际。

专题一 教学和教学过程

一、单项选择题

答案速查

1～5	DBAAD	6～10	DDCCB	11～15	ABCDB	16～21	ADAABC

1. D 【解析】学生认识的间接性是指学生的认识是以学习间接经验为主，接受和占有人类已有的认识成果。由题干中学生学习“间接知识”并“间接地认识世界”可知，题干所述为认识的间接性。有领导的认识是指学生的认识始终是在教师的传授、指导下进行以达到认识目的的。认识的教育性是指在认识中追求并实现着学生的知、情、意、行等方面的发展与完全人格的养成。认识的交往性是指教学活动是发生在师生之间及学生之间的一种特殊的交往活动。

2. B 【解析】“授之以鱼”是在教学中传授知识的表现。“授人以渔”强调的是在教学中教授学生学习的方法，这是教学中注重发展学生能力的表现。

3. A 【解析】教学以培养全面发展的人为根本目的，是学校实现教育目的的根本途径，是教师教和学生学两方面活动的统一。故本题选A项。

4. A 【解析】人们认识客观事物主要有两条途径:一是获取直接经验,即通过亲自探索、实践所获得的经验;二是获取间接经验,即他人的认识成果,主要是指人类在长期认识过程中积累并整理而成的书本知识。学习间接经验是学生认识客观世界的基本途径。

5. D 【解析】书本知识,一般表现为概念、定理、原理等,这对学生来说是间接经验。学生要把这些知识转化为自己的知识,必须以个人以往积累的或现时获得的感性经验为基础。教师要根据教学需要充分利用和丰富学生的直接经验。教师在教学过程中,结合学生的感性认识,促使学生掌握书本知识,这说明教学过程具有间接经验与直接经验相结合的规律。

6. D 【解析】传授知识与思想品德教育相统一是指在教学过程中,学生掌握科学文化知识和提高思想品德修养是相辅相成的。知识是思想品德形成的基础,学生思想品德修养的提高有赖于其对科学文化知识的掌握。思想品德修养的提高为学生积极地学习知识提供动力。题干中,学生在掌握人物描写方法的同时也体会到了妈妈温暖的爱,从而更加尊重自己的母亲。在这一教学过程中,充分体现出教师坚持传授知识与思想品德教育相统一的规律。

7. D 【解析】教学与教育两个概念既相联系又相区别。教育指一切培养人的活动。广义的教学所指与教育一词的含义基本没有区别。但是在狭义上,教学专指教师的教与学生的学相统一的专门活动,已经从教育中分化独立了出来,是教育的核心部分。教学尽管有教育活动的性质,但是如果简单地完全归属于教育活动,则不利于对教学本质进行深入认识。故D项说法错误。

8. C 【解析】题干中赫尔巴特说的“我不承认有任何无教育的教学”说明教学永远具有教育性。在教学过程中,学生的知、情、意同时介入,相互作用。这体现的是传授知识与思想品德教育相统一的规律。

9. C 【解析】贯彻传授知识与思想品德教育相统一的规律时,要防止两种倾向:一种是脱离知识进行思想品德教育;另一种是只强调传授知识,忽视思想品德教育。教师在教学过程中要注意把传授知识和思想品德教育有机结合起来。

10. B 【解析】魏老师把大部分时间交给学生讨论问题,充分发挥了学生的主体作用;同时魏老师作为课堂的引导者,保证学生不偏离主道,这体现了教师的主导作用。魏老师的课取得了良好的教学效果,这说明在教学过程中要把教师的主导作用和学生的主体作用统一起来。

11. A 【解析】教学是在一定教育目的规范下,由教师的“教”和学生的“学”共同组成的传递和掌握社会经验的双边活动。教学活动就其本质而言,是一种特殊的认识活动。

12. B 【解析】“记问之学,不足以为人师”出自《学记》,可译为:仅仅靠背诵和记忆前人的东西而没有自己的见解和想法,这样的人是不足以给别人当老师的。这说明教学不能只停留在掌握已有的知识经验层面,还要注重智力的发展,即要具备认识客观事物的基本能力,这主要体现的是掌握知识和发展智力相统一的教学规律。

13. C 【解析】教师主导作用与学生主体作用相统一的规律，要求在教育过程中，既要充分发挥教师的主导作用，又要充分发挥学生主体参与教学的能动性。这说明教师和学生在教育过程中都是主动的，教师起主导作用，学生是学习的主人，要发挥学生学习的主动性和积极性。

14. D 【解析】"指引者，师之功也"的意思是：教师的功劳在于引导、指导学生。"师傅领进门，修行靠个人"的意思是：师傅只起着引导作用，学业或技艺上的钻研与提高，还得靠学子自身的努力。题干中的教师和学生、"师傅"和"个人"的关系体现了教学中教师主导作用与学生主体作用相统一的规律。

15. B 【解析】在教学过程中，学生掌握科学文化知识和提高思想品德修养是相辅相成的。题干中的李老师在给学生传授知识的同时，也通过介绍我国数学家的伟大事迹对学生进行思想品德教育，体现了教学过程中传授知识与思想品德教育相统一的规律。

16. A 【解析】教学是学校教育的中心工作，学校教育工作必须坚持以教学为主。故选A项。

17. D 【解析】教学的首要任务是传授学生系统的科学文化基础知识和基本技能，其他任务的实现都是在完成这一任务的过程中和基础上进行的。

18. A 【解析】教学过程是一种特殊的认识过程。这种特殊性的表现之一是认识对象的间接性与概括性，即学生的认识是以学习间接经验为主，接受和占有人类已有的认识成果，而这些间接经验又具有高度概括性。表现之二是认识方式的简捷性与高效性，即通过间接知识认识世界，可以减少探索的实践，避免探索的弯路，尽快地掌握人类的文化精华，因而是高效的。题干中的学生只需要坐在教室里，而不需要直接去探索，就可以了解宇宙奥秘、认识远古人文，这体现了认识的间接性和简捷性。

19. A 【解析】老师在课堂上讲解圆的周长的计算公式，演示π的推理计算，目的在于通过分析、推理等思维过程，使学生形成概念、原理，真正认识事物的本质和规律。这属于教学过程中的帮助学生理解知识。

20. B 【解析】处理间接经验与直接经验的关系，要防止教学史上曾出现过的两种偏向。一种是在传统教育观影响下产生的偏向，他们只重书本知识的传授，而不注重联系生活实际，习惯于教师讲、学生听，不考虑学生是否理解、消化，导致注入式教学，造成学生掌握知识上的一知半解、僵化、片面。另一种是在经验主义教育观影响下产生的偏向，过于重视学生个人的感知、探究、从做中学，而忽视系统知识的授受，使学生难以掌握系统缜密的学科知识。这两种偏向都违反了教学的规律，割裂了间接经验与直接经验的内在联系，影响了教学质量的提高。故题干中的教师没有正确处理好直接经验与间接经验的关系。

21. C 【解析】形式教育论认为教学的主要任务在于通过开设希腊文、拉丁文、逻辑、文法和数学等学科发展学生的智力，至于学科内容的实用意义则是无关紧要的。实质教育论认为教学的主要任务在于传授给学生有用的知识，至于学生的智力则无需进行特别的培养和训练。C项正确。

二、简答题(参考答案)

1. 简述教学过程的基本规律。

(1)间接经验与直接经验相结合(间接性规律);(2)教师主导作用与学生主体作用相统一(双边性规律);(3)掌握知识和发展智力相统一(发展性规律);(4)传授知识与思想品德教育相统一(教育性规律)。

2. 教学过程包括哪几个阶段?

(1)激发学习动机;(2)领会知识;(3)巩固知识;(4)运用知识;(5)检查知识。

3. 简述教学的基本任务。

(1)引导学生掌握科学文化基础知识和基本技能;(2)发展学生智能,特别是培养学生的创新精神和实践能力;(3)发展学生体力,提高学生的健康水平;(4)培养学生高尚的审美情趣,养成良好的品德,形成科学的世界观;(5)关注学生个性的发展,促进学生个性的全面健康和谐发展。

4. 教学过程的特殊性表现在哪些方面?

(1)认识对象的间接性与概括性;(2)认识方式的简捷性与高效性;(3)教师的引导性、指导性与传授性(有领导的认识);(4)认识的交往性与实践性;(5)认识的教育性与发展性。

三、材料分析题(参考答案)

(1)在教学过程中,教师的主导作用和学生的主体作用是辩证统一的。材料中,郝老师采用的"三少"教学法有利于调动学生的主动性,但是由于在教学中没有充分发挥教师的主导作用,没能结合学生的实际情况进行及时引导和调整,最终导致教学效果不佳。因而,郝老师改变教学方式的初衷是好的,但学生的反馈表明郝老师需要进行反思,结合学生情况改进自己的教学方式。教师在教学过程中除了做到"三少",还要做到"三多",即要"多看""多听""多交流",才能及时了解学生的学习动态,掌握学生学习的第一手资料,真正实现课堂的高效性。

(2)在实际教学中,要提高教学效果,既要充分发挥教师的主导作用,又要充分发挥学生主体参与教学的能动性,把二者有机地结合起来。①发挥教师的主导作用是学生简捷有效地学习知识、发展身心的必要条件。只有借助于教师的教导和帮助,才能以简捷有效的方式掌握人类创造的基本文化科学知识,迅速提高自己的身心发展水平,成为社会需要的人才。学生的学习主动性、积极性的正确发挥也有赖于教师的引导。②调动学生的学习主动性是教师有效地教学的一个主要因素。教师的教是为了学生的学,在教学过程中,必须充分调动学生的学习主动性、积极性。学生的学习主动性是以教学为前提的,是对教师的教的积极配合,是在教师引导下自觉、专心、刻苦学习,善于创造性地完成独立作业。背离教师的主导作用,学生的积极性就会具有盲目性,进而使学生在学习上费力而不讨好,成效甚微。可见,在教学过程中,充分发挥教师的主导作用是学生简捷掌握知识的必要条件,而要使学生自觉掌握知识主要靠调动学生个人的主动性、积极性,如果师生双方能积极配合就能获得教学的最佳效果,这是教师主导作用与学生主动性之间的必然联系。

(考生可结合实际作答,言之有理即可)

专题二　教学原则与方法

一、单项选择题

答案速查

1～5	CABDD	6～10	CDABC	11～15	CDBBB	16～20	DBCBD
21～25	BDBDC	26～30	BBDAD	31～35	ACDBB	36～42	CBCCDDB

1. C　【解析】直观性原则是指在教学活动中，教师应尽量利用学生的多种感官和已有的经验，通过各种形式的感知，使学生获得生动的表象，从而比较全面、深刻地掌握知识。这一原则是根据人类的认识规律、直接经验和间接经验相统一的教学规律提出来的，也是由学生的年龄特征所决定的。客观世界中事物的外部特征（如形式、颜色）以及个体的感官经验对我们认识世界、掌握规律具有重要意义，这启示教育者应当在教学中重视并充分利用事物表象及学生的经验与感官，帮助学生更快、更好地理解、掌握知识。题干所述体现了在教学中运用直观性教学原则的重要性。

2. A　【解析】启发性原则是指在教学活动中，教师要调动学生的主动性和积极性，引导他们通过独立思考、积极探索，生动活泼地学习，自觉地掌握科学知识，提高分析问题和解决问题的能力。题干这句话的意思是读书没有疑问的，要教他发现疑问；有了疑问的，通过寻求答案，再达到没有疑问的境界。从无疑到有疑再到无疑，这是一个启发诱导的过程，体现的是教学的启发性原则。

3. B　【解析】理论联系实际原则是指教师在教学中，应使学生从理论与实际的结合中来理解和掌握知识，并引导他们运用新获得的知识去解决各种实际问题，培养他们分析问题和解决问题的能力。这一原则是直接经验与间接经验相统一的教学规律在教学中的体现。

4. D　【解析】科学性和思想性（教育性）相统一原则是指教学要以马克思主义为指导，授予学生科学知识，并结合知识教学对学生进行社会主义品德和正确人生观、科学世界观教育。这一原则的实质是要求在教学活动中把教书和育人有机地结合起来。题干中，王老师既传授了科学知识，又对学生进行了科学世界观的教育，科学解释了“鬼火”现象产生的原因，有利于破除封建迷信思想，贯彻了科学性和思想性相统一的原则。

5. D　【解析】因材施教原则是指教师在教学中，要从课程计划、学科课程标准的统一要求出发，面向全体学生，同时又要根据学生的个别差异，有的放矢地进行教学，使每个学生都能扬长避短，获得最佳的发展。题干所述体现了教学的因材施教原则。

6. C　【解析】循序渐进原则是指教师要严格按照科学知识的内在逻辑和学生的认知发展规律进行教学，使学生掌握系统的科学文化知识，能力得到充分的发展。贯彻循序渐进原则要求教师按照学生的认识顺序，由浅入深、由易到难、由简到繁地进行教学。张老师在教学内容的选择方面，从易到难、从简单到复杂,遵循了循序渐进原则。

7. D 【解析】直观性原则是指在教学活动中,教师应尽量利用学生的多种感官和已有的经验,通过各种形式的感知,使学生获得生动的表象,从而比较全面、深刻地掌握知识。李老师通过播放视频、图片、幻灯片的方式进行教学有利于学生通过各种感官获得关于北国之秋的生动的表象,说明其在教学中贯彻了直观性原则。

8. A 【解析】因材施教原则是指教师在教学中,要从课程计划、学科课程标准的统一要求出发,面向全体学生,同时又要根据学生的个别差异,有的放矢地进行有差别的教学,使每个学生都能扬长避短,获得最佳的发展。"知其心,然后能救其失也"译为:(教育者)知道了他们的不同心理,然后才能补救其不足。这句话强调教育者要根据学生不同的心理特点因材施教。

9. B 【解析】启发性原则是指在教学活动中,教师要调动学生的主动性和积极性,引导他们通过独立思考、积极探索,生动活泼地学习,自觉地掌握科学知识,提高分析问题和解决问题的能力。第斯多惠的话强调了好的教师会引导学生自主学习,让学生通过自我思考与探索发现真理,故题干所述体现了启发性教学原则。

10. C 【解析】理论联系实际原则是指教师在教学中,应使学生从理论与实际的结合中来理解和掌握知识,并引导他们运用新获得的知识去解决各种实际问题,培养他们分析问题和解决问题的能力。题干中的王老师讲解过厘米、分米和米的概念后,让学生通过实际测量桌子、铅笔、书本的长度来更好地理解和掌握知识,这体现了理论联系实际原则。

11. C 【解析】量力性原则,也称可接受性原则,是指教学的内容、方法、分量和进度要适合学生的身心发展,使他们能够接受,但又要有一定的难度,需要他们经过努力才能掌握,以促进学生的身心发展。这一原则是为了防止发生教学难度低于或高于学生实际程度而提出的。最近发展区是学生现有水平与可能达到水平之间的差异,最近发展区理论强调教学应符合并略高于学生当前发展水平,以使学生"跳一跳"即可达到新的发展水平。量力性原则与"最近发展区"的内涵是一致的。

12. D 【解析】演示法是指教师通过展示实物、直观教具,进行示范性的实验或采取现代化视听手段等,指导学生获得知识或巩固知识的方法。杨老师通过大屏幕播放雪景,说明其采用了演示法。

13. B 【解析】"夫知者,必量其力所能至而从事焉"的意思是聪明的人一定先估量自己的能力能够做到,然后才去做某件事。这体现的是量力性原则。

14. B 【解析】谈话法也叫问答法,它是教师按一定的教学要求向学生提出问题,要求学生回答,并通过问答的形式来引导学生获取新知识或巩固旧知识的方法。题干表述为谈话法的定义。

15. B 【解析】演示法是指教师通过展示实物、直观教具,进行示范性的实验或采取现代化视听手段等,指导学生获得知识或巩固知识的方法。题干中教师通过示范性的实验来讲解燃烧与氧气的关系，即运用了演示法。

16. D　【解析】巩固性原则要求在教学中要组织好学生的复习工作。"学而时习之"是说学习知识要经常复习，"温故而知新"是说复习旧知识会有新的收获，这些都体现了巩固性教学原则。

17. B　【解析】情境教学法是指在教学过程中，教师有目的地引入或创设具有一定情绪色彩的生动具体的场景，以引起学生一定的情感体验，从而帮助学生理解教材，并使学生的心理机能得到发展的教学方法。题干描述的是情境教学法的概念。

18. C　【解析】读书指导法是指教师指导学生通过阅读教科书和其他参考书，以获得知识、巩固知识、培养学生自学能力的一种方法。李老师指导学生选择图书和制订读书计划，可以帮助学生逐步学会阅读的方法，提高学生的阅读能力，这是运用了读书指导法。谈话法也叫问答法，它是教师按一定的教学要求向学生提出问题，要求学生回答，并通过问答的形式来引导学生获取新知识或巩固旧知识的方法。李老师按照教学要求，向学生提出预先拟好的问题，通过问答、对话的形式来引导学生思考、探究，获取或巩固知识，促进学生智能发展，这是运用了谈话法(即问答法)。

19. B　【解析】依据指导思想的不同，各种教学方法可以归并为两类：注入式和启发式。注入式是一种"填鸭式"的教学方法，是指教师从主观出发，把学生看成单纯接受知识的容器，向学生灌输知识，无视学生在学习上的主观能动性。启发式是指教师从学生实际出发，采取各种有效的形式去调动学生学习的积极性，指导他们自己去学习的方法。

20. D　【解析】以直观感知为主的教学方法具有形象性、具体性、直接性和真实性的特点，主要有演示法和参观法两种。讲授法和谈话法是以语言传递为主的教学方法，实习作业法是以实际训练为主的教学方法。

21. B　【解析】因材施教原则是指教师在教学中，要从课程计划、学科课程标准的统一要求出发，面向全体学生，同时又要根据学生的个别差异，有的放矢地进行有差别的教学，使每个学生都能扬长避短，获得最佳的发展。朱熹的这句话是说，圣人施行教育，必须依据各人的不同资质和才能有针对性地进行，资质和才能小的，就让他们有小的成就，资质和才能大的，就让他们有大的成就。这体现了因材施教的教学原则。故本题选B项。

22. D　【解析】循序渐进原则的贯彻要求有：(1)教师的教学要有系统性。(2)抓主要矛盾，解决好重点与难点。(3)教师要引导学生将知识体系化、系统化。(4)按照学生的认识顺序，由浅入深、由易到难、由简到繁地进行教学。D项属于理论联系实际原则的贯彻要求。

23. B　【解析】模像直观指观察与教材相关的模型与图像(如图片、电影等)，形成感知表象。孙老师提供各种类型的花的挂图，让学生观察以便更好地理解花的构造的教学方法属于模像直观。

24. D　【解析】题干中的曹老师通过介绍祖冲之的卓越贡献，让同学们感到自豪，说明曹老师在讲授知识的同时，注重思想教育，遵循了科学性与思想性相统一的教学原则。

25. C 【解析】直观性原则是指在教学活动中，教师应尽量利用学生的多种感官和已有的经验，通过各种形式的感知，使学生获得生动的表象，从而比较全面、深刻地掌握知识。直观手段一般分为三大类：实物直观、模像直观和言语直观。其中模像直观是指观察与教材相关的模型与图像（如图片、电影等），形成感知表象的直观方式。题干中王老师通过视频让学生获得了钱塘江大潮的生动表象，利用了模像直观的方式，体现了直观性原则。

26. B 【解析】讨论法是全班或小组成员在教师的指导下，围绕某一中心问题发表自己的看法和见解，从而进行相互学习的一种方法。题干引文强调在教学中同伴之间要相互学习，讨论切磋，取长补短，共同进步。这说明我们在教学中要注意运用讨论法。故选B项。

27. B 【解析】量力性原则，也称可接受性原则，是指教学的内容、方法、分量和进度要适合学生的身心发展，使他们能够接受，但又要有一定的难度，需要他们经过努力才能掌握，以促进学生的身心发展。贯彻此原则的要求包括了解学生的发展水平，从实际出发进行教学；考虑学生认识发展的时代特点。题干中，蒙田强调要先判断学生的能力，了解学生的发展水平，然后再量力施教，这说明教学要遵循量力性原则。

28. D 【解析】讨论法是全班或小组成员在教师的指导下，围绕某一中心问题发表自己的看法和见解，从而进行相互学习的一种方法。题干中，学生在班主任的指导下围绕如何预防火灾及发生火灾如何自救等问题发表和交换意见，进而获取知识。这种教学方法是讨论法。

29. A 【解析】实物直观指在感知实际事物的基础上提供感性材料的直观教学方式。例如，观察标本、演示实验、现场参观、实地观测等。老师带领学生到博物馆参观前人制造的金银首饰等，促进学生理解中国古代史及文明史的教学形式，就属于实物直观。

30. D 【解析】直观性原则是指在教学活动中，教师应尽量利用学生的多种感官和已有的经验，通过各种形式的感知，使学生获得生动的表象，从而比较全面、深刻地掌握知识。直观手段一般分为三大类：实物直观、模像直观和言语直观。其中模像直观是指观察与教材相关的模型与图像（如图片、电影等），形成感知表象的直观方式。题干中老师在教授诗词歌曲时，结合《经典咏流传》节目让学生观看，运用了直观教学中的模像直观。

31. A 【解析】讲授法是教师运用口头语言系统连贯地向学生传授知识、技能，发展学生智力的教学方法。讲授法可分为讲读、讲述、讲解和讲演四种。题干所说的是讲授法中的讲解，讲解是教师对概念、原理、规律、公式等进行解释、论证。

32. C 【解析】练习法是指学生在教师的指导下运用知识去反复完成一定的操作，或解决某类作业与习题，以加深理解和形成技能技巧的方法。练习法是中小学各科教学普遍采用的教学方法。练习法的种类有说话的练习，解答问题的练习，绘画、制图的练习，作文和创作的练习，运动与文娱技能、技巧的练习。李老师每讲完一个公式后，就让学生做大量的题来巩固，这属于解答问题的练习。

33. D 【解析】贯彻启发性原则的要求:(1)加强学习的目的性教育,调动学生学习的主动性;(2)设置问题情境,启发学生独立思考,培养学生良好的思维方法和思维能力;(3)让学生动手,培养学生独立解决问题的能力,鼓励学生将知识创造性地运用于实际;(4)发扬教学民主。题干中的做法主要体现了启发性教学原则。

34. B 【解析】直观性原则是指在教学活动中,教师应尽量利用学生的多种感官和已有的经验,通过各种形式的感知,使学生获得生动的表象,从而比较全面、深刻地掌握知识。题干中“不闻不若闻之,闻之不若见之”的意思是:不听不如听到,听到不如亲眼看到。这体现的是直观性原则。

35. B 【解析】实物直观是指在感知实际事物的基础上提供感性材料的直观教学方式。例如做实验、观察标本、实地参观访问等。题干中杨老师让学生近距离观察昆虫标本运用了实物直观手段。

36. C 【解析】以引导探究为主的教学方法是指教师组织和引导学生通过独立的探究和研究活动而获得知识的方法,主要是指发现法。发现法又称探索法、研究法,是指学生在教师指导下,对所提出的课题和所提供的材料进行分析、综合、抽象和概括,自行发现并掌握相应的原理和结论的一种教学方法。

37. B 【解析】科学性和思想性(教育性)相统一原则是指教学要以马克思主义为指导,授予学生科学知识,并结合知识教学对学生进行社会主义品德和正确人生观、科学世界观教育。这一原则的实质是要求教师在教学活动中把教书和育人有机地结合起来。题干所述说明教育者要充分挖掘课程中的德育因素,结合教学内容的特点进行思想品德教育,通过教学活动的各个环节对学生进行思想品德教育。这要求教师在教学中坚持思想性(教育性)和科学性相统一的原则。

38. C 【解析】发现法又称探索法、研究法,是指学生在教师指导下,对所提出的课题和所提供的材料进行分析、综合、抽象和概括,自行发现并掌握相应的原理和结论的一种教学方法。教师让学生通过动手操作来发现轻重与材料、轻重与体积大小的关系,这一教学过程注重学生对规律的探究,体现的教学方法是发现法。

39. C 【解析】理论联系实际原则是指教师在教学中,应使学生从理论与实际的结合中来理解和掌握知识,并引导他们运用新获得的知识去解决各种实际问题,培养他们分析问题和解决问题的能力。“读万卷书,行万里路”比喻要努力读书,增长学识,同时也要结合实际,学以致用,体现的是理论联系实际原则。

40. D 【解析】科学性和思想性(教育性)相统一原则是指教学要以马克思主义为指导,授予学生科学知识,并结合知识教学对学生进行社会主义品德和正确人生观、科学世界观教育。这一原则的实质是要求在教学活动中把教书和育人有机地结合起来。李老师在讲解浮力原理的同时,通过介绍阿基米德发现浮力定律的故事鼓励学生善于观察身边的事物,就是在教书的同时进行育人,体现了科学性与思想性统一原则。

41. D 【解析】运用演示法的基本要求有:(1)做好演示前的准备。演示前要根据教学需要,做好教具准备。用以演示的对象要有能够突出显示所学材料的主要特征。(2)要使学生明确演示的目的、要求与过程,主动、积极、自觉地投入观察与思考。(3)通过演示,使所有学生都能清楚、准确地感知演示对象,并引导他们在感知过程中进行综合分析。题干中,要求所有学生都亲自操作属于运用实验法的基本要求之一。此题为选非题,故本题选D项。

42. B 【解析】情境教学是指在教学过程中,教师有目的地引入或创设具有一定情绪色彩的、以形象为主体的生动具体的场景,以引起学生一定的态度体验,从而帮助学生理解教材,并使学生的心理机能得到发展的教学方法。情境教学的核心是激发学生的情感。王老师通过展示日本福岛核电站泄漏影响范围图和播放核泄漏影响范围的新闻材料,给学生创设了一定的教学情境,然后再对学生展开提问,能够激发学生的情感和学习的主动性。

二、简答题(参考答案)

1. 简述运用谈话法的基本要求。

(1)要做好计划,教师要对谈话的中心、提问的内容做充分准备,并拟定谈话提纲。

(2)要善问,提出的问题要明确、具体、难易适宜,符合学生已有的知识程度、经验,还要有启发性,形式要多样化。

(3)要善于启发诱导,谈话时,教师要面向全体学生,给学生留有思考的余地,因势利导,让学生一步步地去获得新知。

(4)谈话结束后,应结合学生回答的情况进行归纳和小结,给出问题的正确答案,指出谈话过程中的优缺点。

2. 简述运用教学方法的一般要求。

(1)运用教学方法必须坚持以启发式为指导思想。(2)运用教学方法必须做到最佳选择和优化组合。(3)运用教学方法必须做到原则性与灵活性相结合。

3. 在教学中如何贯彻因材施教原则?

(1)要坚持课程计划和学科课程标准的统一要求;(2)教师要了解学生,从实际出发进行教学;(3)教师要善于发现每个学生的兴趣、爱好,并创造条件,尽可能使每个学生的不同特长都得以发挥。

三、材料分析题(参考答案)

1. (1)①林老师为了上好《蛙》一课,分别采用了实物直观(如青蛙标本)、模像直观(如三张挂图和视频材料)的教学手段,但是他不能合理安排和有效利用这些教学手段,导致青蛙标本过小、PPT页码过多且字体颜色较浅,使得教学不但没有达到预期效果,反而适得其反。②材料中林老师不断翻着PPT,却没有适时做出讲解,即缺少了言语直观。只有实物直观、模像直观、言语直观三种直观方式相结合,才能取得更好的教学效果。

(2)①正确选择直观教具和教学手段。材料中林老师准备的青蛙标本过小,PPT页码过多且背景上的浅色字很模糊，也没有突出所讲内容的特点。在教学过程中，林老师也没有让学生充分参与教学过程，只是自己单独呈现各种教学材料，没有及时跟学生沟通反馈、了解学生的想法。这些都需要教师进行反思和改正。

②将直观教具的演示与语言讲解结合起来。材料中，林老师只使用了实物直观和模像直观，没有适时做出讲解，即没有与言语直观相结合，未达到预期教学效果。这些也需要教师及时反思和改正。

③重视运用言语直观。言语直观是指在生动形象的言语作用下唤起学生头脑中的表象，以提供感性材料的直观方式。言语直观不受时空和设备的限制，教师在教学中应合理、恰当地运用该直观类型，以期达到应有的教学效果。

2.(1)王老师采用的是以语言传递为主的教学方法，即主要运用讲授法来教授平行四边形面积的计算公式。讲授法是教师运用口头语言系统连贯地向学生传授知识、技能，发展学生智力的教学方法。李老师采用的是以引导探究为主的教学方法，即主要运用的是发现法。发现法又称探索法、研究法，是指学生在教师指导下，对所提出的课题和所提供的材料进行分析、综合、抽象和概括，自行发现并掌握相应的原理和结论的一种教学方法。

(2)①讲授法可以充分发挥教师的主导作用，使学生在短时间内获得大量系统的科学知识。缺点是不易发挥学生的主动性和积极性，不利于因材施教，容易造成“填鸭式”“满堂灌”的教学效果。在王老师的教学中，学生通过教师的讲授，很快地掌握了平行四边形面积公式的应用，但对于面积公式是如何来的却不太清楚，这正是讲授法优缺点的生动体现。

②发现法主要是让学生自己主动发现问题、解决问题及掌握原理。在教学过程中，学生是知识的发现者，可以充分发挥自身的主动性和积极性，提升自身的创新意识和进取精神。通过引导学生主动、独立地探究学习，有利于培养学生的创新精神和实践能力。李老师在教学中运用发现法，引导学生发现问题、主动学习和探究，最终取得了良好的教学效果。

专题三　教学组织形式

一、单项选择题

答案速查

1～5	BBCBC	6～10	BABDD	11～15	ABACB	16～22	DDCCCCA

1. B　【解析】历史上最早的教学组织形式是个别教学，它是古代社会教育教学的基本组织形式。在古代，中国、埃及和希腊的学校大都采用个别教学。

2. B　【解析】道尔顿制是由美国教育家柏克赫斯特创建的一种新的教学组织形式。道尔顿制的特点：(1)废除教师面向全体学生的课堂讲授，废除课程表和年级制，代之以教师辅导学生按“公约”个别自学。学生以公约的形式明确自己应完成的各项学习任务，自己按兴趣自由支配学习时间。(2)将教室改为各科作业室或实验室，按学科的性质陈列参考用书和实验仪器，供学生自学使用。(3)设置成绩记录表,由教师和学生分别记录学习进度。道尔顿制的优点是有利于调动学生学习的主动性,培养他们的学习能力和创造才能;缺点是不利于系统知识的掌握,对教学设施和条件要求较高。A项属于外部分组教学,C项属于特朗普制,D项属于复式教学。

3. C 【解析】班级授课制是把学生按年龄和文化程度分成固定人数的班级,教师根据课程计划和规定的时间表进行教学的一种组织形式。目前我国教学的基本组织形式是班级授课制。

4. B 【解析】在我国,最早采用班级授课制的是清政府于1862年设于北京的京师同文馆,并在癸卯学制中以法令形式确定下来,随之在全国范围内推广。"癸卯学制"即《奏定学堂章程》。

5. C 【解析】特朗普制把大班上课、小组讨论、个人自学结合在一起,以灵活的时间单位代替固定统一的上课时间。故题干所述教学组织形式为特朗普制。

6. B 【解析】复式教学是指把两个或两个以上年级的学生合编在一个班级,采用直接教学和布置、完成作业轮流交替的方式,在同一节课内由一位教师对不同年级学生进行教学的组织形式。它适用于学生少、教师少、校舍和教学设备较差的农村以及偏远地区。

7. A 【解析】外部分组,即取消按年龄编班,按学生的能力或某些测验成绩编班。题干描述的是外部分组的内涵。

8. B 【解析】捷克教育家夸美纽斯在其著作《大教学论》(1632年)中最早对班级授课制做了理论上的阐述和论证。

9. D 【解析】贝尔—兰卡斯特制,也称为导生制,是由英国人贝尔和兰卡斯特于18世纪末19世纪初创立的,这种教学组织形式仍以班级为基础,但教师不直接面向班级全体学生,教师先把教学内容教给年龄较大的学生,而后由他们中间的佼佼者——导生去教年幼的或成绩较差的其他学生。

10. D 【解析】复式教学是指把两个或两个以上年级的学生合编在一个班级,采用直接教学和布置、完成作业轮流交替的方式,在同一节课内由一位教师对不同年级学生进行教学的组织形式。题干所述是复式教学的定义。

11. A 【解析】现场教学是指教师把学生带到事物发生、发展的现场进行教学活动的形式。它可以以班级为单位,也可以以小组或个人为单位,通常需要有关现场人员的参加。题干所述是现场教学的定义。

12. B 【解析】"微课"是指按照新课程标准及教学实践要求,以视频为主要载体,记录教师在课堂内外教育教学过程中,围绕某个知识点(重点、难点、疑点)或教学环节而开展的精彩的教与学活动的全过程。微课的时长一般为5~8分钟,最长不宜超过10分钟。

13. A 【解析】个别教学是教师针对不同学生的情况进行个别辅导的教学组织形式。古代中国的私塾和欧洲中世纪前的教学采用的就是这种教学组织形式。这与当时的社会政治经济和科技发展水平低、对人才要求不高相适应。

14. C 【解析】道尔顿制是由美国教育家柏克赫斯特创建的一种新的教学组织形式。运用这种方法时,教师不再讲授,只为学生指定自学参考书、布置作业,由学生自学和独立完成作业后,向教师汇报学习情况和接受考查。题干中王校长推行的这种教学组织形式属于道尔顿制。

15. B 【解析】复式教学是指把两个或两个以上年级的学生合编在一个班级,采用直接教学和布置、完成作业轮流交替的方式,在同一节课内由一位教师对不同年级学生进行教学的组织形式。在复式教学中,教师为某个年级学生授课称为直接教学,同时布置其他年级学生从事各种作业和练习称为间接教学或自动作业。题干中,音乐老师将两个不同年级的合唱团的学生编在一个班级内教学,直接教学活动与练习活动轮流交替进行,运用的是复式教学。

16. D 【解析】分组教学有外部分组和内部分组、能力分组和作业分组等。外部分组,即取消按年龄编班,按学生的能力或某些测验成绩编班。内部分组,即在按年龄编班的班级内,再根据学生的成绩将他们分成若干个不同的小组。能力分组,是根据学生的能力发展水平进行分组教学的,各组课程相同,学习年限则不同。作业分组,是根据学生的特点和意愿来进行分组教学的,各组学习年限相同,课程则不同。故D项正确。

17. D 【解析】现场教学是指教师把学生带到事物发生、发展的现场进行教学活动的形式。王老师组织学生去牛奶厂参观牛奶的生产加工流程属于现场教学。

18. C 【解析】班级授课制的基本特点包括:(1)以班为单位集体授课,学生人数固定。(2)按课教学。"课"是教学活动的基本单元,一般分为单一课和综合课。(3)按时授课。把每一"课"规定在固定的单位时间内进行,这个单位时间称为"课时",课与课之间有一定的间歇和休息。C项说法错误。

19. C 【解析】在我国,最早采用班级授课制的是清政府于1862年设立于北京的京师同文馆。

20. C 【解析】所谓翻转课堂,就是在信息化环境中,课程教师提供以教学视频为主要形式的学习资源,学生在上课前完成对教学视频等学习资源的观看和学习,师生在课堂上一起完成作业答疑、协作探究和互动交流等活动的一种新型的教学模式。题干描述的新型教学组织形式是翻转课堂。

21. C 【解析】秧田式的座位排列形式下,教室整齐划一,空间充分利用,有利于教师管理课堂、维持秩序和有计划地传授知识,有利于教师观察学生,是大班授课最适宜的座位排列方式,教师可以随时走到学生中间,充分发挥了教师的主导作用。

22. A 【解析】道尔顿制是由美国教育家柏克赫斯特创建的一种新的教学组织形式。运用这种方法时,教师不再讲授,只为学生指定自学参考书、布置作业,由学生自学和独立完成作业后,向教师汇报学习情况和接受考查。

文纳特卡制的指导思想和道尔顿制大致相同,做法则完全不一样。它把课程分成两部分:一部分按学科进行,由学生个人自学读、写、算和学习历史、地理方面的知识与技能;另一部分是通过音乐、艺术、运动、集会,以及开办商店、组织自治会来培养学生的"社会意识"。前者通过个别教学进行,后者通过团体活动进行。

文纳特卡制和道尔顿制都过高地估计了学生的主动性,教师在教学中的主导作用受到限制。难以保证教学质量是导生制的缺陷,办学规模小、速度慢、效率低是个别教学制的缺陷。故本题答案选A项。

二、简答题(参考答案)

1. 简述班级授课制的特征。

(1)以班为单位集体授课,学生人数固定。

(2)按课教学。"课"是教学活动的基本单元,一般分为单一课和综合课。

(3)按时授课。把每一"课"规定在固定的单位时间内进行,这个单位时间称为"课时",课与课之间有一定的间歇和休息。

2. 简述复式教学的组织要求。

(1)合理编班,要根据学生人数、教室大小、师资质量等情况全面考虑,灵活掌握;

(2)编制复式班课表;

(3)培养小助手;

(4)建立良好的课堂常规。

专题四 小学课堂教学的实施

一、单项选择题

答案速查

1~5	BDDAA	6~10	BDCCA	11~15	BBCBA	16~22	CDBBAAB

1. B 【解析】充分发挥学生的主体性是上好课的最根本的要求。

2. D 【解析】经验导入是以学生原有的生活经验为出发点,教师通过生动而富有感染力的讲解、谈话或提问引起回忆,从而引导学生发现问题的导入方法。题干描述的是经验导入的概念。

3. D 【解析】常见的学生学业成绩检查方式有平时考查和考试两种。平时考查的方式主要有口头提问、检查书面作业和单元测验等。考试一般有学期考试、学年考试和毕业考试等,考试的方式包括口试、笔试和具体实践性考试等。实践考试是考试的一种方式。

4. A 【解析】教师备课要做好三方面的工作,即钻研教材、了解学生、设计教法,也即备教材、备学生、备教法。

5. A 【解析】信度是指测验结果的稳定性或可靠性,即某一测验在多次施测后所得到的分数的稳定、一致程度。题干中,老师担心两次测验的分数不同,针对的是测验所得结果一致性的程度,即信度。

6. B 【解析】温故导入是指教师通过帮助学生复习与即将学习的新知识有关的旧知识，从中找到新旧知识的关联点，合乎逻辑、顺理成章地引导学生学习新知识的一类教学导入形式。题干中方老师在讲授《三角形的外角》这一新内容时，先让学生回忆三角形内角这一旧知识，从而进入新课的学习，这体现的是温故导入的导入方法。

7. D 【解析】教师期望效应也叫罗森塔尔效应或皮格马利翁效应，即教师的期望或明或暗地传送给学生，会使学生按照教师所期望的方向来塑造自己的行为。教师将自己对学生的积极期望传递给学生，可以促进学生的积极、健康发展。故题干叙述的效应为罗森塔尔效应。

8. C 【解析】课外辅导是上课的必要补充，是适应学生个别差异，贯彻因材施教的重要措施。

9. C 【解析】对抗的课堂气氛的特征是：课堂纪律问题严重，师生关系紧张；学生随心所欲，各行其是；注意力指向无关对象；教师无法正常上课，时常被学生打断或不得不停下来维持课堂纪律，基本上是一种失控的课堂状态。故题干所述符合对抗的课堂气氛的特征。因此，答案选C项。

10. A 【解析】区分度有时也称鉴别力，主要指测验对于不同水平的被试加以区分的能力。区分度与难度有关，只有在试卷中包含有不同难度的试题，才能提高区分度，拉开考生得分的差距。因此教师自编测验时，要想提高测验的区分度，最重要的是控制好试题的难度。

11. B 【解析】比较法是指通过图示或表格的方式将新学的概念、性质、定理或公式与原有的知识进行比较，比较它们的异同点，加深学生对知识的理解。题干中张老师在讲授完峻青的《秋色赋》后，将欧阳修的《秋声赋》和毛泽东的《沁园春·长沙》也一同展示给学生，引导学生比较、思考与讨论，体现的是比较式的结课方法。

12. B 【解析】归纳结课是在新课结束之后进行归纳、概括和总结的结课方式。这种结果方法要求做到提纲挈领，全面准确，简明扼要，不能只是对前面教学内容的机械再现，简单重复。题干中的教师在结课时用总结性的语言提纲挈领地再现教学内容中的知识结构体系，这属于归纳结课。

13. C 【解析】游戏法是根据学生的年龄与心理特点，把小结与游戏结合起来，以游戏作小结，寓教于乐的结课方法。题干中于老师通过角色扮演的游戏让学生加深对古诗的理解，这种结课方法是游戏法。故C项符合题意。

14. B 【解析】常见的学生学业成绩检查方式有平时考查和考试两种。平时考查的方式主要有口头提问、检查书面作业和单元测验等。考试一般有学期考试、学年考试和毕业考试等。会考不属于日常性学业成绩检查的方式。

15. A 【解析】悬念导入，又称设疑导入，是通过设置悬念、提出问题，进而激发学生兴趣，调动学生思维的一类教学导入形式。题干中老师通过做实验让学生对实验原理产生疑问，通过实验设置悬念、提出问题，从而激发学生的学习兴趣，这种导入方法属于悬念导入。

16. C 【解析】作业按内容和形式的不同可分为：(1)阅读作业，如复习、预习教科书，阅读人文和科学读物等；(2)口头作业，如口头回答、朗读、复述、背诵等；(3)书面作业，如演算习题、作文、绘图等；(4)实践作业，如观察、实验、测量、社会调查等。题干中语文老师要求学生背诵课文，背诵课文属于口头作业。

17. D 【解析】备课首先要钻研教材，吃透教材。即熟悉课程标准，掌握将要教授的内容。

18. B 【解析】上课是整个教学工作的中心环节，是教师教和学生学的最直接的体现，是提高教学质量的关键。

19. B 【解析】效度是指测量的正确性，即一个测验能够测量出其所要测量的东西的程度。题干中测验的目的是衡量学生学业水平的实际程度，本质上体现了测验的效度。

20. A 【解析】备课就是教师根据学科课程标准的要求和本门课程的特点，结合学生的具体情况，选择最合适的表达方法和顺序，以保证学生有效地学习。题干所述体现了备课的内涵，故答案选择A项。

21. A 【解析】布置作业的要求有：(1)布置作业要有目的、有重点，作业内容符合课程标准的要求；(2)考虑不同学生的能力需求；(3)分量适宜、难易适度；(4)作业形式与内容要多样化，具有多选性，难度要逐步提高；(5)要求明确，规定作业完成时间；(6)作业反馈清晰、及时；(7)作业要具有典型意义和举一反三的作用；(8)作业应有助于启发学生的思维，含有鼓励学生独立探索并进行创造性思维的因素；(9)尽量同现代生产和社会生活中的实际问题结合起来，力求理论联系实际。2021年4月教育部办公厅发布的《关于加强义务教育学校作业管理的通知》中第七条规定，不给家长布置作业。严禁给家长布置或变相布置作业，严禁要求家长批改作业。A项表述错误。

22. B 【解析】效度是指测量的正确性，即一个测验能够测量出其所要测量的东西的程度。如果一种测验能够预测后来的行为，这种测验的效度就高。值得注意的是，一个测验只能在其特定的范围内才是有效的，其效度始终是针对一定的测验目的进行的，否则无效度可言。题干中，小学四年级的数学试卷能够有效测量小学四年级学生的数学成绩，但对于小学六年级学生过于简单，测验的效度就不高。

二、简答题(参考答案)

1. 简述课堂教学导入设计的一般原则。

(1)紧扣学习目标和内容重点；(2)从学生的实际出发，符合学生的认知要求；(3)从课型需要入手，凸显教学导入的针对性与有效性；(4)用语要短小精悍，活动组织要任务明确、步骤清晰、事项清楚；(5)形式要新颖多样。

2. 简述备课的基本步骤。

(1)教师备课要做好三方面的工作，即钻研教材、了解学生、设计教法，也即备教材、备学生、备教法；

(2)写好三种计划,即学年(或学期)教学计划、课题(或单元)计划、课时计划(教案)。

3. 简述维持课堂纪律的策略。

(1)建立有效的课堂规则;(2)合理组织课堂教学;(3)做好课堂监控;(4)培养学生的自律品质。

4. 简述上好课的基本要求。

(1)教学目标明确;(2)教学内容准确;(3)教学结构合理;(4)教学方法适当;(5)讲究教学艺术;(6)板书有序;(7)充分发挥学生的主体性。

5. 简述批改作业的要求。

(1)教师应及时检查和批改作业,使学生养成按时完成作业的良好习惯。(2)教师要注意发现学生在知识、技能方面出现的错误和存在的漏洞。(3)教师要仔细评定、给出成绩,写上简短评语,对学生的学习提出明确要求。(4)教师要及时将作业情况反馈给学生,纠正学生作业中的错误并指出原因。(5)对大多数学生作业中经常出现的错误,教师要找机会进行辅导,重点讲解和纠正。

6. 简述课外辅导的内容。

(1)帮学生解答疑难问题,指导学生做好作业;(2)为基础差和因事、因病缺课的学生补课;(3)为成绩特别优异的学生做个别辅导;(4)对学生进行学习方法上的辅导;(5)对学生进行学习目的和学习态度的教育。

7. 简述课堂总结中要注意的问题。

(1)总结要有目标性,要起到升华主题的功效;(2)总结要有引导性,要注重学生的学习反思;(3)总结要有针对性;(4)总结要言简意赅,通俗易懂;(5)总结要以课外促课内,要注重向课外延伸和拓展。

三、材料分析题(参考答案)

1. (1)①钻研课程标准,知道理念新在何处,明确教育教学方向;②备教材,明确教学目标、重点、难点;③备学生,让学生成为课堂学习的主人;④备教法,注重预设与生成,让课堂活起来;⑤备课程资源,为学生提供丰富的学习资料,让教师上课游刃有余;⑥教后反思,真正的教案,是在教学之后。张江与学生的交流出现了障碍,自己的讲课方式学生也适应不了,显然其在备学生、备教法等方面都存在一定的问题,需要进行反思并加以改进。

(2)材料中,张江第一课“失败”的原因,很大程度上在于其缺乏对学生的充分了解以及没有运用合适的教学方法。作为像张江这样的新老师,在设计教案时要注意做到:①分析学生。主要是分析学生学习某段教材的准备知识掌握状况,一般智力水平以及学习掌握各种类型知识的一般心理过程。②设计教学方法。设计教法时,既要考虑全课以哪种教学方法为主,又要考虑各部分教学内容适宜采用的方法。针对一段教材内容,既要考虑师生活动的方式,又要考虑学生的学习方法,同时还要考虑选择什么教学手段和教具,以便协调各教学要素之间的关系,顺利而高效地进行课堂教学活动。

(3)材料中的张江在第一次上课中,存在着对教学时间安排不合理、对教学方法运用不恰当等问题。像张江这样的新老师,在备课时要注意做到:①备学生。分析学生的知识基础和心理特点,如理解能力如何，设想学生在学习这节内容时会有什么样的困难。②备教法。在教学方法的选择上，要根据教学内容、学生的情况、教师的自身特点等诸多因素，考虑多种教学方法结合使用，努力做到多种教学方法的最优组合。③合理设计教学进程及时间安排。教师对于上课时如何复习旧知识引入新课题；新授课的内容如何展开；强调哪些重点内容；如何讲解难点；最后的巩固小结应如何进行等程序及其各部分所用的时间问题，都应在备课时给予充分的考虑。

2. (1)孙老师的做法是值得肯定和提倡的。作业的布置与批改是课堂教学的继续。它的目的在于使学生巩固和消化课堂教学中所获得的知识，形成学生的技能技巧，扩大学生的知识领域，发挥学生学习的主动性和创造精神。材料中孙老师根据新课程改革的理念和要求，重新认识作业的意义，并赋予作业新的意义和价值，充分体现了作业的愉悦性、自主性、实践性和科学性。

(2)①“减负”和家庭作业之间有一定的联系。2021年，国家出台“双减”政策。“双减”即减轻义务教育阶段学生作业负担、减轻校外培训负担。“双减”目标是进一步校正教育发展方向，回归为党育人、为国育才初心，发展素质教育，培养德智体美劳全面发展的社会主义建设者和接班人。作业是学校教育教学管理工作的重要环节，是课堂教学活动的必要补充。家庭作业的本意在于加深学生对课堂知识的理解和掌握，是学习的重要组成部分，初衷也是为了学生的全面发展，最终培养德智体美劳全面发展的社会主义建设者和接班人。

②“减负”不等于不要家庭作业，但现实中个别地方和学校存在的作业数量过多、质量不高、功能异化等问题，不利于减轻学生负担。因此，需要对变了味的家庭作业进行纠偏，让家庭作业回归育人本位。如要把握作业育人功能、严控家庭作业总量、创新作业类型方式、提高作业设计质量、不给家长布置作业等。

③综上，应正确看待“减负”与家庭作业之间的关系，兼顾学习效果与减负之间的平衡，布置分量适宜、难易适度、富有挑战性和启发性的家庭作业，落实立德树人根本任务，促进学生全面发展和健康成长。

专题五　学习动机

一、单项选择题

答案速查

1～5	CBDBC	6～10	CCCAB	11～15	BBACC	16～20	ABADD
21～25	ABBAA	26～30	ACDAC	31～36	BDAADB		

1. C　【解析】内部学习动机是指诱因来自学习者本身的内在因素，即学生因对活动本身发生兴趣而产生的动机。认知内驱力是指学生渴望认知、理解和掌握知识，以及陈述和解决问题的需要。这种内驱力大多是从好奇倾向中派生出来的。在有意义的学习中，认知内驱力是最重要和最稳定的动机。这种动机指向学习任务本身，满足这种动机的奖励是由学习本身提供的，属于内部动机。AB两项属于由外部的诱因激发出来的学习动机，即外部动机；D项属于外部诱因。

2. B 【解析】"耶克斯—多德森定律"表明,动机的最佳水平随着任务性质的不同而不同。D项正确。在比较容易的任务中,行为效果(工作效率)随着动机的提高而上升;随着任务难度的增加,动机的最佳水平有逐渐下降的趋势。故B项说法不正确。一般来讲,最佳水平为中等强度的动机。C项正确。动机水平与行为效果呈倒U型曲线。A项正确。

3. D 【解析】班杜拉认为,期待包括结果期待和效能期待。结果期待是指人对自己的某一行为会导致某一结果的推测。题干中的王明认识到只要上课认真听讲,就会获得他所希望的好成绩,属于结果期待。效能期待是指人对自己能够进行某一行为的能力的推测或判断,它意味着人是否确信自己能够成功地进行带来某一结果的行为。当个体确信自己有能力进行某一活动时,他就会产生高度的"自我效能感",并努力实施该活动。题干中的陈红会根据自己在课前对本节课的判断(对自己能力的判断),来决定是否认真听讲,属于效能期待。故本题选D项。

4. B 【解析】认知内驱力是指学生渴望认知、理解和掌握知识,以及陈述和解决问题的需要。一般来说,这种内驱力大多是从好奇倾向中派生出来的。题干中该学生非常喜欢发明创造,说明该学生对掌握科学知识感兴趣,故这种学习动机属于认知内驱力。

5. C 【解析】附属内驱力指个体为了获得长者们(如教师、家长等)的赞许或认可而表现出来的把工作、学习做好的需要。

6. C 【解析】习得性无助是指由于连续的失败体验而导致个体产生的对行为结果感到无力控制、无能为力的心理状态。故题干中的冰冰失去继续努力的勇气和信心的心理反应,属于典型的习得性无助。

7. C 【解析】"耶克斯—多德森定律"表明,动机不足或过分强烈都会影响学习效果。第一,动机的最佳水平随着任务性质的不同而不同。在比较容易的任务中,行为效果(工作效率)随着动机的提高而上升;随着任务难度的增加,动机的最佳水平有逐渐下降的趋势。第二,一般来讲,最佳水平为中等强度的动机。第三,动机水平与行为效果呈倒U型曲线。结合题干,故选C。

方法技巧:耶克斯—多德森定律中动机水平与任务难度的关系可通过以下口诀记忆:曲线为倒U,最佳为中等;任务易上升,任务难下降。

8. C 【解析】成就动机理论的主要代表人物是阿特金森。

9. A 【解析】内部学习动机是指诱因来自学习者本身的内在因素,即学生因对活动本身发生兴趣而产生的动机。"知之者不如好之者,好之者不如乐之者"强调学习兴趣的重要性,故其强调的动机类型是内部动机。

10. B 【解析】力求成功者倾向于选择难度适中的任务,喜欢选择有50%把握的、有一定风险的工作,通过完成任务提高其自尊心,获得心理上的满足。

11. B 【解析】影响自我效能感的因素有:(1)个体自身行为的成败经验;(2)替代经验;(3)言语暗示;(4)情绪唤醒。其中,个体自身行为的成败经验对自我效能感影响最大。

12. B 【解析】具有内部动机的学生,活动本身就能使其得到满足,无需外力的作用,也能产生荣誉感。题干中王明取得成功的原因是喜欢玩电脑游戏，这项活动本身就能使其得到满足。故答案选B项。

13. A　**【解析】**在韦纳的成败归因理论中，稳定因素包括个人的能力和工作难度。

方法技巧：关于成败归因理论中的六种归因方式，考生可用以下口诀记忆：浑（环境）身（身心）力（努力）气（运气）不稳，内在两力（能力+努力）与身心，只有努力是可控。

14. C　**【解析】**A项，失败经验会影响自我效能感。B项属于替代经验，也会影响小王的自我效能感。D项，榜样的作用也会影响小王的自我效能感。C项，小王可能对自己独立完成困难任务的期待很低，故一个高难度任务的失败可能对小王的自我效能感没有影响。

15. C　**【解析】**韦纳的归因理论把人经历过事情的成败归结为六种原因，即能力、努力程度、工作难度、运气、身心状况、外界环境。其中，不稳定因素包括努力程度、运气、身心状况、外界环境；外在因素包括工作难度、运气、外界环境；不可控因素包括工作难度、运气、外界环境、能力和身心状况。故运气好坏和外界环境属于不稳定、外在和不可控的归因。

16. A　**【解析】**按学习动机的作用与学习活动的关系，可将动机分为近景的直接性学习动机和远景的间接性学习动机。近景的直接性学习动机是指由活动的直接结果所引起的对某种活动的动机，它是与学习活动直接相连的，来源于对学习内容或学习结果的兴趣。远景的间接性学习动机是指由于了解活动的社会意义、活动结果的社会价值而引起的对某种活动的动机，它是与学习的社会意义和个人的前途相连的。小军为了应付教师的课堂抽查而努力背诵课文，这种学习动机属于近景的直接性动机。

17. B　**【解析】**内部学习动机是指诱因来自学习者本身的内在因素，即学生因对活动本身发生兴趣而产生的动机。因此，学习材料的趣味性能够激起学生的内部学习动机，故答案选B项。

18. A　**【解析】**一个总是失败并把失败归于内部的、稳定的和不可控的因素（即能力低）的学生会形成一种习得性无助的自我感觉。习得性无力感简称无力感，指由于连续的失败体验而导致个体产生的对行为结果感到无力控制、无能为力的心理状态。

19. D　**【解析】**内部动机是指诱因来自学习者本身的内在因素，即学生因对活动本身发生兴趣而产生的动机。由于内部学习动机是由学生对学习活动本身发生兴趣而产生的，因而学习活动本身就能使其得到满足，无需外力的作用，不必施加外部的奖赏。因此，“让学习本身成为调动学生学习积极性的因素”这句话强调被激发的动机是内部动机。

20. D　**【解析】**根据学校情境中的学业成就动机，奥苏伯尔等人将动机分为认知内驱力、自我提高内驱力和附属内驱力。认知内驱力是指学生渴望认知、理解和掌握知识，以及陈述和解决问题的需要。自我提高内驱力是指个体因自己的学业成就而获得相应的地位和威望的需要。自我提高内驱力并非直接指向学习任务本身，而是把成就看作赢得地位与自尊心的根源，属于外部动机。附属内驱力是指个体为了获得长者们（如家长、教师）的赞许或认可而表现出的把工作、学习做好的一种需要。它既不直接指向学习任务本身，也不把学业成就看作赢得地位的手段，而是为了从长者那里获得赞许和接纳。附属内驱力是一种间接的学习需要，属于外部动机。综合题干，故选D。

21. A 【解析】根据韦纳的归因理论可知，能力是一种内部的、不可控的、稳定的归因。题干中的小晶认为自己不是学英语的料，这是归因于能力的表现。因此，本题答案选A项。

22. B 【解析】奥苏伯尔等人将动机分为认知内驱力、自我提高内驱力与附属内驱力三个方面。认知内驱力是指渴望认知、理解和掌握知识以及陈述和解决问题的需要。在有意义学习中，认知内驱力是最重要而稳定的动机。

23. B 【解析】替代经验是指个体的许多效能期望是来源于对他人的观察，如果看到一个与自己一样或不如自己的人成功，自己的效能感就会提高。

24. A 【解析】依据"耶克斯—多德森定律"，动机的最佳水平随着任务性质的不同而不同。在比较容易的任务中，行为效果(工作效率)随着动机的提高而上升；随着任务难度的增加，动机的最佳水平有逐渐下降的趋势。一般来讲，最佳水平为中等强度的动机。因此，对于较难的学习任务，学习动机应当维持在中等偏下(适中偏低)的水平。

25. A 【解析】明明认为自己生病了导致测验没有发挥好，这属于身心状况的归因。身心状况属于不稳定的、内在的、不可控制的归因。

26. A 【解析】自我效能感是指人对自己能否成功从事某一成就行为的主观判断。学生对自己能够取得好成绩的主观判断属于自我效能感。

27. C 【解析】学习动机是指激发个体进行学习活动，维持已引起的学习活动，并使行为朝向一定学习目标的一种心理倾向或内部动力。题干描述的是学习动机的概念，故选C。

28. D 【解析】避免失败者倾向于选择非常容易或者非常难的任务，回避有50%把握的工作。选择容易的任务可以避免失败；选择过难的任务，即使失败也能找到借口以减少失败感。这种选择能防止自尊心受到伤害和产生心理烦恼。

29. A 【解析】美国心理学家韦纳把活动成败的原因归结为六种，即能力、努力程度、工作难度、运气、身心状况、外界环境。又把上述六个因素按各自的性质，分别归入三个维度：内部归因和外部归因、稳定性归因和非稳定性归因、可控制归因和不可控制归因。题干中的小贺将自己取得班级第一名归因于运气，这一因素是不稳定的、外部的和不可控的。

30. C 【解析】根据学校情境中的学业成就动机的不同，奥苏伯尔等人把动机分为认知内驱力、自我提高内驱力和附属内驱力三个方面。其中，附属内驱力是指个体为了获得长者们(如家长、教师)的赞许或认可而表现出来的把工作、学习做好的一种需要。它既不直接指向学习任务本身，也不把学业成就看作赢得地位的手段，而是为了从长者那里获得赞许和接纳。题干中军军努力学习是为了得到老师的认可和表扬，属于附属内驱力。

31. B 【解析】按学习动机产生的诱因来源，可分为内部学习动机和外部学习动机。排除C、D两项。内部学习动机是指诱因来自学习者本身的内在因素，即学生因对活动本身发生兴趣而产生的动机。外部学习动机是指诱因来自学习者外部的某种因素,即在学习活动以外由外部的诱因激发出来的学习动机。故题干中学生为了得到奖励或规避惩罚而努力学习,属于外部动机。

32. D 【解析】个体的许多效能期望是来源于对他人的观察,如果看到一个与自己一样或不如自己的人成功,自己的效能感就会提高。这是替代经验的作用。题干中晓彤看到与自己成绩差不多的乐乐成功完成了实验,自己的操作速度和规范性明显提高了,体现了替代经验(乐乐的成功)对其自我效能感的影响。

33. A 【解析】影响自我效能感的因素主要有以下几个:(1)个人自身行为的成败经验;(2)替代经验;(3)言语暗示(言语劝说);(4)情绪唤醒。其中,个人自身行为的成败经验(直接经验),这一效能信息源对自我效能感的影响最大。

34. A 【解析】美国心理学家韦纳把人经历过事情的成败归结为六种原因,即能力、努力程度、工作难度、运气、身心状况、外界环境。又把上述六项因素按各自的性质,分别归入三个维度:内部归因和外部归因、稳定性归因和不稳定性归因、可控制归因和不可控制归因。

A项内部、不稳定、可控的因素是努力。B项中的归因不存在。C项外部的、不稳定的、不可控的因素是运气和外界环境。D项外部的、稳定的、不可控的因素是工作难度。题干中该学生将考试的成功归因为自身的努力,即内部、不稳定、可控的归因,本题选A。

35. D 【解析】个人自身行为的成败经验(直接经验)对自我效能感的影响最大。因此,培养学生自我效能感的最佳途径是帮助学生创造成功的经验,产生成就感。

36. B 【解析】根据学校情境中的学业成就动机的不同,奥苏伯尔等人把动机分为认知内驱力、自我提高内驱力和附属内驱力三个方面。

A项为无关选项,排除。

认知内驱力是指学生渴望认知、理解和掌握知识,以及陈述和解决问题的需要。题干中强调激发学生的学习兴趣和好奇心,这体现的是认知内驱力。本题选B。

自我提高内驱力是指个体因自己的学业成就而赢得相应的地位和威望的需要。C项不符合题意。

附属内驱力是指个体为了获得长者们(如家长、教师)的赞许或认可而表现出把工作、学习做好的一种需要。D项不符合题意。

二、简答题(参考答案)

1. 简述激发小学生学习动机的方法。

(1)创设问题情境,激发兴趣,维持好奇心;(2)设置合适的目标,培养自我效能感;(3)充分利用反馈信息,妥善进行奖惩;(4)正确指导结果归因,促使学生继续努力;(5)对学生进行合作与竞争教育,开展合作与竞争学习。

2. 简述"耶克斯—多德森定律"。

"耶克斯—多德森定律"表明,动机不足或过分强烈都会影响学习效果。

(1)动机的最佳水平随着任务性质的不同而不同。在比较容易的任务中,行为效果(工作效率)随着动机的提高而上升;随着任务难度的增加,动机的最佳水平有逐渐下降的趋势。

(2)一般来讲,最佳水平为中等强度的动机。

(3)动机水平与行为效果呈倒U型曲线。

三、材料分析题(参考答案)

1. (1)美国心理学家韦纳把人经历过事情的成败归结为六种原因,即能力、努力程度、工作难度、运气、身心状况和外界环境。又把上述六项因素按各自的性质,分别归入三个维度:内部归因和外部归因、稳定性归因和非稳定性归因、可控制归因和不可控制归因。材料中甲同学将自己取得好成绩的原因归结于自己的不懈努力,而努力属于内部的、可控的、不稳定的因素;乙同学将自己的失败归因于没有能力,而能力属于内部的、不可控的、稳定的因素;丙同学将自己的成功归因于运气,而运气属于外部的、不可控的、不稳定的因素。

(2)甲同学将自己学习上的成功归因于努力,这会增强他在学习上的信心,最终他会在学习上投入更多的精力,以更加积极的态度对待学习任务,形成良好的动机状态。

乙同学将自己学习上的失败归因于能力,那么他就会听天由命,自暴自弃,最终对学习失去信心。

丙同学将自己学习上的成功归因于运气,那么他就会产生听天由命的心理,希望类似的事情再次出现,随着时间的推移,他不愿意在学习上花费过多的精力和做出更多的努力,逐渐减弱学习动机。

2. (1)"耶克斯—多德森定律"表明,动机不足或过分强烈都会影响学习效果。①动机的最佳水平随任务性质的不同而不同。在比较容易的任务中,行为效果(学习效率)随动机的提高而上升;随着任务难度的增加,动机的最佳水平有逐渐下降的趋势。②一般来讲,最佳水平为中等强度的动机。③动机水平与行为效果呈倒U型曲线。

(2)①根据"耶克斯—多德森定律",教师在教学时,要根据学习任务的不同难度,恰当控制学生学习动机的激起程度。在学习较容易、较简单的课题时,应尽量使学生集中注意力,使学生尽量紧张一点,动机激起水平达到中等偏高的最佳状态;而在学习较复杂、较困难的课题时,则应尽量创造轻松自由的课堂气氛,让动机激起水平处于中等偏低的最佳状态;在学生遇到困难或出现问题时,要尽量心平气和地慢慢引导,以免学生过度紧张和焦虑。材料中,班主任的做法是不正确的,班主任通过谈话使吴某的动机激起水平过高,反而不利于学习效率的提高。②根据动机产生的诱因来源,学习动机可分为内部学习动机和外部学习动机。班主任告诉吴某老师们看好他,嘱托他不要辜负老师们对他的期望。班主任过于注重激励学生的外部学习动机,而忽略了激发吴某的内部动机。

(3)由于班主任老师对吴某的期望和过多关注而使他产生了考试焦虑。针对吴某的情况,激励吴某学习的正确做法有:①班主任应当帮助吴某正确认识来自老师和家长的期望,同时,老师可以给吴某营造一个宽松的心理环境,减轻吴某的心理负担。②班主任应当帮助吴某保持适度的学习动机,避免过度紧张和焦虑。在学习上要注意劳逸结合,合理安排学习与休息时间,提高吴某的学习效率。鼓励吴某在学习之余可以参加适当的体育活动,通过运动来缓解学习带来的紧张情绪。③帮助吴某树立正确的成败观,使其以良好的心态来对待比赛的过程和比赛的结果。

专题六 知识与技能

一、单项选择题

答案速查

1~5	DBDBD	6~10	BCDAC	11~15	DCABB	16~20	ABCCC
21~25	ADCCA			26~29	ADAD		

1. D 【解析】符号学习是指学习单个或一组符号的意义,或者说学习符号本身代表什么。因此,题干中用文字“鸟”或者语言的形式来代表现实中的鸟,这属于符号学习。

2. B 【解析】下位学习又称类属学习,是一种把新的观念归属于认知结构中原有观念的某一部分,并使之相互联系的过程。原有观念在包容和概括水平上高于新学习的知识。菱形是特殊的平行四边形,包容和概括水平低于先学习的平行四边形,故属于下位学习。

3. D 【解析】陈述性知识也叫描述性知识,是个人能用言语进行直接陈述的知识,主要用于区别和辨别事物。回答A、B、C三项时所用的知识属于陈述性知识,而回答D项时所用的知识属于程序性知识。

4. B 【解析】下位学习又称类属学习,是一种把新的观念归属于认知结构中原有观念的某一部分,并使之相互联系的过程。原有观念在包容和概括水平上高于新学习的知识。题干中,后学的定滑轮的知识可纳入已学的杠杆原理的范畴内,这说明原有知识在概括水平上高于新学习的知识,这种学习属于下位学习。

5. D 【解析】并列结合学习又称组合学习,是在新命题与认知结构中原有的命题既非下位关系又非上位关系,而是一种并列的关系时产生的。例如,学习质量与能量、遗传与变异、需求与价格等概念之间的关系就属于并列结合学习。

6. B 【解析】程序性知识也称操作性知识,是一种经过学习后自动化了的关于行为步骤的知识,表现为在信息转换活动中进行具体操作。它主要用来解决“做什么”和“怎么做”的问题,如怎样进行推理、决策或者解决某类问题等。这类知识具有动态的性质。因此,王雨的学习属于程序性知识的学习。

7. C 【解析】并列结合学习又称组合学习,是在新命题与认知结构中原有的命题既非下位关系又非上位关系,而是一种并列的关系时产生的。题干中,钠、镁、铝等元素与铜、铁、锌等元素的概念处于同一水平,故属于并列结合学习。

8. D 【解析】陈述性知识是关于“是什么”的知识,是对事实、定义、规则和原理等的描述。本题中的语法、格式、词汇属于规则和事实,故属于陈述性知识。

9. A 【解析】符号学习又称表征学习,是指学习单个符号或一组符号的意义。符号学习的心理机制是符号和它们所代表的事物或观念在学习者认知结构中建立相应的等值关系。因此,题干中儿童将“猫”这个词在头脑中与猫的形象建立相应的等值关系体现的是表征学习。

易错提示:考生注意区分符号学习、概念学习、命题学习的区别,做题时要抓住关键词。

符号学习:也叫词汇学习,指学习符号本身的意义,如学习狗、dog的意思。做题时,若题干强调学习某个词汇、语言符号、实物或图像、事实性知识,则选符号学习。

概念学习:强调掌握同类事物的本质属性,如理解“鸟”这一概念的定义。做题时,若题干强调掌握某一类事物的共同特质、理解某一概念的本质属性,则选概念学习。

命题学习:强调学习若干个概念之间的关系。当题干涉及多个概念且各概念间有关系,选择命题学习。

10. C 【解析】根据知识本身的存在形式和复杂程度,知识学习可分为符号学习、概念学习和命题学习。其中,命题学习是指学习由若干概念组成的句子的复合意义,实质是学习若干概念之间的关系。结合题干,故选C。

11. D 【解析】知识的应用,是指把学到的知识应用于作业和解决有关问题的过程,是抽象知识具体化的过程。

12. C 【解析】操作定向阶段就是了解操作活动的结构与要求,在头脑中建立起操作活动的定向映像的过程。其目的在于掌握与动作有关的陈述性知识和程序性知识;操作模仿阶段是指学习者通过观察,实际再现特定的示范动作或行为模式。操作模仿的实质是将头脑中形成的定向映像以外显的实际动作表现出来。操作整合是指把构成整体的各动作要素,依据其内在联系联结成整体,形成操作活动的序列,获得有关操作活动的完整的动觉映像的过程;操作熟练阶段是操作技能掌握的高级阶段。蹒跚学步是指小孩学着大人的样子走路,走路缓慢、摇摆的样子,是属于操作模仿阶段。

13. A 【解析】原型定向就是了解原型的活动结构,从而使主体明确活动的方向,知道该做哪些动作和怎样去完成这些动作。因此,题干中的吴老师在数学课上清楚而细致地演算例题,这给学生明确了解题的方向,故答案选A项。

14. B 【解析】变式,就是变换使用不同形式的直观材料或事例说明事物的属性,使本质属性保持不变而非本质属性或有或无,以便突出本质属性。可食用性并非果实的本质特征,教师选择可食用的果实、不可食用的果实作为直观材料,以突出果实的本质属性,使学生准确掌握果实的概念,这是运用了变式法。

15. B 【解析】上位学习又称总括学习,是在学生掌握一个比认知结构中原有概念的概括和包容程度更高的概念或命题时产生的。上位学习遵循从具体到一般的归纳概括过程。将之前学的自行车、汽车等都归到"交通工具"这个概念里,符合上位学习的内涵。

16. A 【解析】操作技能又叫运动技能、动作技能,是通过学习而形成的合乎法则的操作活动方式。日常生活中的许多技能都属于操作技能,如音乐方面的吹、拉、弹、唱,体育方面的田径、球类、体操等。

17. B 【解析】内部言语的活动符合智力技能的特点,智力技能又称为心智技能。

18. C 【解析】通常把学生在学习过程中出现一段时间的学习成绩和学习效率停滞不前,甚至学过的知识感觉模糊的现象,称为"高原现象"。题干中的李楠在复习后期成绩很难有较大提高的现象是高原现象。

19. C 【解析】操作定向就是了解操作活动的结构与要求,在头脑中建立起操作活动的定向映像的过程。因此,观看乒乓球教练打球,掌握打球的基本要领和动作属于动作技能形成中的操作定向阶段。

20. C 【解析】心智技能也称为智力技能、认知技能,是通过学习而形成的合乎法则的心智活动方式。阅读技能、写作技能、运算技能、解题技能等都是常见的心智技能。

21. A 【解析】根据知识本身的存在形式和复杂程度,奥苏伯尔把知识学习分为符号学习、概念学习和命题学习。符号学习指学习单个符号或一组符号的意义,或者说学习符号本身代表什么。如历史课中对历史事件和历史人物的学习,地理课中对地形地貌和地理位置的学习。题干中学生对我国各省简称的学习也属于符号学习。

22. D 【解析】所谓变式,就是变换使用不同形式的直观材料或事例说明事物的属性,使本质属性保持不变而非本质属性或有或无,以便突出本质属性。

23. C 【解析】上位学习又称总括学习,是在学生掌握一个比认知结构中原有概念的概括和包容程度更高的概念或命题时产生的。ABD 三项中"直角、盐酸、鲸"的概念层次均低于"角、酸、哺乳动物",故属于上位学习,C 项正方形属于一种特殊的长方形,故属于下位学习。

24. C 【解析】粗大技能是指运用大肌肉,而且经常要涉及整个身体,例如游泳、打球、跑步等。精细技能主要局限在较狭窄的空间内进行并要求较精巧的协调动作,主要表现为腕关节和手指运动,例如穿针引线、写字、弹钢琴等。但是手工技能并不是精细动作技能的全部,声带在演说或唱歌中的使用,摆动耳朵等也属于精细动作技能的范畴。

25. A 【解析】知识概括是指主体通过对感性材料的分析、综合、比较、抽象、概括等深层次加工改造,获得对一类事物本质特征与内在联系的抽象的、一般的、理性的认识的活动过程。

26. A 【解析】苏联心理学家加里培林认为心智技能的形成是由外部的物质活动向内部的心理活

动转化的过程，这一过程分为活动的定向、物质活动或物质化活动、出声的外部言语活动、无声的外部言语活动、内部言语活动五个阶段。其中，内部言语活动阶段是心智技能形成的最后阶段，其主要特点是活动过程的简化和自动化。题干中佳佳演算进位加减时，运算过程在头脑中被简化，说明其处于内部言语活动阶段。

27. D 【解析】规范学习指的是学生获得一定的规范认识，并努力将规范所确定的外在的行为要求转化为内在的行为需要，从而建构起内部的行为调节机制的过程。A项不符合题意。

符号学习又称表征学习，是指学习单个符号或一组符号的意义。B项不符合题意。

命题学习是指学习由若干概念组成的句子的复合意义，实质是学习若干概念之间的关系。C项不符合题意。

概念学习是指掌握概念的一般意义，其实质是掌握一类事物的共同的本质属性和关键特征。题干中掌握三角形的关键特征体现的是概念学习。本题选D。

28. A 【解析】下位学习又称类属学习，是一种把新的观念归属于认知结构中原有观念的某一部分，并使之相互联系的过程。原有观念在包容和概括水平上高于新学习的知识。题干中"锐角""直角""钝角"属于"角"的下位概念，因此，属于下位学习。

29. D 【解析】陈述性知识也叫描述性知识，是个人能用言语进行直接陈述的知识，主要用于区别和辨别事物。题干中"课本上的基本概念"是能用言语进行直接陈述的知识，属于陈述性知识。

二、简答题（参考答案）

1. 如何促进知识保持？

(1)明确记忆目的，增强学习的主动性；(2)理解学习材料的意义；(3)对材料进行精细加工，促进对知识的理解；(4)运用组块化学习策略，合理组织学习材料；(5)运用多重信息编码方式，提高信息加工处理的质量；(6)有效运用记忆术；(7)适当过度学习；(8)重视复习方法，防止知识遗忘，可根据记忆和遗忘的规律，有效地组织复习。

2. 简述如何培养学生的心智技能。

(1)确立合理的智力活动原型；(2)有效进行分阶段练习；(3)知识影响技能的形成，教师应了解学生的知识基础，并为学生提供相关知识；(4)注重培养学生认真思考的习惯和独立思考的能力。

3. 简述操作技能的形成阶段。

(1)操作定向；(2)操作模仿；(3)操作整合；(4)操作熟练。

4. 简述如何有效地进行知识概括。

(1)配合运用正例和反例；(2)正确运用变式；(3)科学地进行比较；(4)启发学生进行自觉概括。

第六章　教学评价与反思

①诊断性评价
②相对性评价/常模参照性评价
③个体内差异评价
④质性评价
⑤延迟评价
⑥发展性评价

一、单项选择题

答案速查

1～7	CBBDAAC

1. C 【解析】本题考查教学评价的类型。个体内差异评价是对被评价者的过去和现在进行比较，或将评价对象的不同方面进行比较。题干中的老师能从学习成绩、劳动积极性等不同方面去评价学生，这属于个体内差异评价。故本题答案选C项。

2. B 【解析】本题考查教学评价的类型。质性评价是指在自然情境中，通过评价者与评价对象的互动来收集相关信息，对评价对象的状况作出描述与分析，从而进行价值判断。档案袋评价(成长记录袋)是质性评价的典范之一。它是指学生在教师指导下，搜集可以反映学生的努力情况、进步情况、学习成就等一系列学习作品的汇集，其基本成分是学生作品，同时也包括学生对完成作品过程的描述或记录，还包括教师、同伴、家长对学生作品的评价等。

3. B 【解析】本题考查教学评价的类型。相对性评价又称为常模参照性评价，是运用常模参照性测验对学生的学习成绩进行的评价。它主要依据学生个人的学习成绩在该班学生成绩序列或常模中所处的位置来评价和决定他的成绩的优劣，而不考虑是否达到教学目标的要求。题干中强调小红的成绩与全班平均成绩相比属于“中下”，这种评价方式属于常模参照评价。

易错提示：考生注意区分绝对性评价与相对性评价的不同。

绝对性评价(标准参照评价)——判断依据是教学目标，达到标准或目标即合格。如考试满分100分，60分合格，学生成绩60分达到即合格。

相对性评价(常模参照评价)——判断依据是所处常模位置，与群体进行比较。如考试满分100分，全班平均分为90分，考80分的学生即使合格也处于班级“中下”位置。

4. D 【解析】本题考查教学评价的类型。质性评价是指在自然情境中，通过评价者与评价对象的互动来收集相关信息,对评价对象的状况作出描述与分析,从而进行价值判断。具体而言,质性评价主要包括档案袋评价、教师评语、成果展示评价等。题干中李老师对小明的评价属于质性评价。

5. A 【解析】本题考查教学评价的类型。延迟评价是指在平时学习过程中,对尚未达到目标要求的学生,可暂时不给明确的评价结果,给学生更多的机会,当取得较好的成绩时再给予评价,以保护学生学习的积极性。题干中老师延迟对学生错误题目的批改属于延迟评价。

6. A 【解析】本题考查教学评价的方法。测验评价是指运用口试、笔试、操作测验等多种具体方法,对学生的学业成绩进行评价。它是主要侧重于评定学生在学科知识方面学习成就高低或在认知能力方面发展强弱的一种评价方式。题干中教师通过听写测验来了解学生对单词的掌握情况,这种评价方式属于测验评价。

7. C 【解析】本题考查教学评价的类型。诊断性评价是在学期开始或一个单元教学开始时,为了了解学生的学习准备状况及影响学习的因素而进行的评价。诊断性评价的主要功能:(1)检查学生的学习准备程度;(2)决定对学生的适当安置;(3)辨别造成学生学习困难的原因。题干中张老师在新学期的第一堂课对学生进行体能测试,以此来对学生进行分组安排,体现了诊断性评价的特点。

二、材料分析题(参考答案)

(1)该校的行为符合新课程改革倡导的教学理念,值得肯定和学习。

①新课改倡导评价的根本目的在于促进发展。教育者要关注学生在课程发展中的需要,突出评价的激励与调控功能,激发学生的内在发展动力,促进其不断进步,实现自身价值。材料中,该小学对学生的各科学习情况实施表现性评价,使得学生整个学期的学习状态与以往大不相同,有助于学生的发展。

②材料中小学实施的表现性评价体现了最新的教育观念和课程评价发展的趋势。新课改在评价观念上提倡关注人的发展,强调评价的民主性和人性化的发展,重视被评价者的主体性与评价对个体发展的建构作用。材料中的小学实施表现性评价方式,采用游戏化、项目化、综合式评价方法,通过“基于绘本场景的评价”调动学生学习的积极性与主动性,促进了学生的全面发展,遵循了激励性与发展性评价理念的要求。

③新课改倡导评价内容综合化,重视知识以外的综合素质的发展,尤其是创新、探究、合作与实践等能力的发展。材料中,教师设计的一系列任务,有助于开发、培养学生的表现能力、创新能力、合作与实践能力。

④新课改倡导评价方式多样化,将量化评价方法与质性评价方法相结合,适应综合评价的需

要，丰富评价与考试的方法。材料中的小学在低年级实施基于绘本场景的表现性评价，改革了传统的纸笔测试的学业评价方式，丰富了评价的内容与方法。

⑤新课改倡导评价主体多元化，增强评价主体间的互动，强调被评价者成为评价主体中的一员，建立学生、教师、家长、管理者、社区和专家等共同参与、交互作用的评价制度，以多渠道的反馈信息促进被评价者的发展。材料中，由教师、家长志愿者、中高年级学生志愿者组成评价小组，根据低年级每一位学生的表现评定等级，体现了评价主体多元化。

⑥材料中小学实施的表现性评价遵循了小学生身心发展的特点。小学低年级学生好奇心强，身心发展尚不成熟，该小学实施的评价方式不仅与小学生当前的身心发展水平相匹配，还有助于促进小学低年级学生各方面能力的提高与发展。

(2)在该校实施的表现性评价中，教学评价起到了如下功能：

①导向功能。发挥教学评价的导向功能就是通过建立某种评价指标和标准，实现教学目标的要求。材料中，该小学在实施表现性评价后，小学低年级学生的学习状态良好，各方面能力得到有效提高，教学活动往着预定的方向发展，有助于达成学校的培养目标，促进学生各方面的发展。

②激励功能。评价对教学过程有监督和控制作用，对学生和教师则是一种促进和鼓舞。材料中，该校的教学评价使得学生越来越活跃，对于课程和期末评价也有着极大的热情，充分调动了学生的积极性。

③教学功能。从某种意义上说，评价本身也是一种教学活动。它能够使学生的知识、技能获得长进，甚至产生质的飞跃。材料中，在小学一年级实施的表现性评价，使学生掌握了拼音、朗读等相关知识和技能，开发与培养了学生的音乐表演能力、肢体表现能力与造型能力，这体现了评价的教学功能。

④发展功能。发展性评价的核心是关注学生的发展、促进学生的发展。材料中的小学关注到了学生主体性的发展，改革了评价方式，采取适合学生当前发展水平的评价措施，真正做到了促进学生的发展。

专题一　教学评价

一、单项选择题

答案速查

1～5	BDABA	6～10	CAABB	11～15	CACDA	16～20	AAABB
21～25	CBCDD			26～28	ACB		

1. B 【解析】形成性评价是在教学过程中为改进和完善教学活动而进行的对学生学习过程及结果

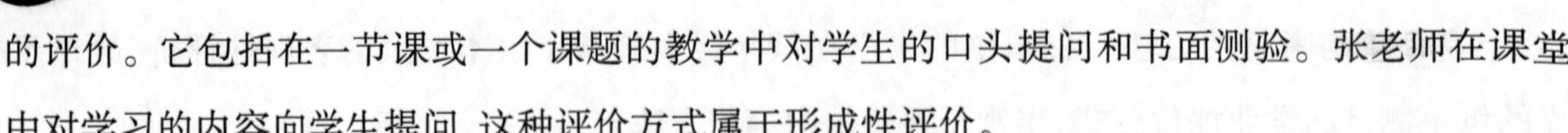

的评价。它包括在一节课或一个课题的教学中对学生的口头提问和书面测验。张老师在课堂中对学习的内容向学生提问,这种评价方式属于形成性评价。

2. D 【解析】形成性评价是在教学过程中为改进和完善教学活动而进行的对学生学习过程及结果的评价。形成性评价的目的不是注重成绩的评定,而是使教师与学生都能及时获得反馈信息,更好地改进教与学,以促进教师和学生的发展、提高。题干中数学老师布置任务的目的是检验教学效果,改进教学,这符合形成性评价的内涵。

3. A 【解析】绝对性评价又称为目标参照性评价,是运用目标参照性测验对学生的学习成绩进行的评价。它主要依据教学目标和教材编制试题来测量学生的学业成绩,判断学生是否达到了教学目标的要求,而不以评定学生之间的差异为目的。检验学生是否达到教学目标要求应采用绝对性评价。

4. B 【解析】将学生现在的写作状况与以往进行对比,有进步的,其成绩都判为优,这属于典型的个体内差异评价。

5. A 【解析】总结性评价也称为终结性评价,是在一个大的学习阶段、一个学期或一门课程结束时对学生学习结果的评价。故题干所述的测验属于总结性评价。

6. C 【解析】诊断性评价的主要功能有:(1)检查学生的学习准备程度;(2)决定对学生的适当安置;(3)辨别造成学生学习困难的原因。故题干所述的教学评价是诊断性评价。

7. A 【解析】相对性评价的优点是甄选性强,因而可以作为选拔人才、分类排队的依据。"矮子里找高个"是相对性评价的典型表现。

8. A 【解析】相对性评价又称为常模参照性评价,是运用常模参照性测验对学生的学习成绩进行的评价,它主要依据学生个人的学习成绩在该班学生成绩序列或常模中所处的位置来评价和决定他的成绩的优劣,而不考虑是否达到教学目标的要求。题干描述符合相对性评价的概念。

9. B 【解析】诊断性评价是在学期开始或一个单元教学开始时,为了了解学生的学习准备状况及影响学习的因素而进行的评价。题干描述符合诊断性评价的内涵。

10. B 【解析】标准化成就测验是指由专家或学者们所编制的适用于大规模范围内评定个体学业成就水平的测验。题干描述的是标准化成就测验的概念。

11. C 【解析】个体内差异评价是对被评价者的过去和现在进行比较,或将评价对象的不同方面进行比较。题干描述的是个体内差异评价的内涵。

12. A 【解析】A 项属于相对性评价,相对性评价又称为常模参照性评价,是运用常模参照性测验对学生的学习成绩进行的评价,它主要依据学生个人的学习成绩在该班学生成绩序列或常模中所处的位置来评价和决定他的成绩的优劣,而不考虑是否达到教学目标的要求。相对性评

价具有甄选性强的特点,因而可以作为选拔人才、分类排队的依据。B项属于总结性评价,C项属于形成性评价,D项属于诊断性评价。

13. C 【解析】绝对性评价主要依据教学目标和教材编制试题来测量学生的学业成绩,判断学生是否达到了教学目标的要求,而不以评定学生之间的差异为目的。进行评价时,每个人的成绩分数只与统一的、固定的客观标准进行比较,宜用于升级考试、毕业考试和合格考试。教师资格考试属于绝对性评价。

14. D 【解析】教学评价具有管理作用,作为一种价值判断,它在客观上能起到对学生的学业成绩进行鉴定和分等的作用。所以,世界各国无不利用教学评价的结果作为决定升留级、分班编组、选择教程乃至指导职业定向的依据,同时也作为向家长报告和解释学生学习状况的依据。

15. A 【解析】个体内差异评价是对被评价者的过去和现在进行比较,或将评价对象的不同方面进行比较。题干中对学生的横向评价与纵向评价,体现了个体内差异评价的内涵。

16. A 【解析】诊断性评价是在学期开始或一个单元教学开始时,为了了解学生的学习准备状况及影响学习的因素而进行的评价。它包括各种通常所称的摸底考试。

17. A 【解析】老师利用课堂小测验对学生进行的评价,属于形成性评价。这种评价的目的是改进教学,促进教师和学生的发展、提高。

18. A 【解析】诊断性评价是在学期开始或一个单元教学开始时,为了了解学生的学习准备状况及影响学习的因素而进行的评价。题干中的认知水平测试是在新生入学后立即组织的,目的是了解学生的认知情况,这与诊断性评价的概念相符合,故本题答案选择A项。

19. B 【解析】形成性评价是在教学过程中为改进和完善教学活动而进行的对学生学习过程及结果的评价。它包括在一节课或一个课题的教学中对学生的口头提问和书面测验。题干中的李老师在教学过程中通过让学生听材料后回答问题的方式了解学生是否能听懂所学课文,运用的评价方法是形成性评价。

20. B 【解析】题干中,老师根据小王自身的前后变化,将其评为“良好”等级,这符合个体内差异评价法的内涵。

21. C 【解析】形成性评价是在教学过程中为改进和完善教学活动而进行的对学生学习过程及结果的评价。它包括在一节课或一个课题的教学中对学生的口头提问和书面测验。题干所述内容体现了形成性评价的内涵。

22. B 【解析】形成性评价是在教学过程中为改进和完善教学活动而进行的对学生学习过程及结果的评价。形成性评价的功能之一是给教师提供反馈。根据题干所述,教师需使用形成性评价。

23. C 【解析】个体内差异评价是对被评价者的过去和现在进行比较,或将评价对象的不同方面进行比较。题干中"关注学生是否存在偏科"是对学生不同学科成绩进行比较后作出的评价，属于个体内差异评价。

24. D 【解析】多元性原则是指在评价的过程中，评价的内容、方法、标准和主体等都应是多元的。题干中的"尺子"是一种比喻的说法，比喻评价标准和手段。学生具有个别差异性，日常的教育活动中，应当尽可能设计不同的评价标准和方法。教育的内容、形式、要求都必须具有多样性，教育评价主体、评价的指标也应当多元化。

25. D 【解析】档案袋评价的特点有：(1)档案袋评价关注的是学生的学习与发展过程；(2)档案袋里的内容与某一时期的教学和学习目标相一致；(3)档案袋评价给学生发表意见与反思的空间，学生可以自己决定放入成长记录袋的内容，并进行评价和反馈；(4)档案袋评价不是给予好与不好的结论，而是注重学生在学习过程中成长和改变的事件，提出相应的改进与发展建议。故选D项。

26. A 【解析】形成性评价是在教学过程中为改进和完善教学活动而进行的对学生学习过程及结果的评价，是一种过程性评价。它包括在一节课或一个课题的教学中对学生的口头提问和书面测验。形成性评价的目的不是注重成绩的评定，而是使教师与学生都能及时获得反馈信息，更好地改进教与学，以促进教师和学生的发展、提高。题干中的"单元测试""促使师生共同进步"符合形成性评价的概念。因此，本题选A。

27. C 【解析】档案袋评价也称成长记录袋，是为了取代传统的标准化考试、以体现学生实际发展水平而产生的评价方法。成长记录袋的基本成分是学生作品，同时也包括学生对完成作品过程的描述或记录，还包括教师、同伴、家长对学生作品的评价等。

成长记录袋的优势有：(1)反映了学生成长过程中的重要信息，便于和课堂教学相结合，有助于教师发现学生的个体差异，提供适合学生特点与水平的教学与指导。(2)可以激励学生发展自我评价和自我反思，增强自信，激发学习动机，为自己的学习负责。(3)改进传统评价方式中单纯重视甄选、评价主客体单一等缺点，达到更好的测评结果。由于成长记录袋包含学生本人、教师、同伴和家长对作品的评价，故其可以促进教师和家长及其他有关人员综合交流。

A、B、D三项是成长记录袋的优点，C项为传统评价方式的特点。

28. B 【解析】教学评价的诊断功能表现为：评价是对教学结果及其成因的分析过程，借此可以了解情况，从而判断它的成效和缺陷、矛盾和问题，全面的教学评价不仅能估计学生的成绩在多大程度上实现了教学目标，还能解释成绩不良的原因。题干中，评价者对搜集的教学信息进行分析后，能发现课程方案、教学计划、教学方法与手段、学生学习中的优缺点和存在的问题，这体现了教学评价的诊断功能。

二、简答题(参考答案)

1. 简述总结性评价的主要功能。

(1)评定学生的学习成绩;(2)证明学生掌握知识、技能的程度和能力水平以及达到教学目标的程度;(3)确定学生在后继教学活动中的学习起点;(4)预言学生在后继教学活动中成功的可能性;(5)为制定新的教学目标提供依据。

2. 简述标准化成就测验的优越性。

(1)客观性:在大多数情境下,标准化测验是一种比教师出的测验更为客观的测量工具。

(2)计划性:专家在编制标准化测验时,已经考虑到所需的时间和经费,因此标准化测验比大部分的课堂测验更有计划性。

(3)可比性:标准化测验由于具有统一的参照标准,使不同考试的分数具有可比性。

专题二 教学反思

一、单项选择题

答案速查

1～7	CADBDCC

1. C 【解析】教学后反思要求教师在教学活动结束后,有充足的时间进行反思,对教学的整体结果进行归因和评价,及时探讨教学中的长处和不足,总结自己的教学实践。题干所述是教学后反思的内涵。

2. A 【解析】教学反思作为一种特殊的反省思维,具有实践性、批判性和创造性等特征。结合题干,故答案选A。

3. D 【解析】自我提问法指教师对自己的教学进行自我观察、自我监控、自我调节、自我评价后提出一系列的问题,以促进自身反思能力提高的方法。自我提问法适用于教学的全过程。如设计教学方案时,教师可以自我提问:学生已有哪些知识储备?怎样依据有关理论和学生实际设计易于学生理解的教学方案?学生能接受新知识吗?会出现哪些情况?该如何处理?等等。

4. B 【解析】孔子这句话的意思是君子有九种思虑:看的时候要想想看清楚了没有;听的时候要想想听明白了没有;待人的脸色要想想是否温和;对人的态度要想想是否恭敬;说话要想想是否忠诚;做事要想想是否认真;有了疑问要想想怎样向人请教;遇事发怒时要想想后果;有利可得时要想想是否正当。显然,这句话蕴含着教学反思的思想。

5. D 【解析】按照反思的时间,可将教学反思分为教学前反思、教学中反思和教学后反思。

6. C 【解析】教学诊断法需要教师从教学问题的研究入手,挖掘隐藏在其背后的种种教学理念方面的问题,并进行分析,重点讨论影响教学有效性的各种教学观念,最后提出解决问题的对策。

题干所述符合教学诊断法的内涵。

7. C 【解析】纵向反思就是反思者把自己教学中的某一特定环节作为反思对象放在教学生涯中进行思考、分析、比较。题干中肖老师把自身教学实践作为反思对象放在教学生涯中进行思考属于纵向反思。

二、简答题(参考答案)

1. 简述教学反思的基本内容。

(1)反思自己的教学是否真正达到了教学目标(反思教学目标);(2)总结精彩片段,思考失败之处,反思教学技能(反思教学得失);(3)反思自己的教育教学行为是否对学生造成伤害;(4)反思教育教学是否让不同的学生在学习上得到了不同的发展;(5)反思是否侵犯了学生的权利;(6)反思自己的教育教学观念(反思教学理念);(7)反思自己的专业知识。

2. 简述教学反思的作用。

(1)教学反思有利于教案的改进;(2)教学反思为撰写教学研究论文提供丰富的素材;(3)教学反思促进教师专业发展;(4)反思使经验变成教学智慧,从发生的事件中得到启发;(5)反思能帮助教师找到问题的解决方法;(6)反思使教师学会教学;(7)反思促进教师成长。

下篇　全真模考

国家教师资格考试全真模拟试卷(一)

一、单项选择题

答案速查

1~5	BBAAA	6~10	DBBDA	11~15	BCCDB	16~20	CDCAD

1. B 【解析】题干语句的意思是:当管理者自身言行端正,做出表率时,不用发号施令,被管理者也会跟着行动起来;相反,如果管理者自身言行不端正,而要求被管理者端正,那么,纵然三令五申,被管理者也不会服从的。教师劳动的示范性指教师的言行举止,如人品、才能、治学态度等都会成为学生学习的对象。题干语句说明教师的劳动具有示范性。

2. B 【解析】英国教育家斯宾塞对近代欧洲的古典主义教育作出批判,率先提出了“课程”的术语,并赋予课程以“教育内容的系统组织”的涵义。他主张实学性的、功利主义的课程,强调同现实生活密切相关的有用知识。斯宾塞认为,为人类的种种活动做准备的最有价值的知识是科学知识。

3. A 【解析】心理健康是一种良好的、持续的心理状态与过程,表现为个体具有生命的活力,积极的内心体验,良好的社会适应能力,能够有效地发挥个人的身心潜力以及作为社会一员的积极的社会功能。

4. A 【解析】柏拉图认为教育的最高目标是培养哲学王兼政治家。这种观点是国家主义教育思想的渊源。故本题选A。B项,拉伯雷是人文主义教育的代表人物之一。C项,卢梭秉承“性善论”,认为教育的任务应该使儿童“归于自然”,这是其自然主义教育的核心。D项,裴斯泰洛齐是第一个提出“教育心理学化”,且将“教育与生产劳动相结合”这一思想付诸实践的教育家。

5. A 【解析】依据文献的功能,教育文献可分为事实性文献、工具性文献、理论性文献、政策性文献、经验性文献。其中,事实性文献是指专门为教育科学研究提供事实证据的文献,如文物、教育史学专著、各种测验量表、各类教育实验报告、教育名家的教育实录等。

6. D 【解析】态度与品德的培养方式一般包括:(1)有效的说服;(2)树立良好的榜样;(3)利用群体约定;(4)价值辨析;(5)给予适当的奖励和惩罚。题干中,郑老师让学生观看视频,目的是让同学们向视频中的榜样学习,这种品德修养方法属于树立榜样,故本题选D。

7. B 【解析】学生发生鼻出血时,教师要及时安慰学生,不要紧张,安静坐下,头略向前低,可采用压迫止血法,捏住鼻翼,一般压住5~10分钟即可止血。如果仍然出血,可在临床医师指导下用滴有0.5%麻黄碱或0.1%肾上腺素溶液的棉球填塞出血侧鼻孔,一定要深达出血部位,前额、鼻部用湿毛巾冷敷。

8. B 【解析】自我提高内驱力是指个体因自己的学业成就而获得相应的地位和威望的需要。自我提高内驱力并非直接指向学习任务本身，而是把成就看作赢得地位与自尊心的根源，属于外部动机。方老师努力学习是为了赢得同学们的尊重，这种学习动机属于自我提高内驱力，故B项正确。

9. D 【解析】获得"守恒"概念是认知发展水平达到具体运算阶段的儿童的典型思维特征。所谓守恒，就是儿童认识到客体在外形上发生了变化，但特有的属性不变。题干中的儿童认识到无论苹果是完整的还是被切成几块，它的重量都没有改变，这说明儿童已经理解重量守恒现象，该儿童的思维已经具备了守恒性。

10. A 【解析】皮格马利翁效应指的是教师的期望或明或暗地传送给学生，会使学生按照教师所期望的方向来塑造自己的行为。本题中王老师运用了皮格马利翁效应。

11. B 【解析】无意注意也称不随意注意，是没有预定目的、无需意志努力、不由自主地对一定事物所发生的注意。题干所述学生对鸟叫声的注意是没有预定目的、无需意志努力、不由自主产生的，这类注意属于无意注意。

12. C 【解析】遗忘发展的规律表明，识记后遗忘很快就会发生。因此，对于新学习的材料，为了防止遗忘，必须"趁热打铁"，及时进行复习。

13. C 【解析】算法策略是指将解决问题的所有可能的方案都列举出来，逐一尝试，最后找到一个最佳的方法。题干中采用逐个尝试的方法找回手机密码就属于算法策略。

14. D 【解析】根据一节课所完成任务的类型数，可以把课划分为单一课和综合课。单一课在一节课内完成一种教学任务，综合课需要在一节课内完成两种或两种以上教学任务。

15. B 【解析】悬念导入是通过设置悬念、提出问题，进而激发学生兴趣，调动学生思维的一类教学导入形式。题干中的语文老师的开讲充分激发了学生的好奇心，引起了学生对学习新知识的兴趣，运用的是悬念导入。

16. C 【解析】启发性原则是指在教学活动中，教师要调动学生的主动性和积极性，引导他们通过独立思考、积极探索，生动活泼地学习，自觉地掌握科学知识，提高分析问题和解决问题的能力。《学记》中"道而弗牵，强而弗抑，开而弗达"的意思是：引导学生，而不是牵着学生走；鼓励学生，而不强迫学生走；启发学生，而不代替学生走。这句话体现了启发性原则的内涵。

17. D 【解析】纵向组织，又称垂直组织、序列组织，是指按照知识的逻辑序列，由已知到未知(要求课程内容的呈现由浅入深、由易到难)、由简单到复杂等先后顺序组织编排课程内容。题干中先学加减后学乘除是由简单到复杂的过程，故本题选D。

18. C 【解析】形成性评价是在教学过程中为改进和完善教学活动而进行的对学生学习过程及结

果的评价。它包括在一节课或一个课题的教学中对学生的口头提问和书面测试。题干中该教师在课堂上进行提问,想要了解学生对这首诗的理解情况,这属于教学过程中的形成性评价。

19. A 【解析】课外活动的组织形式包括:(1)群众性活动。群众性活动是一种面向多数或全体学生的带有普及性质的活动。群众性活动的方式有集会活动,竞赛活动,参观、访问、游览和调查活动,文体活动,墙报和黑板报活动,社会公益劳动和主题系列活动等。(2)小组活动。(3)个别活动。题干中的小学在儿童节组织的"文艺联欢会"属于全体学生都参与的文体活动。故本题选A。

20. D 【解析】正迁移也叫"助长性迁移",是指一种学习对另一种学习的促进作用。题干中,学习了三角形和长方形的面积公式之后,再学习梯形的面积公式就比较顺利,"顺利"指的就是促进作用,题干所述属于正迁移。

二、简答题(参考答案)

21. 简述教师劳动的特点。

(1)复杂性和创造性;(2)连续性和广延性;(3)长期性和间接性;(4)主体性和示范性。

22. 简述心理健康的标准。

(1)自我意识正确;(2)人际关系协调;(3)性别角色分化;(4)社会适应良好;(5)情绪积极稳定;(6)人格结构完整。

23. 简述《小学教师专业标准(试行)》中"师德为先"的基本理念。

热爱小学教育事业,具有职业理想,践行社会主义核心价值体系,履行教师职业道德规范,依法执教。关爱小学生,尊重小学生人格,富有爱心、责任心、耐心和细心;为人师表,教书育人,自尊自律,做小学生健康成长的指导者和引路人。

三、材料分析题(参考答案)

24. (1)①张老师针对两个教学班的实际情况,采取了新的教学方法,体现了教师劳动的创造性。

②张老师实行领读员轮值制度,是发挥教师主导作用的表现;这一制度又充分发挥了学生的主体性,调动了学生晨读的积极性,体现了教师主导作用与学生主体作用相结合的教学规律。

③张老师把学生领读时的照片和视频发给家长留念,让家长参与监督领读员轮值制度,贯彻了教育影响的一致性和连贯性原则,有助于发挥教育合力。

④张老师为顺利完成领读任务的领读员举行线上"颁奖仪式",颁奖仪式属于对正强化的应用,即对领读员的表现进行的强化。同时,颁奖仪式也属于对替代强化的应用,可以使其他学生看到领读员受到表扬从而受到强化,达到认真早读、争当领读员的目的。

⑤张老师实行领读员投票竞争上岗这一措施,即运用竞争手段有效地激发了学生的好胜心和

求成需要,提高了学生晨读的积极性。

⑥张老师把学生领读时的照片和视频发给家长留念、让大家投票选出有资格当领读员的学生,张老师的这一举措可以让领读员获得家长的赞许和学生的认可,激发了学生的附属内驱力和自我提高内驱力。

(2)①充分利用线上平台的互动功能;②增加人际交往互动,师生之间适当展开表情、眼神、手势的互动;③教学设计引发互动,问题的设计应有针对性,为学生提供一定的思考空间;④利用好网络视听资源;⑤调整考勤方式,提供多样互动;⑥结合学科特点,设置互动作业;⑦做好线上家校互动;⑧开展年级线上活动,让互动更丰富;等等。

25.(1)课堂教学中有很多突发状况,教师如果处理不好,很可能会影响正常的教学秩序,甚至影响教师的威信。材料中的王老师面对学生发出的不同的声音,先是肯定学生,进而引导学生讨论并让学生在课后调查研究蚂蚁的生活习性,这样就巧妙地解决了问题,充分体现了王老师的教育机智,其行为值得肯定与提倡。

(2)①学生是独特的人,每个学生都有自身的独特性。独特性也意味着差异性。材料中学生对老师的问题有不同的观点,王老师并没有否定学生、批评学生,而是肯定了学生爱动脑筋的优点,这说明王老师看到并尊重了学生的独特性。

②在对待师生关系上,新课程强调尊重、赞赏。材料中的王老师善于发现学生的优点,根据学生提出的不同观点,发现了学生爱动脑筋的优点并给予肯定,这体现了王老师对学生的尊重、赞赏。

③从教师与学生的关系看,新课程倡导教师是学生学习的促进者。材料中的王老师利用学生间的不同观点,引导学生讨论并进行调查研究,有助于培养学生发现、分析和解决问题的能力,这体现了教师的促进者角色。

④新课程倡导全面发展的教学观,教学重结论更要重过程,关注学科更要关注人。在教学过程中,教师不应该仅仅盯着教学目标和结论,一定要重视教学过程,重视学生的每一个表现,并积极引导。材料中,王老师组织学生讨论小蚂蚁是不是小偷这个问题,当学生们争执不下时,顺势引导学生课后进行调查研究,这一系列行为表明王老师重过程甚于结论,关注人甚于学科。

四、教学设计题(参考答案)

26.

《黄山奇石》

(1)这是一篇写景的短文,文章生动地介绍了闻名中外的黄山风景区内有趣的奇石、怪石,语言生动、描写形象、富有情趣。全文共有六个自然段,课文的第一自然段先介绍了黄山风景区的地理位置,然后概括地描写黄山的景色——秀丽神奇,还特别指出了黄山的怪石有趣极

了。第二自然段至第五自然段是文章的重点段落,具体形象地介绍了几处奇石景点,如“仙桃石”“猴子观海”“仙人指路”“金鸡叫天都”,最后一个自然段概括地介绍了其他奇石,表现了黄山奇石数量之多和形状之怪,突出了奇石的有趣。

(2)教学目标:

①正确认读、描写“区、尤、其”等生字;正确、流利地朗读课文,能比较有感情地朗读文中富有表现力的语句。

②通过练习、摹写等方式掌握生字;结合教材背景图片体会黄山景色。

③通过讲、读、演等各种方式体会黄山石的奇妙,激发对祖国大好河山的热爱之情。

④发挥想象,编写故事。

(3)教学环节:

①谈话引入

教师:黄山奇石可真漂亮,作者写得那么生动形象,你们是不是也想去黄山看看啊?现在我们先仔细观察一下课文的插图,自己写一下“黄山奇石”。并和作者比一比,看谁写的“黄山奇石”更生动,更形象。

②仔细观察

教师:用自己喜欢的方法,仔细观察这幅图。

(出示图画,稍停顿,给学生预留观察的时间)

教师:你看到它们像什么,会“干什么”。

③编写故事

教师:同学们观察得非常认真,现在我们仔细地再来观察这幅图,我们把“仙桃石”“猴子观海”“仙人指路”联系在一起,它们会发生什么故事呢?开动你们的小脑筋,发挥想象,把图上的内容编成一个有趣的故事。把这个故事写下来,看哪个小作家最棒!

A. 提示写话要点:

(课件出示:开头空两格,要正确使用标点符号,尝试运用好词好句)

B. 学生写话,教师巡视指导。

④点评写话

教师:同学们,现在我们一起来展示一下自己的作品吧!

A. 邀请3个学生展示并朗读,其他学生点评优缺点。

B. 鼓励继续完善,完成写话。

【设计意图】低年级学生好玩好动,对一切事物感到好奇,爱想象。本课插图为实景图,且内容相互关联,正好为学生提供了一个发挥想象,锻炼写话的机会。让学生进行编故事的写话训练,有利于培养学生的观察和想象能力。

27. 《圆柱的认识》

(1)设计意图

首先,教材呈现了现实生活中的圆柱形建筑物和生活用品,让学生观察,同时提出问题"这些物体的形状有什么共同特点?"引导学生思考。

其次,从众多圆柱体实物中抽象出圆柱的一般性直观模型,给出这一模型的名称,使学生对圆柱的认识经历由具体到表象的抽象过程。

最后,让学生说说生活中还见到过哪些圆柱形的物体,丰富学生头脑中圆柱形象的储备,把抽象的"圆柱"具体化,同时让学生感受生活中圆柱的运用是非常广泛的。

(2)教学目标

①认识圆柱的底面、侧面和高,掌握圆柱的基本特征。

②小组合作探究圆柱的基本特征,提高观察、操作、分析和概括的能力。通过自主研究,掌握研究立体几何的一般方法,提高学习数学的积极性。

③进一步培养主动探索精神,发展空间观念,提高学习兴趣,培养几何直观、空间观念等数学核心素养。

(3)小组探究活动

①动手操作,探究圆柱的特征

小组合作——探究圆柱各部分的组成和特征。

合作要求:

要求1. 请你拿出你所带的圆柱形物体,看一看它是由哪几部分组成的,小组合作研究各部分有什么特征,如果需要用到特别的工具,比如剪刀,可向老师借用。

要求2. 有困难的小组可以到书中去寻找或补充答案。仔细阅读教材例1的内容,注意边读边用笔画一画。

要求3. 小组内互相交流,组织整理好汇报的内容(如:有什么发现? 是用什么方法来研究的?)。

②小组汇报

A. 结合实物,初步了解圆柱的组成。

哪一组同学来给大家说说看,圆柱有哪些特征? 你们是怎么验证的?(学生汇报,教师总结)

圆柱由3个面组成,上下两个圆叫作底面,圆柱周围的面叫作侧面。(课件出示圆柱和相应

的名称)

师:看一看手中圆柱的底面、侧面。(板书:2个底面,1个侧面)圆柱的这些面有什么特征呢?

B. 观察、比较圆柱底面的特征。

圆柱的两个底面都是圆,大小相等。(板书:面积相等)

师:你是怎样知道两个底面相等的?

预设:剪出来比较、量直径计算、画在纸上倒过来观察是否重合。(分别请学生演示验证)用哪种方法验证最简单?

C. 感知圆柱侧面的特征。

师:圆柱周围的面有什么特征? 与底面有什么不同?(板书:曲面)再用手摸一摸。

D. 圆柱的高。

师:哪段距离表示圆柱的高? 请看屏幕,圆柱两个底面之间的距离,就叫圆柱的高。

(课件出示:圆柱两个底面之间的距离叫作高)

师:圆柱的高在哪些地方可以找到?

根据学生的回答,在课件上显示。

小结并板书:圆柱的高有无数条,高的长度都相等。

师:你能在你的圆柱上指出这条高吗?(圆柱中心的高,指不到)

师:面对无数条的高,测量哪一条最为简便?(为了方便一般测量侧面上的高)

师:请看这样画一条线段,是它的高吗?(三角板斜放)

预设:高是两个底面之间的距离,应该垂直于两个底面。

在我们的生活中,圆柱的高还有其他的说法。

(课件演示)你看:一口水井是圆柱形的,这个圆柱的高还可以说是“深”;一个1元硬币是圆柱形的,这个圆柱的高还可以说是“厚”;水管也是圆柱形的,它的高还可以叫“长”。

③小结圆柱特征

师:现在谁来完整地说说圆柱有什么特征?(总结并板书)

28. ***What's your favourite food*? Let's start & chant**

(1)多媒体教学的优点:丰富学生的想象,激发学生的学习兴趣;充分调动学生的各种感官,加深学生的理解和记忆;拓宽学生的学习渠道,有利于学生的自主学习。

多媒体教学的缺点:受设备限制;过度使用容易分散学生对课堂教学内容的注意力。

(2)Teaching Objectives

①Students can learn some new words: mutton, eggplant, grape, sour, fresh. And master the new sentence pattern “What would you like for lunch? I'd like...”.

②Students can think about the differences between their eating habits and others'.

③Students can know the importance of healthy eating habits in their daily life and make up their minds to form a good habit of eating.

④Through Q&A and group work, students can describe their favorite food for lunch.

(3)导入和呈现环节

Warming-up and lead-in(导入环节):

①Daily greeting.

②Let students have a brainstorming about foods in their daily life, and then ask them about their favorite food for lunch.

【设计意图】头脑风暴有利于激发学生积极思考,营造良好的课堂氛围,为引出新课作好铺垫。

Presentation(呈现环节):

①Vocabulary teaching

Teach “mutton”“eggplant” and “grape”: Draw some pictures and lead students to guess what they are, and then teach the new words.

Teach “sour” and “fresh”: Describe their flavor and then teach the new words.

All the new learnt words need to be read after the tape for three times. Teacher should pay more attention to the students' pronunciations.

②Sentence teaching

Show a picture about a restaurant on the screen.

T: Welcome to my restaurant. Here are some foods for you. For example, cabbage, green beans, mutton, tofu, beef, eggplant, grapes. What would you like for lunch?

Lead students to answer by using the sentence “I'd like...”.

Ask students to listen to the tape carefully, find out the new sentence pattern “What would you like for lunch? I'd like...” and read after the tape for three times. Then teach the new sentence and let students make up some sentences by using the new words.

【设计意图】设计“餐厅”情境,让学生在接近生活的真实语言环境中感知和体会句型的使用;通过情境把新单词和句型融合在一起,教师在进行句型教学的同时让学生巩固对单词的学习。

29. 《可爱的家》

(1)《可爱的家》是一首脍炙人口的抒情歌曲,原是美国歌剧《米兰少女库拉丽》中的插曲,后来成为一首通俗歌曲和电影中的主题曲。20世纪初传入我国。此歌曾被填写多种不同的歌词,成为表达亲情的一首代表作。歌曲为D大调,$\frac{4}{4}$拍,全曲共分三个乐段,音乐优美抒情,节奏舒展,旋律流畅,表现了对幸福生活的赞美和向往。歌曲采用西西里民歌的音调写成,歌词浅显易懂,描述了家的可爱、温暖以及家庭里人人和睦相处的情景。

(2)教学目标:

①通过学唱歌曲《可爱的家》,能够丰富情感体验,使情感世界受到潜移默化的感染和熏陶,感受家庭的温馨,进而养成对生活的积极乐观态度和对美好未来的向往与追求。

②能与他人合作用深情、和谐的声音演唱歌曲《可爱的家》,能用富有力度变化的声音来表现歌曲温馨、甜蜜、祥和的气氛,培养热爱生命和生活的态度。

③能在歌曲演唱体验中认识弱起小节,并感受歌曲弱起的手法带来的富有推动的、深情的作用。

(3)教学环节设计:

①聆听教师范唱。

要求学生关注老师声音的力度变化与演唱情绪。教师弹唱歌曲,注意眼神要与学生有交流,并用mf、mp等力度演唱来表达歌曲温馨、甜美、祥和的氛围。听后师设问:哪些地方有力度变化,怎样变化的?老师的演唱表情、声音上又有哪些细微的变化?

②教师带领学生分析歌谱,了解乐曲的基本结构特点。

歌曲为三段体结构,第三乐段是两声部的合唱。全曲基本上每两个连续乐句以变化、重复的形式出现,歌曲的前四句都是弱起。

③教师带领学生认识弱起小节。通过对比的方法,从音响、情绪上直接感受弱起手法带来的音乐的倾诉感和推动感。

④学生随琴哼唱、视唱、齐唱部分的旋律。

要求:从一开口学唱就带入到歌曲的情境中,并能划拍随琴哼唱,起唱节拍整齐,附点、休止符等时值能唱准确。

⑤学生学习合唱部分的旋律。

师播放录音:注意听辨合唱的低声部。设问:请同学们在合唱中找找歌曲低声部,这种声音像家中谁的声音?(仿佛是爷爷、爸爸浑厚低沉的声音)

师播放录音:请听辨合唱的高声部。设问:请同学们在合唱中找找歌曲高声部,这种声音像家中谁的声音?(仿佛是妈妈明亮的声音)

师小结:同学们的耳朵真灵,在歌声中我们听到了两种不同的旋律和声音,但是融合在一起是那么的和谐温馨,就像我们大家庭中的每个成员,互相友好、和睦相处。合唱就是这样,高低声部都要互相兼顾、互相照应,不能只顾自己逞英雄,使这个大家庭失去和谐。

教师引导学生先分声部模唱(或视唱)旋律,再两声部合唱。可以先以低声部稍强、高声部稍弱的声音来合唱,然后过渡到两声部均衡。

⑥学生有感情地朗读歌词,学唱歌词。提示:可以带上弱起、力度变化等。

⑦学生合唱歌曲,教师及时指导评价,表扬鼓励。

30.　**《排球:正面下手双手垫球》**

(1)教学目标:

①了解软式排球基本技术的动作名称及术语。

②经过自主、协作的学练方法,掌握"正面下手双手垫球"技术动作要领,发展灵敏、协调等身体素质,增进身心健康。

③养成克服困难、顽强拼搏、与他人密切合作的良好品质及团结协作的能力。

(2)"正面下手双手垫球"教学重难点:

教学重点:夹臂、提肩、压腕、垫球的部位准确。

教学难点:判断准确,上下肢协调用力。

(3)教学过程:

【准备部分】

1. 体育课堂常规

①体育委员整队,报告人数;②师生问好;③教师宣布本节课的内容;④教师检查服装,强调课堂安全;⑤教师安排见习生。

2. 热身活动

①徒手操。

学生四列横队成体操队形散开,在教师口令下集体做徒手操。徒手操的目的是引导学生快速进入运动状态,充分的热身活动可以大大降低课堂中出现运动损伤的可能性。

②排球准备姿势和基本移动步法的练习。

学生维持体操队形,在教师口令的指挥下,做各种不同的移动步法练习。

【基本部分】

1. 讲解与示范

教师讲解并示范“正面下手双手垫球”的动作方法,学生跟着教师模仿练习,建立正确的动作概念。

2. 组织练习

①徒手模仿练习。教师组织学生进行徒手模仿练习,体会正确的垫球动作和用力顺序。教师巡回指导,发现错误及时纠正。

②垫固定球练习。教师组织学生两人一组对立,一人持球于腹前,另一人进行练习,体会正确的击球点和击球部位。

③一抛一垫练习。教师组织学生四人一组,一人抛球,三人垫球,相距3~4米,再轮流交换抛球,主要体会抬臂动作和用力时力度的控制。教师巡回指导,发现错误及时纠正。

3. 组织展示

学生展示后,教师或者同学们发现问题,针对发现的问题,教师安排专门练习。

【结束部分】

1. 教师组织学生做放松操。

2. 课堂小结:教师总结本节课的上课效果,指出在学习过程中出现的问题给予纠正,并对表现好的同学提出表扬。

3. 宣布下课,师生再见,收还器材。

31. **《提袋的设计》**

(1)手提袋的构成:袋身、袋口、拎带;手提袋的材质:纸、布、藤编、皮革等;手提袋的用途:广告宣传、购物、放置物品、搭配服装等。

(2)教学目标

①审美感知:感受手提袋的艺术特点,体会手提袋的美感。

②艺术表现、创意实践:学习手提袋的设计方法、制作过程,能够发挥想象力,设计出新颖美观的手提袋。

③文化理解:通过手提袋的设计和制作,理解其蕴含的环保内涵。

(3)教学过程

【导入新课】

1. 谈话:请学生说说自己喜欢的手提袋,并展示自己的手提袋,向大家介绍自己的手提袋的来历、特点和用途。

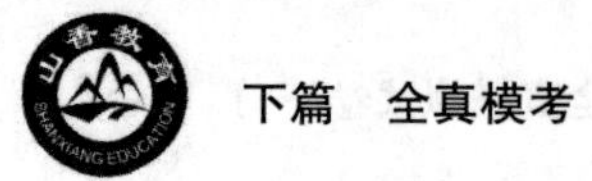

2. 欣赏:展示手提袋成品。

【讲授新课】

1. 欣赏教材中的手提袋,体会它带给人们的感受。

老师:请大家分别从图案、色彩、用途、造型、设计等方面谈谈你的感受。

(提示:你一定见过许多漂亮的手提袋,它们既方便我们购物,又展示了商品的品牌形象,好的手提袋就是一件艺术品。)

2. 探究手提袋设计。

老师:说说你平时见过的印象最深、最喜欢的手提袋。这些手提袋选择了哪些材料,是运用什么方法制作的?

(提示:可以结合手提袋实物拆开后分析。)

3. 讲解、演示手提袋的制作过程:设计—选择材料—剪裁—折叠—装饰。

具体步骤:

①根据用途设计手提袋的长、宽、高,色彩及图案等;

②折出基本形状,在提手处可双折并加卡纸增加强度;

③牢固黏合底部和边部,也可加卡纸;

④打孔穿提绳,提绳内侧可加一短横小棒,增加提重。

【学生进行设计尝试】

1. 鼓励学生谈谈他所带的材料适合以何种方式进行设计,说说大致的做法。

(用挂历纸制作、把旧手提袋拆开后重新装饰、用有色图画纸以剪贴或绘画的方式制作)

2. 小组讨论:怎样才能制作出实用美观的手提袋?

3. 用所选材料设计制作一个新颖、时尚的手提袋。

【展示作品,交流互动,学生自评、互评】

1. 组内选评出优秀学生的作品并展示。

2. 谈谈你设计的手提袋在生活中的更多用途。

【课外拓展】

拿出塑料、布制的手提袋,引导学生课下思考这些材料有什么好处?并让学生收集相关环保手提袋的资料。

国家教师资格考试全真模拟试卷(二)

一、单项选择题

答案速查

1~5	DBCBB	6~10	AADDB	11~15	DBACC	16~20	AACBC

1. D 【解析】《小学教师专业标准(试行)》中,专业知识包括:(1)小学生发展知识;(2)学科知识;(3)教育教学知识;(4)通识性知识。其中,小学生发展知识的基本要求有:(1)了解关于小学生生存、发展和保护的有关法律法规及政策规定。(2)了解不同年龄及有特殊需要的小学生身心发展特点和规律,掌握保护和促进小学生身心健康发展的策略与方法。(3)了解不同年龄小学生学习的特点,掌握小学生良好行为习惯养成的知识。(4)了解幼小和小初衔接阶段小学生的心理特点,掌握帮助小学生顺利过渡的方法。(5)了解对小学生进行青春期和性健康教育的知识和方法。(6)了解小学生安全防护的知识,掌握针对小学生可能出现的各种侵犯与伤害行为的预防与应对方法。故本题选D。

2. B 【解析】教师劳动的连续性是指时间的连续性,教师的劳动没有严格的交接班时间界限;教师劳动的广延性是指空间的广延性,教师没有严格界定的劳动场所,课堂内外、学校内外都可能成为教师劳动的空间。题干中的"没有明显的时空界限"体现了教师劳动的连续性和广延性。

3. C 【解析】古代斯巴达教育以军事体育训练和政治道德灌输为主,教育内容单一,教育方法也比较严厉,其教育目的是培养忠于统治阶级的强悍的军人。

4. B 【解析】赞可夫提出了发展性教学理论的五条教学原则,即高难度、高速度、理论知识起主导作用、理解学习过程、使所有学生包括"差生"都得到一般发展的原则。他强调学生的"一般发展",要求"以最好的教学效果来达到学生最理想的发展水平"。

5. B 【解析】教育具有历史性,即不同时期的教育有其不同的历史形态、特征。在西汉时期实行"罢黜百家,独尊儒术"这一政策正是教育历史性的体现。故本题选B。A项,教育具有永恒性,即教育与人类社会共始终。C项,教育具有继承性,即不同时期的教育有共同点,前后相继。D项,教育具有民族性,即教育在具体的民族或国家中进行,有其民族性特征。

6. A 【解析】悬念法是在教授知识的同时,教师通过设疑引出下堂课要学的内容。这种方式可以调动学生学习的积极性。叶老师在结课时给学生留下疑问,这是悬念法结课方式的体现。

7. A 【解析】若是苍蝇、蚂蚁等小昆虫钻入学生耳朵,可用灯光对着外耳道口,利用昆虫的趋光性,引诱它爬出来;也可将半茶匙的食用油或甘油倒入耳内,再让学生病耳朝下,维持5~10分钟,被淹死的昆虫可随液体一道流出。

8. D 【解析】学科活动是以学习和研讨某一学科的知识或培养某一方面的能力为主要目的的活动。阳光小学的语文小组定期举办"成语大赛"来培养学生的语言文字运用能力，这种活动属于学科活动。

9. D 【解析】位置记忆法是通过与熟悉的地点顺序相联系来记忆一些名称或者客体顺序的方法。位置记忆法对记忆有顺序的系列项目特别有用。题干学生所用记忆法为位置记忆法。

10. B 【解析】人刚从暗处走到亮处的时候，最初的一瞬间会感到强光耀眼发眩，眼睛睁不开，什么都看不清楚，要过段时间才能恢复正常，这属于明适应现象。

11. D 【解析】普雷马克原理，又称为"祖母法则"，即用高频活动作为低频活动的有效强化物。这一原理的实质是，如果有一件愉快的事等着学生去做，他们会很快完成另一件不喜欢的行为。题干所述即为普雷马克原理的实际运用。

12. B 【解析】压抑理论认为，遗忘是由于情绪或动机的压抑作用引起的。有些信息可能对我们自己很重要，所以被记住了；而有些信息可能会引起我们的痛苦或不快，因而不大可能被记住。因此，题干中的学生在自己的座右铭中说要"遗忘消极与不快"，其中的"遗忘"最有可能用压抑理论来解释。

13. A 【解析】建构主义强调学习的主动建构性、社会互动性和情境性。建构主义认为，学习不是知识由教师向学生的传递，而是学生建构自己的知识的过程。并且学生的学习常常需要一个学习共同体的合作互动来完成。故基础教育课程改革所倡导的研究性学习、合作学习的主要理论依据是建构主义学习理论。

14. C 【解析】实习作业法是指教师根据学科课程标准要求，指导学生运用所学知识在课上或课外进行实际操作，将知识运用于实践的教学方法。这种方法在自然学科的教学中占有重要的地位，如数学课的测量练习、生物课的植物栽培和动物饲养等。科学老师教授黄豆相关知识后，让学生进行植物栽培，这种教学方法就是实习作业法。

15. C 【解析】活动课程又称经验课程，是指围绕着学生的需要和兴趣、以活动为组织方式的课程形态，即以学生的主体性活动的经验为中心组织的课程。活动课程的主要特点就在于动手"做"，在于手脑并用，在于脱离开书本而亲身体验生活的现实，以获得直接经验。该学校设计的研学课程，充分尊重了学生的需要和兴趣，使得学生们边研边学，受益匪浅。这种课程属于活动课程。

16. A 【解析】教学过程中要贯彻间接经验与直接经验相结合的规律。人们认识客观事物主要有两条途径：一是获取直接经验，即通过亲自探索、实践所获得的经验；二是获取间接经验，即他人的认识成果，主要是指人类在长期认识过程中积累并整理而成的书本知识。教学活动是学生认识客观世界的过程，要以间接经验为主、直接经验为辅，将二者有机结合起来。以间接经验为主是教学活动的主要特点，借助间接经验认识世界，是认识上的捷径。这也是教学过程中

认识方式的简捷性与高效性的体现。题干中,莉莉用眼睛看,获得的是直接经验;上课时老师教授的知识,即属于间接经验。妈妈认为老师教会比孩子自己摸索学得更快更好,即体现了“认识上的捷径”。这反映的教学规律是间接经验与直接经验相结合。

17. A 【解析】教学目标要用可观察的行为来表述,使教学目标具有可操作性。目标①中的“体会”“了解”表述模糊、不明确,不便于观察、测量和评价。A项评价错误。

教学目标如果直接把结论告诉学生,就会缺乏启发性、引导性。目标①中的“美丽”“富饶”,目标②中的“激发学生热爱祖国之情”都是把结论直接告诉学生,而不是提出问题让学生思考,缺乏启发性、引导性。B项评价正确。

目标④只是对全体学生提出一个整体性的要求,没有考虑到学生之间的差异而提出一些有针对性的、发展个性的要求,没有照顾到学生之间的差异,忽视了整体性和个性的统一。C项评价正确。

目标②中的“热爱祖国之情”属于情感态度与价值观目标。D项评价正确。

18. C 【解析】遗传决定论强调遗传在人的发展中的决定作用,教育所起的作用只是为人的发展创造条件,但却不能改变和决定人的发展。“虎父无犬子”“老鼠的儿子会打洞”都强调遗传素质的决定作用,是典型的遗传决定论的观点。

19. B 【解析】课程实施的三种取向包括:(1)忠实取向。忠实取向者认为,课程实施过程就是忠实地执行、落实课程方案的过程。(2)相互适应取向。相互适应取向者认为,课程实施过程是课程计划与班级或学校实际情境在课程目标、内容、方法、组织模式诸方面相互调整、改变与适应的过程。(3)创生取向。创生取向者认为,课程实施本质上是在具体教育情境中缔造新的教育经验的过程,教师的角色是课程开发者。陈老师认为应根据自己的经验、学生状况、实际需要等因素来调整自己的教学活动,属于教师对预定课程方案的积极的、理智的改变,体现了课程实施的相互适应取向。

20. C 【解析】教育者是指对受教育者在知识、技能、思想、品德等方面起到教育影响的人,包括学校教师,教育计划、教科书的设计者和编写者,教育管理人员以及参与活动的其他人员。

二、简答题(参考答案)

21. 简述班集体的形成与培养过程。

(1)确定班集体的发展目标;(2)建立得力的班集体核心;(3)建立班集体的正常秩序;(4)组织形式多样的教育活动;(5)培养正确的舆论和良好的班风。

22. 简述我国新型师生关系的特点。

(1)尊师爱生;(2)民主平等;(3)教学相长;(4)心理相容。

23. 简述新课程倡导的学习方式。

新课程倡导的学习方式有自主学习、探究学习和合作学习。

(1)自主学习关注学习者的主体性和能动性,是学生自主而不受他人支配的学习方式。

(2)探究学习是一种以问题为依托的学习,是学生通过主动探究解决问题的过程。

(3)合作学习是指学生以小组为单位进行学习的方式。

三、材料分析题(参考答案)

24.(1)班级突发事件是指在班级教育教学过程中发生的,事先没有预测到的、出人意料的不良事情和矛盾冲突。常见的班级突发事件有成员间的分歧、打架斗殴、顶撞老师、恶作剧、财物丢失等。该材料体现了班级管理中的突发事件:恶作剧。

(2)班主任应对突发事件有以下几种方法:

①沉着冷静面对。这是处理突发事件的基础。材料中班主任应沉着冷静面对事实,这就要求班主任具有很高的教育修养和心理调控能力,要豁达大度,不怕低头承认自己平时工作中的漏洞。所以教师往往要有极大的忍耐力。

②机智果断应对。材料中班主任要尽可能地平息事端,稳定当事人情绪、为思考进一步解决问题的办法而争取时间。还可采取"转移话题,暂避锋芒""冷处理"等方法。

③公平民主处理。在处理学生与学生之间的矛盾冲突时,教师应以事实为依据,依法秉公办事,要有民主意识,不偏袒班干部和优等生,也不以老眼光看人,贬低"差生"。

④善于总结引导。材料中班主任应把处理一桩突发事件看成一次了解班级情况、教育引导学生的机会,要允许有"突发事件"的存在。善于从不良事件中找出学生的闪光点并帮助学生分析问题,寻找解决问题的办法,维护学生的自尊心。

25.(1)主要原因:①盲从优秀教师的教学经验,缺乏对自己教育实践的反思。田雨老师在教学过程中只是一味地学习优秀教师的经验,没能经常进行自我反思,没有发现自己教学实际中存在的问题,没有及时进行调整。②田雨老师违背了教师主导作用与学生主体作用相统一的教学规律,她在教学过程中只强调发挥自己的主导作用,即自己去向老教师请教和观看精品课程视频,而忽视了发挥学生的主体性,没有深入了解所教学生的特点,没有针对学生的特点进行教学。③田雨老师违背了因材施教的教学原则,因材施教的教学原则要求教师要了解学生,从实际出发进行教学。田雨老师在教学过程中只是一味地去模仿优秀教师和精品课程,而没有针对学生的个性特点、教学目的和教学内容去采用适宜的教学手段,教学缺乏针对性。④田雨老师在教学过程中积极学习,一味地钻研教材和设计教法,而没有做到全面了解学生。她首先要考虑学生总体的年龄特征,熟悉他们身心发展的特点;其次要了解学生个体的能力水平、学习态度和兴趣特点。此外,还要了解班级的一般状况,如班纪、班风等。

(2)建议:①田雨老师应在教学工作中经常进行教学反思,做教育教学的研究者,利用反思日记、交流讨论、行动研究等方法及时总结教学过程中的问题,以便及时改进教学;②田雨老师在教学过程中要坚持教师主导作用与学生主体作用的统一,在发挥主导作用的同时,要充分调动

学生学习的积极性,做学生学习的促进者和引导者;③田雨老师在教学过程中要去深入了解本班学生的特点,全面掌握所教学生的知识基础和心理特点,从而有针对性地进行教育;④田雨老师要主动与学生进行沟通和交流,深入学生之中,建立良好的师生关系,从而促进教学活动顺利进行。此外,田雨老师还要重视学生学习的检查与评定,而不仅仅是上课。

四、教学设计题(参考答案)

26. **《伯牙鼓琴》**

(1)文言文翻译的原则是“信”“达”“雅”。“信”是忠实于原文的内容和每个句子的含义。“达”就是翻译出的现代文表意要明确,语言要通畅。“雅”就是用简明、优美、富有文采的现代汉语把原文的内容、形式以及风格准确表达出来。

(2)教学目标:

①掌握文中出现的生字词及其用法。

②正确、流利地朗读课文,背诵课文。

③结合工具书和注释,通过多种阅读形式,厘清文章主要内容。

④体会知音的境界,树立正确的交友观,感受音乐艺术的魅力。

(3)新课教学过程:

一、初读课文,感知知音

1. 师:伯牙为什么要破琴绝弦,不再弹琴了呢?请同学们自由读课文,注意读准字音,读通句子。

2. 学生自读课文,教师适时指导。

3. 指名学生读课文,指导学生恰当停顿,理解并读好两个语气词“哉、乎”。

出示:哉、乎

善哉乎鼓琴,巍巍乎若太山。

善哉乎鼓琴,汤汤乎若流水。

4. 师:要想把文言文读好,我们就要准确理解文言文中关键词语的意思。请同学们结合注释再读读课文,看看有哪些关键词语不太理解。

预设一个教学生成点:“善”字的用法。(两个“善哉”表赞叹之意)

二、品读课文,感悟知音

1. 师:读了这么多遍,相信同学们已经理解了这篇文言文的意思。谁能用一两句话来概括文章的主要内容?

2. 理解“知音”一词。

①看图,了解身份,感悟二人成为知音的基础。

出示课文插图,看图介绍这两个人物的身份。

思考:这样两个身份、地位相差甚远的人,是什么让他们走到了一起?文中哪句话指出了这一点?

预设:是音乐、是琴。

师:爱好相同是伯牙和子期成为知音的基础。

②抓重点句子,感悟二人的知音之情。

A. 从文中哪些事实可以看出伯牙善鼓琴、子期善听?

出示:方鼓琴……“善哉乎鼓琴,汤汤乎若流水。”

B. 引导学生用自己的话说说这两句话的意思。

C. 创设情境,指导朗读,启发学生感悟。

a. 假如你们就是站在琴旁善听的子期,当琴声悠扬响起时(播放《高山流水》中“高山”这段音乐),你们眼前仿佛出现了怎样的高山?(生欣赏音乐并想象)

预设:我仿佛看到了一座挺拔险峻的大山。

我仿佛看到了一座高耸入云的大山。

我仿佛看到了一座气势磅礴的大山。

师:于是,你们满心赞叹——(生读)“善哉乎鼓琴,巍巍乎若太山。”

b. 伯牙继续鼓琴,洋洋的流水仿佛从他的指间流淌而出(播放《高山流水》中“流水”这段音乐),你们眼前仿佛出现了怎样的流水呢?(生欣赏音乐并想象)

预设:我仿佛看到了汹涌澎湃的江河。

我仿佛看到了广阔无边的大海。

师:于是,你们满心赞叹——(生读)“善哉乎鼓琴,汤汤乎若流水。”

D. 全班诵读课文千古流传的佳句,体会感情。

出示:方鼓琴……“善哉乎鼓琴,汤汤乎若流水。”

③聆听静想,深悟知音不在的痛。

A. 教师补充介绍相关资料,调动学生情感体验,并指导朗读:相传,伯牙与子期相见恨晚,结拜为兄弟,约定来年的中秋再到这里相会。春去秋来,伯牙如期前来,但是子期已经不幸因病去世了。

出示课文最后一句:锺子期死,伯牙破琴绝弦,终身不复鼓琴,以为世无足复为鼓琴者。

B. 当伯牙再次来到这里的时候,等到的不是子期的人,而是冰冷的墓碑。此刻他多想在坟前再为“知音”弹一曲啊,于是,他内心的痛楚全部化作了音符。(课件播放鼓琴的音乐)

师:伯牙再也见不到自己的知音了。能把伯牙当时的心情读出来吗?

(生读最后一句话)

师:破的只是“琴”吗?绝的只是“弦”吗?

三、诵读全文,回味知音

千百年来,“知音”典故不但在华夏大地传为美谈,而且名扬海外。人们根据这凄美动人的故事,编写了不同版本却同样动人的乐曲《高山流水》(播放《高山流水》乐曲),让我们在这首《高山流水》中再次体会伯牙和子期的深厚情谊。

四、拓展延伸,积累运用

课下搜集古今中外赞颂友情的名言佳句,体会人们对友情的珍视。

27. 《条形统计图》

(1)数据意识主要是指对数据的意义和随机性的感悟。知道在现实生活中,有许多问题应当先做调查研究,收集数据,感悟数据蕴含的信息;知道同样的事情每次收集到的数据可能不同,而只要有足够的数据就可能从中发现规律;知道同一组数据可以用不同方式表达,需要根据问题的背景选择合适的方式。形成数据意识有助于理解生活中的随机现象,逐步养成用数据说话的习惯。

(2)教学目标

①初步体验数据的收集、整理、描述和分析的过程,会用简单的条形统计图来表示数据。

②通过观察、比较,初步认识条形统计图的结构特点和优势,培养数据意识、应用意识等数学核心素养。

③通过数据的收集、描述、分析等,培养问题意识,体会数学知识与实际生活的紧密联系,提高学习兴趣。

(3)教学环节

一、导入新课

课件出示2021年8月A市的天气情况图,引导学生认识和了解表示天气的各种图例。

师生交流后,提问:这是A市2021年8月的天气情况,这个月的每种天气各有多少天?怎样才能把它们清楚地表示出来?

启发引导学生思考并整理数据:用什么方法统计?

让学生小组合作交流,尝试用自己喜欢的方式来统计数据(比如数数、画“√”、写“正”字等),组织学生汇报交流。

教师根据学生汇报的情况逐一评价。

【设计意图】通过创设参与A市2021年8月天气情况的调查的教学情境,让学生亲身经历数据的收集、整理和处理的过程。在合作互助的学习氛围中,提高学生学习数学的兴趣、探究问题的积极性。

二、探究新知

提问:通过数数的方式我们已经知道每种天气各有多少天,那么如何清楚地将它们表示出来呢?

组织学生分小组讨论，并在组内完成。

小组1：可以用统计表来表示，将统计得到的数据填入表中方便查找。

提问：从这张表中你能得到哪些信息？用统计表表示数据有哪些好处？

小组2：还可以用图形来表示统计结果。

提问：用图形来表示统计结果有哪些优点？是否存在不足？

【设计意图】通过创设人人都参与的课堂氛围，充分挖掘学生的潜能，尊重学生个体的选择，鼓励学生用自己喜欢的方式描述统计结果，进行有个性的探究活动。

课件出示条形统计图。

观察统计图有什么特点？（介绍横轴、纵轴、单位长度）

（教师边讲解边演示：将不同的天气数量在图中用涂颜色的方法表示出来）

提问：比较分析用哪种图表表示数据更清楚？统计图和统计表各有什么特点？

（组织小组内合作交流）

教师总结：这三种方法都能表示出2021年8月A市的天气情况，但用统计图的方法来记录统计数据可以更直观地表示数量的多少。

像这样用条形的长短来表示数量多少的统计图叫作条形统计图。条形统计图一般由标题、日期（可以省略）、单位名称、条形、横轴、纵轴等组成。

【设计意图】学生通过亲手操作获得处理信息的方法，体会统计图和统计表的不同特点，有利于培养问题意识和提高动手操作能力。

三、深化概念

提问：条形统计图的横轴和纵轴分别表示什么？（横轴表示要统计的内容，纵轴一般表示数量）

【设计意图】明晰条形统计图各组成部分的作用，以提问的方式进行强化，同时总结归纳。

四、应用新知

统计本班同学的出生月份，并用条形统计图表示出来。

师生共同完成，小组合作展示。

【设计意图】将新授知识与学生生活实际相结合，再一次激发了学生的学习兴趣，学生在积极参与中，经历了收集、整理数据的过程。通过自己收集、整理和分析数据的过程，学生体会到统计的必要性，再次体现了“数学来源于生活，应用于生活”的新理念。

五、小结作业

师：通过今天的学习大家都收获了什么？想想是怎么得到的，你又从中学到了什么？

作业：对自己感兴趣的内容进行统计，进行数据分析，设计一个条形统计图。

【设计意图】小结部分通过学生总结，不仅可以提高学生的总结概括能力，也可以让教师及时获得学生的反馈信息。让学生对自己感兴趣的内容进行数据分析,制作条形统计图,使学生明白统计知识是为现实生活服务的。

28. *The Spring Festival* **Let's read:What do people do during the Spring Festival?**

(1)Teaching Key Point:

Make students understand the main idea of the article and master the reading skills.

Teaching Difficult Point:

Make students acquire the ability to find the answers to the questions.

(2)Teaching Objectives

①Students can grasp the meanings of these new words"light,firecracker,guest,red packet".

②Students can know the main idea of the passage well and read the passage fluently.

③Students can acquire the reading ability to find the detailed information by answering the questions given on the textbook.

④Students can enhance their love for our traditional Chinese culture by learning the Spring Festival.

(3)Teaching Procedures

①Warm-up and Lead-in

Greet students as usual.

Show some pictures about festivals and ask students to have a discussion according to the following questions:

What's your favorite festival in China? Can you say something about it?

After discussion, ask some representatives to answer the questions and lead to the topic—the Spring Festival.

(Justification: Pictures and questions can attract students' attention and students' divergent thinking can be improved by discussion.Through answering questions, the teacher can naturally lead to today's topic.)

②Presentation

Activity 1 Teaching new words

The teacher teaches new words by playing a video clip about the Spring Festival.In the video clip, children are lighting the firecrackers and some guests are distributing red packets to children.

T:What are they doing?

Ss:小孩在放鞭炮,客人在发红包。

T: Yes.We can say children are lighting the firecrackers and some guests are distributing red packets.

Then the teacher teaches students to read the new words "light, firecracker, guest, red packet" a few times.

(Justification: The video clip can draw students' attention. Learning new words make students prepare for reading the text.)

Activity 2 Fast reading

The teacher asks students to read the passage and summarize what the article is about. A multiple choice is given below.

A. What do people do during the Spring Festival?

B. An old story about the Spring Festival.

C. The time of the Spring Festival and the customs during the Spring Festival.

(Justification: Fast reading cultivates students' ability to find the main idea quickly.)

Activity 3 Careful reading

T: Read the article again and find the answers to the following questions on the textbook.

What do people do during the Spring Festival?	
They buy ________.	
They give ________.	
They cook ________.	
They light ________.	
True or false.	
During the Spring Festival,	
1. people light firecrackers.	□
2. people have good food and drinks.	□
3. people grow flowers at home.	□
4. children get red packets.	□

(Justification: Careful reading trains students' reading ability to scan for detailed information. Students can have a deep understanding of the article after answering the questions.)

29. 《洋娃娃和小熊跳舞》

(1)歌曲的特点：

《洋娃娃和小熊跳舞》是一首波兰儿歌，有欢快的旋律、优美的歌词，是姆·卡楚尔宾娜作

词、李嘉川译配的儿童歌曲。歌曲为$\frac{2}{4}$拍，D大调，强弱分明，旋律明快舒畅，节奏活泼跳跃，歌词简单而深刻，生动地表现了洋娃娃和小熊可爱憨厚的舞蹈形象。

(2)教学目标：

①通过学唱歌曲，体会与表现快乐的情绪，养成积极乐观的态度。

②通过学习手势等，体会二拍子的韵律感，感受音乐的变化，加深对音乐基本要素的认识。

③学会并能演唱歌曲《洋娃娃和小熊跳舞》，创设情境，合作完成歌曲表演，提高艺术实践能力和创造能力，增强团队精神。

(3)导入环节：

教师：同学们，森林里召开了一场盛大的舞会，老师有两个好朋友：小熊和洋娃娃。他们是这场舞会最耀眼的舞者！今天啊，他们向我们发出了邀请，那么就跟随老师的脚步，我们一起去感受这场盛大的舞会吧。

(板书课题：洋娃娃和小熊跳舞)

【设计意图】导入环节运用了创设情境法导入。导入时，教师根据教学内容创设一定的情境，渲染课堂气氛，让学生置身其中，深入体验。以观看森林中的舞会来进行切入，能够激发学生的学习兴趣，将学生带入故事情节中，顺势引出本课的课题。

30. **《排球：正面下手发球(以右手为例)》**

(1)“正面下手发球(以右手为例)”的教学重点、难点

教学重点：抛球稳定，击球部位准确。

教学难点：抛、引、蹬、摆、击的用力顺序，身体协调用力。

(2)教学目标

①掌握“正面下手发球(以右手为例)”的动作要领和学习方法。

②体会、模仿、练习动作方法，发展力量、灵敏、协调等身体素质，提高参与排球运动的兴趣。

③养成活泼乐观、敢于竞争，与同伴友好合作等优良品质。

(3)教学环节

【准备部分】

①课堂常规

a. 体育委员整队，报告人数；

b. 师生问好；

c. 教师宣布本节课的内容及目标；

d. 教师检查服装，安排见习生；

e. 教师强调课堂纪律与安全。

②热身活动

a. 一般性准备活动:绕操场慢跑两圈。

b. 专门性准备活动:绕膝运动、蹲起运动和脚踝关节运动。

【基本部分】

①教师讲解并示范完整的动作技术,学生做抛球、引臂、击球的发球模仿练习,体会发球的动作方法。教师巡回指导,发现错误及时纠正。

②用吊球练习正面下手发球,体会击球的部位和击球点。教师巡回指导,发现错误及时纠正。

③对墙进行发球练习,开始距离可以近一点,然后过渡到规定距离发球。

④两人一组,面对面轮流发球,相互纠正动作。

⑤发球过网比赛,提高学生的练习兴趣。

【结束部分】

①教师组织学生做放松操。

②课堂小结:教师总结本节课的上课效果,指出在学习过程中出现的问题给予纠正,并对表现好的同学提出表扬。

③宣布下课,师生再见。

④教师组织学生收还器材。

31.　《自行车局部写生》

(1)速写的定义及其对美术学习的积极意义:

定义:速写是一种快速的写生方法,是以线为主的表现形式。速写同素描一样,既是造型艺术的基础,也是一种独立的艺术形式。

积极意义:速写练习不仅可以锻炼学生的观察能力,而且能培养其绘画概括能力,加深学生的记忆力和提高默写能力。通过速写练习,学生还可以收集大量的素材,不断地积累速写经验。同时,也培养了学生的创作能力。速写是由造型训练走向造型创作的必然途径。

(2)教学目标:

①审美感知:掌握自行车的局部形象特征、艺术特点和以线为主的速写表现方法。

②艺术表现、创意实践:通过对自行车局部的观察和艺术的加工,能够用速写的方式画一幅自行车的局部写生作品。

③文化理解:养成热爱生活、观察生活、从生活中发现美的良好习惯,体会和发现生活中的美。

(3)教学环节:

①提出问题,导入新课

上课开始,教师提问:大家都会骑自行车吗?谁能说出自行车上有哪些构造部件?

学生踊跃回答,教师就势导入本课《自行车局部写生》。

【设计意图】运用提问法导入,激发学生的学习兴趣。从学生生活切入,提高学生的学习热情。

②讲授新知,演示新技能

教师出示自行车PPT,提问:大家认真观察自行车上的细节,看看各部位有什么不同?

学生讨论并回答。

教师总结:自行车上的不同部位(车座,车把,车轮,脚蹬,链条等)体现了不同的线条,如车身是直线,车轮是弧线,链条和轮胎花纹是曲线、折线等。

教师讲解,学生根据实际观察,体会不同的线条给人的不同感受。教师示范自行车的局部写生,学生观摩学习如何使用线条来表现自行车的各个部位。

【设计意图】通过提问,使学生了解自行车的基本结构;通过教师示范,学生可以更加深刻地体会不同线条的表现力,并直观感受、学习如何进行速写写生。

③巩固新知,实践练习

教师示范结束,让大家选择自己想要描绘的自行车局部,运用不同的线条进行实践练习,教师巡视指导。

【设计意图】通过课堂练习,及时掌握速写写生方法,巩固所学新知。

④展示评价,拓展提高

将练习作品进行展示,通过学生自评、他评、互评、师评等方式,进行多角度评价。肯定学生学习成果,指出不足,鼓励学生。

【设计意图】对学生的实践成果进行多主体、全方位的评价交流,不仅体现了学生的主体地位,也体现了教师的主导作用。

图书反馈

重磅！真题有奖征集！

「凡提供当年度考试真题者，根据真题完整度，可获得500元以内现金奖励。」

具体请联系QQ:1831595423

（温馨提示：所提供真题须是当年度考试真题，且真实有效。）

亲爱的考生：

感谢您对山香教育的信任和支持，您的建议是我们前进的动力！为进一步提高图书质量，我们特向全国各地的考生开展图书反馈活动。

凡通过图书反馈链接提供山香图书意见反馈者，均可获得**相关网课1套**。

图书反馈链接

联系方式：400-600-3363　　研发部QQ：1831595423

招教网
招考资讯平台

山香官网
考编服务平台

山香网校
线上学习平台

图书订正链接
勘误更新平台